U0026374

牟宗三先生全集⑰

名理論

牟宗三　譯

《名理論》全集本編校說明

朱建民

　　牟宗三先生約于一九八〇年代初開始進行維特根斯坦《名理論》一書之中譯工作；至一九八六年譯完，次年八月由台灣學生書局出版。本書之編校工作即以此版爲依據。牟先生在文字表達上刻意採用直譯法，並隨處添加案語以疏解之。茲因《全集》之出版，重新編輯此書，除根據《全集》之共同體例之外，尚有以下幾點說明：

　　一、凡譯文中屬牟宗三先生增補之處、另譯或案語，皆以〔　〕表示。

　　二、牟先生于譯文中增加原文未有之引號或黑體字，悉從譯文。

　　三、牟先生于譯文中刪除原文本有之引號或斜體字，悉從譯文。

中譯者之言

維特根什坦此書于1921在德國出版後，于1922即由奧格登譯成英文，後1961又有皮亞斯（Pears）之譯本。兩譯相距已近四十年矣。兩譯都很準，前譯逐句直譯，而且甚至有過直處；後譯于造句稍有潤飾與修改，故較順適，但以英文語法故，有時反不如直譯者顯豁而更合德文原文。最顯著的差異，于 Sachverhaltes 一詞，前譯譯為「原子事實」（atomic fact），後譯譯為「事情」（states of affairs）。在中國，張申府先生之初譯是依據奧格登之英譯而譯的。我今此譯是依據皮亞斯之英譯而譯成。但遇有不明處，或不顯豁不順適處，則查質奧格登之譯及德文原文以改之。我幾乎每句皆對照過，凡有改動處，皆隨文注明。

我當初在學校讀書時，于此書，讀的是張先生之譯文（刊于《哲學評論》某卷期，未印成專書），其中有不明與不達處。張先生那時在北大哲學系授羅素哲學與數理邏輯，他是中國第一個開始講授數理邏輯課的人，我是他的首班學生。維氏此書顯然以羅素與懷悌海合著的《數學原理》（*Principia Mathematica*）為基礎而進行其對于邏輯本性之研究的。張先生于維氏書中符號技術方面，尤其是真假值圖表（簡稱真值圖表 truth-table）方面，是很熟練

的，他作了許多的開展。我今于此譯文中，對于那16個圖式（5·1 01）予以詳盡的陳列，都是由他的傳授而來。讀者若對于羅素的《數學原理》不熟習，于真值圖表不熟練，是無法讀維氏此書的。我今重譯此書，除了這些技術方面的事須靠學者自己有訓練以了解之外，其他文字方面期望每句能信能達。維氏的直覺力是很強的，無論在關於哲學方面或關于邏輯方面，他都時有妙論與雋永語。當然，其吸引人的是在關于哲學方面的那些妙論與論斷，邏輯實證論全由這裡開出也。可是此書的精華與最大的貢獻是在關于邏輯本性之洞識。

我今重譯此書是因爲我要重印我的《認識心之批判》一書。《認識心之批判》之寫成正是處於羅素學與維氏學頂盛之時，其目的是想以康德之思路來消融彼二人之成就，雖然我當時並未透徹了解康德。我當時只了解知性之邏輯性格，並未了解知性之存有論的性格，而此後者卻正是康德學之拱心石，而吾之《認識心之批判》亦正是知性之邏輯性格之充分展現。知性之邏輯性格有如許可說者正以維氏書之故也，或至少由維氏書而激起，激起已，兼以融攝羅素而扭轉之，故有如許可說也。

維氏此書原德文書名 *Logisch-Philosophische Abhandlung*（邏輯的哲學論），英譯版則題之以拉丁文 *Tractatus Logico-philosophicus*（邏輯的哲學論）。據說此書名爲 G. E. Moore 所提議，蓋因想到斯頻諾薩的《神學的政治論》（*Tractatus Theologico-politicus*）而然也。

「邏輯的哲學」，Max Black 解云：「邏輯的」（Logico-）是形容詞，乃形容哲學者。「邏輯的哲學」猶言以邏輯爲基礎的哲

學。「邏輯的哲學論」猶言關于「邏輯的哲學」之論文。若如此理解，則邏輯的哲學猶言「科學的哲學」（scientific philosophy）。但科學的哲學容易想其意義，邏輯的哲學似乎不容易理解其意義。什麼叫做以邏輯為基礎的哲學呢？邏輯是空無內容的，如一般之了解，它只是語言之形式，或思想之形式。光只是邏輯能決定什麼呢？但書名如此名，如此名之而又如此理解，這似乎是維特根什坦本人的原意。他在〈序文〉中說：

> 此書處理一些哲學問題，而且我相信它表明了這些哲學問題所以被提出之理由乃是因為我們的語言底邏輯已被誤解故。本書之全部意義可以綜括之于以下之兩語：凡全然能被說者即能清楚地被說，而凡我們所不能說者我們必須在沈默中略過。

可見這書是一本以處理哲學問題為主的哲學書，而這哲學是以邏輯為基礎的哲學。但重點若在哲學，則此書之主要目的是消極的，目的在阻止無意義，由語言底邏輯之被誤解而結成的無意義。此書底注解者 Max Black 云：「若只如此，則對于維特根什坦的積極成就是不公平的，尤其對于其關于邏輯本性之研究是不公平的。邏輯本性之研究是其興趣之最前部（當其醞釀此書時）。」

此書明是以羅素與懷悌海合著的《數學原理》為基礎來解說命題之意義與邏輯之本性，由此而涉及到可說者與不可說者，有知識意義的命題（有涉指經驗對象的名字變項的命題）是可說者，無知識意義的命題即形而上學的命題是不可說者，因而遂只界定哲學為

一釐清的活動，並不是一套主張，言至此，正如康德說純粹理性底批判只是一種工具之預備，而不是一個系統。因此，維氏也說「一切哲學是語言之批判」（4.0031），故他這部書若當作哲學書看，也正是一「語言之批判」，因此它涉及哲學乃正是消極的涉及，由于研究邏輯之本性、命題之意義而消極地觸及哲學問題，也可以說是捎帶著來處置了哲學問題，而這處置初看雖不等于取消，然而由于把那些哲學問題置諸無意義不可說之域而即囑人不要說，這即等于置而不理，等于取消了，這算得上是一種什麼哲學呢？故此書若理解為是一種以邏輯為基礎的哲學書，則它實未處理什麼哲學問題，而這作為基礎的邏輯對于哲學問題（形上學問題）實不能決定什麼，即使可說與不可說也不是邏輯所能決定的。因此，這部具體而微的純粹理性之批判（語言之批判）也只是一時令人醒目（驚世駭俗）的廿世紀的纖巧哲學而已。

可是若照此書正面之內容而理解之為邏輯本性之研究，則此書題亦可理解成是一種邏輯底哲學（philosophy of logic）論。德文原題以及英文版的拉丁題，中文俱可譯為「邏輯哲學論」。但是中文題這五個字其詞意是很模稜的，它可以以哲學為主而被理解成處理哲學問題的「邏輯的哲學論」，也可以以邏輯為主而被理解成解釋邏輯本性的「邏輯底哲學論」。而依中文的語法習慣以及一般人的語意了解的傾向而言，我們卻是易取後者而不易取前者的，即一般人很不容易向一種以邏輯為基礎的哲學想，但卻很容易向作為邏輯本性之研究的邏輯底哲學想。因此，張申府先生初譯此書，比照英文版之拉丁古文題，而亦以頗為古典味詞語把它譯為《名理論》。名理論即是論名理之書也。論名理之書即是研究邏輯本性的「邏輯

之哲學」也。但這不必是維氏之原意,但卻較切合此書之內容。此書之內容既如此,而書題及維氏之〈序文〉又如彼,此何故也?蓋亦由于足以令人醒目故也。(如此名之,令人醒目的刺激性很大。若說成邏輯底哲學,則人所雅言,平淡無奇矣。)後來邏輯實證論全本此書而成,成為廿世紀最聳動人的時髦哲學,則可見人們之興趣如何為此書題及序文所吸引矣。(Max Black 從頭至尾逐句疏解此書,直視此書為經典矣。)

　　吾今平看此書,不為這些刺激性的小波浪小纖巧所聳動,而正視之為一種「邏輯之哲學」(名理論),其最大的貢獻在講套套邏輯與矛盾,此正是邏輯本性之正文,一切對于邏輯形式之洞悟與妙語皆源于此。至于其講世界,講事實,講命題,講圖像,涉及知識,消極地觸及哲學問題,因而劃定可說與不可說之範圍,把超絕形上學一概歸于不可說而置于默然不說之域,凡此等等皆非邏輯本性之研究之主文,乃是因著論知識命題而消極地觸及者。套套邏輯非知識命題;純邏輯中無知識命題,其中只有邏輯句法而無知識命題。

　　吾今順其講套套邏輯而進一步了解邏輯之本性,重解邏輯之系統,如吾《認識心之批判》中之所說。至于其所說之可說與不可說,則重新釐定之如下文。

可說與不可說

　　1.　「凡可被說者即能清楚地被說,凡我們所不能談及者必須在沈默中略過。」
　　　　什麼是可說者?什麼是我們所不能談及者?

2. 只有時空中的經驗事件始可說。

可說者可陳述之爲一命題。

可陳述之爲一命題者爲科學知識。因此,只科學知識中之命題所陳述者爲可說,而命題則爲能陳述之者,即能表象之或摹狀之者,因此命題即在言說範圍內,亦當是可說者,即可以符號語言把它組構起來以爲經驗事件關係之圖像。

3. 這樣說來,邏輯亦不能被說,因爲邏輯中無命題。

邏輯中一切符式皆是套套邏輯,一無所說,故亦無所表象。

套套邏輯不能爲世界之一圖像。

套套邏輯只是依據四基本原則而來的純理形式之展示。

凡「純理形式」只能被展示,不能被表述。

因此理性邏輯是超越的,你說之亦要用之,它即存于你「說之」中,因此它總是在上的,是故它總須「被反顯以示」。(參看4.12,4.121)

4. 然則它是否可說呢?它既可以符式來展示,似乎是可說。但既只可被展示而不能被表述(被陳述),似乎又不可說。

不可說者理性形式非事件故。可說者以其可爲符式所展示故。然則可說者只限于自然科學之命題爲過狹矣。

理性形式之所以可以符式展示,蓋以其雖非一事件,然卻必須在辨解歷程(discursive process)中呈現。無辨解歷程亦無四根本原則,亦無理則,即不能有推斷,便

無邏輯。

因此邏輯之爲可說非以其爲事件，亦非以其爲表象事件之命題。乃是以其在辨解歷程中。

凡可以拉開而成一歷程者皆可說。

5. 經驗事件在時間歷程中，理性形式──套套邏輯所示者在辨解歷程中。

辨解歷程自身相應于辨解思想之純粹者（無經驗內容者），表象經驗事件之命題相應于辨解思想之有經驗內容者。

數學之可說亦同邏輯之可說。

6. 屬于實踐理性之道德學亦當爲可說者。

道德屬于「應當」。應當者決定一行爲之方向之謂。此所謂「應當」是道德的應當。是故道德的應當者依一定然命令而行之謂。依一定然命令而行爲道德的行爲。因此，道德行爲亦須拉開而在一意志因果關係中呈現。

定然命令是因，行爲是果。行爲爲可見，可在時間中；定然命令之因非事件，不可見，不在時間中。定然命令發自意志之自由。因此，此一種因果曰「意志因果」，非事件關係之因果。

旣是因果，自然亦可拉開而成一歷程，此曰實踐理性之辨解歷程，非思辨理性之辨解歷程。

旣有辨解歷程，故亦可說，此如《實踐理性批判》之分解部。若不可說，那來的分解？

7. 道德之爲可說惟在分解地展示一自由意志所發之定然命

令。

定然命令爲形式，此亦須被展示，由道德應當而被展示。（非如邏輯形式由套套邏輯而被展示。）

但是此形式發之于自由意志。自由意志即在與定然命令之關聯中而被說及，因而亦爲「被說及」之可說。

8. 凡可以被置于關聯中者皆爲可說者。

上帝、道、自由意志、無限心，皆爲可說者。此四者是一。

它們一在關聯于定然命令（道德）而爲可說，一在關聯于「存在」而爲可說。但是這兩種關聯皆是超越的關聯。

因此，它們之爲可說皆是在超越的關聯中爲消極的可說者。「消極的」云者其本身不在時間中，非爲事件故。若依康德詞語言之，非感觸直覺所及故。即使爲「智的直覺」所及，亦仍是爲消極的可說者，蓋不能定置于此而爲一定概念所限定故。它是無限的智心仁體，亦是如體，只能逆覺體證之，而不能限定地（積極地）陳述之。它只能在超越的關聯中被肯定；由此超越的關聯，我們得悟入之。我們即由此「悟入」而說其爲消極的可說者。因爲凡積極地可說者皆是定知，非可說悟入。

9. 凡積極地可說者即能清楚地（限定地）被說；凡消極地可說者不能限定地清楚地被說，但不能因此即爲不清楚地被說者。它是不限定清楚地被說者，它是智的直覺地清楚地被說者，是證悟地被說者。

　　既是證悟地淸楚地被說者便是實踐理性的事；既是實踐
　　理性的事，且屬分解地可說者，便不是一概不可說。

10.　然則實踐理性中有無非分解地說的呢？曰有！
　　凡此中非分解地說者皆是啓發語言或指點語言。
　　什麼是非分解地說的呢？
　　本體之圓敎中的關于圓滿的體現之語言爲非分解地說
　　者。
　　「一念三千」是非分解地說者。「三千在理同名無明，
　　三千果成咸稱常樂」，是圓敎中圓滿的體現，是非分解
　　地說者。「亦得唯聲唯色唯香唯味唯觸」是圓敎中圓滿
　　的體現，是非分解地說者。般若以異法門說，是非分解
　　地說者。凡非分解地說者是不可諍法。「實相一相，所
　　謂無相，即是如相」即非分解說所指點的不可說，到此
　　必須沈默，此之謂徹悟。
　　「俄而有無矣，而未知有無之果孰有孰無也」，是圓敎
　　中之非分解地說者。
　　聖人即迹以冥，這聖人是圓敎中之圓滿地體現道者，是
　　非分解地說的聖人，是圓聖。天之戮民是圓聖。
　　「體用顯微只是一機，心意知物渾是一事」，而未知心
　　意知物之果孰心孰意孰知孰物也，是非分解地說者，是
　　圓敎中之圓滿地體現者。
　　「無心之心其藏密，無意之意其應圓，無知之知其體
　　寂，無物之物其用神」，此是非分解地說，是圓說；聖
　　人如此是圓聖。

11. 因此，非分解地說者雖指點不可說，然並非不清楚，亦並非不理性，乃只是玄同地說，詭譎地說。

凡詭譎地說者是詭譎地清楚的。

詭譎地說者概念無所當，用之即須撥之，撥之以顯示如相之謂也。如「其上不皦，其下不昧，迎之不見其首，隨之不見其後」，即是詭譎地說。

凡詭譎地說者是一遮顯之歷程。此一歷程不能成為構造的平鋪者，因此，它總須詭譎地被棄掉。及其一旦被棄掉，則圓教的圓滿中之如體便圓滿地朗然呈現，此則是一體平鋪，全體是迹，亦全體是冥，即全體是「如」也。一切聖人皆「如」也。

12. 維氏以為凡不能用符式分解地（即概念限定地）說之者即是不能被說者，因而亦是不能清楚地說之者。因此，道德、審美、人生底意義、世界底意義、價值，皆在世界之外，皆不可說，如：

6.4　一切命題皆是同等價值的。

6.41　世界底意義必須處于世界之外。在世界中每一事如其所是者而是，每一事如其所發生者而發生：在世界中並無價值存在著──而如果它曾存在著，它必會無價值。

如果茲存有任何〔實有價值〕的價值，則它必須處于那發生者以及那是如此這般之實情者〔如此存在者〕之全部範圍之外。因為一切發生者及一切是如此這般之實情者〔如此存在者〕皆是偶然的。

那使它成為「非偶然的」者不能處于世界之內，因為如果它處于世界之內，則它自身亦必應是偶然的。因此，它必須處于世界之外。

6.42　因此，說到茲存有道德之命題，這亦是不可能的。命題不能表示有什麼是較高尚的東西。

6.421　顯然道德不能被表述〔被言詮〕。

道德是超越的。

（道德與審美是一會事）。

〔……〕

6.423　當意志是道德屬性之主體時，去說及此意志這是不可能的。

而當作一現象看的意志只心理學始對之感有興趣。

〔……〕

6.4312　不只是並無「人類靈魂之時間中的不滅」，即，「人類靈魂之于人死後之永存」之保證；且在任何情形下，此靈魂不滅之假設完全不能去完成那「它為之而被意欲」的目的。如或不然，試問某種謎樣的難解之事曾為我的永存所解決嗎？此永恆的生命自身豈非如我們現在的生命一樣是謎？時間空間中的生命之謎之解決處于時間空間之外。（它確然不是那所需要的任何自然科學問題之解決）。

由這些命題看來，很顯明，康德所說的屬于智思物（noumena）者，維氏以為都是不能被表述的。維氏所說的「世界底意義處于世界之外」，這世界底意義是指其價值的意義而言。價值、

道德的善、美學的美、意志自由、靈魂不滅等,都是不能說的。

維氏又有以下的命題:

6.44　並不是「事物如何存在于世界」是神秘的,但只「世界存在著」這才是神秘的。〔案德文原文是:並不是「世界如何存在著」是神秘的,但只「世界存在著」這才是神秘的。案前句英譯改之。〕

6.45　在永恆方式下去看世界是看世界爲一整全,爲一有限制的整全。

感覺著世界爲一有限制的整全──只此便是神秘的。

6.5　當解答不能表述時,問題亦不能被表述。

謎並不存在。

如果一問題畢竟能被形成,則「解答之」亦是可能的。

6.51　懷疑論並不是不可反駁的,但當它于無有問題可被問處想提出疑問時,這顯然是無意義的。

因爲疑問只能存在于一問題之所存在處,一問題只能存在于一解答之所存在處,而一解答只能存在于有某物可被言説處。

6.52　我們感覺到:縱使一切可能的科學問題皆已被解答,生命之問題仍然完全未被接觸到。既然如此,則自亦可說「實並無問題被遺留下來」,而此語自身即是一解答。

6.521　生命問題之解答被見于問題之消滅中。

(此豈不是何以「在一長期懷疑之後已覺生命之意義甚爲清楚」的那些人同時又不能説出什麼東西構成那意義之故嗎?)

6.522　實在說來,茲實有一些不能被表述的事物。這些不能

被表述的事物它們使其自己成為明顯的。它們就是那是神秘的者。

如是，「世界存在著」是神秘的，「世界為一有限制的整全」是神秘的。神秘的是不能被表述的。但並不是不能被表述的都是神秘的。依是，如上所說世界底意義、價值、道德的善、美學的美、意志自由、靈魂不滅，都是不能被表述的，但維氏並未說它們都是神秘的。「世界存在著」是神秘的，肯定上帝存在正是說明這神秘。但「上帝存在」不但是如康德所說不能被證明，依維氏，亦當是不能被表述被言說的。

但是依傳統哲學（超絕的形上學），肯定上帝存在、意志自由、靈魂不滅，正是為的說明「世界存在」，說明「世界底意義」，說明價值、善、美等，以及生命底意義。依儒家傳統，肯定天命不已，肯定道德的心性，肯定仁體，肯定良知，也都是為的說明這些；依道家，肯定玄智玄理也是為的說明這些；依佛家，肯定如來藏自性清淨心，肯定般若、解脫、法身三德秘密藏，也都是為的說明這些。凡此所肯定的都是可說而不可說，不可說而可說的，不是一往不可說的。維氏所說的言說世界、命題世界、知識世界、科學世界、問題世界，是一；越乎此，都是不能言說的，因此，也不能發問題，也不能有解答；因此，必須歸于沈默，不要說任何事。因此，他最後說：

6.53 哲學中正確的方法實在說來必應如下，即：除那可被說者外，除自然科學之命題外（即除那「無關于哲學」的某事外），不要說任何事。夫既如此，只要有別人想去說形而上學的事，你就

要證明給他以下之義，即：他並不能給他的命題中的某些符號一意義。

他的「可說」底規定太狹，他只有表達科學知識的語言，如是，形而上學便完全屬于不能言說的範圍，因爲它裡面的那些命題不能有任何知識的意義，因而也是一些似是而非的命題，不能認作是命題。邏輯實證論者進而便認爲這是一些無意義的命題，因此，他們說這只能滿足人的情感；因此，他們只有科學語言與情感語言的二分，形而上學便被除消了。這雖然不是維氏的直接意思，然而也未始不是其「科學外不要說任何事」一語之所函。因此，他的十進數所標之命題最後一個是：

　　7.　凡我們所不能說者，我們必須在沉默中略過。

因此，7下便沒有命題了，便付諸不說了。人們可由此聯想到《維摩詰經》的不二法門：眞不二是不可說的，因此到問維摩詰如何是不二時，他便默然不說了。維氏意好像是如此，其實不然。他的于所不能說者便沈默是只承認科學語言爲可說，爲有意義，而《維摩詰經》是二分語言外承認有啓發語言或指點語言，雖無科學知識的意義，但不能說無意義。維氏說：

　　4.003　見于哲學作品中的許多命題與問題並不是假的，而是無意義的。結果，對于這類的問題，我們不能給以任何答覆，但只能指出它們是無意義的。哲學家底好多命題與問題是從我們不能理

解我們的語言之邏輯而發生。

　　（它們就像「善是否比美爲更同一抑或比美爲較少同一」這問題一樣，它們與這問題爲屬于同類者。）

　　而此亦無足怪，即：最深奧的問題事實上實不是問題。

案：這話說的太粗率。如維氏所說形而上學中的命題其爲無意義只是無科學知識的意義那樣無意義，這並不與「善是否比美爲更同一抑或比美爲較少同一」之無意義爲同類。焉可故意如此亂攪而拖陷之？又如說：「蘇格拉底是同一的」，這也是瞎扯的無意義。我們能說形而上學的命題是這類的嗎？

　13.　我們承認于科學語言外，有啓發語言或指點語言。超絕形上學中的語言都是啓發語言或指點語言。凡屬康德所說屬智思界者皆屬啓發語言中事。

　　　在承認啓發語言或指點語言之下，我們重新規定可說與不可說如下：

　　　「可說」有分解地可說與非分解地可說。

　　　凡在關聯中者皆爲分解地可說者。此是邏輯語言。

　　　關聯有是內處（宇內）的關聯，有是超越的關聯。

　　　內處的關聯有是純粹形式者，此如邏輯與數學中者；有是經驗的材質者，此如自然科學中者。

　　　超越的關聯是屬于實踐理性者，如道德，乃至道德的神學（宗教）。

　　　非分解地可說者是實踐理性中圓教的事。圓教中之圓滿

　　的體現是非分解地說者。

　　非分解地說是詭譎地說、遮顯地說，此是啓發語言或指點語言。「佛說法四十九年而無一法可說」是詭譎歷程之捨棄而一切皆如，是一種點化。說法四十九年有是分解地說者，有是非分解地說者；而非分解地說所指點的最後之「如」即是不可說。不可說而先導之以分解地可說，由此分解地可說進而至于非分解地可說（詭譎地說），由非分解地可說最後歸于不可說。

14. 如此而至之不可說是不可說而可說，可說而不可說，故雖即不說而亦全體圓明，非如維氏所說之一往不可說而便不要說任何事，遂陷于黑暗中，我們對之不能有一隙之明也。

15. 材質的關聯中之分解地說者爲可諍。形式的關聯中之分解地說者爲不可諍——套套邏輯爲不可諍。此是分析地不可諍。

　　超越的關聯中之分解地說者雖有多端，然皆爲批判地不可諍。故皆可經由判教以明之。

　　超越的關聯中之非分解地說者爲詭譎地不可諍。

　　凡不可諍者皆是理性中之必然。

英譯序

　　此版本含有維特根什坦《名理論》（ *Logisch-Philosophische Abhandlung* ）之英譯。維氏《名理論》于1921年首載于德國定期刊物《自然哲學年報》裡。一較早的英譯，由奧格登（C.K. Ogden）執筆，拉謨塞（F.P.Ramsey）助之而成者，則出現于1922年，附有德文原文作對照。我們這個翻譯曾首版于1961年，亦附有德文原文。奧格登初譯後，維氏曾有通訊與之商量。現在我們這個翻譯已依據維氏與奧格登之通訊中維氏自己之提示與解釋而作了修改。維氏與奧格登之通訊現已爲 G.H. von Wright 教授所印行（1972）。

　　羅素對于1922年之英譯版所作之〈引論〉得其允許已被重印于此。此〈引論〉中所包含之譯文，羅素自己所譯者或1922年首次英譯者所譯者，則皆保存不變。

　　　1974，皮亞斯（D.F.Pears）與麥克臼奈斯（B.F.McGuinness）

　　〔我今依此英譯，譯爲中文，于羅素所作之〈引論〉略而不譯。〕

書前引語

　　……而不管是什麼，凡人所知的，不管是什麼，凡不只是其所聽得的隆隆聲與咆哮聲，大皆可以三言說之。

庫恩柏格
Kürnberger

序　文

　　此書或許將只被這樣一個人，即其本人早已有被表述于此書中的思想或至少有類乎此思想的思想，這樣一個人，所了解。因此，它不是一本教科書。如果它對于一個讀之而了解之的人能給與以快樂，則它的目的即算已達到。

　　此書處理一些哲學問題，而且我相信它表明了這些哲學問題所以被提出之理由乃是因爲我們的語言底邏輯已被誤解故。本書之全部意義可以綜括之于以下之兩語：凡全然能被說者即能清楚地被說，而凡我們所不能說者我們必須在沈默中略過。

　　這樣說來，本書之目的是想對于思想劃一界限，或寧這樣說，即：不是對于思想劃一界限，而是對于「思想之表示」劃一界限。因爲要想對于思想能夠劃一界限，我們定須去找出「界限之兩邊」爲可思的（即定須能夠去思那不能被思者）。

　　因此，那只有在語言中，界限始能被劃出，而那放在界限之其他一邊者將只是無意義。

　　我不想去判斷我的努力和其他哲學家之努力有多少相合處。實在說來，我在這裡所寫的並不要求逐條皆爲創見，而我之所以不舉出來源之故是因爲我所已陳述之思想是否已爲他人所預知這乃是不

相干之事。

我將只提這一點，即我很感激佛列格的偉大作品以及我的朋友羅素先生的著作，蓋以其激發我的思想甚多故也。

如果我這本書有任何價值，則其價值存于兩事：第一事是思想被表達于此書中，而在此點上，思想被表達的愈好——洞中肯棨的愈多——此書之價值將愈大。在這裏我意識到我對于那可能的事極不足以達成之。這只因爲我的力量太弱不足以完成此工作。希望來者能較好地爲之。

另一方面，這裡所傳達的思想之眞理性在我看起來似乎是不可攻擊的而且是確定的。因此，我相信我自己在一切要點上，已見到問題之最後的解決。而如果在此相信上我並無錯誤的話，如是，則此書之價值所存于其中的那第二事便是：它表明了當這些問題已被解決時，所達成者是如何之少！

維也納，1918，L.W.

魯維格・維特根什坦

本書的組織法

　　本書的結構不用章節而用各層的十進數組成。如1，2，3等是基層的十進數，各指示一綱領命題；1.1，1.2等又是一層的十進數，各指示此又一層的命題，是解釋基層號數1所指示之命題者；1.11，1.12等又是一層，是解釋號數1.1所指示之命題者；其他層層前進例此皆然。維氏原文有注明，其注語如下：

　　指派給各個別命題的那些十進的號數（每一命題以十進號數標之）指示那些個別命題底邏輯重要性，即在我的解釋中所置于它們身上的重量。n.1，n.2，n.3等等命題是對于號數n（no.n）命題的解釋；n.m1，n.m2，n.m3等等命題是對于號數n.m（no.n.m）命題的解釋；其他等等例此皆然。

目　次

1. 世界是那一切是「如此這般之實情」（the case）者。

1.1 世界是「事實」之綜集，不是「物」之綜集。

1.11 世界爲「事實」所決定，「而其爲事實所決定也由乎『于世界只事實便是一切』。」〔此依德文原文譯。依英譯爲：「並亦爲『事實之盡皆是事實』所決定」，不明，誤。〕

1.12 因爲事實之綜集決定那是如此之實情者，並亦決定那不是如此之實情者。

1.13 邏輯空間中之「事實」即是所謂世界。

1.2 世界分割成事實。

1.21 每一項事物，當任何別的事物仍然不變時，它可以是如此之實情，亦可以不是如此之實情。

2. 那是如此之實情者（即是說是一事實者）是「事情」（states of affairs）之存在。

2.01 一件事情（一事物之狀態）是對象（事物）底一種結合。

2.011 「事物定須是事情之可能的構成成分」這對于事物而言是本質的。

2.012 在邏輯中沒有什麼是偶然的者：如果一物能存在於一件事情中，則此事情之可能性必被寫入于〔被預斷于或被預設于〕此物之自身。

2.0121 這必應似乎是一種偶然的事，如果這事能顯示出一情況適合于一物之能早已完全依其自己而存在。〔案：一情況適合于如此之一物是不能有的，故若有一事能顯示出如此之情況，這事必應是一種偶然的事。〕

如果一物能出現于一事情中，則此可能性必須自始即已存有於該物中。

（在邏輯領域內，沒有什麼東西能夠是只是可能的。邏輯討論每一可能性，而一切可能性皆是邏輯學中所有的事實。）

恰如我們完全不能想像空間性的對象在空間之外或時間性的對象在時間之外，所以這亦不能有對象我們可想像之爲外于「與其他對象相結合」這種相結合之可能性。

如果我能想像結合于事情中的對象，我便不能想像此等對象外于這樣的結合之可能性。

2.0122 事物，當其能出現于一切可能的情況中時，則它們是獨立的，但是此種形態的獨立是一種與事情相連繫之連繫形態，一依待之形態。（名言文字依兩種不同的路數而出現，即旣單依自己而單獨地獨自出現又在命題中出現：這是不可能的事。）

2.0123 如果我知道一對象，我亦知道其出現于事情中這種出現之**全部可能性**。〔案：此依奧格登譯而譯，合原文。皮亞斯譯爲「我亦知其出現于事情中之一切可能的出現。」〕

（這些可能性中之每一可能性必須是對象底本性之一部分）。

一新的可能性並不能在以後被發見。

2.01231 如果我要去知一對象，雖然我不須知其外在的特性，我必須知其一切內在的特性。

2.0124 如果一切對象是給予了的，則同時一切可能的事情也是給予了的。

2.013 每一事物，如其所是，是存在于一「可能的事情之空間」中。此空間我能想像之爲空的，但我不能想像事物而無空間。

2.0131 一空間性的對象必須被位置于無限空間中。（一空間性的點是一目數之地位（an argument-place））。

視野中一斑點，雖然它不須是紅的，但必須有某種顏色：它是所謂為顏色空間所環繞者。音調必須有某種高低度（pitch），觸覺底對象必須有某種硬度，其他等等類然。

2.014 對象含有「一切情況」底可能性。

2.0141 「對象之出現于事情中」這一種出現之可能性就是一對象之形式〔案：意即對象存在之形態〕。

2.02 對象是單純的。

2.0201 每一關于複合體的陳述可被化解成關于複合體之構成成分之陳述，並被化解成那些「完全描述複合體」的命題。

2.021 對象構成世界之本體。此即對象何以不能是組合的之故。

2.0211 如果世界無本體，則一命題是否有意義必依靠于另一命題是否已真。

2.0212 若如此，則我們不能描寫世界之任何圖像（真的或假的）。

2.022 顯然一個想像的世界，不管它是與真實的世界如何不同，它必須有某種東西（有一**形式**）同于真實的世界。

2.023 對象恰即是那「構成此不可更改的形式」者。

2.0231 世界之本體只能決定一形式，而並不能決定任何材質的特性。因為那只有藉賴著命題，材質的特性始可被表象——只有因著對象之布置，材質的特性始可被產生。

2.0232 大體可以說，對象是無顏色的。

2.0233　如果兩個對象有同一邏輯形式，則它們間的唯一區別，離開其外在特性不言，便即是它們倆是不同的。

2.02331　或者一物有那「無其他物能有之」的特性，在此情形下，我們能直接地用一描述去使此物與其他物區別並把這一描述關涉到此一物；或者，另一方面，有若干物它們有其公共的特性之全部，在此情形下，去指述其中之某一個這是全然不可能的。

因爲如果無有足以去區別開一物者，則我便不能去區別之，蓋因若非然者，則它畢竟會被區別開。

2.024　本體即是那獨立不依于那是如此之實情者而自存在著者。

2.025　本體是形式與內容。

2.0251　空間、時間，以及顏色（被致使成爲有顏色者之顏色性 Färbigkeit）是對象之形式。

2.026　如果世界要有一不可更變的形式，茲必須有對象。

2.027　對象，不可更變者，自存者，此三者是同一會事。

2.0271　對象是那不可更變者，並是那自存者；對象底布置是那有變化者，而且是不穩定者。

2.0272　對象底布置產生事情（states of affairs）。

2.03　在一事情中，對象就像鍊子之環節一樣，互相配入。

2.031　在一事情中，對象互相間立于一決定性的關係中。

2.032　對象在一事情中所依以被連繫的那決定樣式就是事情之結構。

2.033　形式是結構底可能性。

2.034　一事實之結構是由事情之結構而組成。

2.04　存在著的事情之綜體便是世界。

2.05　存在著的事情之綜體也決定何種事情不存在。

2.06　事情之存在與不存在便是實在。

（我們也名事情之存在曰積極的事實，而名其不存在曰消極的事實。）

2.061　各事情是互相獨立的。〔案：此所以事情亦被奧格登譯爲原子事實。〕

2.062　由某一事情之存在或不存在不可能推出另一事情之存在或不存在。

2.063　實在之綜集（sum-total）便是世界。

2.1　我們把事實圖畫或摹狀給我們自己。〔依原文及奧格登直譯：我們把**事實之圖像**畫給我們自己。〕

2.11　一**圖像**呈現邏輯空間中的一個情況，即呈現事情之存在與不存在。

2.12　一圖像是實在之一模胎（model）。

2.13　在一圖像中，對象有「相應于其自己」的那圖像之成素。〔或：對象有圖像之成素。與之相應。案：意即在一圖像中圖像之成素相應于對象。〕

2.131　在一圖像中，圖像之成素是對象之代表。

2.14　那構成一圖像者就是：此圖像之成素依一決定的樣式而互相關聯。

2.141　一圖像是一事實。

2.15　「圖像之成素依一決定樣式而互相關聯」這事實表象事物依同一樣式而互相關聯。

讓我們名圖像底成素之此種連繫曰圖像之結構，讓我們名此結構之可能性曰「圖像之圖畫性的形式（pictorial form）」。〔Form der Abbildung 摹擬一圖像這種摹擬之形式。〕

2.151　圖畫性的形式〔摹擬一圖像這種摹擬之形式〕是這可能性，即：「事物依與圖像之成素所依的相同的那同一樣式而互相關聯」這可能性。

2.1511　此即明一圖像如何可被連屬于實在；一圖像直達于實在。

2.1512　它如一尺度被設下以備度量于實在。

2.15121　僅只有度級的線之端點始實際地接觸那被測量的對象。

2.1513　依此而思，一圖像也包含有圖畫性的關係〔摹擬一圖像這種摹擬的關係〕，此圖畫性的關係〔此摹擬的關係〕使圖像成為一圖像。

2.1514　圖畫性的關係〔摹擬的關係〕以「圖像底成素」與「事物」間之交互關係而組成。

2.1515　這些交互關係，如其所是，好像是圖像底成素之**觸覺器**（feelers），用這些觸覺器，圖像可以接觸到實在。

2.16　如果一事實要成為一圖像，它必須有某種東西公共于它所描畫的。

2.161　在一圖像與圖像所描畫者中必存有某種東西是同一的，存有之以便能夠去使這一個成為另一個之圖像。

2.17　一圖像所必須和實在共同有之的那個東西便是圖像之圖畫性的形式。一圖像要想能夠依其行描畫時之樣式（正確地或不正

確地）去描畫實在，它便必須和實在共有其所有之圖畫性的形式。

2.171　一圖像能描畫任何這樣的實在，即「此實在之形式即是此圖像所有的形式」這樣的實在。〔**一圖像能描畫那「其形式它亦有之」的那任何實在。**〕

一空間性的圖像能描畫任何空間性的東西，一有顏色的圖像能描畫任何有顏色的東西，其他等等類然。

2.172　但是，一圖像不能描畫其自己的圖畫性的形式：它展示它自己的圖畫性的形式。

2.173　一圖像之表象其對象〔**奧格登譯是 Objekt，皮亞斯譯及德文原稿是 Subjekt，解者云指所描畫的事情言**〕是從對象以外的一個位置而表象之。（它的立足點是它的**表象性的形式**。）此所以一圖像何以能正確地或不正確地表象其對象之故。

2.174　但是，一圖像不能把它自己置于它的表象性的形式之外。

2.18　任何圖像，不管是什麼形式，所必須和實在共同有之的那個東西便是邏輯形式，即實在底形式。任何圖像要想無論如何能夠正確地或不正確地去描畫實在，它便必須和實在共同有那邏輯形式，即實在底形式。

2.181　一圖像，其圖像性的形式是邏輯形式者，便名曰一邏輯圖像。

2.182　每一圖像**同時**是一邏輯圖像。（可是另一方面，例如並不是每一圖像是一空間圖像。）

2.19　邏輯圖像能描畫〔**或摹狀**〕世界。

2.2　一圖像有邏輯的圖畫性的形式以公共于它所描畫的者。

2.201 一圖像因著表象事情底存在與不存在之可能性而描畫實在。

2.202 一圖像表象一邏輯空間中的可能情況。

2.203 一圖像含有它所表象的情況之可能性。

2.21 一圖像契合或不契合于實在；它是正確的或不正確的，真的或假的。

2.22 一圖像之表象其所表象者是藉賴著其**圖畫性的形式**獨立不依于其真或假而表象之。

2.221 一圖像所表象者是此圖像之意義。

2.222 圖像之意義之契合或不契合于實在構成圖像之真或假。

2.223 要想去告說一圖像是否是真的抑或是假的，我們必須把此圖像拿來與實在相比較。

2.224 單從圖像本身去告說圖像是否是真或假，這乃是不可能的。

2.225 茲並無先驗真的圖像。

3. 事實之一邏輯的圖像是一思想。

3.001 「一件事情是可思的」，此所意謂者是我們能把此事情圖狀給我們自己。

3.01 真的思想之綜集是世界之一圖像。

3.02 一思想含有其所思及的情況之可能性。凡是可思的亦是可能的。

3.03 思想從不能是任何不邏輯的東西，因為，如果它真是不邏輯的東西，則我們定須不邏輯地去運思。

〔奧格登譯:「我們不能思任何不邏輯的東西,因為若非然者,我們定須不邏輯地去運思。」〕

3.031 人們常說上帝除不能創造那違反邏輯法則的東西以外能創造任何東西。這一真理是說:我們不能說一「不邏輯的」世界看起來像什麼。

3.032 在語言中去表象任何「與邏輯相矛盾」的東西之不可能正如在幾何學中用圖形之座標去表象一圖形與空間法則相矛盾之不可能,或如在幾何學中去給予一「不存在」的點底座標之不可能。

3.0321 雖然一違反物理法則的事情可以空間地被表象,但是一違反幾何法則的事情卻不能空間地被表象。

3.04 如果一思想真是先驗地正確的,則它必是這樣一種思想,即「其所自有的可能性即保證其真理性」這樣一種思想。

3.05 「先驗地知道一思想已真」這種先驗的知識必是可能的,只要此思想之真理性由此思想本身即為可認知的(用不著把它和任何其他東西相比對)。

3.1 在一命題中,一思想找到一種表示可為感官所覺知。

3.11 我們使用一個(說的或寫的)命題之可覺知的符號作為一可能情況之投影。

投影法就是去思維命題之意義。

3.12 我名我們所用以表示一思想的符號曰「命題符」,而一命題則是一「命題符」之在其對于世界之投影關係中。

3.13 一命題包含一切投影之所包含者,但只不包含那所投影者。

因此，雖然那所投影者其自身不被包含，可是那所投影者之可能性卻被包含。

因此，一命題並不現實地含有命題之意義，但實含有「表示意義」之可能性。

（「一命題之內容」意謂一個有意義的命題之內容。）

一命題含有其意義之形式，但不含有其意義之內容。

3.14　那構成一「命題符」者即是這事實即：命題符之成素（字）在命題符中互相處于一決定關係中。

一命題符是一事實。

3.141　一命題不是一堆字之混合。——（恰如一樂曲不是音符之混合。）

一命題是有關節的（articulate）。

3.142　只有事實能表示一意義，一組名字則不能。

3.143　雖然一命題符是一事實，然而此一事實爲常用的表示形式，書寫的或印刷的，所隱晦。

因爲舉例來說，在一印刷的命題中，「一命題符並不**顯見本質地有異于一字**。」〔案：此句依奧格登譯，合原文。依皮亞斯譯爲：在一命題符與一字之間並無本質的差異是顯而易見的。〕

（此即是那使佛列格可能去名一命題爲一組合的名字者。）

3.1431　如果我們想像一個由空間對象而組成的命題符（例如桌子、椅子、書），而不是一個由書寫的符號而組成的命題符，則一命題符之本質是很清楚地被看見的。

既如此，則這些事物之空間的排列將即表示命題之意義。

3.1432　我們不可說：“aRb”這個複合符表示 a 與 b 在關係

R中有關係，我們應當說：a 與 b 在某種一定關係中有關因而始成
爲 aRb。

3.144　情況能被描述，但不能被給予以名字。

（名字類乎點；命題類乎箭——它們有意義。）

3.2　在一命題中，一思想能依以下的方式而被表示，即：命
題符底成素相應于思想底對象。

3.201　我名這樣的成素曰「單純符」，名這樣的一個命題曰
「完全分解了的命題」。

3.202　被用于命題中的單純符叫做名字。

3.203　一個名字意謂一對象。對象是名字之意義。（"Ａ"
和"Ａ"爲同一符號）。〔案：意即"Ａ"之爲名與"Ａ"之爲對
象爲同一符號，如「桌子」之爲名與「桌子」之爲對象爲同一
字。〕

3.21　一情況中對象之布置相對應于命題符中單純符之布置。

3.22　在一命題中，一名字是一對象之代表。

3.221　對象只能**被名**。符號是它們的代表。我只能**提及**它
們，但我不能**表述它們**。命題只能說「事物**如何樣**存在」（how
things are），但不能說「**什麼**東西存在」（what things are）。

3.23　「單純符須是可能的」這個需要就是「意義須是決定
的」這個需要。〔直譯：單純符底可能性之要求就是意義底決定性
之要求。〕

3.24　一關于一複合體的命題和一關于該複合體之一構成成分
的命題有一內在關係。

一複合體只能因著此複合體之描述而被給予，其描述將或是對

的或是錯的。一個提及一複合體的命題，設若它所提及的複合體不存在，則它將不是**無意義的**，但只是**假的**。

當一命題性的成分指表一複合體時，其如此指表能由它所出現于其中的那些命題中之一**不決定性**而被看出。在這種情形中，我們**知道**那些命題留下有某種未被決定的東西。（事實上，一般性之符示含有一原型。）

「一複合體之符號之縮成一單純的符號」能夠在一**定義**中被表示。

3.25　一個命題有一個而且只有一個完整的分析。

3.251　一命題表示其所表示者是依一決定的樣式而表示之，此決定的樣式能夠很清楚地被擺出：一命題是有關節的。

3.26　一個名字不能再藉賴著一定義作任何進一步的剖解：它是一原始的符號。

3.261　每一有一定義的符號經由那「足以去規定之」的符號而起指表作用；而定義則指點其指表之路數或方式。

兩個符號，如若其中有一個是原始的，而另一個則是因著原始符號而被界定，則此兩符號不能依同一樣式而起符識作用。名字不能藉賴定義而被解剖。（「任何獨立地而且依其自身即有一意義」的符號也不能藉賴定義而被解剖。）

3.262　符號所不能表示者，符號底應用展示之。符號所隱略或含混過去者，符號之應用常能清楚地道說之。

3.263　原始符號之意義可藉賴著諸闡釋語（elucidations, Erläuterungen）而被解明。此等闡釋語是一些含有原始符號的命題。因此，此等闡釋語只當那些原始符號之意義早已被知時，它們

始可被理解。

3.3　只命題始有意義；只在一命題之連繫或結成中，一名字始有意義。

3.31　我名一「表出其意義之特性」的命題底任一部分曰「表式」（expression）（或亦名之曰「符式」symbol）。

（一命題其自身即是一表式。）

諸命題可互相共有一種意義，任何東西對于此諸命題所共有之意義爲基要者或本質者便是一「表式」。

一表式是一**形式**之標記並亦是一**內容**之標記。

3.311　一表式預設它能出現于其中的那一切命題之形式。它是一命題類之公共的特徵。

3.312　因此，一表式藉賴著它所使之有特徵的那諸命題之一般形式而被呈現出來。

事實上，在此一般形式中，表式將是「常項」，而其他東西則是「變項」。

3.313　這樣，一表式是藉賴著一變項而被呈現，此所藉賴之變項之值便是含有該表式的諸命題。

（在有限制的情形中，變項變成一常項，表式變成一命題。）

我名這樣一個變項〔即可被藉以呈現表式的那變項〕曰「命題性的變項」。〔簡之亦譯「命題變項」。變項以命題爲其值，故可名變項爲「命題變項」。〕

3.314　一表式只在一命題中有意義。一切變項皆可被解釋爲「命題變項」。

（甚至變項名字亦然。）

3.315　如果我們把一命題底構成成分轉成一變項，則即有一命題類，這一命題類中之一切命題皆是由轉成變項而結成的「變項命題」之值。一般說來，此一命題類也將依待于這意義，即「我們的隨意約定所給予原命題底部分」的那意義。但是，如果原命題中那「有隨意地決定了的意義」的一切符號皆轉成變項，我們將仍得到此種變項之命題類。但是，此一命題類並不依靠于任何約定，但只依靠于命題之本性。它相應于一邏輯形式——一邏輯原型。

3.316　一命題性的變項可取得什麼值，這是某種被訂定的事。值之訂定（stipulation）是變項。

3.317　對于一命題性的變項去訂定其值就是去給出命題，變項就是所給出的諸命題之公共特徵。

訂定就是對于所給出的那些命題的一種描述。

因此，訂定將只有關于**符式**（symbol），並不有關于符式之意義。

而訂定之唯一本質的事便是：它只是符式之描述，而關于那為符式所表示者它一無所陳述。

命題之描述如何被產生則不是本質的。

3.318　就像佛列格與羅素一樣，我亦把一命題解釋為即含于此命題中的諸表式之一函值。

3.32　一符號是那可被覺知為屬于一「符式」者。

3.321　即如此，則同一符號（寫的或說的等）能夠公共于兩個不同的符式——在此情形下，此兩不同的符式將依不同的路數〔樣式〕而符識著。

3.322　我們用同一符號去符識兩個不同的對象，如果我們之

用之是以兩不同的「符識模式」（modes of signification）而用之，則我們之用之以符識兩不同的對象決不能指示兩不同的對象之一公共的特徵。當然這是因為符號是隨意的。因此，我們能選用兩不同的符號以代同一符號，這樣在「用符號以識之」這符識活動之一邊將有什麼公共的東西留下來呢？

3.323　在日常語言裡，常有以下的情形，即：同一字有不同的「符識模式」（因而屬不同的符式），或那有不同的符識模式的兩個字依那表面是同一樣式者而被使用于命題中。

這樣，「是」這個字可以形顯為「係詞」，又可形顯為「等號」，又可形顯為表示存在；動詞「存在」（exist）可以形顯為一不及物動詞如「走去」（go）動詞之為不及物者，而「同一的」則形顯為一形容詞；我們說「某物」，但亦說某物之發生。

（在「Green 是 green」這個命題中，第一個 Green 是人名格林，第二個 green 是形容詞綠的。這些字不只有不同的意義，它們是不同的符式。）

3.324　依此而言，最基本的混擾是很容易產生出來的（全部哲學是充滿這些混擾）。

3.325　要避免這些錯誤，我們必須使用一「符號語言」以排除之，即不為不同的符式而用同一符號，亦不依一表面相似的樣式而使用那有不同的「符識模式」的符號，這樣便可排除之。那就是說，我們必須使用一為邏輯文法——為邏輯語法所管轄的符號語言以排除那些錯誤。

（佛列格與羅素所用的概念符示就是這種語言，雖然他們的概念符示誠不能排除一切錯誤。）

3.326　要想因著符式之符號而確認一符式，我們必須觀察一符式如何能有意義地被使用。

3.327　一符號倘若它不與它的「邏輯語法的使用」和在一起被採用，它便不能決定一邏輯形式。

3.328　如果一符號是無用的，它便是無意義的。此即是奧坎的格言之要義。

（如果任何東西處理得好似一符號有意義那麼樣，則它便實有意義。）

3.33　在邏輯語法中，一符號之意義決不能表演一角色。去建立邏輯語法而無須提到符號之意義，這必須是可能的。只表式之描述可被預設。

3.331　由此觀察，我們轉到羅素的「類型說」。那很可以被看出，即：羅素必是錯的，因為當他為符號建立規律時，他須提到符號之意義。

3.332　沒有命題能夠關于其自己作一陳述，因為一命題符不能含在其自身中（此即是「類型」說之全部）。

3.333　一函值不能是其自己之目數（argument）之故是：一函值之符號早已含有其目數之原型，它不能含有其自己。

設讓我假設 F（fx）這個函值能是其自己之目數：如此，茲必有"F（F（fx））"這麼一個命題，在此命題中，外面那個函值 F 與內面那個函值 F 必須有不同的意義，因為裡面的 F 有"ø（fx）"這個形式，而外面的 F 則有"Ψ（ø（fx））"這個形式。只 F 這個字母公共于兩個函值，但這個字母其自身一無所符識。

此義將直接變成淸楚的，如果我們不寫 " F（Fu）" ，而寫 " （∃ø）：F（øu）·øu＝Fu " 。

這樣便可解決羅素的詭論。

3.334　一旦我們知道了每一個別符號如何表現其符識作用時，則邏輯句法底規律自必不言而喻矣。

3.34　一命題有本質的特徵與偶然的特徵。

偶然的特徵便是那些由「『命題符所依以被產生』的那特殊路數而結成」的特徵。本質的特徵則是那些「若無之，命題便不能表示其意義」的特徵。

3.341　這樣，那在一命題中是本質的者便是那一切「能表示同一意義」的命題所共有之者。

而同樣，一般地說來，那在一符式中是本質的者便是那一切「能適合同一目的」的符式所共有之者。

3.3411　這樣，我們能說：一對象之眞實名字就是一切「符識該對象」的符式所已共有之的那個名字。這樣，一切種組合，一一看來，終被見爲對于一名字而言是非本質的者。

3.342　雖然在我們的符示中有某種隨意的事，然而以下一點卻並不是隨意的，即：「當我們已隨意地決定了一物時，某種別的事即必然地隨之是如此」這一點卻不是隨意的。（這乃由符示之本質而引生出者。）

2.3421　一「以符符識」之特殊模式可以是不重要的，但它是一可能的「符識模式」這卻總是重要的。而在哲學中，一般地說來，情形也是如此。一次又一次，個別情形顯示不重要，但是每一個別情形之可能性卻顯露出某種有關于世界之本質的事。

3.343 定義是從此一語言翻譯成另一種語言這種翻譯上之規律。任何正確的「符號語言」必須是依照這樣的規律而爲可譯成任何其他另一種語言者；此就是一切它們所共有之者。

3.344 那依一符式而符識著者便是那于一切符式爲公共者，所謂一切符式即是「邏輯句法底規律允許我們去代之」的那一切符式。

3.3441 例如，我們能依以下的路數表示那「公共于一切『眞假函值』（truth-functions）之符示」者，即：舉例言之，一切眞假函值之符示公共地皆有以下之情形，即「使用"～p"以及"pvq"」的那個符示能被用以代替一切眞假函值之符示中之任一眞假函值之符示。

（此足特顯出這路數，即「某種一般性的東西在其中因著一特殊的符示之可能性而被顯露」的那路數。）

3.3442 分析也不能依一隨意的樣式〔路數〕來化解一複合體之符號，這樣，複合體之符號每次組于一不同的命題中即須有一不同的化解。

3.4 一命題決定一邏輯空間中的地位。此邏輯地位之存在是爲純然的構成成分之存在所保證——爲具有一意義的命題之存在所保證。

3.41 命題符連同著「邏輯的互相對應」〔命題符之成素與其所代表的對象間的連繫〕——那就是邏輯的地位。

3.411 在幾何中和在邏輯中皆一樣，一地位就是一可能性：某種事能存在于其中。

3.42 一命題只能決定邏輯空間中的一個地位：縱然如此，邏

輯空間之全部必須早已為此一命題所給予。

（非然者，否定、邏輯和邏輯積等必會引出多而又多的新成素——在互相對應關係中。）

（環繞一圖像的「邏輯鷹架」決定邏輯空間。一命題之力量通至邏輯空間之全部。）

3.5 一命題符，應用的以及被思的，是一思想。

4. 一思想是一具有一意義的命題。

4.001 全部命題之綜集就是語言。

4.002 人有能力去構造那能表示任何意義的語言，而無須想到每一字如何有意義或其意義是什麼，此恰如人們用不著知道個個聲音如何被產生〔發出〕而即會說話一樣。

日常語言是人類機體底一部分，且並不比人類機體更少複雜。

直接從日常語言去猜想語言底邏輯是什麼，這並不是人力地（humanly）可能的。

語言掩飾思想。從外部的服飾形式不可能去推斷服飾下面的思想之形式，因為外部的服飾形式並不是設計出來想去顯露人體形式，乃是為完全不同的目的而設計出來。

日常語言底理解所依靠的默認的慣例是非常之複雜的。

4.003 見于哲學作品中的許多命題與問題並不是假的，而是**無意義的**。結果，對于這類的問題，我們不能給以任何答覆，但只能指出它們是**無意義的**。哲學家底好多命題與問題是從我們不能理解我們的語言之邏輯而發生。

（它們就像「善是否比美為更同一抑或比美為較少同一」這問題一樣，它們與這問題為屬于同類者。）

而此亦無足怪，即：深奧的問題事實上實不是問題。

4.0031　一切哲學是「語言之批判」（雖然不是 Mauthner 意義的）。羅素指明命題之表面的邏輯形式並不必是其眞實的形式。

4.01　一命題是實在之一圖像。

我們可想像一命題是實在之一模型（model）。

4.011　初看，一命題（例如排印在紙上的一個命題）似乎並不是它所關涉的實在之一圖像。但是，寫出的音符初看也並不是一段樂曲之圖像，我們的發音符（a、b、c、d 等）初看也並不是我們的語言之一圖像。

但是這些「符號語言」證實是它們所表象者之圖像，甚至依普遍意義而言亦是如此。

4.012　顯然一個 " aRb " 形式之命題我們可視之爲一圖像（strikes us as a picture）。〔依德文原文直譯：顯然我們覺得一 " aRb " 形式之命題爲一圖像。〕依此情形而言，符號顯然是符識者之一相似物。

4.013　而如果我們深入此圖像性格之本質，我們見到它並不**爲表面的不規則性**（如樂符中 ♯ 及 ♭ 之使用）所損傷。

因爲甚至這些不規則性也把它們所想去表示者描畫出來；只是這些不規則性依不同的路數把其所欲表示者描畫之而已。

4.014　一留聲機的錄音、音樂思想〔觀念〕、書寫的音符、音波，這一切皆互相間有這同樣的內在的摹狀關係，即和那存在于語言與世界間者爲同樣的內在的摹狀關係。

它們一切皆依照一個共同的邏輯模型而被構造出。

（就像神仙故事中的兩個青年人、他們的兩匹馬、他們的百合

花一樣。在某意義，它們一切盡皆是一個模子。）

4.0141　茲有一**一般的規律**，藉賴著此規律，音樂家能由樂譜達成交響樂，而此規律復又使從錄音記錄上的槽轍去引生出交響樂爲可能，而由于使用**最先的規律**，它復使去再次引生出樂譜爲可能。此所云云就是那構成這內在的相似性者，此所謂內在的相似性就是那些似乎依完全不同的路數而被構造起的諸事物間的內在相似性。而那個最先的規律就是投影律，此投影律乃即把交響樂投影成音樂符示之語言者。那個最先的規律就是把此音樂符示之語言**翻譯**成留聲機錄音之語言之規律。

4.015　一切雕像之可能，一切我們的圖像式的表示模式之可能，皆是含在「摹狀邏輯」（logic of depiction）中。

4.016　要想了解一命題之本質的特性，我們必應考慮象形書體（hieroglyphic script），此種書體描繪它所描寫的事實。

字母書體由象形書體而發展出而並未喪失那對于描繪爲本質者。

4.02　此義我們可從這事實，即：「我們了解一命題符號之意義而無須此命題符號之被說明」之事實，來看出。

4.021　一命題是實在之一圖像：因爲如果我了解一命題，我便知道此命題所表象之情況。而我了解命題亦無須其意義已被說明。

4.022　一命題**展示**其意義。

一命題，**如果**它是眞的，它展示事物如何樣存在。而一命題亦陳說事物如此樣存在。

4.023　一命題必須把實在限制于兩種交替應答：是或不是。

要想作到這一步，它必須完整地描述實在。

一命題是一件事情之描述。

恰如一對象之描述，一命題描述一對象是因著給出對象之外在特性而描述之，所以一命題描述實在是因著給出實在之內在特性而描述之。

一命題構造一世界是以一「邏輯鷹架」之助而構造之，這樣，如若一命題是真的，一個人能由此命題現實地看見任何東西**如何邏輯地存在著**。一個人能由一假命題**作出推斷**。

4.024　去理解一命題意謂：去知道如是這般之實情是什麼，如若這命題是真的。

（因此，一個人能理解一命題而無須知其是否是真。）

一命題之被理解是被任何「知其構成成分」的人所理解。

4.025　當把一種語言翻譯成另一種語言時，我們並不是因著「把此一語言之每一命題翻譯成另一種語言之命題」之辦法而進行，但只因著「翻譯命題之構成成分」之辦法而進行。

（字典不只翻譯實體字，且亦翻譯動字、形容字以及連結字等等；字典處理這一切是依同一路數而處理之。）

4.026　單純符號（字）之意義必須被說明給我們，如若我們想去了解它們。

但是我們以命題使我們自己被理解〔**意即我們以命題把我們的意思表達明白**〕。

4.027　命題必應能夠去傳達一**新**的意思給我們，這乃屬于一命題之本質。

4.03　一命題必須用舊的表式去傳達一新的意思。

　　一命題把一境況傳達給我們，因而它必須是與境況本質地相連繫起來的。

　　而這連繫確然是如此，即：一命題是**境況**之**邏輯圖像**。

　　一命題之可以陳述什麼事是只當它是一圖像時它始能陳述之。

　　4.031　在一命題中，一境況（Sachlage）恰像是由試驗而被構造起的。

　　我們不說「此命題有如此這般之意義」，我們只說「此命題表象如此這般之境況」。

　　4.0311　一個名字代表此一物，另一名字代表另一物，名字與名字互相被結合起來。依此路，其所結成的整群就像一幅活人畫（tableau vivant）一樣，表象一件事情。

　　4.0312　命題之可能性基於這原則，即：諸對象有「符號」作為它們的代表。

　　我的基本觀念是：「邏輯常項」不是代表；茲並不能有「事實底**邏輯**」之代表。

　　4.032　只當一命題是邏輯地有關節的時，它才是一情況之圖像。

　　（即使"Ambulo"這個命題，它亦是組合的；因為其具有一不同結尾的語幹產生一不同的意義，而其具有一不同語幹的結尾也產生一不同的意義。）

　　4.04　在一命題中，必須有許多可區別的部分，其多必須準確地恰如其所表象之情況中的部分那樣多。

　　這兩方面必須有同一的邏輯的（數學的）眾多性。（可比觀Hertz的論動力模型的《機械力學》。）

4.041　當然，此種數學的衆多性其自身不能成爲描畫之主題。可是一個人當作描畫時，不能離開它。

4.0411　例如，如果我們想去表示我們現在寫爲“（x）.fx”者，用另一種方法寫之，即在“fx”前面加上繫首語，如寫爲“Gen.fx”以表示之，此必不是適宜的：我們必應不知什麼是被**一般化了**的。如果我們想用一個繫尾語“g”，例如寫爲“f（Xg）”去符識之，此必亦不是適宜的：我們必應不知「此一般性之符號」之範圍。

如果我們試想因著把一個記號引進于「目數地位」中去爲之——例如因著寫成

“（G,G）.F（G,G）”

之樣式而去爲之——此必應不是適宜的：我們必不能夠去建立變項之同一性。類此等等。

一切這些符識之模式皆是不適宜的，因爲它們缺乏這必要的數學衆多性。

4.0412　同一理由，觀念主義者的訴諸「空間觀景」也是不適宜于去說明「觀看空間關係」的，因爲空間觀景不能說明這些空間關係之衆多性。

4.05　實在與命題相比對。

4.06　一命題之能爲眞或假只由于其爲實在之一圖像。

4.061　我們必不要忽略：一命題可有一獨立不依于事實之意義：非然者，一個人能夠很容易設想眞與假是符號與符號所符識者間的相等地位之關係。

若眞是這樣相等地位之關係，則一個人能說：“p”依眞之路

數去符識那 " ～p " 依假之路數所符識者。

　　4.062　我們豈不能以假命題一如至今我們之以眞命題那麼樣來使我們自己被了解〔來表達我們自己的意思〕嗎？（只要我們知道所謂假命題是表示這些命題被意謂是假的。）不能！因爲一命題是眞的是只當我們用之以說：事物依一定樣式而處于如此之情況中，而此事物亦確實如此處于如此之情況中：只當如此云云時，它才是眞的。而如果所謂 " p "，我們意謂 " ～p "，而事物所處之狀況亦如我們所意謂于它們所處者那樣而實是處于如此之狀況中，如是，設依新路數以解之，則 p 是眞的而不是假的。

　　4.0621　但是 " p " 與 " ～p " 這兩個符號能說同一事，這是很重要的。因爲這表示在實在中沒有什麼東西可以相應于 " ～ " 這個符號。

　　否定之出現于一命題中並不足夠把否定之（～～p＝p）這個意義之特徵表示出來。

　　" p " 與 " ～p " 這兩個命題有相對反的意義，但是對應于它們者卻只同一實在。

　　4.063　設用一類比去說明「眞」之概念：試想像一個黑點在一張白紙上：你可以這樣描述這個點之形狀，即：就紙上的每一點，你可以問說：它是否是黑的抑或是白的。對于「點是黑的」這一事實，有一積極的事實與之相應，而對于「點是白的」（不是黑的）這一事實，則有消極的事實與之相應。如果我在紙上指派一個點（依照佛列格，指派一眞假值），則此指派即相對應于那爲判斷而被提出之假設，云云。

　　但是要想能夠去說一個點是黑的或是白的，我必須首先知道什

麼時候一個點被名曰黑的，什麼時候一個點被名曰白的。要想能夠去說"p"是眞的（或假的），我必須已決定在什麼情況下我名"p"爲眞，而在如此決定中，我即決定了命題之意義。

現在，比喻無效處是這一點，即：我們能指示一個點于紙上，縱使我們並不知什麼是黑的什麼是白的；但是如果一個命題無意義，則便沒有什麼東西可以相應于它，因爲它不能指派一個「可有那『被名曰眞或假』的特性」的事物（即是說，它不能指派一眞假值）。一命題之動詞並不是「是眞的」或「是假的」，如佛列格之所想。倒反是這樣的，即：那「是眞的」者必須早已含有動詞。

4.064　每一命題必須早已有一意義：一命題不能因著肯定而被給予一意義。實在說來，其意義恰即是所肯定者。此理同樣適用于否定，等等。

4.0641　一個人能說：否定必須關聯于那「爲否定了的命題（negated proposition）所決定」的邏輯地位。

有否定作用的命題（the negating proposition）其所決定之邏輯地位是一不同于否定了的命題之邏輯地位者。

有否定作用的命題其決定一邏輯地位是以否定了的命題底邏輯地位之助而決定之。因爲有否定作用的命題描述其邏輯地位爲在否定了的命題之邏輯地位之外的。

被否定了的命題復又可被否定，而這一點其自身即表示那被否定者早已是一命題，而並不是某種對于一命題爲初步預備的東西。

4.1　命題表象事情之存在與不存在。

4.11　眞的命題之綜體就是自然科學之全部（或說自然科學之全集 whole corpus）。

4.111　哲學不是自然科學中之一門。

（「哲學」一詞必須意謂某種東西其地位是在自然科學之**上面**或**下面**，而並不是在它們**旁面**與之為**並列**）。

4.112　哲學意在思想之邏輯的釐清。

哲學不是**一堆主張**，但只是一種**活動**。

一哲學作品本質說來是以說明而構成。

哲學並不以「哲學的命題」為結果，但只以「命題之釐清」為結果。

若無哲學，思想，如其所是，是含混不清而且是不分明的：哲學之工作是使思想成為清楚的，而且是給思想以明晰的界限。

4.1121　心理學並不比任何其他自然科學更密切地關聯于哲學。

知識底學說是心理學底哲學。

我的符號語言之研究豈不相應于那「哲學家常視之為對于邏輯哲學為如此之基要」的思想歷程之研究乎？只是在好多情形下，哲學家們常糾纏于非重要的心理學的研究中，而就我的方法而言，亦有一類似的危險。

4.1122　達爾文的學說並不比自然科學中的任何其他假設更有關于哲學。

4.113　哲學對于自然科學底許多起爭辯的領域劃定一範圍而限制之。

4.114　哲學必須對于那能被思想者劃定範圍；而在如此劃定中，它亦必須對于那不能被思想者劃定範圍。

哲學必須因著從外部經由那能被思想者對于那不能被思想者劃

定範圍。

4.115　哲學將因著清楚地呈現那**能被說**者而指表那**不能被說**者。

4.116　任何全然**能被思**的東西皆能**清楚地被思**。任何能被置於文字中者意即**能被表述**者皆能**清楚地被表述**。

4.12　命題能表象全部實在，但它們卻不能表象那種東西，即「它們所必須與實在共同有之，有之以便能去表象實在」的那種東西，即**邏輯形式**那種東西──它們**不能表象邏輯形式**。

要想能夠去表象邏輯形式，我們定須能夠去把我們自己與命題安置于**邏輯外**的某處，即是說，安置于**世界外**的某處。

4.121　命題不能表象邏輯形式：邏輯形式**反映**於命題中。

凡在語言中找到**其反映**者，語言便不能**表象**之。

凡自示**其自己**于語言中者，**我們便不能藉賴著語言**以表示之。

命題**顯示**（show）實在之邏輯形式。

命題**展示**（display）實在之邏輯形式。

4.1211　這樣，一個命題" fa "顯示對象 a 依此命題之意義而**出現**。〔Max Black 注云：「簡言之：此命題說及 a」。（因爲命題之意義是一可能的情況，故對象 a 當作此可能情況之構成成分而出現。）〕兩個命題" fa "與" ga "顯示同一對象既在" fa "中被說及，又在" ga "中被說及，即在它們兩者中被說及。

如果兩個命題互相矛盾，則它們的結構即顯示其爲互相矛盾；如果兩命題中之此一命題隨另一命題而來，則亦是它們的結構顯示爲如此。依此類推，其他皆然。

4.1212　凡**只能**被顯示者**不能**被說。

4.1213　現在，我們亦了解了我們的這個感覺，即：一旦我們有了一「符號語言」，在此符號語言中，每一東西盡皆是對的，如是，則我們便早已有一正確的邏輯觀點。

4.122　在某一意義，我們能談及對象與事情之形式特性，或在事實之情形中談及結構性的特性：而在同一意義中，我們亦能談及形式的關係與結構性的關係。

（我亦說「內在的特性」以代「結構性的特性」；亦說「內在的關係」以代「結構性的關係」。）

（我引出這些詞語為的要指示內在關係與關係當身（外在關係）間的混擾之根源，此混擾很流行于哲學家間。）

但是，「藉賴著命題去斷定說：這樣的內在特性與內在關係可以確立」，這是不可能的：倒反是這樣的，即：「內在特性與內在關係之確立」這一義它使其自己顯現于那些「表象相干的事情並有關于相干的對象」的諸命題中。

4.1221　一事實之內在特性亦可叫做是該事實之一特徵（意如吾人說面部特徵之特徵）。

4.123　一特性是內在的，如果「此特性所屬之對象不具有之」這是不可思議的時。

（此一藍度與彼一藍度其自身即處于從較淺到較深之內在關係中。「此兩對象若不處于此關係中」是不可思議的。）

（在這裡，「對象」這字之轉換使用相應于「特性」字與「關係」字之轉換使用。）

4.124　一可能情況之一內在特性之存在並不是藉賴著一命題而被表示的：它倒是表示其自己于「表象該情況」的命題中，命題

之表象該情況是藉賴著此命題之一內在特性而表象之。

「去肯斷一命題有一形式特性」之為無意義恰如「去否決其有一形式特性」之為無意義。

4.1241　我們區別兩形式之互相不同，若說此一形式有此一特性，彼一形式有彼一特性，因著如此說而區別之，這乃是不可能的。因為這說法是預設了以下一義，即：它使「去把或此或彼之特性歸給或此或彼之形式」為有意義。

4.125　可能情況間的一內在關係之存在是自示其自己于語言中，其自示其自己于語言中是藉賴著「表象這些可能情況」的命題間的一內在關係而然。

4.1251　在這裡，我們對于「是否一切關係皆是內在的抑或皆是外在的」這起爭辯的問題有一答覆。

4.1252　我名因一內在關係而序列成的系列曰**形式之系列**。

數目系列之次序並不為**外在關係**所決定，但只為**內在關係**所決定。〔依德文原文直譯：數目系列並不由外在關係序列成，但只由內在關係序列成。〕

下面命題之系列亦然：

aRb

（∃x）：aRx.xRb,

（∃x,y）：aRx.xRy.yRb,

等等。

（如果 b 對于 a 立于這些關係中之一關係，我名 b 是 a 之一後繼者。）

4.126　現在我們可以談「形式概念」，所謂形式概念其意同

于我們說「形式特性」。

（我引出此詞為的要顯示「形式概念」與「概念當身」間的混擾之來源，此種混擾充滿全部傳統邏輯。）

當某種東西落于一形式概念之下以為此概念底對象之一時，此則不能藉賴一命題而被表示。那是表示于符識此對象之符號中。（一名字表示它指表一對象，符識一數目的符號表示它指表一數目，等等。）

形式概念，事實上，不能像概念當身那樣可藉賴著一函值（a function）而被表象。

因為形式概念底特徵，即其形式特性，並不是藉賴著函值而被表示的。

表示一形式特性的表式就是某些符式之特點〔面貌〕。

因此，符識一形式概念底特徵的**符號**就是那一切**符式**，即其意義落于該概念下的那一切**符式**底一顯著的特點〔面貌〕。

因而表示一形式概念的**表式**就是一**命題變項**，在此命題變項中，單此顯著的特點〔面貌〕才是**常項**。

4.127　命題變項指表形式概念，而此命題變項之**值**則指表落于該概念下的**對象**。

4.1271　每一變項是符識一形式概念的符號。

因為每一變項表象其一切值所具有的一定常形式，而此一定常形式可視為是那些值之一形式特性。

4.1272　這樣說來，" x "這個變項名字是**對象**這個**虛假概念**（pseudo-concept）之適當符號。

只要當「對象」（「物」、「東西」等）這個字是正確地被使

用時，則它即因著一**變項名字**而被表示於**概念性的符示**中。

例如，在「茲有兩個對象云云」這個命題中，對象（物、東西）是為 " (∃x，y) …… " 這個符示所表示。(x、y 是變項名字，代表兩個對象，" (∃x，y) …… " 為概念性的符示。)

可是只要當它在另一不同的路數中被使用，即是說，當它作為一「**專有的概念字**」(a proper concept-word) 而被使用時，則由此使用而成的結果便是**無意義的假偽命題**(pseudo-proposition)。

例如，一個人不能如其可說「茲有幾本書」那樣而說「茲有幾個對象」。而這也恰如我們不可說「茲有100對象」或「茲有無限個對象〔ℵ₀對象〕」。

而去說「**對象底綜數**」(the total number of objects) 這也是無意義的。

這道理同樣應用于「複合」、「事實」、「函值」、「數目」這些字。

它們一切皆指表**形式概念**，而且皆因著**變項**而被表示于概念性的符示中，並不因著**函值**或**類**（如佛列格與羅素所信者）而被表示于概念性的符示中。

「1是一數」，「只有一個零」，以及一切這類的辭語，皆是無意義的。

（這也恰如說「只有一個1」為無意義，因為若如此，那必應說「2＋2在三點鐘時等于4」。)

4.12721　一旦一形式概念是給予了的，則落于其下的任何對象也同時即刻是給予了的。因此，去引出屬于一形式概念的對象以及形式概念本身以為**原始觀念**(primitive ideas)，這並不是可能

的。因而例如，去引出「一函值之概念」與「幾個個別的函值」這兩者以爲原始觀念，如羅素之所爲，這也是不可能的；或不然，去引出「一數目之概念」與「各別的特殊的數目」這兩者以爲**原始觀念**這亦是不可能的。

4.1273　如果我們想在概念性的符示中去表示「b 是 a 之一後繼者」這個一般性的命題，則我們需要一表示「形式系列底一般詞項」之表式，如：

aRb，

（∃x）：aRx・xRb，

（∃x，y）：aRx・xRy・yRb，

……

要想去表示「一形式系列底一般詞項」，則我們必須使用一變項，因爲「形式系列底詞項」這概念是一形式概念。（此是佛列格與羅素所忽略者：結果，他們所依以去表示一般命題如上所列者之路數是不正確的；它含有一惡性的循環。）

我們之能決定一形式系列底一般詞項是因著給出此系列之首項以及那產生次項〔由先于此次項之命題而產生次項〕之一般**運作方式**而決定之。

4.1274　「去問是否一形式概念存在」，這是無意義的。因爲對于這樣的問題，沒有命題能夠成爲一個答覆。

（因此，例如「有不可分析的主謂命題嗎？」這個問題亦同樣不能提出來質問。）

4.128　邏輯形式是**沒有**數目的〔**不可以數表明的** anumerical, zahllos〕。

因此，在邏輯中並沒有特出的數目（preeminent numbers），因而亦無哲學的一元論或二元論等之可能性。

4.2　一命題之意義是其與事情之存在與不存在底可能性相契合與不相契合。

4.21　最簡單的命題，一元素性的命題，肯斷一事情之存在。

4.211　一命題若不能有其他元素性的命題與之相矛盾，這便就是「此一命題之成為一元素性的命題」之信號。

4.22　一元素性的命題由**名字**而組成。它是諸名字底一種**連繫**（nexus），諸名字底一種**鏈鎖**（concatenation）。

4.221　顯然，命題之分析必須使我們回到那些由直接結合中的名字而組成的元素性的命題上。

可是這發生這問題，即：「名字之直接的結合如何發生于命題中」之問題。

4.2211　縱使世界是無限地複雜的，以致每一「事實」皆由無限多的「事情」而組成，而每一事情又由無限多的「對象」而組成，縱使是如此云云，茲必仍然須存有對象與事情。

4.23　那只是在一元素命題之**結成**中一個名字始出現于一命題。〔案：元素命題是名字底一種連繫，亦可以說由名字底連繫而結成。合看4.22。〕

4.24　名字是單純符號，我以 x、y、z 字母指示之。

我把元素命題寫為名字底函值，如是，元素命題遂有" fx "、" ø（x,y）"等之形式。

要不然，我以 p、q、r 等字母指示之。

4.241　當我以同一意義使用兩個符號時，我以" = "號放在

它們之間表示之。

這樣 " a = b " 意謂 " b " 符可以代替 " a " 符。

（如果我用一等式去引出一新符 " b " ，引出之以便 " b " 符將充作早已被知的 " a " 符之代替物，如是，就像羅素那樣，我以 " a = b Df " 之方式寫這等式，這作定義看的等式。一定義是處理符號的一個規律。）

4.242　因此，" a = b " 形式之表示只是表象性的策略〔辦法〕。這類的表式關于符號 " a " 與符號 " b " 之意義一無所說。

4.243　我們能了解兩個名字而卻不知它們是否指表同一物抑或指表不同物嗎？我們能了解兩個名字出現于其中的命題而卻不知此兩名字之意義是否相同抑或不同嗎？

設我知一英文字之意義以及意謂同一意義的德文字之意義，則我不可能不知此英德兩字意謂同一意義；我必能夠交互翻譯之。

像 " a = a " 這樣的表式，以及那些由此而引申出的表式，凡此類表式既不是元素性的命題，亦無任何其他路數它們可依之以有意義。（此在後面將成為自明的）。

4.25　如果一元素命題是真的，則事情即存在；如果一元素命題是假的，則事情便不存在。

4.26　如果一切真的元素命題已被給予，則結果便是對于世界作成一完整的描述。世界是因著給出一切元素命題，並加上其中那個是真的那個是假的，而完整地被描述。〔依德文原文直譯：一切真的元素命題之詳舉完整地描述了世界。世界是因著一切元素命題之詳舉加上其中那個是真的那個是假的之詳舉而完整被描述。〕

4.27 就 n 個事情而言，就有 $k_n = \sum_{v=0}^{n} \binom{n}{v}$ 這麼多的存在與不存在之可能性。

這些事情之任一結合存在而其餘之結合不存在，這乃是可能的。

4.28 相應于〔n 個事情底〕這些結合，n 個元素性的命題有其相同的真假可能性之數目以對應之。

4.3 元素性的命題底真假可能性意謂事情底存在與不存在之可能性。

4.31 我們可用下面所列的圖式表象真假可能性（元素命題行下的那些＋、－號表示它們的真假可能性，此則很易理解）：

p	q	r		p	q		p
(1)＋	＋	＋		(1)＋	＋		(1)＋
(2)－	＋	＋		(2)－	＋		(2)－
(3)＋	－	＋		(3)＋	－		
(4)＋	＋	－		(4)－	－		
(5)－	－	＋					
(6)－	＋	－					
(7)＋	－	－					
(8)－	－	－					

〔案：三個命題有八個真假可能性，兩個命題有四個真假可能性，一個命題有兩個真假可能性。又原文＋、－號用 T、F 表示，T 表真，F 表假。茲改為＋、－號。又案三個命題 p、q、r 的那八個真假可能，兩個命題 p、q 的四個真假可能，一個命題 p 的兩個真假可能，可分別寫為：

(1)pqr　　　(1)pq　　　(1)p

(2) – pqr　　(2) – pq　　(2) – p

(3)p – qr　　(3)p – q

(4)pq – r　　(4) – p – q

(5) – p – qr

(6) – pq – r

(7)p – q – r

(8) – p – q – r

此則較方便認取。〕

4.4　一命題是與元素性的命題眞假可能性相合或不相合底一種表式。

4.41　元素性的命題底眞假可能性是命題底眞與假之條件。

4.411　「引出元素性的命題以爲了解一切其他種命題供給基礎」，這一點可直接地令人想之爲**或然的**。不過實在說來，一般命題之理解顯明地實依靠于元素性的命題底理解。

4.42　就 n 個元素性的命題而言，有 $\sum_{k=0}^{k_n} \binom{k_n}{k} = Ln$個路數，依此等路數，一個命題可與這些元素命題底眞假可能性相合或不相合。

4.43　在上列圖式中，我們可因著于眞假可能性上標識之以記號＋來表示一命題與元素性的命題底眞假可能性相契合。〔案：原文用記號"T"（眞），茲亦改爲"＋"。〕

此記號之不存在意謂不相契合。

4.431　與元素性的命題底眞假可能性相契合與不相契合之「表式」表示一命題之眞假條件。

一命題是其眞假條件之表式。

（當佛列格解明他的概念性的符示之符號時，去使用命題之眞假條件爲一起點，他是完全對的。但是佛列格所給的眞假概念之說明卻是錯誤的：如果「眞」及「假」眞是對象，而且眞是～p等等中的目數（arguments），則佛列格之決定"～p"之意義之方法必使～p成爲完全未被決定的。）

4.44　我們可將記號"T"〔＋〕與諸眞假可能性相關聯起來，由這種相關聯而結成的符號便是一「命題符號」。

〔案：「將記號"T"與諸眞假可能性相關聯起來」這說法太專家化，實即于諸眞假可能性處標誌之以T而已。"T"代表眞，用"＋"表示亦可。"F"代表假，用"－"亦可。見下4.442中之圖式。〕

4.441　顯然，符號"F"與"T"之複合並無**對象**（或對象之複合）以相應之，恰如沒有**對象**相應于水平線與垂直線或相應于括弧。這即是說，茲並無「邏輯對象」。

此義自然亦應用于彼一切符號，即表示那諸"**T**"及諸"**F**"之圖式所表示者之一切符號。

4.442　例如下列圖式是一**命題符號**：

p	q	p⊃q
(1) ＋　＋		＋（T）
(2) －　＋		＋（T）
(3) ＋　－		－（F）
(4) －　－		＋（T）

（佛列格之**判斷符**" ├ "邏輯地說來完全無意義：在佛列格（及羅素）之著作中，此符簡單地只指示這兩位作者主張標識之以此符的命題是真的。這樣說來，" ├ "不過是命題之**號數**，除此以外，不會更是一命題之構成成分。去說一命題其本身是真的，這對一命題而言是完全不可能的。）

〔案：《數學原理》中套套邏輯地推演出的命題即客觀地成立的命題，前面皆有一**斷定符**" ├ "，如：" ├ : p·p⊃q·⊃·q "。維氏以為此" ├ "是多餘的，完全無意義。〕

如果在一圖式中真假可能性之次序是因著一結合規律而弄成固定的，則最後一欄將自是真假條件之表示。如果我們現在把此縱欄寫成一橫排，則**命題符號**將成為：

（TT－T）（p，q）

或寫成下列將更為顯明：

（TTFT）（p，q）

（右手邊的那一副中的位數〔即（p，q）〕，是為左手邊的那一副中的項數〔即（TT－T）或（TTFT）〕所決定。）

〔案：這說明的太抽象。如果 p、q 兩元素命題有（1）pq 同真、（2）p 假 q 真、（4）pq 同假這三個真假可能，而獨無（3）「p 真 q 假」一真假可能，則那三個真假可能便是一命題之真假條件，而此真假條件所決定的那個命題即是 p⊃q，即如 p 則 q。" p⊃q "一命題符號與那三個真假可能相合。而與「p 真 q 假」一可能不相合。那就是說，p⊃q，如有那三個可能，或那三可能是真的，便成立，便是真的；如無那三可能，而有「p 真 q 假」一可能，則它便不成立，便是假的。原文（TT－T）即表示圖式中

(1)、(2)、(4)三可能是真的而(3)一可能無真之記號 T，而（TTFT）即表示圖式中(1)、(2)、(4)是真而(3)是假的。〕

4.45　就 n 個元素命題而言，有 Ln 個可能的真假條件組。

那可由一特定數的元素命題底真假可能性而得到的真假條件組可以排成一個系列。

4.46　在這些可能的真假條件組中有兩個**極端的情形**。

在第一個極端情形中，命題之為真是在元素命題底一切真假可能性上而為真。在這情形，我們說真假條件是**套套邏輯的**。

在第二個極端情形中，命題之為假是在元素命題底一切真假可能性上而為假。在此情形，我們說真假條件是**矛盾的**。

在第一情形，我們名命題曰「套套邏輯」（tautology）；在第二情形，我們名命題曰「矛盾」（contradiction）。

4.461　一般命題皆表示它們所說的是什麼。套套邏輯與矛盾則表示它們**一無所說**。

一套套邏輯無真假條件，因為它是無條件地真的。而一矛盾則是沒有條件可依以為真。

套套邏輯與矛盾缺乏意義〔缺乏一特定的實意 sinnlos〕。

（就像兩枝箭由同一點在互相對反的方向上向外發射一樣。）

（例如，當我知天氣**或下雨或不下雨**時，我關於天氣**一無所知**。）

4.4611　但是，套套邏輯與矛盾並不是「無意義的」（nonsensical, unsinnig）。它們是符號表示（symbolism）之一部分，即如 " 0 " 是數學底符號表示之一部分。

4.462　套套邏輯與矛盾不是「實在」底圖像。它們並不表象

任何可能的情況。因為前者承認一切可能的情況，而後者則無一情況可以承認。

在一套套邏輯中，「與世界相契合」這相契合之條件（即表象性的關係）互相抵消，這樣，套套邏輯便和實在不能有任何表象性的關係。

4.463 一命題之真假條件決定此命題所留給于事實的那範圍〔遊戲室，自由活動之範圍；Spielraum〕

（一命題、一圖像、或一模型，依消極意義而言，就像一固體它限制其他固體底運動之自由，而依積極意義而言，就像一為固體所界限的空間，在此空間中，有物體所處之地位。）

一套套邏輯把邏輯空間底全部（無限的全部）留給實在；一矛盾塞滿了邏輯空間之全部，遂不為實在留一點邏輯空間。這樣，無論如何，它們兩者皆**不能決定實在**。

4.464 套套邏輯之真理性是**確然的**〔必然的〕；命題之真理性是**可能的**；矛盾之真理性是**不可能的**。

（確然、可能、不可能：在這裡我們有我們在概然論中所需要的那種級度之最初表示。）

4.465 一套套邏輯與一命題這兩者之**邏輯乘積**其所說者與一命題所說者同。因此，此一乘積是同一于一命題。因為去改變那對于一符式為本質者而不改變其意義，這是不可能的。

〔案："pv−p"是套套邏輯，任何命題乘之以套套邏輯猶乘之以1，其值不變，結果即等于該命題之自己。〕

4.466 相應于符號之一決定的邏輯結合者是符號之意義之一決定的邏輯結合。任何結合所**絕對地**相應者，實只是相應于**無結合**

的符號。

換言之，在每一情況上皆眞的命題實不能是**符號之結合**，因爲，若此等命題眞是符號之結合，則只有**對象之決定的結合**始能相應于它們。

（而凡不是一邏輯的結合者**便無對象底結合**以相應之。）

套套邏輯與矛盾是符號之結合之**限制情形**，實在說來，是**符號結合之瓦解**。

4.4661　設承認即使在套套邏輯與矛盾中，符號仍然互相被結合，即是說，它們互相仍然有一定的關係：可是這些關係實無意義，它們對于**符式**實不是本質的。

4.5　現在似乎可能去給出最一般的命題性的形式：即是說，去依**以下的路數**給出任何種符號語言底命題之描述，**即**：每一可能的意義能因著一「滿足於此描述」的符式而被表示，而每一「滿足于此描述」的符式能表示一意義，設若名字之意指已適當地被選定時。

顯然只有那對于最一般的命題性的形式爲本質的東西可被含于此命題性的形式之描述中——因爲若不然，此命題性的形式必不會是最一般的形式。

一般的命題性的形式之**存在**是爲這事實所證明，即：茲不能有一命題其形式不能**被預見**（即不能被構造）。一命題之一般形式就是這句話之所示，即：「如此這般就是眞相實情」（Such and such is the case. Es verhält sich so und so）。〔案：此語依奧格登譯。〕

4.51　設想我已有了一切元素性的命題，如是，我可簡單地問

我能由之以構造出什麼命題來。而**在這一點上**，我便有了一切命題，而**這**便固定了這一切命題底範圍。

4.52 命題包括那隨**一切元素性的命題之綜體**而來的一切命題（當然亦包括那隨綜體之為**這一切命題之綜體**而來的那一切命題）。（這樣說來，在某一意義，我們能說：一切命題皆是元素性的命題之**推概化**（generalization）。）

4.53 一般的命題性的形式是一變項。

5. 一命題是元素性的命題之一「真假函值」（a truth-function）。

（一元素性的命題是其自身之一真假函值。）

5.01 元素性的命題是命題之「真假目數」（truth-arguments）。

5.02 函值之目數很容易與名字之附繫字相混。因為目數與附繫字這兩者能使我去確認含有它們兩者的符號之意義。

舉例來說，當羅素寫"十c"時，"c"便是一附繫字，它指示"十c"這一整符號是基數之「相加符」。但是此符之使用是隨意慣例之結果，而去選擇一簡單符以代"十c"這必完全是可能的。但是在"～p"中，"p"並不是一附繫字，而是一目數："～p"底意義不能被理解，除非"p"之意義早已被理解。（在Julius Caesar這個名字中，"Julius"是一附繫字。一附繫字總是一對象之描述之一部，我們把它連屬在對象之名字上。）

如果我不錯，佛列格關于命題與函值之意義之學說是基于一目數與一附繫字之混擾上。佛列格視邏輯中之命題為名字，而視命題中之目數為彼名字之附繫字。

5.1　眞假函值可以依系列而被排列。

此即是概然論之基礎。

5.101　一特定數〔如兩個〕元素命題之諸「眞假函值」總是可以依以下所列之圖式而被排列：

(1)（TTTT）（p，q）：套套邏輯（如 p 則 p 而且如 q 則 q），（p⊃p.q⊃q）。

(2)（FTTT）（p，q）：文字說之：不是 p 與 q 兩者〔～（p・q）〕。

(3)（TFTT）（p，q）：文字說之：如 q 則 p（q⊃p）。

(4)（TTFT）（p，q）：文字說之：如 p 則 q（p⊃q）。

(5)（TTTF）（p，q）：文字說之：或 p 或 q（pvq）。

(6)（FFTT）（p，q）：文字說之：非 q（～q）。

(7)（FTFT）（p，q）：文字說之：非 p（～p）。

(8)（FTTF）（p，q）：文字說之：或 p 或 q 但非 pq 兩者（p・-q：v：q・-p）。

(9)（TFFT）（p，q）：文字說之：如 p 則 q，而且如 q 則 p（p≡q）。

(10)（TFTF）（p，q）：文字說之：p。

(11)（TTFF）（p，q）：文字說之：q。

(12)（FFFT）（p，q）：文字說之：既非 p 亦非 q（-p・-q 或 p|q）。

(13)（FFTF）（p，q）：文字說之：p 而非 q（p・～q）。

(14)（FTFF）（p，q）：文字說之：q 而非 p（q・～p）。

(15)（TFFF）（p，q）：文字說之：p 與 q 兩者（p・q）。

⒃（FFFF）（p，q）：矛盾：（p而非p而且q而非q）（p・-p・q・-q）。

我將名那些「使一命題為真」的一命題之真假目數之真假可能性曰「一命題之**真假根據**」（truth-ground of a proposition）。

〔案：兩個元素性的命題p、q有四個真假可能，此四個真假可能之存在或不存在（真或假）便決定一「真假函值」（truth-falsehood-function），共有16個「真假函值」，此即是p、q兩元素命題底「真假函值」。函值者類比函數而言也。每一函值即是一個命題，是元素命題通過其真假可能之存在或不存在所函之「值」（value）也。如前4.31所列，p、q兩命題底真假可能以及一命題p底真假可能如下：

p	q		p	
(1)	+ +		(1)	+
(2)	- +		(2)	-
(3)	+ -			
(4)	- -			

兩命題者橫式寫出則為(1)pq, (2)-pq, (3)p-q, (4)-p-q

一命題p者，則為(1)p, (2)-p

兩命題之四真假可能有16個真假函值，其中有兩個極端，一曰套套邏輯，一曰矛盾。今將16個函值分別陳列如下：

(1)套套邏輯：p⊃p・q⊃q

（案：當寫為p⊃p・v・q⊃q）

p	q	p ∥ q
(1) +	+	+
(2) −	+	+
(3) +	−	+
(4) −	−	+

四可能都眞：

　　　　　（TTTT）（p，q）

"p ∥ q"表示 p、q 是獨立關係，即其眞假可能無連聯關係，皆予承認。此亦曰必然。此符爲張申府先生所造。

$$p \parallel q = pqv-pqvp-qv-p-q$$
$$= -p(qv-q) \cdot v \cdot p(qv-q) \cdot v \cdot$$
$$-q(pv-p) \cdot v \cdot q(pv-p)$$
$$= (-pvp) \cdot v \cdot (-qvq)$$
$$= (p \supset p) \cdot v \cdot (q \supset q)$$

(2)不相容（incompatibility）：

$$-(p \cdot q) \cdot = \cdot -pv-q$$

p	q	p|q
(1) +	+	−
(2) −	+	+
(3) +	−	+
(4) −	−	+

（FTTT）（p，q）

"p|q"表示 p 與 q 不相容，不能並眞。傳統邏輯中 A 與 E 底關係即是這一種。

$$p|q = -pqvp-qv-p-q$$
$$= -p(qv-q) \cdot v \cdot -q(pv-p)$$
$$= -pv-q$$
$$= -(p \cdot q)$$

(3)**倒轉函蘊**（inverse implication）：如 q 則 p，q⊃p

p q	q⊃p
(1) + +	+
(2) − +	−
(3) + −	+
(4) − −	+

（TFTT）（p，q）

$$q⊃p = pq \cdot v \cdot p - q \cdot v \cdot -p - q$$
$$= -q(pv - p) \cdot v \cdot p(qv - q)$$
$$= -qvp$$
$$= q⊃p$$

(4)**函蘊**（implication）：如 p 則 q，p⊃q

p q	q⊃p
(1) + +	+
(2) − +	+
(3) + −	−
(4) − −	+

（TTFT）（q，p）

$$p⊃q = pq \cdot v \cdot pq \cdot v \cdot -p - q$$
$$= -p(qv - q) \cdot v \cdot q(pv - p)$$
$$= -pvq$$
$$= p⊃q$$

(5)析取（disjunction）：p 或 q，pvq（相容的析取）

p	q	q v p
(1)	+ +	+
(2)	− +	+
(3)	+ −	+
(4)	− −	−

（TTTF）（p，q）

$pvq = pq \cdot v \cdot -pq \cdot v \cdot p-q$

$= p(qv-q) \cdot v \cdot q(pv-p)$

$= pvq$

(6)偏離（partial incompatibility）：非 q，（−q）

p	q	p⌋q
(1)	+ +	−
(2)	− +	−
(3)	+ −	+
(4)	− −	+

（FFTT）（p，q）

"p⌋q" 此符號爲張申府先生所造，偏離者並非完全不相容之謂。不相容有(2)、(3)、(4)三個可能，今只有(3)、(4)兩可能，故曰偏離，離者悖也。

$p⌋q = p-q \cdot v \cdot -p-q$

$= -q(pv-p)$

$= -q$

p 無論如何，q 總是假，故以 "−q" 表之。

(7)倒轉偏離：非 p，（～p）

p q	p⌊q
(1) + +	－
(2) － +	＋
(3) + －	－
(4) － －	＋

（FTFT）（p，q）

"p⌊q"此亦爲張申府先生所造。有(2)、(4)兩可能，q無論如何，p總是假，與上相反，故以－p表之。

$$p⌊q = -pq \cdot v \cdot -p-q$$
$$= -p(qv-q)$$
$$= -p$$

(8)矛盾：或 p 或 q 但非兩者（矛盾的析取）。

（p · －q）· v · （q · －p）

p q	p≈q
(1) + +	－
(2) － +	＋
(3) + －	＋
(4) － －	－

（FTTF）（p，q）

此"≈"曰矛盾符，亦爲張申府先生所造。有(2)、(3)兩可能，p眞則q假，p假則q眞，兩者不能俱眞亦不能俱假。故爲矛盾。傳統邏輯中 AO 關係即屬此。

$$p≈q = -pq \cdot v \cdot p-q$$

(9)等值（equivalence）：如 p 則 q 而且如 q 則 p，p≡q

p	q	p≡q
(1) +	+	+
(2) −	+	−
(3) +	−	−
(4) −	−	+

（TFFT）（p，q）

p、q 同眞同假爲等值。p≡q·

= · p⊃q · q⊃p（等值定義）

$$p \equiv q \cdot = \cdot pqv - p - q$$
$$= - (- pqvp - q) : = : - (- p \cdot q) \cdot - (p \cdot - q)$$
$$= (pv - q) \cdot (- pvq)$$
$$= (- qvp) \cdot (- pvq) = q \supset p \cdot p \supset q :$$
$$= : p \supset q \cdot q \supset p$$

(10)偏取（partial disjunction）：p

p	q	p ⌐q
(1) +	+	+
(2) −	+	−
(3) +	−	+
(4) −	−	−

（TFTF）（p，q）

"p ⌐q" 偏取，此名此符亦爲
張申府先生所取。偏取者不完全
的相容之謂。有(1)、(3)兩可能。
q 無論如何，p 總眞。故以 p 表
之。

$$p \urcorner q = pq \cdot v \cdot p - q$$
$$= p (qv - q)$$
$$= p$$

(11)倒轉偏取：q

p	q	p⌐q	（TTFT）（p，q）
(1)	+ +	−	"p⌐q"倒轉偏取，亦張先生
(2)	− +	−	所取名。有(1)、(2)兩可能。p無
(3)	+ −	+	論如何，q總眞，故以q表之。
(4)	− −	+	

$$p ⌐ q = pqv - pq$$
$$= q (pv - p)$$
$$= q$$

(12)並妄：既非p亦非q，−p・−q，或p|q

p	q	p∧q	（FFFT）（p，q）
(1)	+ +	−	此亦曰拒絕（rejection）。
(2)	− +	−	
(3)	+ −	−	
(4)	− −	+	

$$p ∧ q = - (pqv - pqvp - q)$$
$$= - \{ p (qv - q) \cdot v \cdot q (pv - p) \}$$
$$= - (pvq) = -p \cdot -q$$

(13)眞妄：p・－q，p而非q，p眞而q假。

p	q	p⊣q	（FFTF）（p，q）
(1)	＋ ＋	－	"p⊣q"此符亦爲張先生所取。
(2)	－ ＋	－	只有(3)一可能。
(3)	＋ －	＋	
(4)	－ －	－	

$$p⊣q = -(pqv-pqv-p-q)$$
$$= -\{-p(qv-q)・v・q(pv-p)\}$$
$$= -(-pvq)$$
$$= p・-q$$

(14)妄眞（或倒眞妄）：q而非p，q眞而p假。

p	q	p⊢q	（FTFF）（p，q）
(1)	＋ ＋	－	"p⊢q"此符亦爲張先生所取。
(2)	－ ＋	＋	只有(2)一可能。
(3)	＋ －	－	
(4)	－ －	－	

$$p⊢q = -(pqvp-qv-p-q)$$
$$= -\{p(qv-q)・v・-q(pv-p)\}$$
$$= -(pv-q)$$
$$= -p・q・ = ・q・-p$$

⒂絜和（conjunction）：p 與 q，p・q

$= -（-pv-q）$

p	q	p・q	（TFFT）（p，q）
⑴ +	+	+	
⑵ −	+	−	
⑶ +	−	−	
⑷ −	−	−	

$p・q = -（pqvp-qv-p-q）$

　　　　$= -\{-p（qv-q）・v・-q（pv-p）\}$

　　　　$= -（-pv-q）$

　　　　$= p・q$

⒃不可能（無一可能，全幅矛盾）：p 而非 p，而且 q 而非 q。（p・-p）・（q・-q）

p	q	p∞q	（FFFF）（p，q）
⑴ +	+	−	"q∞q"此不可能符亦爲張先生所
⑵ −	+	−	取。
⑶ +	−	−	此與"q≈q"（矛盾）不同，故曰
⑷ −	−	−	不可能。<u>維</u>氏原文名曰矛盾，此實
			不恰，蓋原有一種矛盾關係也。而
			此矛盾實無一可能之謂。

$p∞q = -（pqv-pqvp-qv-p-q）$

　　　　$= -\{-p（qv-q）・v・p（qv-p）・v・$

$$-q(pv-p) \cdot v \cdot q(pv-p) \}$$
$$= - \{ (-pvp) \cdot v \cdot (-qvq) \}$$
$$= (p \cdot -p) \cdot (q \cdot -q)$$
$$= 0$$

以上是把兩個元素命題 p、q 的16個真假函值一一予以詳細的展示。若就一個元素命題 p 而言,則有真假兩可能(任一命題依二分法有真假兩可能+/-(p))。此真假兩可能有四個真假函值。如下:

(1)

p	f (p) ＝p
+	+
−	−

(2)

p	f (p) ＝−p
+	−
−	+

(3)

p	f (p) ＝必然＝1
+	+
−	+

(4)

p	f (p) ＝不可能＝0
+	−
−	−

第一種是說 p 之真是真的,p 之假是假的,此時 p 之函值等于 p,即 f (p) ＝p

第二種是說 p 之真是假的,p 之假是真的,此時 p 之函值等于

$-p$，即 $f(p) = -p$

第三種是説 p 之眞是眞的，p 之假亦是眞的，此時 p 之函值爲「必然」，即一個元素命題 p 之套套邏輯，即 $f(p) = 1$

第四種是説 p 之眞是假的，p 之假亦是假的，此時 p 之函值爲「不可能」，即 $f(p) = 0$

以上是 5.101 條之詳細展示。〕

5.11　如果共同于若干個命題的一切**眞假根據**同時也是某一個命題底眞假根據，如是，則我們可說：該某一命題之眞是隨那若干個其他命題之眞而來。

5.12　更特別言之，一命題 p 之眞隨另一命題 q 之眞而來，如果 q 之一切眞假根據同時也是 p 之眞假根據。

5.121　此一命題 p 之眞假根據被含于另一命題 q 之眞假根據中：p 隨 q 而來。

5.122　如果 p 隨 q 而來，則 p 之意義被含于 q 之意義中。

5.123　如果有一個神他創造了一個世界，在此世界中，有某些命題是眞的，如是，則即在其創造活動中，他同時也創造了這麼一個世界，即在此世界中，那隨先前已眞的某些命題而來的一切其他命題也要眞。同樣，他亦不能創造這麼一個世界，即在此世界中，命題 p 已眞而卻未創造出其一切對象。

5.124　一命題肯定了那隨之而來的每一命題。

5.1241　"$p \cdot q$" 是肯定 p 的那些命題之一同時也是肯定 q 的那些命題之一。

兩個命題在以下之情形下互相對反，即：如果茲並無一具有意義的命題能同時肯定它們兩者，則它們兩者即互相對反。

每一與另一其他命題相矛盾的命題便否決這其他命題。

5.13 當一命題之眞隨另一命題之眞而來，我們能由命題之結構而見到此點。

5.131 如果一命題之眞隨其他命題之眞而來，則此相隨而眞可找得表示于這樣的關係中，即在此等關係中，諸命題底形式可互相**委致著**或**隸屬著**：可是這也並不必需要我們在此諸命題底形式間去樹立起這樣的關係，即因著把這些命題互相結合于一單獨命題中而樹立起它們間的這樣的關係；正相反，那些關係是內在的，而其存在是該等命題底存在之一直接的後果。

5.1311 當我們從 pvq 與 ~p 以推 q 時，pvq 與 ~p 底命題形式間的關係，在此情形中，是因著我們的符識模式而被僞裝了的。但如果我們不寫 " pvq "，而寫 " （p|q）|（p|q）"，並亦不寫 " ~p "，而寫 " p|p "（ " p|q " 等於既非 p 亦非 q ）則內在的連繫甚爲顯然。

（從 " （x）·fx " 推 " fa " 這種推斷之可能性表示 " （x）·fx " 這個符式本身有其一般性。）

5.132 如果 p 隨 q 而來，我便能從 q 到 p 作一推斷：我便能從 q 推 p。

推理底**本性**〔形成〕能只從兩命題而被**斷定**〔被理解〕。

這兩命題本身是推理之唯一可能的證成。

〔只這兩命題本身就能證成這推理使之爲正當。〕

推理底法則，被假設之用以去證成推理使推理爲正當者，如在佛列格與羅素之著作中那樣，實無意義，而且必會是多餘的。

5.133 一切推演皆是**先驗地**被作成者。

5.134　一元素命題不能從另一其他元素命題而被推演出。

5.135　茲並無任何可能去從此一情況之存在作一推斷而推斷到另一完全不同的情況之存在。

5.136　茲並無因果連繫足以去證成這樣的推斷。

5.1361　我們不能從現在之事件推斷未來之事件。

置信于因果連繫是迷信。〔案：此依德文原文譯。奧格登譯為「迷信是置信于因果連繫。」皮亞斯譯為「迷信不過是置信于因果連繫。」皆非。〕

5.1362　意志之自由存於「知那仍處于未來時的行動」這知之之不可能中。我們之能知之是只當因果關係真是一內在的必然性就如邏輯的推斷之必然性那樣，始能知之。知與所知間的連繫是邏輯必然性之連繫。

（「A知道p是真的」。如若此中之p是一套套邏輯，則這句話沒有意義。）

5.1363　如果一命題之真並不從「它對于我們是自明的」這一事實而來，則它之**自明**決不能證成「我們之相信其真」〔使「我們之相信其真」為正當〕。

5.14　如果一命題隨另一命題而來，則此另一命題之所說比彼隨之而來者之所說為較多，而被隨之而來者之所說則比其所說為較少。

5.141　如果p隨q而來，而q又隨p而來，則p、q兩者為同一命題。〔案：在此情形下，平常說兩者為「等值」。〕

5.142　一套套邏輯隨從一切命題而來：它一無所說。

5.143　矛盾是那種「沒有命題能與其他命題共同有之」的

「**命題之共同因素**」。

〔案：此句說的別扭。意即矛盾是這麼一種「命題之共同因素」，即「沒有命題能與其他命題共同有之」這麼一種「命題之共同因素」。兩命題相矛盾，先虛說此是此兩命題之共同因素，使之共成為矛盾者。此種共同因素不能兩命題共有之：你有之，我便不能有之，我有之，你便不能有之，有之便矛盾，互相抵消：意即矛盾不能成為命題間的一種共同因素。它若是一共同因素，它便使一切命題皆不可能。〕

套套邏輯是那「沒有什麼互相共同者」的一切命題之**共同因素**。

〔案：此句亦別扭。意即凡命題互相間沒有什麼共同者，個個獨立，皆不相干，每一命題皆承認一切可能，如「p 之真是真的，p 之假亦是真的」，一切這類的命題皆是套套邏輯，意即套套邏輯即是此類命題之共同因素，使這些命題成為套套邏輯者。成為套套邏輯即是一無所說，即不成其為命題。〕

人們可說：矛盾消失于一切命題的外面，而套套邏輯則消失於一切命題的內面。

矛盾是一切命題之外限，套套邏輯是一切命題之中心處的「**無實性的點**」（ unsubstantial point **虛點**。）

5.15　如果 Tr 是一命題 r 底真假根據之數目，又如果 Trs 是這樣的諸真假根據之數目，即它既是一命題 s 底真假根據，而此 s 之真假根據同時又是 r 之真假根據，是這樣的諸真假根據之數目，如是，則我們名「Trs：Tr」這個比例曰命題 r 所給予于命題 s 的「**概然級度**」（ degree of probability ）。

5.151　在如上面5.101中所列的圖式中，設以 Tr 爲命題 r 中的諸眞值（「T’s」）之數目，而以 Trs 爲命題 s 中的諸眞值之數目（而此諸眞值乃即位于那「命題 r 于其中有諸眞值」的那一欄中）。如是，命題 r 即把「Trs：Tr」這概然率給予于命題 s。

5.1511　茲並無特殊的對象專屬于概然命題。

5.152　諸命題並無互相共同的眞假目數時，我們名這些命題爲互相獨立的。

兩個元素命題互相給予½之概然值。

如果 p 隨 q 而來，則命題 q 給予命題 p 以**概然值**1。邏輯推理之**確定性**是**概然值之一限制情形。**

（此可應用于套套邏輯與矛盾）。

5.153　一命題，自其自己而言，它既非概然，亦非不概然。一事件它或者發生或者不發生：茲並無中道。

5.154　設想一壺罐含有相等數目的黑白球（沒有任何其他種的球）。我把球一個跟一個地抽出來，我又把它們放回罐裏去。以此試驗，我可以確立所抽出的黑球數目與所抽出的白球數目當繼續抽時互相接近。

如此，這不是一數學眞理。

現在，如果我說：「我抽出一白球底概然值等于我抽出一黑球底概然值」，此所說意謂：我所知的一切境況（包含被認定爲一假設的自然法則在內）給予于這一事件之發生的概然值並不比給予于另一事件之發生的概然值爲更多。那就是說，我所知的一切境況給予每一事件以½的概然值，因爲此很容易由上面的諸定義而被推定。

我因著這試驗所確立的是：那兩事件之發生是獨立不依于那些境況即「我對之並無更詳細的知識」的境況。

5.155　一概然命題之最小局度〔起局〕是這一點，即：「我對之無進一步的知識」的那境況把**如此這般的一個概然級度**給予于一特殊事件之發生。

5.156　即依此而言，概然值是一推概化。

它包含著一命題形式之一般的描述。

我們之使用概然只當缺乏確定性時始用之，即是說，如果我們對于一事實的知識實不是完全的，我們但只關于「**事實之形式**」知點什麼事，如果是如此云云時，我們始使用「概然」一觀念。

（一命題很可是某一特定情況之一不完整的圖像，但它總是「某事」之一完整的圖像。）

一概然命題是由其他命題而成的一種摘錄。

5.2　命題間的結構表示諸命題互相間有內在關係。

5.21　為的要突出這些內在關係，我們可採用以下的表示模式：我們可把一命題表象為一種運作之結果，所謂一種運作乃即是那「由其他命題而產生此一命題」的那種運作（其他命題是運作之基礎）。

5.22　一種運作是此運作結果之結構與運作基礎之結構這兩種結構間的一種關係之表示。

5.23　運作乃是那須被施于一個命題上者，施于一個命題上以便去使其他命題為由此命題而產生出。

5.231　當然，這種運作須依待于那被施以運作的命題與那由此運作而被產生出的命題這兩種命題之**形式特性**而然，即是說，須

依待于**它們的形式**之**內在的相似性**而然。

5.232　一個系列所由以被序列成的那**內在關係**等值于「由另一項而產生此一項」的那**運作**。

5.233　運作不能使運作之現象前于這樣一個點，即「在此點處，一個命題依一邏輯地有意義的路數由另一其他命題而被產生」這樣一個點，即是說，「命題之邏輯的構造在它那裡開始」的那個點：運作不能使其現象前于這樣云云的一個點。

5.234　元素命題底諸真假函值（truth-functions）是「以元素命題為基礎」的那些運作之成果。（那些運作，我名之曰，**真假值運作** truth-operations。）

5.2341　p 底一個真假函值之意義就是 p 底意義底一個函值。

否定、邏輯和、邏輯積等等，皆是運作。

（否定逆反一命題之意義。）

5.24　一種運作顯現其自己于一變項中；它表示我們如何能從命題之此一形式到另一形式。

它給予形式間的差異以表示。

（而一種運作底諸基礎與此一運作之成果所共同有者恰正是此諸基礎之自身。）

5.241　一種運作並不是一形式之記號（mark），但只是形式間的差異之記號。

5.242　由 p 產生 q 的運作也由 q 產生 r，類此可繼續前進。茲只有一路以表示此義，即：p、q、r 等等須是一些變項，這些變項依一般路數給某些一定的形式關係以表示。

5.25　一運作之發生並不能把一命題底意義之特徵表示出來。

實在說來,沒有陳述是為一運作所作成,但只為運作之結果所作成,而運作之結果則是依靠于運作之基礎。

(運作與函值必不可相混。)

5.251 一個函值不能是其自己之目數,而一種運作可以取其自己之結果之一以為其基礎。

5.252 只有依此路數,從一形式系列之一項進到另一項之步驟才是可能的(依羅素與懷悌海之層級組織而言是從一類型 type 進到另一類型。)

(羅素與懷悌海並不承認這樣的步驟之可能性,但卻屢次地利用之。)

5.2521 如果一種運作屢次地應用于其自己的結果上,我說這是這運作之相續的應用。(「O'O'O'a」是「O'ξ」這運作之「三次相續的應用于 a」之結果。)

依一同樣的意義,我可說**多過一次**的運作之相續的應用于若干命題上。

5.2522 依此,我用 " a,x,O'x " 這個符號表示 a、Q'a、O'O'a、……這些形式所形成的系列中之**一般詞項**。這括起來的**表式**是一變項:括起來的表式之第一項〔即 a〕是形式系列之開端,第二項〔即 x〕是從系列中隨便選取的一個 x 項之形式,而第三項〔即 O'x〕則是那在系列中直接隨 x 項而來的項目之形式。

5.2523 一種運作之**相續的應用**之概念等值于「**繼續前進**」之概念。

5.253 此一種運作可以抵消(counteract)另一種運作之結果。諸運作可以互相消除。

5.254　一種運作可以消失不見（例如在 " ～～P " 中之否定便可消失不見：～～p＝p）。

5.3　一切命題皆是運作于元素命題上的**真假值運作**之結果。

一真假值運作是一**真假函值**所依以由元素命題而被產生的路數。

「恰如一元素命題產生一關于其自己之真假函值，所以同樣真假函值亦產生一進一步的真假函值」，此一道理乃是真假值運作之本質〔要義〕。當一**真假值運作**應用于元素命題之**真假函值**時，它總產生元素命題之另一真假函值，即另一命題。當一**真假值運作**應用于「運作于元素命題上」的諸**真假值運作之結果**時，茲總有一運作于元素命題上的簡單運作，此簡單運作有同樣的結果。

每一命題是運作于元素命題上的諸**真假值運作**之結果。

5.31　4.31條中的諸圖式，即使當 p、q、r 等不是元素命題時，也有一意義。

而我們也很容易看出：4.442條中的那個**命題符**它表示元素命題之一單個的真假函值，即使當 p 與 q〔不是元素命題而〕是元素命題之真假函值時，該命題符也仍能如此表示，即仍能表示元素命題之一單個的真假函值。

〔案：4.442條中的那「命題符」即是：

	p	q		p⊃q
(1)	+	+		+ (T)
(2)	−	+		+ (T)
(3)	+	−		− (F)
(4)	−	−		+ (T)

這個圖式，或（TTFT）（p，q）這個橫排式。〕

5.32 一切**真假函值**是有限數的**真假值運作**之繼續應用于元素命題之成果。

5.4 在此點上，顯然茲並無（佛列格意義及羅素意義的）「邏輯對象」或「邏輯常項」。

5.41　理由是：運作于諸**真假函值**上的諸**真假值運作**之諸結果總是同一的，只要當該諸真假函值是元素命題底同一真假函值時。

5.42　v、⊃等並不是左右等所依以為關係的那種意義的關係，這是自明的。

佛列格的及羅素的邏輯底「原始符」的交互可界定性足夠表示它們並不是原始符，更不是關係符。

而亦顯然，藉賴著“∼”與“v”而被界定的“⊃”〔即 p⊃q ＝∼pvq〕同一于以“v”之定義中的“∼”來表示的“⊃”〔p⊃q＝：∼pvq＝∼｛∼（∼p）・∼q｝＝∼（p・∼q）〕。而第二個“v”同一於第一個“v”。其他等等類此。

〔案：p⊃q＝∼pvq Df・（此為以∼與 v 所界定的⊃，就 v 言，此為文中所謂第一個 v）。

但 p⊃q 亦可表示為∼（p・∼q），此為以“v”之定義中的

"∼"所表示的⊃，因為 pvq．=∼（∼p・∼q）Df.，故 p⊃q＝：∼pvq＝∼｛∼（∼p）・∼q｝＝∼（p・∼q），就 v 言，此為文中所謂第二個 v。兩個⊃是同一的，兩個 v 亦是同一的。〕

5.43　甚至初看這似乎很少可信，即：從一事實 p，定有無限多的其他事實，即∼∼p、∼∼∼∼p 等等，隨之而來。而無限數的邏輯命題（數學）從六個原始命題而來，這亦並非較不值得注意。

但是事實上**邏輯中之一切命題**其所說者皆是同一事，即皆**一無所說**。〔皆**套套邏輯故**。〕

5.44　眞假函值皆非**實際函值**（material functions）。例如一肯定可因著雙重否定而被產生：在這樣一種情形裏，能隨之便說：在某意義，否定含在肯定中嗎？"∼∼p"否定∼p 嗎？肯定 p 嗎？抑或兩皆有之乎？

"∼∼p"這個命題並不是關于「否定」的一個命題，儻若「否定」是一對象：另一方面，否定底可能性早已被寫入于肯定中。

而如果眞有一對象名曰"∼"，則以下必隨之而來，即："∼∼p"所說者必是某種不同于"p"所說者，蓋因為若那樣，則此一命題必是關于"∼"的命題，而另一命題則否。

5.441　此表面邏輯常項之消失也發生于"∼（∃x）・∼fx"之情形中，此"∼（∃x）・∼fx"情形之所說同于"（x）・fx"，並亦發生于「（∃x）・fx・x＝a」之情形中，「（∃x）・fx・x＝a」之情形其所說同于"fa"之所說。

5.442　如果我們有了一命題，則隨同此命題之有，我們也有

了以已有之命題爲基礎的一切**真假值運作**之**結果**。

5.45 如果有**原始的邏輯符**（primitive logical signs），則凡「不能清楚地去**表示**這些原始邏輯符如何**互相相對地**被安置，且亦不能清楚地去**證成**這些原始邏輯符之存在」的任何邏輯將是不正確的邏輯。由邏輯之原始符而成的邏輯之構造必須被致使成爲清楚的。

5.451 如果邏輯有**原始觀念**，則這些原始觀念必須是互相**獨立的**。如果一個原始觀念已被引介出來，則它必須在一切它所發生于其中的結合中被引介出來。因此，它不能首先在此一結合中被引介出來，而以後又在另一結合中被引介出來。例如，一旦「否定」被引介出來，我們必須既在" ～P "形式之命題中理解之，又在像" ～（pvq）"、" （∃x）‧～fx "等，這類命題中理解之。我們必不可先爲這一類情形引出之，而以後又另一類情形引出之，因爲若那樣，則其意義在兩類情形中是否相同必是可疑的，而亦無理由可給，給出之以便在兩類情形中必可依同一路數去結合符號。

（總之，佛列格關于「藉賴著定義以引出符號」之解說（在其《算數學之基本法則》中者），若予以必要之改變，自亦可應用于原始符之引出。）

5.452 任何**新的設計**之引介于邏輯之符號程續中必然地是一大事（a momentous event）。在邏輯中，一新的設計必不可以一個人所可名之曰一**完全天真之態度**來引介之于括號中或底注中。

（這樣，在羅素與懷悌海之《數學原理》中出現用文字表示的定義與原始命題。爲什麼忽然有此文字之現象？這必需要有一證成，但卻沒有一證成被給予，或可被給予，蓋因爲這辦法事實上是

不合法的。）

　　但是，如果一新設計之引介已被證明在某一點上為**必要的**，則我們必須直接問我們自己：「在什麼點上，此設計之使用現在成為**不可避免的**？」而其邏輯中之地位亦必須使之成為清楚的。

　　5.453　邏輯中一切**號數**需要有一證成。

　　或**毋**寧這樣說：「在邏輯中並無**號數**可言」這必須成為顯明的。

　　茲並無**特出的號數**。

　　5.454　在邏輯中無**比肩並列者**〔no co-ordinate status：案 co－ordinate status, 德文原文是 Neben ein ander；比肩並列的意思〕，而亦不能有**分類**。

　　在邏輯中不能有一般者與特殊者間之分別。

　　5.4541　邏輯問題之解決必須是簡單的，因為其解決置有單純性之標準。

　　人們總是有一預期，預期到：茲必須有一關于**如此問題**之領域，即「此諸問題之解答——**先驗的解答**——**是對稱的**，並且是**被聯合起來以去形成**一封閉自足秩序井然的系統者」**這樣的問題之領域**。〔案：此依原文及奧格登英譯而譯。〕

　　「其解答是如此樣」的那問題之領域即是這樣一個領域，即「『單純是真理之印記』（Simplex Sigillum veri, simplicity is the seal of truth）這一**格言**于其中**有效**」之領域。〔案：此亦依原文及奧格登譯而譯，新英譯非是。〕

　　5.46　如果我們恰當地引介了邏輯符號，則我們定須同時也引介了這些邏輯符號底一切結合之意義；即是說，不只引介了

"pvq"，且亦同樣引介了"~（pv~q）"等等。我們定須同時也引介了一切可能的括弧結合之結果。而這樣，以下一點必已被致使成為清楚的，即：眞實的一般原始符並不是"pvq"、"（∃x）‧fx"等，而是它們的結合之最一般的形式。

5.461　邏輯中之「假偽〔擬似〕關係」，如 v 及 ⊃ 之類，需要括弧以括之，並不像眞實關係那樣之不需要。此點雖然看起來不重要，然事實上它是有意義的。

實在說來，和這些表面原始符在一起的「括號之使用」其自身就是一種指示，指示那些**表面原始符**並不是**眞實的原始符**。而確然亦無人想去相信括號有一獨立的意義。

5.4611　符識邏輯運作之符號是「標點號」。

5.47　這很淸楚即：凡我們**事前**關于一切命題之形式所能說者，我們必須能夠**一下子**說之。

一元素命題實含有一切邏輯運作于其自身中。因爲"fa"之所說與"（∃x）‧fx‧x＝a"之所說同。

凡有組合處，目數與函值即存在，而當目數與函值存在時，我們早已有一切邏輯常項。

一個人可以說：唯一的**邏輯常項**就是那個東西，即「一切命題，依其自己之本性，所已**互相共有之**」的那個東西。

但一切命題所互相共有的那個東西就是**一般的命題形式**（general propositional form）。

5.471　一般的命題形式是一命題之**本質**。

5.4711　去給出一命題之本質意謂去給出**一切描述**之本質，因而也就是去給出**世界之本質**。

5.472　最一般的命題形式之描述就是邏輯中唯一的**一般原始符**之描述。

5.473　邏輯必須照看它自己。

如果一個符號是**可能的**，則它也必須能夠有符識之作用。凡在邏輯中是可能的者也是可允許的。（何以「蘇格拉底是同一的」這一命題一無所意謂之理由是因爲茲並無一特性叫做是「同一的」。那命題是無意義的是因爲我們決不能去作一隨意的決定，而並不是因爲符號在其本身會是不合法的。）

在某一意義，我們不能在**邏輯中作錯誤**。

5.4731　「自明」（羅素多談之）能在邏輯中成爲可免除的，只因爲語言本身阻止有任何邏輯的錯誤之出現。那使邏輯成爲**先驗的**者便是**不邏輯的思想之不可能性**。

5.4732　我們不能把錯誤的意義給予一符號。

5.47321　當然，奧坎之格言並不是一隨意的規律，也不是一個「因著其實際中的成功而被證明爲正當」的規律；其意義乃是：在一符號語言中不必要的單位〔成分〕無所意謂。

適合于**同一個目的**的符號是邏輯地等價的符號，而**無一目的**可適合的符號是邏輯地無意義的符號。

5.4733　佛列格說：任何合法地被構造出的命題必須有一意義（sense）。而我則如此說：任何可能的命題是合法地被構造的命題，而如果它無有意義（sense），那只能因爲我們不能給其某一構成成分以**意指**（meaning）。

（縱使我們想我們已給予了以意指）。

這樣，「蘇格拉底是同一的」何以一無所說之理由是因爲我們

不曾給「同一的」這個字以**任何狀詞性的意指**。因為當「同一的」這個字當作一表示「同等性」的符號而出現時，它依一完全不同的路數而有符號作用（其符識關係是一不同的關係）。因此，在那兩種情形中，符式也是完全不同的〔一作狀詞用，一作等號用〕：兩符式只在符號方面共同，那只是一偶然。

5.474　那必要的**基本運作之數目**只依靠于我們的符示（notation）。

5.475　一切所需要的是這一義，即：我們定須用一**特殊的度數——一特殊的數學的複多**來構造一符號系統。

5.476　顯然這不是那須被符識的**原始觀念之數目**之問題，但只是**一規律之表示**之問題。

5.5　每一眞假函值是“（……T）（ξ，……）”這種運作之繼續應用于元素命題之一結果。

“（……T）（ξ，……）”這種運作否決了右邊括號內的一切命題，我名之曰那些命題之否定。

5.501　當一括起來的式子以命題為其項目（而且括號內的項目之次序是不相干的）時，我便以“（$\bar{\xi}$）”這個形式之符記指示之。“ξ”是一個變項（其值是括起來的式子中之項目），而這變項上面的那一橫槓「－」指示它是括號內的變項底一切值之代表。

（例如，如果 ξ 有 P、Q、R 三個值，則（$\bar{\xi}$）＝（P，Q，R）。）

「變項之值是什麼」是某種被約定的事。

約定是那「有變項為其代表」的命題之一描述。

括起來的式子中之項目之描述如何被產生不是重要的。

我們能分別三種描述：

(1)直接的列舉，在此情形中，我們能簡單地逕以那爲變項之值的常項代變項；

(2)給一函值 fx，此函值之值，即就 x 之一切值而言的值，就是那要被描述的命題〔如 fa、fb、fc 等等個體命題就是 fx 這個函值之值，此由把 x 變爲 a、b、c 等而成者，而 a、b、c 等即是 x 之值也〕；

(3)給一形式法則，此形式法則管轄命題之構造，在此情形中，這括起來的式子以諸形式所成的一個系列中之一切詞項爲其分子。

5.502　這樣，我不寫成“（……T）（ξ，……）”，而寫成“N（$\bar{ξ}$）”。

N（$\bar{ξ}$）是命題變項 ξ 底一切值之否定。

5.503　顯然，我們能很容易表示命題如何可以用這種運作來構造出，以及其如何不可以用這種運作來構造出；因此，去爲命題之可如此構造者與不可如此構造者找一準確的表示，這必須是可能的。

5.51　如果 ξ 只有一個值，則 N（$\bar{ξ}$）＝～p（非 p）；如果它有兩個值，則 N（$\bar{ξ}$）＝～p・～q（既非 p 又非 q）。

5.511　邏輯（擁攝一切者，映照世界者）如何能使用這樣的一些特殊的鈎掛與籌劃（crotchets and contrivances；Haken und Manipulationen）呢？只因爲這些鈎掛與籌劃是在一無限地精緻的網狀中，即**大鏡照**中，盡皆互相被連繫起來。

5.512　如果“p”是假的，則“～p”是眞的。因此，在“～p”這個命題中，當它是眞的時，“p”是一假命題。既然如此，

那麼"～"這一屈曲（stroke）如何能使"～p"這個命題合于實在呢？

但是在"～p"中，那並不是"～"在否定p；倒是那"共同于一切此種符示之符號」者否定了p。〔倒是那一切此種符示之符號所共有之者否定了p。〕

那就是說，否定p者是管轄"～p"、"～～～p"、"～pv～p"、"～p‧～p"等等之構造的那共同規律。此一共同因素映射否定。

5.513　我們可以說：那公共于那「肯定p與q兩者」的一切符式者便是"p‧q"這個命題；那公共于那"肯定或p或q"的一切符式者便是"pvq"這個命題。

同樣，我們也可說：兩個命題，如果它們無什麼互相共同的地方，則它們兩互相對反著；又可以說：每一命題只有一個命題是否定的，因為只有一個命題它完全處于該任一命題之外。

這樣，在羅素的符示中，這也是顯然的，即："q：pv-p"其所說同于"q"之所說，蓋因為"pv-p"一無所說故。

5.514　一旦一個符示已被建立起，則在此符示中有一個規律它管轄那否定p的一切命題之構造，復有一規律它管轄那肯定p的一切命題之構造，又有一規律它管轄那肯定p或q的一切命題之構造，其他等等例此可知。這些規律等值于符式；在這些規律中，符式底意義被映照出來。

5.515　在我們的符式中，那互相由"v"、"‧"等結合起來者只能是命題，這必須是顯然的。

而實在說來，此確亦是實情，蓋因為在"p"與"q"中的符式

其自身即預設 " v " 、" ～ " 等。如果 " pvq " 中的 " p " 這個符號不代表一**複合符**,則它便不能即以其自身而有意義;但是若如此,則 " pvp " 、" p・p " 等,其所有之意義同于 p 所有之意義者,也必須無意義。但如果 " pvp " 無意義,則 " pvq " 亦同樣不能有意義。

5.5151　一否定的命題之符號必須用積極的命題之符號來構造嗎?為什麼定不可能藉賴一否定的事實去表示一否定的命題呢?(例如,假設 " a " 和 " b " 並無一定的關係,如是,此可表示說:aRb 並不是實情。)

但是實在說來,即使在這情形,否定的命題亦是因著積極命題之間接使用而被構造成。

積極的**命題**必然地預設消極的**命題**之存在,反之亦然。

5.52　如果 ξ 有 fx 這一個函值之一切值〔*即在 x 一切值上而成的 fx 一切值*〕為其值,則 " N(ξ̄)=～(∃x)・fx "。

5.521　我把「一切」(all)這個概念和「真假函值」分離開。

佛列格與羅素引進一般性以與邏輯積或邏輯和相連繫。但是此辦法使我們去了解 " (∃x)・fx " 與 " (x)・fx " 這兩種命題成為困難的,在這兩種命題中,邏輯積與邏輯和是被嵌入了的。

5.522　那特屬于「一般性之符號」者,第一點:它指示一邏輯原型;第二點,它凸出常項〔*使常項顯著*〕。

5.523　「一般性之符號」(generality-sign)當作一目數而出現。

5.524　如果對象是被給予了的,則同時我們就有了一切對

象。

如果元素命題是被給予了的，則同時一切元素命題是被給予了的。

5.525　以「fx 是**可能的**」之文字去讀 "（∃x）‧fx"，如羅素之所為，這是不正確的。

一情況之確然性、可能性、或不可能性並非為一命題所表示，但只是為一辭語之是一**套套邏輯**者、或是一**具有意義之命題**者、或是一**矛盾**者，所表示。

我們經常所欲訴求的先例必須即居于符式自身中。

5.526　我們能完全藉賴著充分一般化的命題去描繪世界，即是說，用不著先把任何名字與一特殊的對象關聯起來，而只藉賴著充分一般化的命題，即可去描繪世界。

如是，要想去達到通常的表示模式，我們只需在「茲有一個而且僅有一個 x 是如此云云」這樣的一種辭語之後，加上「而且 x 是 a」等字，即可。

5.5261　一充分一般化的命題，就像每一其他命題一樣，是一組合的命題。（此因以下之事實而被表示，即：在 "（∃x,ø）‧øx" 中，我們須分別地提到 "ø" 及 "x"。此兩者分別獨立地和世界有符識表示的關係，恰如在未一般化的命題中之符識情形一樣。）

一充分一般化的命題與**其他**符式有某種共同的東西，這一點是一組合的符式之一標記。

5.5262　每一命題之真或假在世界之一般構造中造成了某種更變。而「元素命題之綜體〔全部〕所公開給世界之構造」的那範圍

確然同于爲完全一般的命題所界劃的那範圍。

（如果一元素命題是眞的，這便意謂無論如何不只有一個眞的元素命題。）

5.53 對象底同一，我以符號之同一〔即相同之符號〕表示之，而並不以使用一等號表示之。對象之差異，我以符號之差異〔不同的符號〕表示之。

5.5301 「等同」（identity）不是對象間之關係，這是自明的。此點將成爲十分清楚的，舉例言之，如果一個人考慮 " (x)：fx · ⊃ · x＝a " 這個命題時。此命題之所說簡單地只是：只有 a 滿足函值 f，而並不是：只是那些和 a 有一定關係的事物才滿足函值 f。

當然，既然如此，我們也可以說：只有 a 曾和 a 有此關係；但是要想去表示這個意思，我們一定需要有等號本身。

5.5302 羅素的等號 " ＝ " 之定義是不適當的〔不能令人滿意的〕，因爲依照那定義，我們並不能說「兩個對象有其共同的一切特性」。（此一命題縱使它從未是正確的，它仍然有意義。）

5.5303 粗略言之，對于**兩個**事件去說它們是同一的，這是**無意義的**，而對于**一個**事物去說它與它自己爲同一，這實**一無所說**。

5.531 這樣，我不寫 " f (a,b) · a＝b "，而寫 " f (a,a) "，或寫 " f (b,b) "；不寫 " f (a,b) · ～ (a＝b) " 而寫 " f (a,b) "。

5.532 同樣，我亦不寫 " (∃x,y) · f (x,y) · x＝y "，而寫 " (∃x) · f (x,x) "；不寫 " (∃x,y) · f (x,y) · ～x＝y " 而寫 " (∃x,y) · f (x,y) "。

（這樣，羅素的 " （∃x,y）· fxy " 變成 " （∃x,y）· f（x, y）· v · （∃x）· f（x,x）"。）

5.5321　這樣，例如，我們不寫 " （x）: fx⊃x＝a "，而寫 " （∃x）· fx · ⊃ · fa : ～（x,y）· fx · fy "。

而「只有一個 x 滿足 f（ ）」這個命題將讀爲

" （∃x）· fx : ～（∃x,y）· fx · fy "。

5.533　因此，**等號**（identity-sign）不是概念的符示之一**基要的〔本質的〕成分**。

5.534　而現在我們也看到：在一正確的概念的符示中，像 " a ＝a "、" a＝b · b＝c · ⊃ · a＝c "、" （x）· x＝x "、" （∃x）· x＝a " 等等，這類的虛假命題（pseudo-propositions）甚至不能被寫下來。

5.535　此亦解決那些與這樣假命題相連繫的一切問題。

羅素的「無窮公理」（axiom of infinity）所帶來的一切問題可以在此點上被解決。

無窮公理所欲說的必會通過無限多具有不同意義的名字之存在而表示其自己于語言中。

5.5351　有些情形可以引誘人去使用 " a＝a " 或 " p⊃p " 以及類乎此者這種形式之辭語。事實上，當一個人要談及原型時，例如要談及命題、事物等時，此種使用便發生。這樣，在羅素的《數學原理》（*Principles of Mathematics*）中，「p 是一命題」（此是無意義的）曾被給予以符號的譯解，譯解爲「p⊃p」，而且曾當作一假設而被安置于某些命題之前面以便從這些命題底「目數地位」（argument-places）裡去排除命題外的任何東西。

（要想去保證一命題之目數將有正確之形式，去把"p⊃p"這個假設放在一命題底前面，這是無意義的。倘若只因爲以「非命題」爲目數之故而如此安放，則這所安放之假設並非變成是假的，但只變成是無意義的。而因爲錯誤的目數使命題自身爲無意義，所以命題使其自己免于錯誤的目數其爲好或壞亦恰如爲免錯誤之故而被附加上的那無意義的假設之爲好或壞。）

5.5352　同樣，人們要想以寫"～（∃x）・x＝x"去表示「無物存在」。但是縱使"～（∃x）・x＝x"眞是一命題，如果事實上「有物存在」，但這些存在的物卻並不自身相等，那「無物存在」便必不會同樣是眞的嗎？

5.54　在一般的命題形成中，命題之出現於其他命題中是只作爲「**真假值運作**」之**基礎**而出現於其中。

5.541　初看，一命題依一另樣的方式出現於其他命題中，這看起來似乎也是可能的。

特別就心理學的某些形式的命題而言是如此，例如「A相信p是眞的」、以及「A有p之思想」〔A想p〕等等，這類命題便是如此。〔案：即是說，在此類命題中，一命題出現於其他命題中並不是當作運作之基礎而出現於其中，而是依一不同的方式出現於其中。〕

因爲如果這類命題表面觀之，則看起來好像是這樣的，即：命題p似乎和一對象A有某些關係似的。

（而在近世知識論裡，如羅素、穆爾等者，這些命題實際上已被認爲是如此。）

5.542　但是，「A相信p」、「A有p之思想」、以及「A

說 p 」，凡此皆是「『 p 』說 p 」之形式：而此「『 p 』說 p 」之形式並不含有一事實與一對象間之互相關聯〔並列對應關係〕，但只含有事實間之互相關聯，即藉賴著事實之**對象間的互相關聯**而成的**事實間的互相關聯**。

5.5421　此亦表示：茲並無**靈魂**（**主體**等）這會事，如今日虛浮無實的心理學所思議者。

實在說來，一組合的靈魂必不會再是一靈魂。

5.5422　對于「 A 作判斷 p 」這種形式的命題之正確的說明必須表明：「一判斷之成為一項無意義的事」這乃是不可能的。（羅素的說明之理論不能滿足此需要。）

5.5423　去覺知一複合體意謂去覺知此複合體之構成成分是依如此這般之樣式而互相關聯。

此無疑亦說明為什麼有兩個可能的路數去看下面這作為立體的圖形，以及一切類此的同樣的現象。因為我們實看見兩種不同的事實。

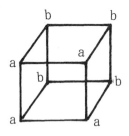

（如果我先注視標誌之以 a 的那四角而只瞥視于諸 b ，如是，則諸 a 先顯現在前面，如果先注視 b 亦然。）

5.55　我們現在要先驗地去答覆關于元素命題之一切可能的形式之問題。

元素命題由名字而組成。但是，因爲我們不能去給出具有不同意義的名字之數目，所以我們也不能去**給出元素命題之組合**。〔案：此末句似當爲：所以我們也不能去給出元素命題所依以被組合的樣式有多少。〕

5.551　我們的基本原則是：只要一問題能爲邏輯所裁決，則去裁決之而用不著更多的費力，這必須是可能的。

（而如果我們陷于這想法，即我們想在世界方面去尋求這樣一個問題之解答，則那只表示我們是在一完全錯的軌道上行走。）

5.552　所謂「經驗」，即我們需要之以便去了解邏輯的那經驗，它並不表示這意思，即：某物或他物是**如此這般之狀態**（so und so verhält），但只表示這意思，即：某物**存在著**。但是「某物存在」這並不是一個經驗。

邏輯是先于每一經驗的，先于「某物是如此這般的」。

它是先于「如何」之問題的，並不是先于「是什麼」之問題的。

5.5521　而如果不是如此，我們如何能應用邏輯呢？此點，我們或可如此表示之，即：如果縱使無世界也必會有一邏輯，那麼，則設已有了世界，如何能有一邏輯呢？

5.553　羅素說：不同數的事物（個體物）之間有單純的關係。但是在什麼數目之間有單純關係呢？而此設想的數目之間之單純關係如何被裁決呢？以經驗來裁決嗎？

（茲並無特出的數目。）

5.554　去偏愛任何特殊的形式，那必是完全隨意的。

5.5541　先驗地去答覆以下之問題被設想爲是可能的，即：我是否能得有一地位，在此地位中，我需要有27項間的關係之符號以去符識某物。

5.5542　但是，不要說去答覆這問題，甚至去問這問題，這眞是合法的嗎？我們能建立一符號之形式而卻不須知是否有任何東西能與之相應嗎？

要想說明某物**能是如此之情形**，去問**必須有什麼東西存在**，這能有意義嗎？

5.555　顯然，我們對于元素命題可有某種概念，而我們之有此某種概念可完全離開元素命題之**特殊的邏輯形式**而有之。

但是當有一系統，因此系統，我們能創造符式，當是如此之時，**系統是邏輯地重要者**，而並不是單個的符式是**邏輯地重要者**。

〔案：此句依德文原文及奧格登譯而譯。依皮亞斯譯是如此：**系統是那對邏輯爲重要者，而並不是單個的符式是那對邏輯爲重要者。**〕

而無論如何，在邏輯中我定須去討論我所能發明的形式，這眞是可能的嗎？我所必須去討論的必須是那使「去發明這些形式」爲對于我爲可能者。

5.556　茲不能有元素命題底形式之一層級組織。我們只能預見我們自己所構造者。

5.5561　**經驗的實在性爲對象底綜集**所限制。這限制也使它自己在**元素命題底綜集**中成爲顯然的。

層級是而且必須是獨立不依于「實在性」者。

5.5562　如果我們依據純邏輯的根據知道必須有元素命題存在，如是則依命題之**未分解的形式**而了解命題的任何人必須知道「有元素命題存在」這一點。

5.5563　事實上，一切我們日常語言底命題，恰如其所是之實況，皆存在于圓滿的邏輯秩序中。——那完全單純的事物，我們在這裏所要去程式之者，並不是真理之一**相似物**（a likeness of the truth），而是依真理之**完整性**而言的**真理之自身**。

（我們的問題並不是抽象的，或許是所有的問題中之最具體的問題。）

5.557　邏輯底應用決定**有些什麼元素命題**。

那屬于邏輯之應用者，邏輯不能預測之。

顯然，邏輯必不要與其應用相衝突。

但是邏輯須與其應用相接觸。

因此，邏輯與其應用必不要**相重疊**（overlap）。

5.5571　如果我不能**先驗地**說**有些什麼元素命題**，則企圖如此說者必引至顯然的無意義。

5.6　**我的語言之範圍**意謂我的世界之範圍。

5.61　邏輯周遍于世界：世界之範圍也是邏輯之範圍。

因此，我們在邏輯中不能這樣說：「茲于世界中存有這個，而且只這個存于其中而並不是那個存于其中」。

因為那樣說必現似要去預設：我們要排除某些其他可能性，而實則此乃不能作到者，蓋因為若要排除某些其他可能性，這必需要邏輯要走出世界底範圍之外；因為只有在**世界範圍之外**，邏輯始能同樣從其他邊看那些範圍。

我們**不能思**那我們**所不能思者**；所以我們也不能思那我們所不能**說**者。

5.62　此一解說對于「唯我論中有多少**真理**」這一問題供給解決之鑰匙。

因為唯我論者所**意謂**的是完全正確的；只是其所意謂的不能被**說**，但只使它自己成為顯然的。

世界是**我的**世界：這在以下之事實中是顯然的，即：**語言**底範圍（單只我所了解的那種語言底範圍）意謂**我的**世界底範圍。

5.621　世界與生活是一。

5.63　我就是我的世界。（小宇宙。）

5.631　茲並無「思考著」的**主體**或懷有觀念〔能起表象作用〕的**主體**這類東西。

如果我寫一部書名曰「**世界之如我所見**」，我定須要去包括一關于我的身體的報告，而且定須要去說那些部分是隸屬于我的意志，那些部分則不隸屬于我的意志，等等，此則只是「**孤立主體**」之方法，或不然，此實只是「表明在一重要的意義中無**主體**」之方法；因為**單只是主體**並不能在那部書中被提及。

5.632　**主體**並不屬于世界；它倒是世界之一限制。

5.633　一**形而上的主體**是**在**世界中什麼地方被發見呢？

你將說：此確然很像眼與視野之情形。但是，實在說來，你並未看見你的眼。

而**在視野**中並無什麼東西允許你去推斷說：它是被一個眼所看見。

5.6331　因為視野之形式確然並不類此：

眼—

5.634　此與以下之事實相連繫，即：沒有我們的經驗中之部分同時是先驗的。

凡是我們所看見的東西能夠不只是**其所是**者〔能夠多過其所是者，在其所是者以外更是其他東西〕。

凡是我們畢竟所能描述的東西能夠不只是**其所是**者〔能多過其所是者，能夠在其所是者以外更是其他東西〕。

茲並無**先驗的**事物秩序。

5.64　在這裡我們可以看出：**唯我論**，當其函義嚴格地被遵守時，它是與**純粹的實在論**相一致的。唯我論底我收縮到一個**無廣延的點**，而這裡便只剩下與它**對應相關**的實在。

5.641　這樣說來，茲實有一意義，依此意義，哲學能在一非心理學的路數中談及「自我」。

那把自我帶進哲學中者是這事實，即：「世界是我的世界」。

「**哲學的自我**」並不是人類〔人形的存有〕，也不是心理學所討論的人類的身體或人類的靈魂，它反而是**形而上的主體**，世界之**限制**〔極限〕，它不是**世界之一部分**。

6.　一眞假函值之一般形式是〔p̄，ξ̄，N（ξ̄）〕。

此是一命題之一般形式。

6.001　此所說者恰是如此，即：每一命題是 N（ξ̄）這個運作之繼續應用于元素命題之結果。

6.002　如果我們有了一種一般的形式，依照這一般的形式，命題可以被構造起，如是，隨同這一般形式，我們也有了這樣的一般形式，即依照此一般形式，一個命題可以藉賴著一種運作從另一其他命題而被產生出。

6.01　因此，一種運作 $\Omega'(\bar{\eta})$ 之一般形式是：

$$[\bar{\xi}, N(\bar{\xi})]'(\bar{\eta})(=[\bar{\eta}, \bar{\xi}, N(\bar{\xi})])$$

此是從一命題轉到另一命題之最一般的形式。

6.02　而**此**亦即是我們如何達到了數目。我給出以下之定義：

$$x = \Omega^0 ' x \text{ Def.},$$

$$\Omega' \Omega^v ' x = \Omega^{v+1} ' x \text{ Def.}$$

因此，依照這些處理符號的規律，我們之寫

$x, \Omega' x, \Omega' \Omega' x, \Omega' \Omega' \Omega' x, \dots\dots$，這個系列是依照下列的樣式

$\Omega^0 ' x, \Omega^{0+1} ' x, \Omega^{0+1+1} ' x, \Omega^{0+1+1+1} ' x, \dots\dots$而寫的。

因此，我們不寫 "$[x, \xi, \Omega' \xi]$"，而寫

"$[\Omega^0 ' x, \Omega^v ' x, \Omega^{v+1} ' x]$"。

而我復亦給出以下之定義：

$0 + 1 = 1 \text{ Def.},$

$0 + 1 + 1 = 2 \text{ Def.},$

$0 + 1 + 1 + 1 = 3 \text{ Def.},$

（例此繼續前進）。

6.021　一個數目是**一種運作之指數**。

6.022　數目之概念簡單地只是那共同于一切數者，只是一數之一般形式。

數目之概念是**變項數**（variable number）。

數目的相等之概念是一切特殊的數目相等之例案之一般形式。

6.03　一整數之一般形式是〔0，ξ，ξ＋1〕。

6.031　「**類**」說在數學中是完全多餘的。

此與以下之事實相連繫，即：數學中所需要的一般性並不是**偶然的**一般性。

6.1　邏輯中之命題是**套套邏輯**。

6.11　因此，邏輯中之命題一無所說。（它們是分析命題。）

6.111　一切「使一邏輯中之命題現似要有內容」的學說皆是假的。例如，一個人可以想「真」與「假」這兩個字指表其他特性中的兩個特性，而這樣，則每一命題有這兩個特性之一，這必似乎是一可注意的事實。依據此學說，此事實似乎是有所是，但卻就不是顯明的事，舉例言之，恰如「一切玫瑰或是黃的或是紅的」這個命題必應不是完善無缺之顯明的，縱使它是真的。實在說來，邏輯命題獲得了一自然科學之命題之一切特徵，而這一點就是其錯誤地被解釋之確實信號。

6.112　邏輯中之命題之正確的說明必須在一切命題當中指派**一獨特的地位**（a unique status）給它們〔案：意即我們必須于一切命題當中把一獨特的地位指派給邏輯中之命題或邏輯命題〕。

6.113　一個人可以認定邏輯命題**單由符式而為真**，這是邏輯命題之一特別的標記，而此一事實含有全部**邏輯哲學**于其自身。而「非邏輯的命題」之真或假**不能**單從命題而被認定，這亦是一十分重要的事實。

6.12　「邏輯中之命題是套套邏輯」這一事實**展示**語言及世界

之形式的（邏輯的）特性。

「一套套邏輯是因著『連繫其構成成分』這特殊的連繫路數而被產生」這一事實描寫出「其構成成分底邏輯」之特性。

如果諸命題當它們在一定路數中被連繫時要去產生一套套邏輯，則它們必須有某些一定的**結構性的特性**。因此，它們之當**依此路**而被結合時而去產生一套套邏輯即表明它們有這些**結構性的特性**。

6.1201　舉例言之，例如「命題"p"與"～p"在"～（p・～p）"之結合中，產生一套套邏輯」這一事實即表明"p"與"～p"互相矛盾。「命題"p⊃q"、"p"以及"q"，在"（p⊃q）・（p）：⊃：（q）"這個形式中互相結合者，產生一套套邏輯」這一事實即表明q隨p與p⊃q而來。「"（x）・fx：⊃：fa"是一套套邏輯」這一事實即表明fa隨（x）・fx而來。其他等等例此皆然。

6.1202　一個人能因著使用矛盾而不使用套套邏輯而達到同一目的。

6.1203　在無「一般性符號」（generality-sign）出現于其中之情形處一個人要想去確認一表式爲一套套邏輯，他可以採用下列直覺的方法〔**直看圖畫的方法**〕。于此法，我不寫p、q、r等等，而寫"TpF"、"TqF"、"TrF"等等。至于真假結合，我藉賴著拱弧來表示：例如：

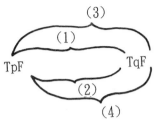

T 表眞，F 表假。

寫爲＋、－亦可。

〔案：拱弧⑴爲 p 眞 q 眞，拱弧⑵爲 p 假 q 眞，拱弧⑶爲 p 眞 q 假，拱弧⑷爲 p 假 q 假。此即

p	q
＋	＋
－	＋
＋	－
－	－

之圖畫表示。〕

我復依下列圖畫，用直線去表示全命題之眞或假和此全命題之眞假目數之眞假結合間的互相關係。所謂下列圖畫即是這樣，即：

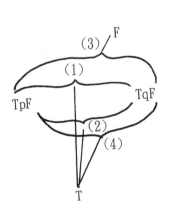

	p	q	p⊃q
(1)	＋	＋	＋（T）
(2)	－	＋	＋（T）
(3)	＋	－	－（F）
(4)	－	－	＋（T）

這樣，舉例言之，此圖符必應表象"p⊃q"這個命題。

〔案：文中所謂全命題即指"p⊃q"而言；其真或假則指其成立或不成立而言，例如它若有(1)、(2)、(4)這三個真假可能便真，若有(3)這一真假可能便假。所謂此全命題之真假目數之真假結合即指(1)、(2)、(3)、(4)這四個真假可能而言：真假目數即 p 之真假與 q 之真假，真假結合即是那四個真假可能。此全命題之真或假和其真假目數之真假結合相關即和此四真假可能相關也：其真和(1)、(2)、(4)相關，其假和(3)相關。〕

現在，藉舉例，我想去考察"～(p · ～p)"（矛盾律）這個命題以便去決定它是否是一套套邏輯。

依我們的符示法，"～ξ"這個形式被寫為

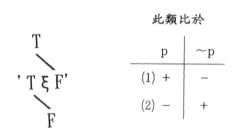

| 此類比於 |
p	～p
(1) +	－
(2) －	+

而"ξ·η" 這個形式則被寫為

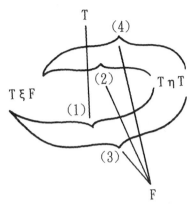

此類比于

p	q	p·q
(1) +	+	+ (T)
(2) −	+	+ (F)
(3) +	−	− (F)
(4) −	−	− (F)

因此，～（ p · ～q ）這個命題可圖解如下：

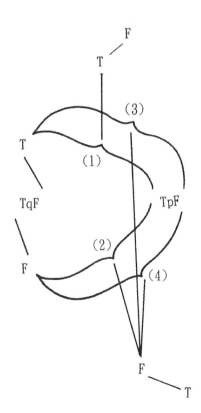

$\sim (p \cdot \sim q) = \sim pvq = p \supset q$

p　q				$-（p \cdot -q）$
(1) ＋ －	＋	$p \cdot -q$		－
(2) ＋ －	－	$-（p-q）= -pvq$		＋
(3) － －	－	$-（-p-q）= pvq$		＋
(4) － －	－	$-（-p-q）= pvq$		＋

　　如果我們在這裏以“p”代“q”而考察外面的 T 與 F 如何與內面的 T 與 F 相連繫，則結果將是：全命題之眞是與其目數之一切眞假結合相關的，而其假則是無一眞假結合與之相關，即假不可能。〔案：此即表示～（p・～p）是一套套邏輯。〕

　　〔案：所謂以“p”代“q”即將上圖中之“q”以“p”代之。如是，則上圖之～（p・～q）即變爲～（p・～p），而此矛盾律即是一套套邏輯。以圖表之，經過以“p”代“q”，則如下圖：

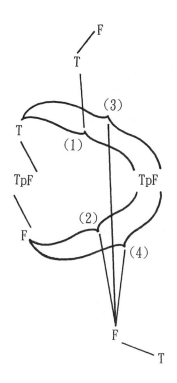

$$\sim (p \cdot \sim p) = \sim pvq = p \supset p$$

	p p				p⊃p
(1)	+ −	+	p−p		−
(2)	+ −	−	−(p−p) = −pvp = p⊃p		+
(3)	− −	−	−(−p−p) = pvp = p		+
(4)	− −	−	−(−p−p) = pvp = p		+

此即示 p⊃p 爲套套邏輯也。它之成立是與其目數之一切眞假結合相關,而其假則無一眞假結合與之相關,即無眞假根據也,即其假不可能。原文簡略,茲補之。〕

6.121　邏輯中之命題證明命題之邏輯特性,其證明之也是因著把命題結合起來以去形成那**一無所說**之命題而證明之。

此方法亦可名之曰「零法」(zero-method)。在一邏輯命題中,諸命題是被使成爲互相均衡的,而此均衡之狀態則指示這些命題之邏輯的組構所必須是者。

6.122　隨此而來者便是:我們實能不用邏輯命題而至此;因爲在一適當的符示法中,我們事實上能因著只檢查諸命題自身而確認諸命題之形式特性。

6.1221　例如,如果兩命題"p"與"q"在"p⊃q"這個結合中產生一套套邏輯,則 q 隨 p 而來這是很清楚的事。

例如,我們從兩個命題自身看到"q"是由"p⊃q·p"而來,但是**依以下之路數**而去表示之這也是可能的,所謂以下之路數即是此路,即:我們把兩個命題結合起來去形成"p⊃q·p：⊃：q",然後我們再表示這是一套套邏輯。〔即由此路我們也可以表示 q 是由"p⊃q·p"而來。〕

6.1222　此可使以下之問題有頭緒,即:爲什麼邏輯命題固不能爲經驗所反駁,更也不能爲經驗所確立。一邏輯中之命題不只是非可因任何可能經驗而爲可反駁的,且亦必須是非可因任何可能經驗而爲可確立的。

6.1223　現在以下一點變成淸楚的,即:爲什麼人們常覺好像我們要去**設定**「邏輯底眞理」似的。理由是:我們之能設定邏輯底

真理是只當我們能設定一適當的〔足夠的〕符示法時始能設定之。

6.1224　邏輯之所以被名曰「形式論」（theory of forms）與「推理論」（theory of inference），現在這也變成清楚的。

6.123　顯然，邏輯底法則不能轉而又服從邏輯底法則。

（茲並無每一「類型」上的一個特殊的矛盾法則如羅素之所想；只一法則已足夠，因為法則不能應用于其自己。）

6.1231　一邏輯命題之記號並不是一般的有效性。

成為一般的有效其所意謂者不過就是偶然地對一切事物而有效。一個未一般化的命題之能為一套套邏輯的命題恰如一個一般化了的命題之為一套套邏輯的命題。

6.1232　邏輯底一般有效性可以叫做是本質的有效性，以對反于「一切人是有死的」這類命題之偶然的一般有效性。命題之類乎羅素的「還原公理」者並不是邏輯的命題。此點足說明我們的這感覺，即：縱使那類命題是真的，它們的真也只能是一幸運的偶然之結果。

6.1233　我們很可能去想像一個世界，在此世界中，還原公理不是有效的。但是，顯然，邏輯無關于「我們的世界是否實在像那個樣子或不像那個樣子」這類的問題。

6.124　邏輯中之命題描繪「世界之鷹架」（scaffolding of the world），或寧說它們表象「世界之鷹架」。它們沒有主題（subject-matter）。它們預設名字有意指，並預設元素命題有意義；而那就是它們之與世界相連繫。顯然，有關于世界的某種什麼事必須為這事實，即：「某些符式之結合（其本質包含著一決定性格之領有）是套套邏輯」，這事實所指示。此點含有決定性的意

義。我們已說：在我們所用的**符式**中，有好多事物是隨意的，有好多事物不是隨意的。在邏輯中，那只是這後者才是我們所要表示的：但是這只意謂：邏輯並不是這樣一個領域，即在此領域中，我們以符號之助表示我們所欲者，反而倒是這樣一個領域，即在此領域中，絕對必要的符號之本性爲其自己而說話。如果我們知道任何符號語言之**邏輯句法**，則我們早已有了一切邏輯中之命題。

6.125　事前去對于一切**真的**邏輯命題給一描述，這是可能的，實在說來，甚至依照老的邏輯之想法，這也是可能的。

6.1251　因此，在邏輯中決不能有什麼**可驚**之事。

6.126　一個人可以因著估計符號之邏輯特性而估計一命題之是否屬于邏輯。

而此亦即是我們所要作的，當我們**證明**一邏輯命題時。因爲，用不著煩及**意義**或**意指**，只使用**處理符號**的規律，我們就能自其他命題構造出邏輯命題。

邏輯命題之證明存于以下之程序，即：我們能因著繼續應用某些運作而自其他邏輯命題裡產生出邏輯命題。（所謂繼續應用某些運作，這些所應用之運作是這樣的，即它們總是能自最初的套套邏輯產生進一步的套套邏輯。而事實上亦只有套套邏輯始從另一套套邏輯而來。）

自然，此種證明之方式，即證明「邏輯中之命題是套套邏輯」這種證明之方式，對于邏輯而言全然不是基要的〔**本質的**〕，如若只因爲「證明所由以開始」的那些命題必須用不著任何證明就足表明它們是套套邏輯時。

6.1261　在邏輯中，**程序**與**結果**是等值的。（因此，邏輯中無

可驚之事。）

6.1262　邏輯中之證明只是一種機械的利便——利便于使「複雜情形中的套套邏輯之確認」成為容易的。

6.1263　實在說來，以下之義必應亦全然是可注意的事，即：如果一**有意義的命題**能夠**邏輯地**由其他命題而被證明。則一**邏輯命題**亦必能**如此被證明**。從開始這就很清楚，即：一有意義的命題之一**邏輯的證明**與**一邏輯中之證明**必須是兩種完全不同的事。

6.1264　一有意義的命題是有所陳述的〔陳述一點什麼事〕，這意思是因著此有意義的命題之證明而被表明是如此。在邏輯中，每一命題是一證明之形式。

每一邏輯中之命題是一表象于符號中的建設式（modus ponens）。（而一個人不能藉賴著一命題去表示建設式。）

6.1265　依「每一命題是其自己之證明」之路去解釋邏輯，這總是可能的。

6.127　一切邏輯中之命題皆是**同等地位**的：說其中某些命題本質上是**原始命題**而其他命題則本質上是**引生出的命題**，這並非是實情。

每一套套邏輯其自身即表明它是一套套邏輯。

6.1271　這很清楚，即：邏輯底原始命題之數目是隨意的，因為一個人能夠從一單個的原始命題引生出邏輯，例如，只因著由佛列格的原始命題而構造一「邏輯積」而引生出邏輯。〔案此即霞飛 Schaffer 由"p|q"（即非 p 又非 q）即可推出一邏輯系統。〕（佛列格或許必會說：如你所說，那麼我們一定不再有一直接自明的原始命題了。但是一思想家嚴謹如佛列格者要訴諸自明級度以為一邏

輯命題之判準,這是可注意的事。)

6.13 邏輯並不是**一套主張**（a body of doctrine），但只是世界底一個**映像**（a mirror-image）。

邏輯是超越的。

6.2 數學是一邏輯方法。

數學中之命題是**等式**（equations），因而它們是**假偽命題**〔**擬似命題** pseudo-propositions，似之而非也〕。

6.21 一數學中之命題並不表示一思想。

6.211 實在說來,在真實生活中,一數學命題決不是我們所需要的。倒是這樣的,即:我們之使用數學命題是只在從那不屬于數學的命題推斷到那同樣不屬于數學的其他命題這種推斷中始使用之。

（在哲學中,「我們為什麼實際上使用這個字或這個命題?」這一問題屢次地引至很有價值的洞見。）

6.22 世界底邏輯,因著邏輯中之命題而被展示于套套邏輯中者,是因著數學而被展示于等式（equations）中。

6.23 如果兩個式子藉賴著等號而被結合起來,則那是意謂這兩個式子可以互相代替。但是是否可以互代,這必須在這兩個式子自身中就是顯明的。

當兩個式子可以互代時,則這可互代之情形便表述了這兩個式子底邏輯形式之特性。

6.231 那可被解釋為重負者便是一肯定之特性。

那可被解釋為"（1+1）+（1+1）"者便是"1+1+1+1"之特性。

6.232 佛列格說：兩個式子有同一意指（meaning）但有不同的意義（sense）。

但是關于一等式之本質的一點〔須知的一點〕便是：要想去表明以等號連結起來的兩個式子有同一意指，等式**不是必要的**，蓋因為兩式有同一意指這一點能從此兩式自身被看出。

6.2321 「證明數學命題」這證明之之可能性只意謂數學命題之正確性可被覺知，其可被覺知也，用不著必須是這樣的，即：「數學命題所表示的其自身須與**事實相比對**以便去決定其所表示者之正確性」，即用不著必須是這樣，其正確性即可被覺知。

6.2322 「去**肯斷**兩個式子底意指之同一性」這是不可能的。因為要想能夠去**肯斷**任何關于兩個式子底意指之什麼事，我必須先知道了這兩個式子底意指〔之何所是〕，而我亦不能既知道了這兩個式子底意指〔之何所是〕而卻不知其所意指者是否為同或異。

6.2323 一個等式只標識我所由以考慮兩個式子的那**觀點**：它標識出兩個式子之意指方面的**等值**。

6.233 「對于數學問題之解決，直覺是否需要」這個問題必須給予以這答覆，即：在此情形中，語言自身即供給這必要的直覺。

6.2331 **演算活動**之過程（The process of calculating）足以產生**那種直覺**。

演算不是一種試驗。

6.234 數學是一種邏輯之方法。

6.2341 數學方法採用等式，這乃是數學方法之本質的特徵。因為那正是由于此方法之故，所以數學中之每一命題必須是確實無

疑不言而喻者（must go without saying）。

6.24　數學所由以達到其等式的那方法就是代替之方法。

因為等式表示兩個式子之互相可代替性，而若自若干數的等式開始，我們可因著依照等式代以不同的式子而進至新的等式。

6.241　這樣 $2 \times 2 = 4$ 這個命題之證明可進行如下：

$$(\Omega^v)^{u'} x = \Omega^{v \times u'} x \; \text{Def.},$$

$$\Omega^{2 \times 2'} x = (\Omega^2)^{2'} x = (\Omega^2)^{1+1'} x$$

$$= \Omega^{2'} \Omega^{2'} = \Omega^{1+1'} \Omega^{1+1'} x$$

$$= (\Omega' \Omega)' (\Omega' \Omega)' x$$

$$= \Omega' \Omega' \Omega' \Omega' x$$

$$= \Omega^{1+1+1+1'} x$$

$$= \Omega^{4'} x$$

6.3　對于邏輯之探究（exploration）意謂對于「服從法則之任何事」之探究。而若出離乎邏輯之外，則任何東西皆是偶然的。

6.31　平常所謂歸納之法則實不可能是一邏輯底法則，因為它顯然是一具有〔經驗的〕意義的命題，因而它亦不能是一先驗的法則。

6.32　因果性之法則實不是一法則，但只是**一法則之形式**。

6.321　「因果性之法則」——那是一通稱。舉例言之，恰如在機械力學中，茲存有「最小限原則」（minimum-principles），此如「最小活動之法則」便是，是故在物理學中，茲亦存有因果法則，即**因果形式**之法則。

6.3211　實在說來，人們甚至推測：在他們準確地知道活動如何進行以前，茲必須存有一「最小活動之法則」。（在這裡，如一

般情形一樣，凡是先驗地確定的東西就證明有某種東西純粹是**邏輯**的。）

6.33　我們對于「能力不滅之法則」並無一先驗的**信仰**，但是對于一邏輯形式底可能性卻可有一先驗的**知識**。

6.34　一切這類的命題，例如充足理由之原則，自然中連續之法則以及自然中最小努力之法則，凡此等等皆是一些先驗的洞見——洞見到那些形式，即科學命題能被投擲于其中的那些形式。

6.341　舉例來說，牛頓的機械力學便在世界之描繪上安置了一統一的形式。設讓我們想像一白色平面，上面有一些不規則的黑點。如是，我們說：不管這些黑點可以作什麼圖像，我總可以如我所願地那樣漸切近于這平面之描繪，即因著用一充分精緻的方形網眼蓋在這平面的上面這辦法來切近于平面之描繪，這樣描繪已，我並可以說及〔其上之〕每一方形，不管這方形是黑的抑或是白的。這樣，我將于平面之描繪上安置了一統一的形式。這統一的形式是隨意的，蓋因為我能用一具有三角形的網眼或六角形的網眼的網狀來達成這同樣的結果。或許用一三角形的網眼必會使這描繪較為簡單：那就是說，很可以是這樣的，即：我們能用一平常的〔較粗劣的〕三角形網眼比用一精緻的方形網眼可更準確地描繪這平面。這些不同的網狀可相對應于描繪世界之不同的系統。機械力學決定世界之描繪之一形態，其決定之也，是因著這樣說而決定之，即：使用于世界之描繪中的一切命題必須依一特定的路數從一特定的命題組（機械力學之公理）而被得到。這樣，機械力學為建築科學大廈供給磚瓦，而且它又說：「你想去建築的任何建築物，不管它是什麼建築物，無論如何，必須用這些磚瓦，而且只用這些磚瓦，來構

造成」。

（恰如就數目系統言，我們必能夠寫下我們所欲的任何數目，是故就機械力學系統言，我們亦必能夠去寫下我們所欲的任何物理學之命題。）

6.342　現在我們可以看出邏輯與機械力學底相對地位。（網狀亦可以不只由一種網眼而組成：例如我們能用三角形與六角形兩種網眼。）描繪一個圖像就像上面所提到的那一種具有一特定形式之網狀的圖像，這種描繪之之可能性實未告訴我們關于圖像的什麼事。（因為那種說法實對于一切這類的圖像為眞者。）但是那**實**把那圖像之特徵表述出來者卻是這一點，即：那圖像能經由一特殊的網狀之具有一**特殊尺寸的網眼**而**完整**地被描繪成。

同樣，藉賴著牛頓力學而描繪世界這描繪之之可能性亦實未告訴我們關于世界任何什麼事：「但是那實告訴我們關于世界的某種事者乃是這**確定的路數**，依此確定的路數，『藉賴著這些方法，去描繪世界』，這乃是可能的。」

〔但是**此**亦實肯斷了某種事（實告訴我們某種事），即，世界可依這特殊的路數而被描繪，而事實上世界亦實依此特殊的路數而被描繪。——依奧格登譯。〕

我們也因著以下的事實而被告知以關于世界的某種事，即：這世界能用此一力學系統比用另一力學系統較簡單地被描繪。

6.343　機械力學是企圖依照一簡單的計畫去構造出我們所需要之以描繪世界的那一切**真**的命題。

6.3431　物理學之法則，連同著其一切邏輯的儀器，仍然說及（不管是如何之間接地）世界中之對象。

6.3432　我們不應忘記任何藉賴著力學而成的世界之描繪將是完全一般的一種描繪。例如，它決不會提及**特殊**的小塊物質量，它將只談及**任何小塊物質量不管是那一種**。

6.35　雖然在我們的圖像中的那些斑點是幾何形的，可是幾何學顯然關于那些斑點之現實形態及位置卻不能說任何事。但是，那網形是**純粹**幾何學的，其一切特性能**先驗地**被給予。

像充足理由原則等這類法則是關于網形的法則而並不是關于網形所描繪的東西之法則。

6.36　如果眞有一因果性之法則，則此因果性之法則可如此說之，即：茲有一些自然法則。

但是當然這樣說之，這並不能說：因果性之法則已使其自己成為顯然的。

6.361　一個人可以用赫茲（Hertz）之詞語說：只有那**服從法則**的連繫才是**可思議的**。

6.3611　我們不能把一過程與「時間之流過」相比較（茲並無時間之流過這會事），但只能與另一過程（如一計時器之計時過程）相比較。

因此，我們只能因著信賴某種其他過程而描寫時間之流過。

有某種確然類似的事可以應用于空間：例如，當人們說兩件互相排斥的事沒有一件能夠發生，蓋因為茲**並無什麼東西足以使**此事發生而不使他事發生，當人們如此說時，這實只表示我們之無能去描寫兩事中之任一事，倘若某種**不對稱**不能被發見時。而**如果**這樣一種不對稱已被發見，則我們可視此不對稱為此事之出現與他事之不出現之原因。

6.36111　康德的關于右手與左手（不能被致使合一者）之問題甚至亦存在于兩度空間中。實在地說來，它亦存在于一度的空間中，如下：

$$……0——×……×——0……$$
$$\quad\quad a \quad\quad\quad\quad\quad\quad b$$

在此圖示中，兩個相同的圖形 a 與 b 不能被使去合一，除非它們被移出於此空間之外。右手與左手事實上是完全一致的。它們不能被使去合一，這是完全不相干的。

一右手套能被戴在左手上，如果它能在四度空間中被旋轉時。

6.362　凡能被描述者亦能發生。而因果性法則所想去排除者甚至亦不能被描述。

6.363　**歸納之程序**在於承認那「可以與我們的經驗相融洽」的**最簡單的**法則爲眞的法則。

6.3631　但是此種歸納之程序並無邏輯的證成，但只有一心理學的證成。顯然並無相信「最簡單的可能之事事實上將可實現」這種相信之根據。

6.36311　「太陽明天將升起」是一假設：此即意謂我們並不能**知道**它是否將升起。

6.37　茲並無一種強迫由于另一事已發生是故迫使此一事亦發生。那唯一存在著的必然性便是**邏輯的**必然性。

6.371　全部近世的世界觀〔對于世界之想法〕是基于這幻覺，即：所謂自然法則是自然現象之說明。

6.372　這樣，今天人們停止在自然法則處，視自然法則爲某種不可侵犯的東西，恰如過去時人們之視上帝與命運。

　　而事實上，雙方皆是對的而又雙方皆是錯的：雖然古人底看法是較爲清楚的當其有一清楚而承認了的終點（terminus）時，而近世的系統〔思想學術〕則卻想使人看起來好像**每一事**皆是已被說明了似的。

　　6.373　世界是獨立不依于我的意志的。

　　6.374　縱使一切我們所願望的皆可發生，這仍然如普通所謂只是命運所賜給的一種眷顧：因爲意志與世界之間並無那「必會保證所願望者可發生」的**邏輯連繫**，而所設想的物理連繫其自身則確然不是某種我們所能意欲的東西。

　　6.375　恰如那唯一存在的必然性是**邏輯的**必然性，是故那唯一存在著的不可能性亦是**邏輯的**不可能性。

　　6.3751　例如，兩種顏色同時存在于視野中的同一地方是不可能的，事實上此即是**邏輯地不可能的**，蓋因爲它已被顏色底**邏輯結構**所排除。

　　讓我們想此種矛盾如何出現于物理中：多或少是如下，即：一分子不能同時有兩種速度；那就是說，它不能同時存在于兩個地方；那就是說，同時存在于不同地方的那些分子不能是同一的。

　　（顯然兩元素命題底邏輯積旣不能是一套套邏輯亦不能是一矛盾。「視野中的一個點同時有兩種不同的顏色」這個陳述是一矛盾。）

　　6.4　一切命題皆是同等價值的。

　　6.41　世界底**意義**必須處于世界之外。在世界中每一事如其所是者而是，每一事如其所發生者而發生：在世界中並無價值存在著——而如果它曾存在著，它必會無價值。

　　如果茲存有任何「實有價值」的價值，則它必須處于那發生者以及那是如此這般之實情者〔**如此存在者**〕之全部範圍之外。因為一切發生者及一切是如此這般之實情者〔**如此存在者**〕皆是偶然的。

　　那使它成為「非偶然的」者不能處于世界之內，因為如果它處于世界之內，則它自身亦必應是偶然的。

　　因此它必須處于世界之外。

　　6.42　因此，說到茲存有道德之命題，這亦是**不可能的**。

　　命題不能表示有什麼是**較高尚**的東西。

　　6.421　顯然**道德**不能**被表述**〔被言詮〕。

　　道德是**超越的**。

　　（道德與審美是一會事。）

　　6.422　當「你將如何如何」這類形式的道德法則被立定時，一個人的第一念頭便是「如果我不作此事那將如何呢？」但是，顯然道德無關于通常意義的懲罰與報答。因此，我們之關于我們的行動之**後果**的問題必須是不重要的。至少，那些後果一定不是**事件**。因為關于我們所置定的問題必存有某種對的事。實在說來，茲必存有某種道德的報答與道德的懲罰，但不管是報答或懲罰，它們必須存於行動之自身。

　　（而這亦很顯然，即：報答必須是某種令人愉悅的事，而懲罰則是某種令人不愉悅的事。）

　　6.423　當意志是道德屬性之**主體**時，去說及此意志這是不可能的。

　　而當作一現象看的意志僅只心理學對之有興趣。

6.43　如果意志之善的運用或惡的運用實改變了世界，則它只能改變世界之限度，而不能改變**事實**──不能改變那可**藉賴著語言**而**被表示**的東西。

總之，其結果必須是這樣的，即：它變成一全然不同的世界。它必須如普通所謂當作一整全而或盈或虛或消或長（wax and wane as a whole）。

快樂的人底世界是一不同于不快樂人底世界者。

6.431　因此，人于死時，世界亦並未改變，但只是歸于一終結。

6.4311　死不是生活中一事件：我們並不能活著去經驗死。

如果我們認為永恆不意謂**無限的時間延續**，但只意謂**無時間性**，那麼則所謂永恆的生命將屬于那些生活于現在中者。

我們的生命無終結，其無終結所依之路恰如我們的視野所依以為無限制者。

6.4312　不只是並無「人類靈魂之時間中的不滅」，即「人類靈魂之于人死後之永存」之保證；且在任何情形下，此靈魂不滅之假設完全不能去完成那「它為之而被意欲」的那目的。〔*意即靈魂不滅之假設總是為某種目的而被意欲，但是此所意欲之假設從未能完成那目的。*〕如或不然，試問某種謎樣的難解之事曾為我的永存所解決嗎？此永恆的生命自身豈非如我們現在的生命一樣是謎？時間空間中的生命之謎之解決處于時間空間之外。

（它確然不是那所需要的任何自然科學問題之解決。）

6.432　「事物**如何**存在于世界」〔*案：德文原文：「世界如何存在著」*〕對于那較高者而言是一完全不相干的事。上帝並不顯

露〔啓示〕其自己于世界中。

6.4321　盡一切事實只有貢獻于提出問題，並不有貢獻于問題之解決。

6.44　並不是「事物如何存在于世界」是**神秘的**，但只「世界存在著」**這才是神秘的**。〔案：德文原文：「並不是『世界如何存在著』是神秘的，但只『世界存在著』這才是神秘的。」〕

6.45　在永恆方式下（sub specie aeterni）去看世界是去看世界爲一整全，爲一有限制的整全。

感覺著世界爲一**有限制的整全——只此便是神秘的**。

6.5　當解答不能被表述時，問題亦不能被表述。

謎並不存在。

如果一問題畢竟能被形成，則「解答之」亦是可能的。

6.51　懷疑論並不是不可反駁的，但當它于無有問題可被問處想提出疑問時，這顯然是無意義的。

因爲疑問只能存在于一問題之所存在處，一問題只能存在于一解答之所存在處，而一解答只能存在于有某物**可被言說處**。

6.52　我們感覺到：縱使一切可能的科學問題皆已被解答，**生命之問題**仍然完全未被接觸到。既然如此，則自亦可說「實並無問題被遺留下來」，而此語自身即是一解答。

6.521　生命問題之解答被見于問題之消滅中。

（此豈不是何以「在一長期懷疑之後已覺生命之意義甚爲清楚」的那些人同時又不能說出什麼東西構成那意義之故嗎？）

6.522　實在說來，茲實有一些不能**被表述**的事物。這些不能被表述的事物它們**使其自身成爲明顯的**。它們就是**神秘的**者。

6.53　哲學中**正確的方法**實在說來必應如下，即：「除那可被說者外，除自然科學之命題外（即除那『無關于哲學』的某事外），不要說任何事。夫旣如此，只要有別人想去說形而上學的事，你就要證明給他以下之義，即：他並不能給他的命題中的某些符號一意義。」雖然這方法必不會滿足其他人（其他人必不會感覺到我們曾敎給他以哲學），然而這方法卻必會是這唯一嚴格正確的方法。

6.54　我所說以上諸命題依以下的樣式足以充作使事物明白的一種說明，即：任何人，他若了解我，他最後將確認我的那些命題爲**無意義**，當他已使用它們作爲階梯向上攀登以越過它們時。（如普通所謂在向上攀登已越過梯子後，他必須捨棄那梯子。）

他必須超離這些命題，如是，他將會正確地看世界。

7.　凡我們所不能說者，我們必須在沉默中略過。

牟宗三先生全集⑰

牟宗三先生譯述集

牟宗三　著

《牟宗三先生譯述集》全集本編校說明

李明輝、黎漢基

　　本書所收錄者爲牟宗三先生譯自英文的零散譯作。這些譯作或爲全譯，或爲節譯，往往附以牟先生的評述或按語。在這批譯作中，懷悌海〈客體事與主體事〉之譯稿係於牟先生於1956年夏在台灣師範學院（台灣師範大學前身）「人文友會」中使用的講義，從未正式發表，今據油印稿重排。萊因哈特〈存在主義底義理結構〉之譯稿亦是「人文友會」之講義，曾刊載於《民主評論》第7卷第10期（1956年5月20日）。其餘譯作均曾在報刊上發表。今按發表年代先後排列，各篇之出處直接註明於篇末。

目　次

懷悌海論自然原素

這是英大哲懷悌海（A. N. Whitehead）《自然知識之原
則》一書中之第二分（總題曰「科學之張本」）的頭一章，
也就是原文按照全書排列之第五章。

一、自然底分化

(a)自然之覺知知識是在於破裂一渾然之整體，此整體即是覺知
經驗底主材，或者即是那作爲經驗的特定表象——或者可說，無論
如何，我們總是在摹狀那最根本的被經驗的事實。此整體是被分化
成些相關實體底一種複合，每一實體有些決定的性質及關係，並且
每一實體是一種主材，關論著它，我們的覺知即直接地或間接地供
給一有定的報告。這種破裂經驗之主材而使其成爲實體底複合之過
程，被叫做是「自然底分化」。

(b)這種自然底分化在不同的樣法中被作成，其作法是按照不同
的前進的標準而作去，此種不同的標準助以不同的自然之分析而使
自然成爲一些組合實體。那並不是說，只是一種自然底分化之模型
是不完全的，就算完事，並且還遺出某些其他實體而爲其他模型補

充之。那些被不同的分化模型所給出的實體根本是不同的，並且那是忽略了因不同的分化模型所產出的些複合實體間的區別，所以在自然知識之原則中就已經引出很多的混亂來。

有些無限數目的實體類型顯露於此種分化中。在本書的研究內，想去追尋自然底細微處，必只是蒙蔽了主要的論證而已。因此，我們只注意五種分化底模型，這些模型在科學理論中皆是很重要的。這些實體類型是：(1)事素，(2)中座物相，(3)感覺物相，(4)覺知物相，(5)科學物相。這是五種根本不同的實體類型，被五種不同的分化前進供給出；而它們的唯一公共性，當作實體看，即是它們都同樣地是些主材，被自然之覺知爲我們的知識而供給出的。

(c)那些實體，即任何一種自然分化底模型之產出者，將被叫做是自然底原素或面相；每一這樣的實體是一個自然的原素。如是，每一分化模型產出一類型自然原素，而使之特歸屬於其自己本身。

一個分化模型並不必比另一個更抽象些。「物相」可以看成是事素底性質，而事素則可以看成是物相間的些關係；或者，更平常地說，我們能除消那些「附著性質」之元學的及困難的觀念，而把不同類型底些原素看成是互相間的些關係。

依此，有兩種主要的關係應當區別，即「齊同關係」，此種關係在它們本身間，是關及同一類型底些自然原素及「歧異關係」，此種關係是關及不同類型底些自然原素。

(d)考察自然之分化底另一種方法是根本地注重自然原素間的些關係。如是，那些原素即是那些這樣相關及而在自然中被覺知的東西。換言之，關係即被看成根本的東西，而自然原素則是在它們能作爲「關係者」的本能中被引出。但自然這只是另一種表示底模

型，因爲關係與關係者是互相包含的。

二、事素

(a)事素是根本的齊同的「擴延關係」（relation of "extension"）底關係者。每一件事素擴及其他些事素，而此其他事素即是它自己的些部分，並且每一事素也被其他些事素所擴及，此事素即是其他些事素的一部分。自然底「外在性」（externality of nature）即是這種擴延關係底結果。兩件事素，假設沒有一件事素即它們倆的公共部分時，則它們倆即互相外在，或曰「分離」。時間與空間兩者都是從擴延關係而生出。它們的引申將在本書底後幾部分中細細論之。隨之，時間與空間即表示事素間的關係。還有些其他自然原素，它們不是些事素，它們只是引申地在時間與空間中，即是說，因它們對於事素之關係，故而在時間與空間中。很大的混擾曾發生在科學底哲學上，因忽略了那種種類型底物相之「空擴的」及「時動的」關係之引申的性質。

(b)擴延關係顯示事素是實現的——從事實方面看——因著它的發生於「空擴關係」（spatial relations）中的些特性；並且它顯示事素是內含著自然之「成爲」——它的流轉或創進——因著它的發生於「時動關係」（temporal relations）中的些特性。如是，事素根本即是「實現」之原素，及「成爲」之原素。如是，一件實現的事素即剝奪了一切「可能性」。它是在自然中所成爲的東西。它不會再發生；因爲它根本即是恰如它自己，現於彼處與彼時，一件事素是恰如它如何而被關係及，並且它是別無其他。任何事素，無論

怎樣相似，若具著不同的些關係，即是另一事素。在任何實現的事素中，沒有假設底成分。這有些想像事素，或寧可說有些事素底想像，但是關於這樣的事素是沒有什麼東西實現的，除非當想像是實現的時。時間與空間，它們完全是實現的並且免除任何「可能性」底色彩，它們被認為是事素間的些關係。

(c)事素從未「變遷」（change）。自然是發展的，意即，一件事素 e 變成一件事素 e' 底部分，此事素 e' 即內含（或擴及）e，並且也擴入將來而超出 e 之外。如是，在某種意義，事素 e 是在那裡變的，即是說，在其對於那些在自然之創進中曾不實現而變為實現的事素之關係中而變的。一件事素 e 之變遷，在「變遷」這字底這種意義中，將被叫做是「e 之流轉」（"passage" of e）；在此意義，「變遷」這字將不被用。如是，我們可說是事素流過，但卻不變。一件事素之流轉即是它的流過而成為某一其他事素，而此其他事素即不再是它了。

在流過中之事素變成較大的事素之部分；如是，事素之流轉即是進行中之擴延。過去、現在、將來，是推及事素的。過去之不能挽回即是事素之不變性。一件事素是其所是，時其所時，而處其所處。「外在」及「擴延」，即是事素之記號；一件事素若是彼處，即不是此處（或既是此處即不是彼處），若是彼時即不是現時（或若是現時即不是彼時），它是某一些全體底部分，並且也是一全體擴及某一些部分。

三、物相

(a)物相因「重認」（recognition）而進入經驗，沒有重認，經驗必表示沒有物相。物相達出持久，在事素中被重認，並且它在不同的環境中被重認是「自同」的；那即是說，同一物相被認爲關及不同的事素。如是，自同的物相在事素之流中保持其自己：它是在彼處及彼時，在此處及此時；而所謂「它」，在其存在于彼處及此處、彼時及此時，是沒有雙關係的歧異的，在關於它所作的些種種判斷中，它是思想上的那同一主材。

(b)一個物相之變遷是同一物相對於不同事素底些不同的關係。物相是持久的，因爲（嚴格地說）它是沒有時間與空間的；而它的變遷只是它對於種種事素的些關係底變化性，而這些種種事素則是在時間及空間中流過。這種在時間與空間中的事素之流轉只是擴延關係的顯示，此種擴延關係，事素互相擔負之，並且與時間中的方向因子相結合。此方向因子即表示那作爲自然之創進的這最後的「成爲」。這些事素底擴延關係在本書後部中分析之。但是在此，只須弄淸楚：物相中的變遷並不能貶損了它的持久性，乃是表示它對於事素底流轉之關係；而同時，事素旣非持久亦不變遷。事素（在某意義）是空間及時間，即時間、空間皆是從事素中而有的些抽象。但是，物相只是引申地在空間及時間中，因它們對於事素的些關係之故。

(c)事素與物相進入經驗中之路途是不同的。事素是一種生活的投過，它們擴張而環繞著我們。它們是這媒介，在其內，我們的物

理經驗即隨之發展，或者直可說，它們自己即是那經驗的發展。生命底事實即是生命底事素。

物相進入經驗是用重認底智慧性之方法。但這卻並不是意謂：每一物相必須是以前曾被知道過；因爲，在那種情形，將從不會有第一次的知識。我們必須免去「現在是一瞬」底這種錯誤概念之想像。它是一個久延（duration），或是時間底申展；在那作爲「現在」的這久延底些部分事素中。它的重認是被回想與記憶之方法所攜帶而超出于現在之外。

合理的思想以及事素間的比較，假若沒有物相必是內在地不可能。

(d)物相與事素只是搖擺地被分化於公共思想中。什麼東西純粹是事實的質料，什麼東西即是一件事素。什麼時候可能性底概念能應用於一個自然元素上，則那個元素即是一個物相。即，物相在經驗中有循環往復底可能性：我們能設一想像的環境，一個眞實物相可以發生於其中。一個物相底本質（essence）並不依靠它的些關係，這些關係對於它的存在是外在的。事實上，對於其他些自然原素，它可以有一定的些關係；但是它也可以（這同一物相）有其他些關係。換言之，它的自同不完全依於它的些關係之上。一件事素則卻是恰是其所是，恰是其如何被關及；而並無其他。

如是，物相即缺少關係底固定性，而事素則有之，並且如是，時間與空間永不能是物相的本質關係之直接表示。兩個物相（因事素底媒介）有一切相互的空間關係，這些關係投過它們的存在而有之，並且也可以有很多它們有所不曾有的關係。如是，兩個物相，是其所是，並沒有必然的時間與空間的關係能作爲對于它們的個體

性是本質者。

(e)物相與事素間的主要混亂是在這偏見中被傳達之，即以為一個物相只能在一個空間及一個時間中。殊不知那是事素底根本特性；並且無論什麼時候，那種特性若現出公理性而當作它是主宰某種物理實體，則那實體即是一件事素。但是必須要記得：普通的思想是混亂地在事素與物相之間搖擺。它是從事素到物相這公理底誤置，此種誤置曾破壞了自然的物相說。

(f)那是一種錯誤去歸部分于物相，「部分」在此是意謂空間的及時間的部分。這樣歸屬底錯誤直接地是從一個物理相根本不在空間或不在時間中那前提而發生的。物相底時間部分之不存在是一種普遍的思想。沒有一個人能想一塊石頭底這一部分是在一時間中，而這石頭底另一部分是在另一時間中。所謂同一石頭在兩種時間中，意即此石頭是存在于那些時間中（假設它是存在時）。但是，空間的部分卻是在不同的範疇中，我們很自然地能想一塊石頭底種種部分同時存在。這樣的一個概念，即混亂了那作為物相的石頭及顯示自然內的這石頭底實現關係的那事素。實在，那是很自然的去歸屬空間的部分於一石頭上，因為一塊石頭是一覺知物相之一例之故。這些物相是普通生活中的些物相，很難準確地去識別這樣一個物相在些事素中，因此事素，它可以有它的些顯明關係。去使這些物相底概念成為準確的這奮鬥必是力致我們回到感覺物相上或前進到科學物相上。困難大抵是使思想清楚底一種東西。有一個物相具有自同性底覺知，那即是被人類的公共使用所指示。實在說來，這些覺知物相能使人類——看起來在動物上亦然，除非那些最低等的——有他們的自然底客觀化的品德之知識。但是，物相（它是一個

統一者）與事素（它有部分）底混擾，總是固有的。在生物學一些機體論裡，如一「物相」似的那機體之品德是更清楚的。

(g)根本的規律是：事素有部分，物相沒有部分——除去在引申的意義裡從其對於事素的些關係而言。從另一方面同一物相能發見於空間及時間底些不同部分中，但這卻不能為事素而主張之。如是，一個物相底同一可以是一件重要的物理事實，而一件事素底同一則根本即是平常的邏輯的必然。如是，在法庭上之囚犯可以是曾經作過偉業之人。但是，這偉業是在不可挽回的過去中；只是在法庭前的一種辯證，或者（在某些國家）只是那罪犯底重審。根本地說來，那件偉業本身是不會在那裡存在。

(h)自然底繼續是被發現於事素中，自然底原子特性則是居於物相裡。繼續底以太即是事素底全體複合；而原子及微分子則是科學的物相，這些物相，對於形成以太的那事素，是些根本不同的類型底實體。

(i)覺知事素與物相的路途的對照，在專名上是要有區別的。依此，為要較好的名目，我們將說：「攝受」（apprehend）一件事素，而「重認」（recognize）一個物相。去攝受一件事素即是去知道它的流轉是在那自然中的生起，我們每一個都可以知道它好似它對於一切覺知者（percipients 中座）是公共的一樣。那是不必須的，為科學之目的，去思量這種自然對於一切底公共性之困難的元學問題。在這一個人的了別上，那是自足的，即：猶如它對於一切是公共的，而科學即是一組主張在此準公共的自然上是真的，此準公共的自然即是每一覺知者底經驗之主材；即，科學對於每一覺知者都是真的。

去重認一個物相，即是去知道它在其對於自然中的些有定事素之特殊關係。如是，我們將物相提到某些事素上，這些事素即當作是它的些「境況」（situations）；我們將物相與其他些事素連結起，這些事素即當作是那規跡，從此規跡，那物相即能被覺知；並且我們將物相與其他些事素連結起，這些事素即當作是這樣的覺知那物相的些條件，而那物相即當作是在這樣的些境況中從這樣的一個覺知者底規跡中覺知之。

> 譯者按：本段從「如是」起以下這一長句十分複雜，它乃表示了物相與事素的三層關係。第一層關係是指出事素為物相之境況，而物相即位置於事素中。第二層關係是指出去覺知物相的那規跡事素，根據此規跡事業，那物相即可被覺知，此規跡事業是指主觀或中座方面而言。第三層關係是指出事素是制約物相的些條件，有了這些條件，所覺知的物相是真正的物相，這種作為條件的事素是指客觀方面而言。這三層關係即伏著以後的詳細解析，然而在此懷氏卻用了一句話以包括之，誠所謂言簡意賅者矣。復次，這長句原文並無分號，譯者為清醒起見，特加分號斷成三層。凡譯文用物相之處，原句皆以中性代名詞「它」代之，今為清楚起見，故譯者一律以物相實之。

依此，在這些字底（隨便的）意義中，我們攝受自然是繼續的，我們重認自然是原子的。

譯者按：本章共論三目：一為自然之分化，一為事素，一為物相。事素與物相，即是由分化而得出的。這兩者則是自然之原素，也即是解析科學概念之基礎或實據。本分以下兩章，即是分論事素與物相。事素為 event 之譯語，物相為 object 之譯語。此兩概念為懷氏學說之主幹，至今不變。但其含意因為所出方面之不同，又常稍有變更，但其本意則不變。這本書的目的，懷氏是在講科學底哲學，換言之，即在解析科學概念之基礎。目光總是向外的，至於內面，則懷氏在《自然之概念》一書的第一章中曾聲明過講科學的哲學是用不著管的。他以為內外的綜和須交給元學，所以最近年來所出的書都是向元學這條路上走，因此，他的事素與物相之變化也是向這條路走的。所以，他這書雖名為《自然知識之原則》，但卻不必看成是一部知識論。換言之，他所論的是已成的科學知識之原則，但卻不是知識本身之原則。懷氏的興趣始終是在元學上，始終是在自然世界之解析上。讀者若順著這條路前進，再參之以康德的哲學，路易士的心與世界條理，純粹邏輯的認識，以及現在的邏輯實證論，必可得出一種可靠的合理的知識論來。譯者常想：懷氏的元學，康德的知識論，羅素的邏輯，真可謂哲學界的三絕。讀者若能會而通之，偉大的哲學系統不難出現。復次，譯者前言本書言簡意賅，實在太賅而簡了。讀者若能細心領會，所獲必多。《自然之概念》一書即為解析本書而作，譯者將來若能擇錄發表，於讀者之理解上必更有益。

原載《北平晨報・思辨》第16/17期（1935年9月26日/10月7日）

亞里士多德論時間

一

本文是取材於亞氏《物理學》卷四第 C 段，大半都是原文的譯語，作者略加以解析與引申。

時間與物體之變遷或運動有關係。時間是過去、現在與未來之一行歷。這個行歷必在事物之變遷上顯示出來，它決不是可以離開事物而獨立存在的。

「時間不是變遷或運動，但也不能離變遷而獨存。變遷有快慢，而時間則無。快慢以時間來規定。快是在短時間內運動的很多；慢是在長時間內運動的很少。但是，時間卻不以時間來規定。」

時間關涉到過去與現在，但是什麼是「現在」？

二

「假設現在不是差異，而是一而同，則必沒有時間。但是當差

異不被注意時，則那間距似乎也不能就是時間。時間既不是運動，也不是獨立于運動。時間既不是運動，必是附屬於運動的某種東西。」

只有「現在」不是時間，時間是在差異上顯。但是差異不被注意，只有那一而同的現在，則那現在所成的間距也不就是時間。所以時間必在現在之推及前與後的差異之被注意上。即是說，時間必在差異之成一個行歷上頭。但是行歷必關涉于物之運動，所以時間必是附著于運動上的東西。時間附著于運動，且須被注意，則時間多少總有點主觀性。因為若沒有主觀之注意，則也許只有事物之流與運動之流，而所謂現在、間距、差異等觀念也必是沒有的。現在、間距、差異，能成一個行歷，固然必有其客觀的運動流之根據，但也必在主觀之認取上。亞氏最精闢的地方便是在：時間不是運動而亦不離運動。

三

「運動物是從某物到某物之運動。一切量度是繼續的。所以運動與量度同時進行。量度是繼續的，運動也必是繼續的，因而時間也必同然。因為時間總是比例于運動的。」

「前後之別既可執持之于空間，又可執持之于時間。在空間，前後是相對于位置；在時間，是相應于運動。」

「運動中之前後在本質上說等于運動；但在界說上則不等。」在界說上所以不等，是因為屬于時間故。運動只是流，無所謂前後，我們一說前後，便摻進時間觀念，便是以時間論謂運動。

「我們認取時間，只當注意運動時才行。我們以前後來標誌運動。轉過來，只當我們覺得了運動中之前後，我們始能說時間是流過了。」

「我們以 A 與 B 之不同，並以第三者居于其間，來標誌出時間。當我們想兩端與中端不同時，並當心宣稱現在是兩，一爲前，一爲後時，則我們說有時間。因爲凡被現在所界限者即被想爲是時間。所以當我們覺著現在是一，旣不是前又不是後，但只是關係到一個前與一個後，則即沒有時間曾流過，因爲沒有運動故。」

四

時間在關及前後上，恰似運動之數目。即以前後爲運動之數目，此即是時間。「因此時間不是運動，但只是運動承受它的臚舉。譬如我們以數目來分別多少，亦可以時間來分別運動之多少。」

時間是數之一種。數有兩種意思：㈠被數的或可數的；㈡我們用之而作計數者。時間是事物運動之數目，我們可以數之。所以時間之爲數是可以數的，是被數，不是用之而作計數者。

「現在」是時間數之單位。運動是繼續的，時間亦是繼續。但是，每一「同時生起之時間」（simultaneous time）則是自同的。這個同時生起之時間即是現在。當時間包含前後時，「現在」即作爲時間數之單位以測量時間。

「現在」有時是同一，有時不是同一。「當其爲相續，則它是差異，即不同一；但是這個相續若作一整個看，它的本體便是同一

或自同。」這個意思，用現在的話說，「現在」也是一個「久延」。從久延這方面看，現在是一個行歷；從其同時生起之整個方面看，則現在便是一個「原子」，是即亞氏所謂單位，而行歷則是亞氏所謂差異。

「現在之相應于運動之物體，與時間相應運動一樣。因為藉著運動之物體，我們可以知運動之前後；假設我們認此運動之前後為可計算，則我們即能得到現在。因此，雖然現在是一本體，保持其自同，但是論謂它的東西卻是不同的。」這即表示說：設無時間必無「現在」，反之亦然。現在雖然是一個時間單位，但它卻是在一個時間行歷中顯出來。從其本身看，它是一個自同，若是要論謂它，即解說它，卻還須藉著別的，即亞氏所謂差異。

「時間被現在弄成繼續，也被現在弄成分離。」

「現在若當作界限看，則它便不是時間，只是時間之屬性。」時間與運動相應，是一個繼續的行歷。計算運動的時候，「現在」出現了，所以界限也出現了。

「時間在關及前後上是運動之數目；而它之為繼續是因它是繼續的東西之屬性。」

是運動之數目即是計算運動，因計算運動，而有時間之差別，隨之繼續的運動不為繼續，繼續的時間亦不為繼續了。

五

「時間不可以快慢論，但可以多少長短論。因為從繼續上說，它是或長或短；從數目上說，它是或多或少。」

時間是不動的，動的是物體，所以不可以快慢論。

「無論在什麼地方，只要是當下，便有同一時間；但是若有前與後，便不是同一時間。因爲現在之變是一，但已發生之變與將要發生之變卻不是一而是異。」

「不只以時間測量運動，但也以運動測量時間，因爲他們互相規定。」

時間測量運動之快慢，運動測量時間之多少或長短。

「時間標誌運動，因爲它是它的數目；運動亦標誌時間，因爲運動有繼續。」

「我們描述時間是多或少（much or little），以運動來測量它。此恰如因被數的東西而知數一樣。例如因一個馬爲單位而知衆馬之數。」

「東西在時間中等于東西被時間測量。」東西在時間中有兩種意思：㈠當時間存在，它存在；㈡當我們說某種事物在數目中。

因爲時間是運動之數目，所以現在、以前，以及其他之在時間中恰如一、奇數、偶數等之在數目中。即是說：一種是屬于時間，一種是屬于數目。所以東西在時間中，恰如它們在數中一樣。所謂數，即序數之謂。

時間是運動之數，這又是數的一種解析法。這種解析法可以叫做自然之生長法。《易經》中的序數，即是由這種自然之生長而看出的。時間之數摹狀或標誌運動之步驟，運動之步驟標誌出時間之前後，因而標誌出時間之序數。數標誌了自然，分化了自然，復爲自然所顯示所預定。數是根本的。數之聯合而成繼續之行歷，便是時間。這個行歷是運動之昭示，主觀之認取。

<h1 style="text-align:center">六</h1>

以上五段述完了亞氏的時間論，今舉其重要者列于下：

㈠時間由運動顯，但不就是運動。此可打倒以變遷為時間者，此亦可明示自然之流與時間並非一物，此即是近人懷悌海所極力宣揚者。

㈡時間不是運動，所以時間不動。動者是物體。由物體之動顯出時間，所以不能認時間為本體，為根本存在。亞里山大與愛頂頓之特重空時都是不明空時為何物者，而懷悌海的機能說與諾滋洛圃的物理說倒卻是真識時間者。（機能說亦可曰事素之擴延說；物理說亦名曰原子說，愛因斯坦亦屬此說。）

㈢時間不是運動，所以也不是事物，所以也無所謂快慢。快慢是屬于運動，時間只有多少與長短。

㈣時間不離運動，所以時間是事物運動關係間的東西，不能與事物無關而自行其一度之直線流，如牛頓所想像的絕對時間者。

㈤時間不離運動，也不離主觀之認取。《易》曰：「天垂象，見吉凶。」時間乃是由天（自然）之垂與吾之見合約而成的。懷氏指之為抽象，羅素指之為邏輯構作，其實不若名之為「垂示」，更具體而客觀，活潑而生動。康德純認其為主觀之直覺形式，自然更是不對。

㈥時間既是一種「垂示」，所以也不是一個東西附著于事物之關係中，萊本之的說法也不對。

最早的亞氏倒說對了，後人卻越說越不對，豈非怪事！

㈦亞氏以同時生起之整個的自同爲「現在」，此解亦非常根本，懷悌海對此大肆發揮，足可參證。

㈧亞氏以物體間的界限本身爲空間，今復以運動間距之差異行歷爲時間，則此種時間與空間自然是合一而不離的，與近人所講亦不背。而且唯有于亞氏所指的地處認識空時，始能眞正理解現在所謂特殊空時系。

亞氏論空間將另文述之。

原載《民國日報‧哲學週刊》第8期（1935年10月23日）

亞里士多德論空間

一

　　本文是取材亞氏《物理學》第四卷 A 段作成的，大半都是原文的譯語，作者略加以引申與解析而已。

　　空間亦曰地位，亦可叫做物之所在地，所以空間必與物有關係。但是空間的表現，最顯然的是在物之移動上，所以空間又與運動發生關係。運動，初步看之，便是地位之變遷。這種運動便叫做是地方運動（loco-motion），空間就在這種地方運動上表示出來。所以「空間之存在顯然是因交移位置的緣故。在一器皿裡，現在有水存在，轉過來，當水出去了，空氣便存在于內。所以，當另一物體來佔有這同一空間時，空間便被設想與交移位置於其中的一切物體不同。以前包含著水，現在包含著空氣了。所以空間是與出入于其中的物體不同的東西。」

　　每一物體有它自己的地位。某或在上，某或在下，某或在左，某或在右。「這些分別，即上及下，左及右等，並不只是關係于我們。關係到我們，它們不是永遠保持其原樣，但隨著我們轉變的方

向而變遷。這即是為什麼同一東西可以既是左又是右，既是上又是下，既是前又是後。但是在自然本身上說，這些分別每一個是不同的，其差別是按照其自己而分離。譬如說：並不是每一轉變方向都是上，但是凡火所在的地方，則即有光炎上；同樣，也並不是每一方向都是下，而是有重量的地方，則凡以土作成者即向下。此函義即是說：這些地位並不只是在其相關位置中而不同，並且也有其不同的潛勢存在。」這種上下左右之潛勢即是位置之客觀性。

位置常同于虛空。「虛空之存在即含著地位之存在。因為我們通常總是規定虛空為空間或地位，而認為其中並無一物。這種討論必使我們設想空間是不同于物體的東西，並設想每一可觸之物必是在空間中。假設如此，空間之潛勢必是一奇怪東西，並且須在一切東西之先。因為若沒有了它，則無物能存在。而它卻不須他物即有其存在，故必須先在，因為在其中的東西若不存在，空間也並不隨之即消散。」

于是，空間必是一個不同于物體的虛空東西。但是，虛空是存在的嗎？亞氏並不認其存在。現在假設其有，其性質之疑問也有困難。它是否是物體的一個容積呢？或者還是其他呢？

二

亞氏列舉六端來看空間：

㈠它有三度：長、寬、高。一切物體因此三度而被界限。但是空間不能是一個物體；不然，同一空間必有兩物。

㈡假設物體有一地位或空間，顯然也必有一表面，以及其他物

體之限制。

㈢在此世界中，我們想設空間是什麼呢？假設它有剛才述過的性質，它不能是一個原素或成分，也不能是原素之組合，無論此原素是具體的或是不具體的。因為它可以有大小，但卻並沒有物體。但是，可觸之物的原素卻仍是物體。

㈣我們也可問，在事物中，空間是那一種原因？那四種原因都不能歸屬于它。它既不是存在底物質因，也不是形式因，也不是目的因，更也不是機動因。

㈤又有進者，假設它本身是一存在，它在什麼地方呢？芝諾的困難便來了：假設每一東西有一空間，空間是一物存在，則空間也將有一空間，空間又復有一空間，依此類推，以至無窮。

㈥復次，每一物體在空間中，同樣，每一空間也有一物體于其中。兩者如影隨形，恰相符合而不離。若然，則將如何說發展的物事呢？因為若照這個前提而言，則它們的空間必與之俱長。空間既不大于它們，也不小于它們。

因著這六點疑問，關于空間起了整個的問題。不但關于它是什麼，而且要問到究竟是否有這種東西。它不是物體，也不是原素，復不是四因，更也不是存在。這四種若都是，必有其困難；若都不是，將必有其所是。然則，它是什麼呢？

三

亞氏重提出物質與形式的問題。空間是物質呢？還是形式？

一個命題有主詞，有賓詞。賓詞 B 論謂主詞 A。此時 A 即有

雙重性：A 是它自己，它又是某種別的東西。空間亦是如此。它一方是公共的爲一切物體居于其中的空間；它一方又是被每一物體所佔有的特殊空間。舉例說：你們在天體中，是因爲你們在空氣中，而空氣也是在天體中；並且你們在空氣中，是因爲你們在地球上；同樣，你們在地球上是因爲你們在這個地位或空間中，而這個地位或空間又只能包括你們，而不能包括你們以外的東西。

假設我們這樣看空間，則一物之空間即是它的形式。因爲形式是定形一物的東西，某物之在空間中也可以使它有定而成形，所以空間也是形式。

但是，假設我們以空間作量度之廣袤，則它即是物質。所以空間旣類似于形式，復類比于物質。

形式與物質不同。物質是不定的，形式是有定的。當一個東西的界限及屬性都除掉了，則只有物質被留下。

「物質與形式不分，就是柏拉圖在其《泰謨斯》中，所以說物質等于空間之故。因爲在他看來，分享與空間是同等的。」一切東西皆分享于物質，所以皆分享于空間。在柏拉圖，形式是他所謂理型。所以空間與彌滿宇宙的物質並無差異。因此之故，「當一切人說空間是某種東西的時候，唯他說其是什麼。」

然則，空間眞正是形式或物質了嗎？「很易看出，空間決不是物質與形式。物質與形式離不開東西，但是空間卻能離開。如上邊所說，當空氣不在此，水轉過來即在此，則水即代空氣而佔有之。因此，一物之空間旣不是該物之部分，也不是該物的一個情勢，但是與它相分離的。因爲空間被設想是如一容器一樣。而此容器卻不是一物之部分。」

空間與事物相分離，則它即不是形式，也不同于物質。它雖然可以限制或定形一物，但卻不是一物之形式；它雖然有量度之大小，但卻不是具有物質之物體。故空間必是事物間的某種品德，而爲這些事物所有。

然則，空間究竟是否是一筐子似的容器呢？

四

欲解答這個問題，先看「在」字有幾種意義。

㈠指「在」手中，部分「在」全體中。

㈡全體「在」部分中，因爲沒有一個全體能夠離開它的部分。

㈢人「在」動物中，目「在」綱中。

㈣綱「在」目中，特殊形式之部分「在」特殊形式之界說中。

㈤人之健康「在」熱與冷中。推之，形式「在」質素中。

㈥希臘之事務集中「在」國王。推之，一切事情之發生集中「在」原始的機動之力致，或曰原始的推動。

㈦一個事物之存在集中「在」它的善。推之，「在」它的目的，那即是說，在它所以存在的理由。

㈧總之，最嚴格地說來，一件事物如「在」一容器中，推之「在」空間中。

以上八種意義，前七種都與事物在空間之「在」不同。然則，在空間之「在」究是何種？此可藉兩個問題來表明：㈠是否一件東西能在其自己中？亞氏以爲不能。「這是全體與部分的問題。兩件東西可以互依，但不能是同一。酒與酒缸可以互依，但酒之依酒缸

並非因酒是酒缸，而是因酒缸是酒缸。反之亦然。」㈡空間既爲某種東西，則空間是否能在一空間中？亞氏也以爲不能。部分可以在全體，當然小的部分的空間可以在大的部分的空間中。不過，這也不是物在空間之「在」。因爲空間非一物體，是看不見摸不著的東西，與酒之在酒缸不同，與指之在手亦不同。這只是一個空間的分割看法而已，與「物在空間」之關係不同。復次，空間可以藉物體關係而存在，則也可以說空間是在物體關係中。但此「在」仍是與物在空間中之「在」不同。其爲「在」倒是健康「在」熱與冷之「在」，熱「在」物體中作爲一個鼓動之「在」，並不是芝諾所謂「假設空間是某物，它必須也在某物中」之「在」。空間之在某不是物之在空間，也不是芝諾之「在」。芝諾之「在」是一個無底止的鍊子，是矛盾的，是不可能的。今不是芝諾之「在」，當然沒有芝諾的困難。

凡物不能在其自己中，而空間在某之「在」又不同于物在空間之「在」，則空間必不是一個物體，也必不是一個筐子似的容器，它也決不是一個實際的具體存在。因爲它若是存在，它必須有所在，這與物之在空間同；它若是一個容器，此容器也必有所在，這與物之在空間亦同；它若是一個物體，此物體亦必有所在，這與物之在空間亦同。所以它若是存在，它若是物體，它若是容器，它必遇著芝諾的無底止的困難。亞氏把「在」字分析的很清楚，把空間指明其不是什麼。所以物在空間這個關係，並不是相稱的，也不是傳遞的。這個鍊子便從此打斷了。這個鍊子打斷了，芝諾所設的困難都可打斷。然而，近人柏辣得萊卻仍在那裡玩芝諾的把戲，這倒不是後來居上，反而是每況愈下了。

　　亞氏的空間不在其自己中，而又不是芝諾之「在」，則他所謂空間必是暗函著是事物間的一種關係。

五

　　空間究竟是什麼？什麼是空間？

　　亞氏以為有四種東西，空間必居其一：

　　㈠形狀－形式。

　　㈡質素－量度－不定者。

　　㈢「相合物體」之界限面間的某種廣袤。

　　㈣「包含物體」與「被含物體」相接觸的那個界限本身。

　　亞氏以為前三種都不是，惟第四種才是空間。形狀或形式與空間兩者可說都是界限。但卻非同一物事。形式是物體之界限，其所以為界限，是因不定的質素有了形式才成定形，才可以分別。所以形式之為界限，還是物之所以為物的標識。空間則是物與物相接觸間的那界限本身。形式可以特屬於一物，而空間則必在兩物之間顯出。形式不離事物，我們不可說不定的質素佔有形式，但可說俱有形式。可是，空間可以離事物（邏輯地離），所以我們能說物體佔有空間，但不能說俱有空間。物體與其所佔的地位，既不大又不小，這類相佔有的物體間的「界限」就是所謂空間。如果物體與其所佔有的地位不恰符合，而有額外的廣袤在其外，則兩物之間便不能有界限。界限必在兩物與其所佔的地位恰相符合之間顯之。所以界限面之間的廣袤決不是空間。形式廣袤俱不是空間，至于質素更不是空間。因為質素既不離物，也不含物。所以唯有第四種之界限

本身才是空間。

因爲有界限，而物又都在界限中，所以人們常說物在空間中，空間包含物。其實只是在界限中，界限包含物。「空間之所以難把握，是因爲質素與形式總是與它相沿故。」

空間是界限，而界限並非實物，是看不見摸不著的東西，所以可說它與事物離，它懸在那物體之間，而卻不是那物體本身。所以亞氏說：「空間可以被物體所遺留，並可以與之分離。」這話並不是說，天地間沒有了物，還有空間在那裡存在；只是表示空間是物體間的那界限之本身，而卻並不是物，所以說是離。故此，所謂離只是表示不同而已，可以離，並非實在是離。

因爲是界限，所以並非一物，它只在兩物之間顯示出來。故「空間可說是不動的：所以它寧是那整個的河流，這即是空間。因爲從整個看來，它即是不動的。」動的是那物體之移轉，並非是那界限。物體移置了，那界限也可以隨之移置，但卻不是在動。

「因此可得結論說：所包含的東西間的內部無動的界限即是空間。」

「如果我們可說容器是可移置的空間，則空間便是一個不可移置的容器。所以當一個東西在一個運動的東西之內而運動，而變其地位，如舟之水中行，則此寧是一個容器，決不可認爲是空間。」

所以空間貌似容器，而實不是容器，因爲它無動故。于是，筐子似的空間觀便可打倒了。

可離、無動、似容器而實非容器，這都是亞氏的精密論斷。後來牛頓與康德都未曾了解他的物理學，所以都未曾眞正了解空間。至于現在所謂四度空間，只是表明時不離空，空不離時，以求核算

之準確而已，對于時空本性之理解鮮有作者。唯懷悌海對此確有獨到之見解，而且與亞氏亦相合。懷氏以為時間、空間並不是根本東西，乃是由更根本的事素關係引申出來，抽象出來。事素有空擴方面的關係，由此引申出空間；有時動方面的關係，由此引申出時間。這與亞氏的界限說頗可契合，惟亞氏指的更具體而微，而懷氏論的更圓通而妙。若合而觀之，必可洞徹無餘。近人諾滋洛圃（Northrop）名此種學說曰「機能說」（functional theory），而以亞氏與懷氏屬之，可謂獨具隻眼。

六

最後，亞氏復論到空間與天體的關係。空間是事物之間的東西，並不是無所不包的宇宙筐子。普通以宇宙之大當作空間之大，實在是流俗之見，而牛頓的絕對空間亦實為此流俗之見張目。

「一物另有一物在其外而含之，則它是在空間中。否則不然。假設有一些水，無含者含之，然而其部分，在一方面總是要活動的，因為此部分是含在另一部分中，所以此可在空間中；可是在另一方面，水之整個，即從其全體看來，則其動是另一意義，不與其部分同。」

「天體是一整個，不在任何空間中，無物能含之。在其運動的路線上，其部分有空間。因為每一部份，在其中，都是啟後並承前。天體本身不在空間中。天體等於一切，其動是在一圓圈中，不在空間中。它不在任何地方。在某地者必為某物，而亦必有含之者。但是，全體與一切卻無物在其外。因此一切東西在天體中。天

體是一切。」

「可是，一切東西之空間卻不同於天體。空間是它的部分，內部的部分。它是與運動體相接觸的。因此，我們可說：地球在水中，水在空氣中；而空氣在以太中，以太在天體中；但不能繼續下去說天體在任何別的物中。」

這兩段話十分透闢。天體譬如現在所說的張大之宇宙。張大的宇宙，不能復有一物在外而含之。天體是一切，若有物以含之，便不能算一切。空間是天體內的一切分子之界限，它是在部分之間顯之，在含者與被含者之間顯之。它是內在於物體之間的東西，如現在所謂時間似的間距，空間似的間距相同。它永不能成一個無所不包的東西。所以，天體內的一切分子之空間相加，也不能等于天體。一個是整全的張大，一個是內在的間距或界限。物體在空間內是因著物體在天體內發生包含關係而引申。因其互相包含故有界限，吾人認取了界限，始認識物體在界限中。粗心者流遂以為物體在空間中，遂以空間為無所不包，遂以空間等于天體，而不復知天體矣，而不復知張大之宇宙矣。

因此，物體佔有地位，並與其地位恰相符合，既不大也不小；但因為空間是這種恰相符合的佔有間的界限，所以物體與空間決不必認為同其生長。若認為同其生長，勢必認天體亦在空間，勢必犯芝諾所設的困難。須知天體自天體，張大自張大，界限自界限，不可粗心，以為恰相符合，遂步步推上去。普通以被佔有者為空間，以空間為容器，遂有共同生長的觀念；若以界限為空間，則此觀念便不發生。如是，上邊第二段內第六條的問題亦不發生。

至于這種空間說，須靠兩個問題的解決：㈠關係是否可能？若

不可能,則界限亦不可能。㈡界限是否可能?若芝諾設問界限之中復有界限,以無底止的分割推下去,則將如何?

這兩個問題其實即是一個問題,我曾在〈矛盾與類型說〉一文中詳細討論過,在此不必再費時間了。

原載《民眾日報・哲學週刊》第9期(1935年10月30日)

亞里士多德論運動

一

　　亞氏論運動不及論時間、空間之精密。本文是取材于他的《物理學》第三卷第一段論運動之性質。

　　亞氏開頭說：「自然是被規定爲變遷與運動之原則。」變遷與運動亞氏並沒有分別清楚，也許他即以運動作變遷，或以變遷作運動。不過現在看來，事實上它們是有分別的。在物理學上說，運動是物體之移置，譬如自 A 移置于 B。不過自 A 移置于 B，在元學上究竟是什麼意義也很成問題。物理學家只計算運動之速度，此外便不必過問，這也是對的。不過在元學家看來，問題便不止此。在亞氏時，物理學還沒成一門嚴格的科學。他所謂物理學，雖然不必是元學，但也可說是早期的自然哲學。亞氏也許就站在這個自然哲學的觀點上看運動的。

　　我們在此先看亞氏怎樣論運動，然後再稍指明變遷與運動的問題。

二

運動是離不了事物的，亞氏說：「決沒有運動其物能超越事物之外的。它總是關涉到本體，關涉到量或質，關涉到地位而變遷的。」所以運動必在事物之變上顯。

說到變，要注意三項事情：㈠事物之在圓滿中存在；㈡事物之為潛存；㈢事物之既為潛存又為圓滿。亞氏所謂圓滿即是完滿實現之謂，潛存即是未實現而有實現之可能。既潛存又實現，即事物有某種型態是在潛存，又有某種型態是已實現，或某種未實現者在于某種已實現者之中。

于是亞氏下運動之定義曰：「當某物是在潛存，則此潛存者之圓滿實現，即為運動。」

舉例來說：「譬如建築物，在當其是恰是那個東西，則是圓滿地實現的，在當其是被建築，則它便是正在建築中的東西。」

可建築的東西之實現就是建築之過程。當建築物成功為一所房子，則可建築者便不復為可建築的了。換言之，它是可建築的，它即是可被建築的，而被建築之過程就是我們所需要的實現之運動。

于是運動是一種可以運動的東西之趨于圓滿實現，它是事物的一種屬性，一種當其恰恰完滿實現時的一種屬性。于是運動便同于事物之變，而與今日物理學所謂運動便不相同。

三

　　這種不同于今日所謂運動的那種變的運動，便是事物之發展過程的問題，這便接觸到亞氏的進化思想了。亞氏在他的元學上，指出每一種事物，由潛存到實現，須有四種原因爲之機動。一是質素因，一是力致因，一是形式因，一是目的因。這四種原因是使事物之趨于圓滿實現的條件。從潛存到實現便是一個變，便是一種運動。所以這種運動完全是生物的發展。亞氏在這種發展的主張下，又提出一個不動之機動，此便是類比于力致因，而被認爲是神者是也。一切事物既是致動，又是被致而動，最後那個不動之機動便是神。所以這樣看來，便不是講運動，而是講進化，講蛻變。這即是所謂機能自然說。

　　不過機能自然說還是一種形而上學上的宇宙論，雖然在這種進化上能顯出運動的表示，但對于運動之意義還是解析不出來。運動意義的問題是這樣的：運動是從其所在到其所不在。在此便牽涉到空間問題。如果世界是充實的，沒有虛空，則「到其所不在」便不能成立，因爲沒有一塊空地方讓它向之而運動。復次，如果世界是事物之發展，是從可能到實現，是一個轉化之流，則「從其所在到其所不在」也無意義。因爲轉化之流是一個意義，而運動又是一個意義。前一個意義是不能拿來解析後一個意義的。復次，運動必有所對，然而轉化是無所對的。轉化可以有個目的，但是目的似乎不能當作運動的座標。轉化可以實現，但是實現也不能作爲運動之所對。沒有所對，沒有座標，運動便無意義，運動只有變成轉化，于

是，科學問題也就變成元學問題了。

四

　　所以在機能自然說之下，亞氏沒有把運動的意義解析出來。不過物理說也很難解析。物理就是主張宇宙間有一個空的空間，一切原子在裡邊活動。這樣一來，空的空間是運動的座標，運動便有了意義。但這個空的空間顯然是一個不可證實的假設，旣不能爲經驗所證實，又不能爲理論所證明。反對這種假設不自亞氏始，在早期的希臘便已有巴門里第與芝諾的反對。他們反對非有，反對虛空，反對「從其所在到其所不在」之運動的可能，反對衆多，反對原子；而同時又有希拉克里托斯主張轉化之流，主張即轉化即物實，並非有物在轉化，于是轉化流便成一個根本存在。由這兩派的結合，剝蕉似的，把自然中不能證實不能證明的假設或虛構全行剝去，結果只剩下凡有轉化的赤裸之自然界。「凡有」指示世界是充實，否認非有或虛空；轉化指示世界是變化流，否認不變或有物在變。

　　在赤裸自然界之下是很難解析運動之意義的。亞氏繼承這個赤裸的自然界，轉變「凡有」與「轉化」爲另一種意義，即所謂發展的進化論是。在發展進化論之下亦不能解析運動，遂將運動同於變化，同于發展，科學的運動問題遂變成元學的發展問題，運動自此遂不得其解。

　　後來物理學家，凡解析運動的，只有歸屬於物理說，承認有空的空間，不復注意元學家的理論問題，只去做那實驗之計算。這個

態度直至牛頓，以牛頓爲集大成。此即物理學之正統。到了近代，實驗的物理學家亦發現這種正統的態度之不可靠。在正統派的假設之下，所得的公式也並不精密，也並不精確，與事實也並不符合。于是，在以前爲理論所否認的，在現在亦被科學家的實驗所否認了。至是，實驗與理論共趨于同一指示，而運動的意義遂不得不隨著剝蕉而後的路子去找解析。這就是我們的問題。此問題容後詳細討論。

原載《民國日報‧哲學週刊》第10期（1935年11月6日）

亞里士多德論無限

一

本文是取材亞氏的《物理學》第三卷第三節論無限。

無限亦名無窮，是思想界一個重要的問題。近人羅素對此問題曾仔細分析過，從前的柏克萊也著實反對過，現在的有限數學論在數學方面又否認了它的存在。可見這是一個很有趣的問題了。

在現在，我們可以把無限分三方面來說：㈠感受上的無限；㈡事實上的無限；㈢邏輯上的無限。第一種譬如鑑賞藝術時所發生的神祕之感；第二種以為物理事實上可以有無限；第三種以為無限只是邏輯上的東西，非事實所能有。第一種我們可以不論，現在大半都相信第三種意義。

二

在希臘時期，承認無限的，好像都認它是事實上的，無論他們的論法怎樣不同。

畢塔哥拉斯與柏拉圖以「無限」為一原則，其意是自己潛存的本體，而不是某種其他東西之屬性。

「畢氏把無限放在感覺對象之間，數目亦不外此，並主張凡在天體外者即為無限。柏拉圖則以為沒有在外者。形式也不是在天體之外，因為所謂在外，便是無處可在。他主張無限不只存在于感覺對象之間，也存在于形式之間。」

「畢氏以無限等于奇數，偶數為有限。柏拉圖有兩種無限即大與小是，即可以大到無限，與小到無限。」

照此而論，畢氏與柏氏都是認無限為事實上存在者，雖然他們的論法不同。

畢氏與柏氏都是理性論、數學論或形式論者，至于當時的物理學家即物理論者則以無限為一本體之屬性。原子的數目是無限的，並且原子的結合而成繼續也是無限。這種無限論雖不同于畢氏與柏氏，然都認為是事實上的東西則是同的。

三

相信無限之存在有五種說法：㈠從時間之本性說是無限的，因為時間沒有起始與終結。㈡從量之分割上說是無限的，數學家用此觀念反芝諾，對眾多大小也是使用這個方法的。㈢事物之來往，終而有始，是無限的。這種無限是自然之轉化，世界之無終止。這個意義不成問題，我們可以承認。㈣限制與被限制是無窮的。因為被限制總是發見限制于某種別的東西中，所以假設每一種東西是被某種不同于它自己的東西所限制，則結果便是無限。芝諾也嘗使用這

個方法反對多少運動而證明其師巴門第里之凡有與不動的主張的。
㈤比較有困難的一個即是天體之外者是無限。此說柏拉圖已反對
之，不必多說。

以上五種意義，第五種不能成立，第三種是另一種意義，不同
于我們所意謂的無限，我們也可以承認，因為我們不能相信世界還
有末日。如果第三種不成問題，則第一種之時間方面也可以不成問
題。縱然現在說時間是多向的，與空間合的，但時間總是從事物之
流方面表示出來，如果世界無末日，時間也可以無末日。所成問題
的是第二種與第四種。第二種是無限之分割，第四種是限制與被限
制之無窮。這兩種都可以證成一個無限。這派見解，實在說，就是
芝諾的方法，可以說是辯證的方法。他用這種方法反對一切眾多大
小運動等相對的東西，而證明世界是「凡有」，「凡有」是一而不
動，是無限而非有限，是絕對而非相對。凡主張世界是有限而相對
的，他就用他的方法使他陷于矛盾而不能自立的境界。他這個方法
也可以說是無限分割法，也可以說是無底止法。不過，這種方法有
個絕大的錯誤，即是以邏輯上的無限分割賦與事實上，遂以為事實
也可以無限分割。無限之分是理論上的、概念上的，而不是具體事
實上的。具體事實是：是其所是，處其所處，而時其所時。它不容
許你無限之分與無限之合。你所分的是那個多少大小之概念，而不
是多少大小所代表的事實。如果事實上是多的，它就是多的，你不
能使它不多，或使它無限多或無限少。多少如此，大小亦復如此。
所以這個方法所表示的無限，其實是一個混擾：事實與概念之混
擾。他是把概念上的可以無限分割賦與事實，又把辯證客觀化而使
它矛盾。這是一個錯誤。所以㈡與㈣的無限也可以不成立，雖然芝

諾可以主張世界是一而非多的那個無限。因為這兩個意義是不相同的。是一而非多的無限是對于世界的一個總觀，可以是世界的一個形容；但是無限之分或合則是一個方法或原則，不是世界之形容。所以前者是事實問題，後者是眞妄問題。

但是這種無限若只限于數學上、邏輯上或概念上，則是對的，也可以說是數學或邏輯上的一個屬性。但只不可賦與事實，說是事實上也有這種屬性。因為這樣說，便免不了芝諾的困難。

對于芝諾的這種混擾，我曾在〈矛盾與類型說〉一文中有過詳細的批評，讀者可以參看。該文登在《哲學評論》五卷二期。

四

我們再轉而看亞氏論無限。他以為「若有一東西其本身為無限，而離開感官對象而存在是不可能的。」又說：「假設無限旣非量度，又非聚合，而是其本身為一本體而非屬性，則它即為不可分。假設它是不可分，它即不是無限。」這是亞氏表示承認一個無限之存在是不可能的。所以他又說：「無限不能是一個現實的東西，也不能是一個本體或一原則。」「無限不是一個本體，而是主詞之謂詞。」主詞，在亞氏即本體之意，謂詞即屬性。亞氏不承認無限是本體，但承認它是本體的一個論謂。此所謂論謂，即我們的看法或解說。亞氏的謂詞雖可以說是屬性，但是屬性卻有不同的意義：有是附著於本體之上而存在，有是不附著於本體而只為我們對於本體所加的看法、說法或意義。無限為本體之屬性，即是後一個意思。紅的、硬的、圓的等等，為本體之屬性，是前一個意思。因

為亞氏常把「本體」看為當前的赤裸裸之「這」，沒有一切分別與
界限。所以說它是無限的。一切分別與界限——即屬性——都是論
謂本體，而本體卻不論謂其他東西。無限只是對著那赤裸裸的
「這」而言，即是說，抽去一切分別與界限而單觀「赤裸裸」之
「這」，則「這」有無限的意味。無限之為屬性如此而已。若認為
它是附著於本體而存在的屬性便錯了。

所以亞氏說：「一個無限的可覺體不是可能的東西。」「沒有
一個物體它實在地是無限。」「無限不可以量論。每一量度，或部
分，或整體，都在一定之地位與時間，或在上下左右諸關係中。」

無限既不是看不見的存在，也不是可覺的存在。總之，它不是
一個東西在外存在。經驗的具體事實裡沒有無限。亞氏在這一方面
是對的。

五

然則，無限是什麼東西？它如何存在？它在那裡存在？在這積
極方面的解說，我們覺得亞氏也是對的。

亞氏以為「無限顯示其自己于不同樣法中——即于時間，于人
類之世傳，于量之分割。」在這三方面，無限之存在有一個共同之
意義。亞氏說：「無限之存在式是：某一事物總是在另一其他事物
之後，並且每一事物總是有限，且總是互異。」這可以說是「無
限」的一個定義。這個定義在時間，在人類之世傳，在量之分割，
都可應用。羅素以為不承認鄰次而找出繼續便可承認無限。如果有
鄰次，雖繼續亦不得為無限。鄰次是二後于一，三次于二，二分之

一與三分之一為鄰，但是無限是無窮之分割，其間不會有鄰次的，所謂一尺之棰，日取其半，萬世不竭者是也。萬世不竭就是無次而繼續。這個定義比亞氏下的較嚴格。亞氏說某一事物總是在其他事物之後，而且某一事物也必有一事物于其後。這個說法比較寬泛，但嚴格解來，亦可成為無鄰次而萬世不竭。所以無限之意義惟存于無次而無竭。

試以這個意義衡量亞氏所舉的三方面，看看那一方面最能顯示無限。時間若抽象化而加以分割也可以無窮，因為時間不是一個具體存在的東西。具體存在的東西可以分解至于無，但是時間則不能。所以時間可以顯示出無限來。所謂顯示無限，並不是說時間是無限的，也不是說時間有無限之屬性而附著于時間。乃只是說，若把時間抽象化而加以分割，則時間可以容納無限的觀念，或說可以表示無限的觀念。時間之顯示無限，只有這個意義是準確的。至于因世界之無末日而所表示的無始無終之無限，則不是無限之真意。時間之無限，若是這個意義，我們也可承認。但是這個無限是表示時間本身之無始無終，而前一個真正之無限則是表示時間在某種條件之下可以容納無限之觀念。這個無限可以說為「時間有無限之可能」。（有些東西是無這種可能的，具體存在的東西都無這種可能。）而無始無終之無限是對于時間的一種形容，我們可以說「時間是無限的」。

無始無終之無限既不是真正之無限，則人類世傳所表示的無限也不是真正的無限，而且人類世傳也沒有時間那樣有容納無限之可能。因為它不能無鄰次而不竭，它是有鄰次的，父之次為子，父與子之間不能有非父非子者存在，因此它也不能無窮分割。它雖然可

以繼續，可以不竭，但它不是無鄰次，不是無窮分割，所以其為無限只是如時間無始無終之無限，而不是真正的無限。

真正之無限唯在第三種，即量之分割是。此所謂量是數量（mathematical quantity），不是物量（physical quantity）。物量不能無窮分割，數量可以無窮分割。時間所以有容納無限的可能，是因為它數量化、抽象化、概念化。

亞氏說：「一個數量並不是實在是無限的，但是在分割上，它是無限的。」又說：「無限有一種潛蓄的存在。」所謂潛蓄存在是指不分割便沒有，一分割便出現。所以無限唯存在於無窮的分割上。最後，亞氏又下定義說：

「假設一個數量，它是能夠從所已被取者之中總是能取出一部份來，則它便是無限。」

這個定義比較嚴格，更可以接近羅素的定義。

亞氏又從反面解析說：「凡不能取出的，便是完全而整個。」又說：「全體無物在其外，全體是圓滿無缺。」「無底止者即非全體，底止是一極限。」一個數量若不分割，便是一全體或整個；一經分割，便是無限，便無底止，便非全體。

六

于是，我們可綜結無限之意義如下：

㈠否定方面：(1)無限不是一原則或本體；(2)無限不是一個東西在外存在，無論是可感觸的或不可感觸的；(3)具體的東西沒有無限。

㈡無限之別義：⑴對于當前赤裸的「這」即本體所加的一種看法或意味；⑵對于時間的無始無終所有的一種看法或意味；⑶對于自然之終而有始生生不息所表示的一種形容或意味；⑷對于人類世傳之無終止所表示的一種形容或意味。

㈢無限之正義：無鄰次可以無限之分割而成繼續，或從所已吸取者中總是可以取出一部分來，或者一尺之棰，日取其半，萬世不竭。凡有此等意義，皆可說是無限之正義。

㈣無限之存在：此種意義之無限決不存在于客觀的具體世界內，也決不存在於物量上；唯存在於數量之無限分割上。數量本身不是無限，數量之分割可以是無限。數量之所以有這種特性，即因其是抽象的、概念的、邏輯的，總之是思想上的。於是我們可說：無限是邏輯上的或思想上的東西，它的存在是存在於邏輯上或思想上。

這種無限之意義與存在即是第一段所舉的第三種意義——邏輯上的無限。

芝諾所設的一切困難都是把他所攻擊的對象數量化或概念化而加以無限之分割。若認清具體事實與抽象概念之分別，其困難便可以不發生。

柏克萊力反對抽象，把一切具體化、有限化、特體化，遂使數學亦成了具體的東西，可感觸的東西。這可以說，他只認識了具體，而忽略的思想上的抽象物之性質。不過因柏克萊之攻擊，我們益發明白了無限之不在具體事實上。只是他否認無限是他的錯處，他沒有指出無限之意義與存在，這是留餘地給我們。

偉大的數學之邏輯派才清楚地認識了無限，把無限歸給了邏

輯，認無限存在于思想。聰明的亞里士多德，雖未說明「無限」存在于何處，但其對于無限的意義之認識，卻是顛扑不破的，卻已暗示其存在了。

可是現在的數學之直覺論或有限論還仍是在那裡否認無限哩！

原載《民國日報‧哲學週刊》第11期（1935年11月13日）

諾滋洛圍論物理自然說

這是美國新進物理學家兼哲學家諾滋洛圍（Northrop）《科
學與第一原則》一書中的第一章論希臘思想一段。他從三方
面來看希臘思想：㈠物理自然說，㈡數理自然說，㈢機能自
然說。持論甚新穎，茲譯出以饗讀者。本文是他論物理自然
說。

當希臘人從被觀察的自然進到科學的理論時，兩種不可避免的
事實直接地印在他們的腦筋上。泰利士指出「自然是質素」
（Nature is stuff.），而海拉克利圖士指出「自然含有變遷」
（Nature contains change.）。尤有進者，他們有這種天才去將這
兩種事實紀錄下來，並使科學在其學說中去討論它們。說起來，這
件事很平常，但卻是科學之純正標誌（hall mark of science）。解
決它的祕密之祕鑰即是「無不重要者」的發見。事實上，科學與宗
教的不同，在此即有其中心點了。宗教是要藉著複雜而神祕的東西
以解析顯明的東西；科學則執持那簡單而顯明的東西，並且還主宰
它，並且將複雜的奇跡融解成清明的東西，而以根本原則之侵入以
貫之。在每一文明世界的商場中，人類起始作交易時，巴士凱茲

（Baskets）已經在木端上或鐵桿上弄成平衡的現象了，但靜力學卻直至亞幾里德將這顯明的事實記下來並用之去說明那更複雜的現象時才發生去。自從地球開始凝結成固體時，天體已經能落到地面上了，但宇宙之機械力學卻直至蓋利流使科學去顯明地認識它以後，並且也直至牛頓將他所推出的概念弄成那完全的天文系統之基礎時以後，才被瞭解。同樣，一切時代底最大的科學理論之出生並不是互相隔離的，當泰利士及海拉克里圖士指示出質素及變遷這兩種「具體事實」時，則即變成科學家手中最顯然的重要東西了。

泰利士及海拉克里圖士底觀察之另一方面的性質也須注意，即他們不是注意于「事例之彙集」（accumulation of instances）。希臘人是以當作整個的來看自然作起始的，這恰似當我們進入一屋子時，首先在全觀時的起始一樣。一般的具體事實是首先被注意了的。因此，「自然是質素」這命題並不是意謂：我們之所以相信自然是質素，是因為這本書、這張桌子、這張書桌、這把椅子是物理的緣故。它實是一種直接地被觀察的具體事實，而為觀察之全體對象所顯示給我們。因此，它有一種「普遍性」，而為專門科學之探討所沒有的。這種普遍性能使希臘人以普遍的原則（universal principle）去陳述自然。自此以後，我們將以「真實是物理的」（Real is physical.）這原則來看它。

從泰利士及海拉克里圖士指出真實是物理的且是變遷的以後，則一切時代底偉大心向之一即顯現出了。此即巴門里第其人者。他首先覺出這兩種具體特性之存在于同一宇宙中是有問題的，這是他的天才。他因指出它們互相矛盾而使此問題弄清楚了。他用以建設這個問題的歷程是有趣的且是重要的。他第一先特殊化了質素及變

遷這兩種事實所包含的是什麼。于是,他證明:這一種之存在是與其他一種之存在相衝突的,假設沒有別的東西被預定時。于是直接隨之,某種別的東西必須被預訂。抑尤有進者,這種外加的因子是不能被觀察的。如是,質素及變遷這兩件顯明的事實使人到那不能完全被感官所把握的自然中的因子之知識。在此,人類發見出自然不只是包含事物之表面上的現顯。

關此情形,並無不平常的意思存在。在科學史中,它一再而三的出現。被觀察的或被證實的原則,若被發見出是互相矛盾的,則新原則即被引出而來免去這個矛盾。我們將準確地找出同樣的事情發生于愛因士坦的特殊相對論中。這點是很重要的,因為它放一線光明于科學力量之上。大家常常說:人類的經驗中底某些因子是超出科學所能及的範圍之外的,因為它們是不能直接被觀察的;這個含意即是說科學必須限制其自己于純粹可觀察的範圍中。但這並非真理。科學在每一時代都是討論那不可觀察的東西。其古昔也如此,其今也亦復如此。因此,我們能一定地主張說:自然是與其所顯現的不同的。于是,被感覺或觀察所知道的世界及被理性所知道的世界間的區別即發生了。但這並非是說:科學家是玄想事實或適合事實于理論。被觀察的事實本身必須決定:這樣的區別是否是必須引出的。巴門里第的說法得到了我們的注意,因為他提供出一種標準。科學以事實作起始,而用觀察的方法。假設觀察中底顯露能發生出互相矛盾的命題,科學必應繼續準確地去考察自然之如其所顯。可是,如我剛才所指,實在發生出矛盾了,即是說,觀察在好多情形中,發生出不可避免的互相矛盾之命題。假設自然被認為不只是如其所顯,並當這些矛盾的命題能在同一宇宙中被把握時,則

現象及眞實間的區別即變成一種被承認的科學主張了。

必須注意這種情形如何發生于希臘科學中。巴門里第首先特殊化了「質素」這事實所有的結果。他指出：它不只包含「眞實是物理的」這命題，它還包含著「眞實是實有」（real is being）這原則，所謂「實有」意即眞實是不能變其特性的。換言之，「質素」意即持久不變的東西。

實有原則之顯明的或說抽象的特性必不使我們去忽略了它的重要。事實上，它在科學中的重要直足以使那些不從第一原則這觀點上思維科學者大爲驚訝。第一點，它是機械因果律這主張底基礎。關此主張，在現代我們聽得很多了。這未曾被人預定的實有原則即是它的眞正的證據。因爲實有原則意即：自然現象底些眞正原因並不變其特性。因此，假設它們一被發見，則它們即在「永恆」上而被規定：時間底流轉，在原因底領域中，將不能引出什麼根本新的東西。這個主張即是機械因果律底主張。第二點，實有原則使科學成爲可能，因爲它指正了邏輯的同一原則。假若「意義」及「理型」不被固定，我們不能思維；假若這個固定的東西，在某種根本而接近地普遍意義中，不能應用于自然上，則思想即不能應用于自然，而科學也就成了問題了。這個固定的東西在使「妥當的推論」及「論謂」成爲可能上也是必須的。這些考察足以指示：假若一個人沒有作毀壞科學本身的冒險事業，他即不能運用其科學底第一原則。我們將見，這種情形在科學史的一階段上曾實際發生過。

最後，實有原則意謂「永恆」概念比「時動」概念還要根本。這點底重要，我們現在不能多所估計。當我們考察廿世紀的科學時，將見關此有很多可說的。「眞實」永遠是其所是這觀念是「質

素」這具體事實之觀察底一必須部分。假若這個觀念完全被把握時，則我們一定不能落于那被愛因士坦所更正的錯誤。因為，永恆之先在是意謂：我們不能在一無限的時間系列之一瞬中就自然而覺知之；我們首先覺知它是當作存在的一種永恆的東西，以後再至時動之部分底發見。假若這個觀念被把握時，則時間是相對的是不足驚奇的。這點即在科學歸納法的最對的本意上說也是重要的，因此，它即意謂：在質素這事實底觀察上，它決不能是在某一時間及某一空間中的些事例之彙集底方法（method of accumulation of instances）。我們不能因為觀察自然是一瞬間的質素，然後再將這些一瞬加集起來，在我們短短的生活中，即去推論說，它將在一切時間永是質素。這樣一個觀念預設一種不能證實的複雜的心理的及物理的時間說，但這種時間說，無論直接的經驗及最近的物理都不能給出任何證明。我們觀察自然是具體的質素，它包含「持久」為其本性之部分，並包含時間觀念為其「地方」的娓述。我們應注意：雖然個體的物理物相有變遷，然具體的質素之事實卻是眞實不變的。這即是科學底意義，這種意義是建設在被觀察的整個之自然底具體特性上。當泰利士及海拉克里圖士只觀察質素及變遷這兩種具體事實時，那是沒有科學之意義的，而巴門里第則指出：質素之事實包含「眞實是實有」以及「眞實是物理的」這兩個原則。〔譯者案：有了這兩個原則，科學才有了意義。〕

假若這件事實被認識時，則巴門里第是毫沒有困難的，在其證明質素及變遷這兩種事實是互相矛盾的，假設某種別的東西不被預定時。那證明是絕對有力的；並且是很漂亮的，其性質幾至是很詼諧的。他說「變」必須由於「發生」或由于「運動」〔但這卻是不

可能的〕；它所以不能由于發生，是因爲發生能使眞實變更其特性，並且它也與質素所致至的那結果即「實有原則」相衝突的。但是它也不能由于運動，假設質素被認爲只是一種物理實體或很多的宇宙的分子時。因爲運動需要：「一物從其所在移至其所不在」（move from where it is to where it is not）這情形的。可是，假設自然只是那些能運動的質素，則即沒有「其所不在」這情形的，所以運動是不可能的。這困難並不能因認質素是多的這情形所避免，但倒能因認爲是「一個」這情形所避免。因爲，很多分子底運動其所包含的「其所不在」與「一個」之運動相同的；困難並不因將它乘很多次而相消。復次，也不能有很多的分子，假設只是運動分子這質素被設其存在時。因爲，「多」需要某種東西能夠使一個分子去區別這一個原子與另一個原子間的不同，但這又是不可能的，假設只有原子這質素存在時。這個辯論的根本點並不是需要一個「間距空間」（intervening space），叫它當作某種東西去指定這一個分子與那一個分子間的不同。在一種機動的原子說（kinetic atomic theory）裡，質素範疇只能給出原子是「同一的」或是「一個」這方面的情形；它並不能給出一個原子不同于另一個原子這方面的情形。積極說來，這即意謂：一個原子只能因著它對于某一公共推度格（common referent）的單一關係（unique relation）而不同于另一原子。假設只有小宇宙的分子這質素之存在，則即沒有這樣的推度格。如果沒有這樣的推度格，原子論即是不可能的。

　　注意：這個辯論能使那些想藉著小宇宙的原子互相間的關係而規定原子的運動者，有所小心與警惕。在能有相對運動之前，必須有很多的原子，但是，在那些原子之外，若沒有一個公共推度格，

則所謂多，完全離開了它們的運動，是無意義的，且是不可能的。

　　海拉克里圖士及巴門里第想免去質素及變遷這兩種具體事實間的矛盾，所以各人都反對那事實的一方面。如是，前者主張「眞實是一流」（Real is a flux.），在此流中，物質只是一種現象，來來去去；而巴門里第則主張自然是一個大的凝固的圓圖本體，而變則是虛幻。但是，希臘人的堅強的科學思想卻並不允許有這樣彰明昭著的事實之反對。觀察啓示我們：這兩種顯明的自然之具體特性，任何種都不能在這種易克服的情形中被除去；我們所需要的一種學說是能夠一方面承認因子是眞實的，一方面也能公正了巴門里第的邏輯。因此，因爲巴門里第已經證明：變不能由于無運動的質素分子之運動而發生，假設只有這些分子時；所以隨之，如陸士巴士（Leucippus）所必須指示的，即除去小宇宙的原子之外，一個推度格必須存在。當這種推度格與自然底空間特性相同一時，則絕對空間的主張即進入科學理論中了，而「機動的原子說」也即形成了一種直至近代所執持的理論。

　　注意：這個概念如何遇見了巴門里第的分析所給出的困難。原子底物理特性叙述「質素」底具體事實，它們的運動叙述「變遷」底具體事實。因爲原子及空間這兩者都有其固定的特性，則「實有原則」即被滿足了。因爲空間獨立于小宇宙的原子而存在，則一種意義即爲「其所不在」這情形而存在了，這個「其所不在」是運動所必須的；並且在區別此原子不同于他原子上，一個基礎或根據也存在了，這種原子間的不同是藉著它們對于這個公共推度格之單一關係而形成的。

　　曾被假設：這情形使物理自然說居在很強的基礎上，但是芝諾

卻又證明不是如此。他指示出：假設爲運動而有的推度格是繼續空間，則一個物體在有限的時間中經過有限的距離之運動必不可能。這證明是簡單而妥當的。在一繼續空間中，有無限數的點在任何有限的距離中，因此，假設運動在空間中，則運動經過一有限的距離，其意是：一個物體從此一點過渡到另一點，必須是一無限的次數。但這在有限的時間之時期中是不可能的。顯然，希臘人必曾歸結說：小宇宙原子之外的推度格必有其存在，但它並不是絕對空間。可是，科學並未採取它，卻採取了巴門里第的後繼者陸士巴士所陳述的物理自然說。

這種哲學底某些一定的結論是很有趣的。第一點，除去空間關係以外，一切關係都是原子運動底變化之結果。次序條理或形式不是自然現象底原因；它只是運動底因果關係，它可以很容易地引出條理及毀壞條理。事實上，渾沌在一長時期的進行中，必能成功了一種組織；如近代科學所指示，條理是被主張于力學第二律中。這種關係底偶然特性即是科學與宗教間的近代衝突底原因之一。因此，自然底條理決不能當作是一種先天底證明。第二點，細說來，自然是不同于它所現顯的。盲目的運動及質素是眞實的，但它是不能觀察的運動的小宇宙部分之組合。如是，物理自然說就發生了科學理論所提及的那被理性所知的世界及觀察所啓示的那感覺世界間的認識論上的區別了。但雖然如此，它們之間卻沒有什麼鴻溝。小宇宙分子即是我們所覺知的那些龐雜的物相及運動。最後，第三點，這種科學底哲學是與因著那邏輯含蘊底必然關係而居於其上的事實相連結了。假若不包有一個「自我」在一種矛盾中，則一個人即不能承認質素及變遷這兩種具體事實，並也不能承認機動原子

說。因為，它的事實是那被觀察的自然之顯明的具體特性，並有一種普遍性，為專門科學底研究所不能享受者，所以我們必須希望這種學說有一種確定性，並希望有一種最後的性質為其一切逐鹿者所不能與之相等。歷史啟示出是如此。

這即是在人們手中那顯明東西底豐富性，這些人能陳述其發見于顯明地形式命題中，並隨著那些命題而至他們的結論。當泰利士及海拉克里圖士使科學遇見質素與變遷這兩種具體事實時，它即不是一種普通流行的事情。並且當巴門里第在形式名目中力陳那事實，並推出其結論，那也不是一種不正當的騷擾。因此，邏輯底權威，當其與經驗主義結合時，即被啟示出，並且在那唯一科學理論底發見上，其基礎也被建立起了，而那唯一的科學理論從科學努力底黎明時代到現在止，其間是有不同的。自此以後，我們將提及這種學說曰「物理自然說」。

原載《民國日報・哲學週刊》第13期（1935年11月27日），署名「離中」

諾滋洛圍論數理自然說

〈諾滋洛圍論物理自然說〉已于上期發表，茲再介紹其論數
理自然說。

　　希臘思想中的第二主潮是發生在數學及天文學裡。在現代物理
支配了科學。但必不要忘記，在希臘時期數學是佔有特權位置的。

　　在理解自然上，鑒賞數學底意義的第一個希臘人即是泰利士。
他將其埃及之所得陸續的報告出來，他所報告的即是埃及人所已集
合的。有一個最重要的深造者，隨著泰利士而來，即 Anaximander
是。他被物理的自然所顯示的無限之繼續所影響。這種物理底擴延
及繼續，他以「真實是無界限的」這主張而指示之。這個「無
限」，他看成是物理的。

　　這種自然底繼續特性安置了一個問題即：假設宇宙是物理的且
是繼續的，為什麼其中的地方的不繼續及歧異能發生呢？對此問
題，原子說曾給出一部份的答覆。在陸士巴士之前，畢塔哥拉士嘗
試另一種不同的解決。

　　生機體及音樂底研究將自然中的事物是相反因子間的一種均衡
這事實暗示給畢氏。因著此觀念與 Anaximander 底物理的無限之

結合，他即有了這樣的結論：必有一個「極限」對立而反對著那「無限」及「無界」以作爲「均衡」底第二極點。這個極限是不被知的，它被認爲是將那「無界」底無限的可能限制到那實際存在的特殊差別之上的東西。

這種學說有一種弱點。「極限」是不被知的，而其屬性是不特殊化的。假設這即是畢氏的終點，則科學必即停滯于當中。因爲我們的研究時常總是想免去那極限上不能瞭解的任何事物之存在。

但是，畢氏又作了一種驚人的發見，投射新光于事物之上。他指出：在與音樂相連上，藉著數學概念，而不必提到極限或無限，我們即可表示一特殊音調所顯示的那特殊均衡之特殊性質。若把這觀念普遍化于自然之全體，則立刻即可在畢氏心理上，有宇宙在某種根本意思上根本即是數目的及數學的這情形。畢氏宣表這概念在「眞實是數」這主張中。

想著以物理說底不繼續的「礫粒」規定數與幾何已經造成。但這種企圖，在畢氏，與那不合理的發見一同倒塌。人類底心裡如是有了一種新的自然說。

數學成了解決特殊事物之結構的特性及根本的特性之秘鑰這件事若一實現，則即使能使數學這門科學成爲驚人之重要。如是，其接收人們的整重之研究也是自然的。

在此情形，畢氏導其先路。在形成或者說在證明了那個關于直角三角形之弦之長等于其他兩邊之長底關係這命題之外，他還分了數之概念，且以數論成爲一切之基礎。科學中數論這一支是被 Theaetetus 及 Plato 二人所承受。在古時，很多單行的幾何原則被發見出。Hippocrates of Chios 是第一個人設法去系統化它們的。逐

漸，即繼續去作概念及規律之彙集的工作，直至全體幾何學進入由歐幾里得所造成的一個統一的推演形式爲止。

原載《民國日報·哲學週刊》第14期
（1935年12月4日），署名「離中」

數學之直覺主義

現在對於數學的見解流行的已有三派：㈠邏輯主義（logistic）。這派見解的主題是：純粹數學是邏輯的一支，以羅素與懷悌海爲代表。㈡形式主義（formalism）。這派見解的主題是：純粹數學是記號的形式結構之科學，以希伯特（D. D. Hilbert）爲代表。㈢直覺主義（intuitionism）。這派見解的主題是：純粹數學是靠著構造一無限的數目系列之可能底根本直覺而成，以荷蘭的布露渥（L. E. J. Brouwer）爲代表。這三派中前兩派各有系統之著作，各有特殊之邏輯，惟第三派尚未具形，只是對于數學有些玄妙的見解，故欲爲國人作一介紹。本文是譯自布賴克（M. Black）《數學之性質》講直覺主義一篇。此書純講這三派的見解，而以邏輯派爲最詳，其他兩派不過是補篇而已。

——譯者

一、靜的看法與動的看法

數學之前進不是平滑的，也不是如外行者所想是精密的原則、無錯的結果之集合，也並不是很神祕地跳入發明者的心中。一般說來，數學原則的發見常不能得到直接的或普遍的承認或接受，因為數學與其他有組織的知識系統一樣，常是在思想家底洞見中而發展，這些思想家的創造的想像力常得出些令人即令其自己也可驚的結果。所以它是思想活動底結晶品，這些結晶品如其說它是數學的原則，還不如說它是數學的結果來得確切。但是，一個結果若一旦普遍地被數學家們所承認，則即少有改變或收回之可能，因此結果只是一個很大的痛苦；因為這門科學有一種不能被其他任何部門知識所挑撥的確定性。數學實用家願意把它看成是一不可挑撥的永久眞理之系統，是一相關的公理之系統，只可擴而充之，不可起而辯之。這種態度根本即是靜的；他們把這門科學看成好像是一個圖書館，只吸收新書，但不毀壞舊書。

在靜的觀點下，數學被看成是一部眞理，其確定性是不可挑撥的。但是，實在說來，就這些眞理也是歷史的發展過程之結果，在這發展過程中，許多原則及公理被應用被承認是眞的，但是後來卻又被認爲是假的了。所以我們很有理由相信至少有些原則或眞理現在被認爲是永久眞理的，或許可以被將來的數學家所反對。因此，靜的觀點底主張者總是不可免地用辯論去擁護他自己的地位，他們的辯論可以顯示他們的科學底發展之原則，或至少能確定他們所假設爲眞的公理是不可辯駁的。

被靜的觀點所影響的哲學現在就有兩支：一是形式主義者，一是邏輯主義者。我們已見出它們的主張者是怎樣地想去正確了他們的見解：前者以一致無矛盾證明他們的見解，後者以數學歸於邏輯證明他們的見解。嚴格說來，這兩派的方法俱不是從一原則而得出，但是，假設他們是對的，無論那一派都能確定數學底安當性，並足使靜的觀點成為一可能的觀點。保存於第一派主張中的那些數學眞理就是那些能夠嚴格地從原始公理（primitive axioms）中推出的東西，而保存於第二派中的就是那些從邏輯原則中推出的東西。這兩派哲學都是獨斷的；他們對著數學後天的造成一種靜的態度，並且使他們的眞理成為不可非議的教條。可是，一個簡單的例子的反駁就可以毀壞了他的全部無謬論。

現在我們可以考察另一種對于數學的態度，這種態度可以叫做是動的。這一派所注重的是在科學的發生或生長，而不甚注重其不可駁性。于是數學現在被看成是可以錯誤的人類心靈底活動之結果，而且最易被我們的思想中所有的缺陷所影響。靜態觀者主重數學的外形，其公式都是準物理的東西，因為他們是最持久而且最可把捉的數學活動之姿勢；同樣，動態觀者主重數學的思想，因為這種思想在數學中是最不可把捉的、變的，而且是能夠發展的成分。動態觀是與歷史的演化觀念相契合的，並且也是很自然從演化觀發生出，因此，歷史中一般的前進的運動即可估計數學的確定性。這種確定性於是即被認為是一種進步的而且近是的趨勢。說它是過程較好於說它是性德。

上面所描寫的兩種態度，靜的與動的，一起都發生在數理哲學家的心中，而隨來的問題之解決法即形成各種哲學的特有處。按照

動的或靜的之對待，不同的問題即被他們不同的哲學所遭遇。譬如，採取靜態觀的數理哲學即想討論科學底發展，並想去解析錯誤底可能性等問題，而採取動態觀的哲學便又想去對付數學底普遍性及確定性這類困難的問題。

在邏輯主義這方面說，他們是想解析數學的發現。人們常說，假設數學公理是因邏輯推演之法得自邏輯的必然，則在數學知識中進步如何可能呢？因爲在某種意義，邏輯推演對于知識毫無增加，因爲含在結論中的都早已包含在前提中了。對付這個疑問，邏輯主義者的解答是在區別知識與知識之發現。數學的發現是免不了試驗過程的。假設選擇了一個公式，在某種理由數學家相信其爲眞，他可以用好多眞的前提來試驗，直至最後找到了一種結合，因此種結合，他或者能證明他的公理或者使他的公理成爲矛盾，這才算成功。這個試驗過程是必須用的，因爲並沒有一個唯一的方法在命題函值的計算上可以證明一切眞的公式。譬如，在一段推演過程裡，當三段論法用來從兩個前提 A 及 A 函著 B 而推 B 時，這代表結論之符號早已含在兩前提中了。但是反過來，要證明 B，則 A 以及 A 函著 B 必須是早已證明過的公理才行，即是說，在數學發現的過程中，有一種綜和的成分在內。要證明 B，我們必須先綜和起 A 函著 B 這個公式。

但是有些人反對這種解決法，相信數學不能從邏輯中推出，他們相信數學總有某種數學的知識型存在，即有某種原則是數學底特性。有些叫做直覺主義的數理哲學家，他們都主張數學是基于某種過程或原則之基本直覺而成，這些原則或過程不能從套套邏輯中推演出，而在性德上說倒是一種綜和的性質。因此，我們將見這派人

大都注重數學思想而不贊成用過多的符號。

現在可以綜括起來說：數學有兩種可能的方面，靜的與動的。若某一種特別被主重，即可得出一十分相反對地哲學基型來。靜態的觀點在哲學上說多同情于實在主義，而動態觀點則多同情于理想主義。直覺主義者則爲動態觀所啓發。

二、直覺主義

布露渥論數學有兩重要點值得批評：(1)把純粹數學歸還于一種最後的「基本直覺」(basal intuition)，(2)反對拒中律。對于這派思想不熟習的人，直覺主義者哲學中的這兩點無疑地是最難以了解的，但是假設一個人若想有一同情的綜括的理解，則此兩點又是易于理解其他諸點之關鍵。本文作者解除這個困難的見解是指出：(1)布露渥所用的「基本直覺」是得之于康德而稍加以改變：(2)布露渥所反對的拒中律只是邏輯原則之重新解析。實在說來，布露渥是一新康德主義者，他反對康德的空間之主張，而保存他的時間之見解，把時間看成是先驗的純粹直覺；至于布露渥之反對拒中律，若把它看成是著重構造數學概念之必須性，則爲較好一點的解析。這種著重數學概念之構造性是可以與康德並行的。

以下的討論可以分爲三節：

(1)布露渥與康德的關係；

(2)布露渥對于科學之社會學的見地以及數學概念之構造的主張；

(3)布露渥主張中的幾點專門的結論。

三、康德與布露渥

　　直覺主義者之于邏輯主義及形式主義之關係恰似康德的批評哲學之于他所攻擊的獨斷主義之關係。康德在休謨的破壞的懷疑主義之後重新把哲學恢復起來；而直覺主義者是想從數學詭論底破壞力量中救出數學。

　　布露渥是直覺主義中最有影響、最能一貫的一位，他將數學基于一「原始直覺」上，即「赤裸的兩分之基本直覺」是（a basal intution of the bare two-oneness）。這種直覺之意義，俟考察康德中的直覺之意而後，庶可明白。

　　我們可先略解康德之術語。大家都知道，他將直覺區分為理智的、經驗的及純粹的三種。經驗直覺，他意謂是：「一種內容之直接攝取，這種內容于是由一獨立的真實對象刺激于心而發生的。」一種認識情態，其中若無屬于感覺者，則他便叫做是純粹的認識。下面一段話可以說明這個意思。「感觸直覺底純粹形式，一般說來，必須是先驗的在心中。這種感觸底純粹形式其自身也可以叫做是純粹直覺。假設我們從一個物體之表象上，將悟性之所思如本體、力、可分性等等，以及感性之所觸如不可入性、硬性、色味等等取去，使其離開那個物體，則仍有某種東西遺留下來而超越了經驗直覺，此便是廣袤與形狀是。這兩種便是屬于純粹直覺，甚至沒有感官或感覺之任何活動或刺激，也必先驗的存在于心中而只為感性之純粹形式。」在康德之意，空間與時間即是純粹直覺，先驗的存在。

在康德，「空間不是事物間的關係之一般概念，但只是一個純粹直覺。因為第一、我們只能表現一整全空間；如果我們說到不同的空間時，我們只是意謂那一個整全空間之部分。」這種空間的主張以及他的幾何學的主張現在已被非歐幾里得幾何之發見所推翻，但時間是純粹直覺之主張卻仍被布露渥所保存。布氏說：「現在雖然除消了康德的空間之先驗性以減弱了直覺主義的地位，但是時間之先驗性卻仍被固執著。新直覺主義把生命之流分成質的不同部分看成是人類智慧底根本現象。這些不同的部分只有當其因時間而分離時始能重新統一起來。把生命之流分成質的不同部分，即是說從把情感的內容抽出來而過度到數學思維底基本現象，這種數學的思維也就是赤裸的兩份之直覺。這種兩份之直覺，即數學之基本直覺，不只是創造出一、二、三等數目，並且也創造出一切有限的序數。這些序數即是兩份中的些成分，每一序數即是一個新的兩份，依次前進，可以無限地重複下去。」（〈直覺主義與形式主義〉）

時間間距之原始直覺即是把間距分成好多副屬間距，這些副屬間距仍可以重新綜和起來而成一整全間距。這種將時間間距分成副屬間距即是布露渥自然數論之基礎。布露渥的「原始直覺」（Urintuition, the primitive intuition）甚近似于康德的「格式」（schema）。康德說：「格式在其本身總是想像之結果。但是因為想像之綜和目的並不在一特殊之直覺，而在決定感性上的統一性，所以格式便不同于影像。假設有五個點在一條線上排列著，我即有數目五之影像。但是在另一方面，假設我思想一個任何一般的數目，無論是五或一百，這種思想法寧是一種方法的表現而不是影像本身，藉此方法，一個數目例如一千即可以表像在一個影像中而

與某一概念相一致。這種普遍的想像歷程之表現而為某一概念供給出一個影像，我即叫這種普遍的想像歷程是這個概念之格式。」（《純理批判》182頁）如是，布露渥使純粹數學基于其上的那基本現象即「原始直覺」，即有似于康德所叫做的「格式」。他們立名之不同並不能隱晦了他們的地位之相似性。因為在布露渥，如在康德，數學的判斷是綜和的且是先驗的。

但是布露渥對于康德的主張也有改進之點，即對于數學實體之構造一點是。康德看出哲學知識之本性，他以為其中之概念都是可構造的。他說：「哲學知識即是因著理性從概念之構造中而得到的。構造一個概念即是顯示直覺之先驗性，此種先驗的直覺是與那個概念相應合的。」（《純理批判》577頁）又說：「我因表現一個對象構作一個三角形，那個對象是與那個三角概念相應合的，其應合之法或只因想像而在純粹直覺中，或者按照紙上的形像而在經驗直覺中皆可，但這兩種方法無論那一種都完全是先驗的，決用不著從任何經驗中取得模型。」又說：「數學若只因概念是得不著什麼東西的，它必須從速歸到直覺才可。在直覺裡，概念便成了具體的東西，然而卻不是經驗的。只有在直覺中始能有先驗的表現，即是說，始能有所構造。並且只有在直覺裡，若任何東西隨著普遍的構造條件，也必是普遍地妥當，即是說，因著先驗的直覺而構造的那個概念之對象必是普遍地妥當有效。」（《純理批判》578頁）康德這些話，述說直覺在數學中之地位，都不能認為是十分滿意的。但是形式主義者之論直覺卻與康德的數學知識之觀點緊密地相關著。因為在形式主義，其數學方法也是因直覺之用法有別而不同。但是就因為這種不同，故形式主義者認直覺只能當概念已具形

于具體的符號中時始能起作用。如是，形式主義者的直覺之內容是符號間的關係，而數學家的直覺之內容，按康德的觀點，是概念間的關係，而此種概念又是從感覺材料底經驗直覺中得來，那些感覺材料是足以具體化那些概念的。於是，在康德，幾何學中所有的結果是因直覺從觀察紙上的圖形如三角、圓圈等引申出而得到的。這個觀點在近代幾何上說顯然是不適用的，因為這樣的些圖形並不是必然的，且物理地說來當是不能去表現的。

但是，布露渥卻數學化了這整個的過程，並且把他的「基本直覺」限制到思維時間間距底雜多之形式上去。照他的意思，這個過程是足以產生自然數的，一切數學實體必須因著這同樣方法底變換及重複應用而從那一串過程中引申出。

四、數學之社會學的基礎

布露渥是以歷史及社會學為根據來批評某種邏輯及數學的方法的。無疑地，他這種社會學的觀點是足以啟發並促成他的見解的。

他在亞斯特頓大學開幕時（inaugural address at the University of Amsterdam，1912）所宣讀的〈直覺主義與形式主義〉一文中說：「要了解數學基礎範圍中的些敵對學說必須首先要弄清楚科學這個概念之意義。因為數學是科學的一部，它在人類思想中也是很早地就有其位置。」他以為科學就是一個有系統的總目，是一切現象因果相承的些自然律，特別在社會關係中是如此。特別說來，數學即是科學思想的一支，它是論現象之結構的。對于現象之數學的態度，他以為其發生是個人意志之活動，這種活動是由于急趨于自

我保存而產生的；所以他又以爲我們選擇結構以討論是完全受個人對于社會之關係的困厄所決定的。早期人民所努力去認識的結構就是他們生活于其中的人群之組織的形式，即社會與家庭的結構是；于是，言語即發生出來作爲社會活動之媒介，轉達人與人之間的願望。一種特殊地科學的態度是發生在兩個階段裡，一個是因果看法（causal outlook）的階段，一個是時間看法（temporal outlook）的階段。在第一階段，人們從同一的自我之重複方面去看一切現象，這是一個有用的觀點，因爲它能著實增加因果相承的現象之目錄，並能使我們所願望的現象產生出來，原因之知識可以使我們把握結果之爲何。人們不只是以這種觀點來發見自然中之秩序，並且把因果相承之現象孤獨化而創造秩序，即是說，因試驗或構造而創造秩序。藉著他自己的有秩序的活動，他可以補充自然現象，並可以擴大他的規律之應用。這即是大家所知道的計算與測量，這種計算與測度是十分優越的活動，因著這種活動，人們可以在自然界引出秩序。但是，另一方面，數學卻需要再進一步的解析，因爲剛才所描述的因果律根本還是近是的，還不能說測量的工具是十足的精緻的，也不能說它的準確性就可以與不變的數學之準確性相敵對。

準確性之起源是因爲數學發生自時間看法的階段，在這種看法，視覺現象分爲兩部（即前後之關係）。從此即可以得到布露渥的原始兩份之直覺（intuition of the primitive "two-oneness"）。這種直覺即表示說：全體可以分成兩部分，轉而兩部分又可各自分成兩部分，進而又可各自分成兩部分，依此類推，以至無窮，此即所謂赤裸的兩份是。數學的判斷是綜和的且是先驗的，即是說，它不依于經驗，並也不能是分析的證明。這即足以解析數學的無疑之準

確性。

凡上所說似都可信，用不著驚異；並且一個人可以同意數學活動在社會學的活動中有其根基，但同時也可以不同意直覺主義。

布露渥說：「數學準確性所存在的地方，這個問題有兩方面的答覆：直覺主義者說在人類的智慧，形式主義者說在紙上。」形式主義者以為，數學公理之表示于符號在數學方法之理解上是最重要的；但此對于布露渥卻不然。布氏以為言語是必然地不準確不一定。他且又主張：言語的使用，在時間上說，是在科學的看法（即因果的看法，科學是指自然科學而言）與數學的看法（即時間的看法）之前。因此，他以為雖然數學的發生需要新符號之發明以備將所得的結果互相傳達，然而這種新的符語仍是採用每日活動中舊語言的文法慣例之形式，所以仍是不可靠，這是很自然的結果。

布氏說：「邏輯律，當人類有了完美的言語討論有限的現象群時，它即在人類的進化中發展出來。所以，所謂邏輯原則是產生出來表示言語中句子的結構之內部關係的，而這種邏輯原則當應用到宇宙時，即開始實行其工作。譬如拒中律其初即是一個假設，並且在古生物學等類的科學中被使用著，用來代替那早期的言語律中的『邏輯不可能』，即實際上我們不能找出些事例不契合這些律。邏輯原則之任務，事實上，是依在我們的經驗所及大部分比人類自己更其有條理更其諧和這事實上的。」（〈數學科學與言語〉一文，登在德文《數學物理月刊》31卷，頁159。）

邏輯律之不必真即是根基于這種可疑不定的歷史上的。從這觀點看起來，形式主義是太看重了言語了。結果，只想除消矛盾，而沒有把邏輯律所應用到的那些特殊概念加以批判的考慮，所以推至

于極不免乖誤。

但是，言語的形式是與它的論材相關共變的，而邏輯律當應用到數學物事時是當服從批評的研究的。在布露渥自己的作品裡，結果對于同一律、矛盾律、三段論法是滿意的，但對于拒中律卻是不滿意的。

這點是全幅主張最新奇的一點，但必須與藉著根本直覺而構造出來的數學實體是存在的這主張合觀始可理解。

「從現在的直覺主義觀點看來，一切數學的單位類可以叫做數者，都是能夠從根本直覺中發展出來的，而這種發展只能因結合有限的時間數目而成爲兩種作用始可作成，這兩種作用，一是創造一有限的序數，一是創造那無限的序數 w（w 即是1，2，3……這個無限的序數系列）。于是，可以明白：在創造序數系列的目的上，那任何以前被構造過的類，或以前曾實行過的構造之作用皆可取來作爲一個單位即一個數。結果，直覺主義者只能認識可數的類之存在，即是說，只能認識那些其分子與有限序數底分子與無限序數 w底分子有一對一的相應關係的類，除此而外，其他便無所識。並且在構造那些類時，無論是普通言語或是符號言語皆只能盡其非數學的輔助之職，除此而外，再無其他功能。所謂輔助，即使我們能有數學之記憶或者能使不同的個人建造同一的類之謂。」（布氏〈直覺主義與形式主義〉）

把以上的述說綜括起來如下。布露渥把它的直覺基于科學底歷史發展之述叙上。科學因著分類現象的方法有兩種，其性質遂有差異；第一、把現象排成因果相承；第二、把現象分成前後時間關係中之兩部；數學即由第二過程中發生出。在任何區分時間之過程

中，把現象之特殊性質抽離出去，並提供出一個序列之普遍格式，則從此格式中即可發生出自然數之基本直覺。在另一方面，邏輯歷史地發展出來當作是命題間的關係之表示，而其所表示的只能涉及有限數目的現象群。因此，邏輯律決不當在無限的數學題材上，無進一步的考察而即隨便執持。這步考慮的結果表示一切邏輯律都是妥當有效的，除去拒中律而外。

五、拒中律之反對

在反對拒中律上，布露渥是特重在主張數學實體之存在相同于數學實體之構造的可能性這一點。

假設拒中律是說一個命題或是真或是假，則它的真理性是很顯然的，似乎不易不相信。但是表面的說明之簡單性常有許多困難函在「真理」這個概念中，人們看其為真如律則一般，但是事實上卻時常很難去解析它。在數學裡，數學公理之真是與數學實體之存在相一致的；假設數學公理之妥當有效的條件被知道了，則數學實體之「存在」的條件也自然被知道，反之亦然。所以布露渥與其他哲學家爭論拒中律（tertium non datur, law of excluded middle）之妥當與否，其實在我看來，乃是爭論數學存在之性質問題，而不是邏輯原則之妥當與否的問題。這個解析，可以使他們的爭論比較具體一點，並足以除消布氏哲學中詭論的空氣。實在說來，布露渥並不是反對拒中律之邏輯原則方面的解析，而實是在特重數學之存在同于數學之構造這一點，並且他以為數學公理之為真或有意義，也完全靠著那公式中的實體之構造的可能性而定。從布氏的特重點看

來，則拒中律在數學中便是不適用的即無效的。要完全了解他的主張，必須說明構造性這個概念；而構造概念又可因布氏的繼續論而得明。

六、直覺主義者的繼續論

我們可以用「間距套」（nests of intervals）之方法來規定數學繼續中的點。所謂「套」即是間距之相承，每一個套居在前一個套之中，並且又無限地引長其套；每一個套都可從那繼續中得成一個實數。舉例來說，譬如繼續是一條線，我們可以把它分成以下的間距：（-n-1, -n），（-n, -n＋1），……（-1, 0），（0, 1），（1, 2），……（n, n＋1），……。又可把這個繼續中每一間距再加以平分，把平分所得又可各加以平分，依次進行，可至無窮。每一間距是一套，每一套是一實數。

這種平分過程可與測量中實際的步步接近之過程相應合。假設我們用一種工具測量5cm之長，我們能將任何所欲之點定其位置于1cm之長的間距中。假設用更準確的工具測量2.5cm，我們也能定所欲之點于.5m之長的間距中。假設我們的工具最後變成比先前任何個都小的工具，漸漸趨于更其準確，則我們也能將這些測量的間距中的一個「套」特殊化，並因此進而特殊化一個點。所特殊化的那個套即是我們所要特殊化的那個點。要想做一個抽象的格式，使其與這種測量的過程相對應，則在每一階段上的間距必須作成是互相流過的。譬如，在第一階段上，我們取以下間距：……（-1

, 0) , ($-\frac{1}{2}$, $+\frac{1}{2}$) , (0, 1) , …… (n-$\frac{1}{2}$, n+$\frac{1}{2}$) , ……在這些間距上，我們能決定說：每一點是居在其長為「一」的間距中。在每一階段上，若加以相似之變更，我們將有一種繼續的幾何格式（geometrical schema）。

要得到一個算學的格式（arithmetical schema），我們只要把一個幾何格式看成在其中每一階段上都是有限數的間距即可。因此，在一條線的有限申展中，這個方法即可以使那線上的一切點都是數學上的數目。並且在這條有限申展的線與這整個的線之間我們也能作成一種一對一的相應關係，如是，在這全線上的一切點都可得到數目之名。

由這些初步的解析，一個點即可按以下的方法而被特殊化：在幾何格式的每一階段上，我們先取去那些已經構造成了的有限數的間距類，然後再去特殊化一個實數；特殊化的方法是：指述一個間距數在第一階段上包含那個所欲特殊化的實數，再指述一個較小的間距數在第二階段上包含它，依次類推，第三、第四，以至無窮，如是便可得到那特殊化的實數。所以，每一數目都是因一串無限的數目相承而得出。這即顯然與藉無止境的十進數之表現法而特殊化的一個點相應合的。

所以一切關於在一條線上的點之存在或實數之存在的問題都可還原於無限的數且相承這方面。這樣相承的數目是因在第一階段、第二階段、第三、第四……階段隨便選取些整數而被造成的。這些相承即是布露渥的「隨意選取之相承」（Wahlfolge, arbitrary choice sequences），而他所謂繼續即是包含一切這樣相承的那個概念。但是，繼續並不能說它是一個完全的整體，因為雖然它可以很

完全地一步一步的隨著我們的知識之增加而被特殊化，然而這卻不能使我們至于窮盡了它。繼續是一種「自由化成之媒介」（medium of free becoming）。〔有了這樣的繼續，才有無限的相承，無限只是一個前途，無限不可構造，猶如繼續不能窮盡。可構造的或已構造的都是有限的，有限的系列即是構造的系列，即是數目系列或數學系列。所謂無限，所謂繼續，只是允許你可能無限地構造下去。所以直覺主義的數學觀是我們有構造一無限的數目系列之可能的根本直覺。所謂構造，無限的數目系列是說可構造許多無窮的數目系列，無限是形容詞，或也可說無限地構造下去，無限是副詞，但決不是構造「無限」之系列（series of infinite），無限是名詞。所以「無限的數目系列」（infinite series of numbers）與「無限之系列」（series of infinite）是決然不同，不可不予以嚴重之注意。不然，直覺主義之為有限論便不明白了。譯者。〕

對這種因隨意選擇之相續而致生出的無限的數目系列而言，直覺主義者遂主張只有那些在有限的構造數中能夠證實的命題才是有意義的命題。任何命題若必包含那無限的數目系列中之一切數的逐一核查便是無意義的。因為那個相續的系列是決不會完止的。這個主張即可以排除那一切關於相續中數目之整體的普遍的陳說。〔此點即是直覺主義之為有限論。譯者。〕

這個學說可以用另一種稍微不同的相續情形來討論，這種相續情形其中相續的數目是按著某種規律而得出的，例如：(i)在 π 之十進數的擴展中的數目之相承，或(ii)在量度之次序中的些素數或質數之相承。在這兩種情形裡，去作某種普遍的命題將是可能的。譬如，在第二種情形裡，我們可以說在第二之後的那一切地位都是被

奇數所佔據的。但這是一個可覺的命題〔即可經驗的命題〕，它所以能夠成立，只因構造相續的方法允許我們在有限的步數中能夠證實它。〔因為素數系列是2, 3, 5, 7, 11, ……，故2以後都是奇數；又因為這個系列是在量度大小的次序中，不能無限，它是在一種條件或規律之下限制住，所以我們能夠說普遍的判斷，因而能說一切地位……。譯者。〕所以，一般說來，對于無限的相承是不允許作普遍的陳說的，除非它們能在有限的步數中被證實（或者被否證）；同樣理由，也不允許我們去作關於繼續的普遍陳說。

以上的理論就可以作直覺主義反對拒中律（當應用到無限的相承時）的根據之正確的解析。這種反對如何從他們對於普遍的數學命題之性質的看法得來是很容易明白的。對於組成一無限相承之數目而陳說一普遍的命題或一個存在的命題，則此類命題只有當一種構造能表示出如何在一有限的步數中証實它，它才能夠被說是眞。同樣，在反面，要證明這樣的命題之假，也只有當其眞之假設至于矛盾時才行。假設普遍的數學命題之眞與假以這種方法去解析，則即沒有理由去假設這兩個可能是排除一切其他可能的。舉例來說，也許我們不能證明斐馬的公理（Fermat's theorem），但是這個公理之眞的假設卻也未至于矛盾。〔這即表示雖未證明它為眞，但也不能證明它有矛盾為假。〕假設如此，則我們就可以有一種命題既不眞也不假的例子。〔我們還可以舉個例子來表示。甲曰：任何人若聽了我唱的歌──他或是眼淚交流，或是其他──。乙曰：或是其他什麼？甲聞此言蕚然頓住。轉而又曰：或是不交流。交流與不交流相矛盾：交流為眞，不交流便假；不交流眞，交流便假。但是不交流眞雖可以使交流假，然而交流與不交流以外還有其他情況存

在，所以交流與不交流並不能排除一切其他可能。如是，排中律便不能應用到這個例子上去。關于數學命題，直覺主義者以為也是如此：只能在有限步數中證實其為真，或有矛盾證明其為假，但是在未證明或證實以前，你就不能說真與假兩可能排除一切其他可能。所以同一律、矛盾律在數學中可以應用，而拒中律不能應用。直覺主義者對此點雖可言之成理，但其中似有混擾，在此暫不批評。譯者。〕從這個觀點，直覺主義者的主張是基于一種既不能證明又不能否證的數學公理之存在底可能性上的，而這種可能性又因著命題函值（propositional functions）的核算之不完全性的發見而益加強。

如上所論，直覺主義者以為一個命題 p 之真，一般說來，不等于它的矛盾之假。舉例來說，設有一命題（A）：「有一個其形式為 $X^4 + 1$ 之素數」，其矛盾方面，為命題（B）：「沒有這麼一個形式為 $X^4 + 1$ 之素數」。直覺主義者說，無論 A 命題與 B 命題，在不知其構造如何而未證明它們以前，皆是無意義的。在這種特殊情形下，我們可以另成一命題（A'）：「有一個其形式為 $X^4 + 1$ 並小于18之素數」，這個命題之証實法就是很簡單的去試驗是否任何素數小于18並其形式為 $X^4 + 1$。〔如是，則此命題為真；不是，則假。〕同樣，我們也可造一命題（B'）。但是（A'）與（B'）卻不能是正統邏輯中所說的矛盾之意義。

以上所論，無非要證明布露渥與主持傳統邏輯者之間的衝突都是在關于數學命題之性質的態度，而不在關于拒中律本身之妥當與否的討論。但是，因對于數學命題的看法之不同而影響到思想律，這點也確是直覺主義者與其他兩派之間一個真實不同的地方。

　　簡言之，布露渥的構造性之標準結果使他說：一切數學中實際的普遍命題必須含著某種方法在有限的步數中能夠證實它們才行；並且那些一切不能滿足這個條件的辭說或命題都是必遭反對的；因此，拒中律也遭了顯然的拒絕。若一貫的接受這個態度，則傳統邏輯與大半傳統數學必須重造，而關于這點，在某種範圍，已被布露渥及其弟子費了可驚的心力及才智完成了。

　　譯者案：本文不是一篇深刻的批評的文章，對于邏輯亦無精確的認識，但他能使我們對于直覺主義有個大概的了解，自然也說不上有什麼深刻的解剖。他還有兩節講直覺主義的命題之核算及基數論，將一同譯出繼續在本刊發表。有機會時，著者願將邏輯主義與直覺主義仔細加以比較與批導，庶可使這個問題弄個明白。老實說，這雖是一個數學基礎問題，其實就是一個邏輯問題。

原載《民國日報‧哲學週刊》第31/32期
（1936年4月1日／8日），署名「曲達」

直覺主義者論類

直覺主義者的邏輯系統，布賴克講的太略，此本由于布氏出書時，直覺主義者尚無人做有系統的排列，及至翌年，布露渥的高足海丁（Heyting）出了一部《數學基礎研究：直受論、證明論》（*Mathematische Grundlagenforschung：Intuitionismus, Beweitsheorie*），直覺派的邏輯才清楚地程式出來。故海丁可說是直覺派邏輯之系統的研究的第一人，可惜此書尚不易得，國內知者極少，而此種專門學問又極不爲國人所願學，將來何時能流傳中土實在不可知。本文暫將布賴克論直覺派之類論譯出以介紹于國人，基數論一節俟下期刊出。類是羅素一派所用的名詞，布露渥則用「組」（sets）以代之，其實即是類，故在此仍用「類」這個通用的名稱。

一

直覺主義者之界說類，與界說其他數學實體同，也是建基于「根本直覺」之上，由這種根本直覺可以構造出自然數之無限相

承，類也同樣用這種根本直覺去構造。如是，在直覺主義者，要界說類，必須有一無底止的符號之相承（ unending sequence of signs ）方可。這種無底止的符號之相承是由於把那個相承之第一分子特殊化，再提出一個規律以備從直接之前一個推出任何其他分子，而規定成。為此目的，用1, 2, 3......這個數目系列之相承去表示想是很方便的。這個相承系列可用ζ以表示之。ζ代表這個相承中之一切分子，布露渥在他的類之界說裡，曾名之曰「整數」。以後凡說到整數時，必提到這個代表數目相承之ζ。

我們現在要討論無限的數目相承這個概念，這種相承是在某一範圍中被選取，並因重複的運用而造成。在這樣的相承裡，其中一切分子，一般說來，是並不服從一定的形成之規律的，而所謂相承可以認為是由於繼續的隨意選取一整數而構造成，而每一這樣的隨意選取是完全獨立於以前的諸選取的，即是說，與以前的諸選取皆無連帶關係。這樣一種無限的相承將被叫做是「選取相承」（ choicesequence ）。

一個類是一個律則，它將符號群關連到一切可能的隨意選取相承中之某幾個相承。其關聯法有以下兩種：(1)將某種符號之結合關聯到選取相承中之第一整數，這個符號群可以叫做是成分中的第一階段而與那個選取相承相應合。(2)沒有一種符號群能關聯到第一整數。

假設在一特殊的選取相承上有一個第一階段，則關聯它們的律則即表示：那個相承必即結尾于那個第一階段上，而這個結尾的階段也即是那個相承之最後的階段。假設沒有一個第一階段，我們仍可進而到那選取相承之第二整數，在這第二整數上，那個關聯它們

的律則仍可有以下三種樣法：(1)無物可聯；(2)聯于第二階段，此第二階段即作最後階段；(3)無最後階段可聯。假設第三種情形發生，即無最後階段可聯，則又可進而至選取相承之第三整數，第三整數仍照以前有三種關聯法，依次類推，以至無窮。在這個選取過程的任何點上，假設第一種情形發生，則即表示說沒有一個成分與那個特殊的相承相應合。如果在任何選取相承上，在任何階段第一種情形決不會發生，我們將可得到一個繼續的符號群之相承而與選取相承之繼續數相關聯。如果在任何階段上第二種情形發生，則所得之符號相承必有一個最後的分子數；假設第三種情形發生，則所得之相承必為一無限的分子數。但是在以上的選取過程上，有一種限制必為關聯它們的律則所契合，這個限制是：在每一" $n>1$ "上，假設有一個選取相承 A，它有一個非最後的第 n-1 階段，則即有一個選取相承 B，它與 A 同有一個 n-1 為第一整數，並有某種 n 階段（最後的或非最後的）與 A 相關聯。

在以上的樣子構造出的符號之相承即叫做是「類之原素」（elements of the set）。我們不能完全特殊化那個類中的一切分子，並似亦不能決定說某一特殊的符號相承是否是一個類中的一分子，這兩點似乎是規定類的方法中所函有的直接結果。有時，若從特殊的選取相承裡施行抽象作用一個類之原素即與那選取相承相應合，並把一個類看成是一個過程，由它而致生出原素，則比較更為方便一點。如是，在第一次用「類」這個名目上，我們即有一種規律，藉著這種規律，我們能從選取相承裡構造出類之原素；在第二次使用上，我們較著重這些原素所共有之點，即是說，一切原素能從公司的樣法中得出而用不著問它們所關聯到的那些特殊相承是什

麼。

對于以上所論的類，可以舉例如下：(1)如有一類 A，其原素是 ζ 之整數，則這個類可以用以下的簡單規律而致生出：「每一選取相承有一第一階段，此第一階段也就是最後的階段，並且此第一階段也就是在那個相承中作為第一個的整數。」(2)如有一類 C 是一個無限的整數之相承，可以允許無限的重複下去，則此類可以用以下的規律造成：「在每一選取相承上，第 n 次階段即是那選取相承中的第 n 個整數，並沒有最後的階段可言。」

二

要把直覺主義者所意謂的類完全述說出來，我們必須要說明同一類或不同類中的兩個分子相等或相同一是什麼意思；以及兩個類相等或相同一是什麼意思。

當一個類之兩個原素的 n 數階段，在每一個 n 上，是同樣的符號之結合，則此兩個原素便為相等。當這一個類之每一原素給出時，而另一個類中與之相等的原素也被給出，則這兩個類便為相等。類與類之原素被叫做是數學實體。

在類以外，直覺主義者還論到種次之層級（hierarchy of species）。種次，大概說來，是與「特性」同意的，並在以下的結合中被使用著：假設 x 是一個類，則 x 之種次即是一種特性，為那個類中一切分子所具有，並與 x 之分子相同一。如是，種次即是一切 x 所具有之特性，同時這些 x 即是某一類 y 中之分子。零序之種次即是一個類中的一個分子之特性，或為一個種次中的一個分子之

特性。序一之種次即是(1)那一切只能論謂零序之種次的些特性之特性，(2)並且這些特性若在某一零序之種次上存在則同時也在一切與此零序相等的零序上存在。如果有這兩種特性的種次，則便是序一之種次。同樣，x 序之種次也可以如此規定。在直覺主義的數學中，「種次」代替了形式主義及邏輯主義中所謂「類」。

上面類之界說，在對于何種符號爲類中之分子這個問題，尙無所知，也許我們永不能知。我們將能知某些符號一定地是某類中之分子，某些符號一定地不是某類中之分子，但是也許總有些居間的情形，我們不能去決定它們。這情形即足以引到一種複雜的境地。舉例來說，在兩個類的相互關係之情況上，按照傳統的說法，四種情形可以發生，這四種情形是因著那兩個類其分子是否互含，或者是否部分地互含或全體地互含而決定。但在直覺主義的數學中，這些情形，在數目上可以較多。

首先我們可以注意：當一個類中的兩個分子不能同一時，或者說在其相承的發展之過程中，我們永不能證明他們的同一性時，則此兩分子便爲不同或說互異。所以設有兩個類，以 M, N 代之，則以下的重要情形可以發生。(1)M, N 若不能爲同一，則我們說 M, N 爲互異（different）；(2)當 N 有一個分子與 M 中的一切分子不相同時，此時我們便說 M 與 N 相射（project），即 M 由 N 射出；(3)當兩個類皆不互射時，即是說，當每一特性不能應用于這一個類之分子同時也不能應用于那一個類之分子時，則 M, N 便爲「合同」（congruent）；(4)假設 M, N 互異，並且即 M 中之一分子也決不能與 N 中之一分子相同一，則 M, N 爲「互外」（exterior to one another, elementenfremd）。同樣，這四種重要關係也能爲種

次所具有。

　　如是，由于類間的可能關係之複雜，則直覺主義者當其以類或種次之公共特性規定基數時，便不用普通數學教科書中基數間大于、小于、相等，這三種簡單的關係，而用上面所述的四種關係群來代替，即合同、互異、相射、互外等是。這四種關係群，事實上，有好多特性是它們所共同的。

　　　　譯者案：邏輯主義者以命題函值（propositional function）規定類，再由類以規定數，這是將數學歸於邏輯的說法。直覺主義者以選取相承規定類，再由類以規定數，這是將數學歸於直覺的說法。兩派進行的步驟相同，而意義不同。命題函值是一個橫的普遍格式，選取相承是一個縱的數目系列。縱的系列須靠根本直覺一一實現化而形成；橫的格式不須直覺之作用，全是一種理性的法則。須直覺之實現故不離經驗，凡屬一類或一類之分子皆爲由內而投于外，因而在外必有其存在，故數學實體之存在（在外）必即同于其構造之可能性（在內）。這是康德的路線。按此而論，無限類將是不可能的，因爲無限正如繼續，不能完全實現，故不能構造，故亦無意義。不須直覺之實現，全爲理性之法則，即存在不必在外，構造不須直覺，可以與經驗脫離關係，純爲理性之架格，其意義因邏輯而有，不因直覺而有，爲邏輯系統內的意義，不需邏輯系統外的意義（即經驗）之參加。如是，邏輯主義者以邏輯與數學爲可能的科學，必然的、先驗的科學；而直覺主義者將以數學爲實是的科學，實然的、經驗的

科學。縱然直覺主義者以時間爲先驗，證明數學有先驗之基
礎，但其不離經驗，故仍可證明其又有經驗的根據，故說他
認數學爲經驗科學並不算錯。因爲康德曾認一切科學皆有先
驗的綜和，難道我們豈能因其有先驗即說自然科學是先驗科
學？同樣，直覺主義者豈能因認時間爲先驗遂說數學爲先驗
科學？以上是兩派的大較，誰是誰非，暫不批評，詳細討
論，俟諸後日。直覺主義者的基數論于下期發表。

原載《哲學週刊》第33期（1936年4月15日），署名「曲達」

直覺主義者論基數

這仍是布賴克《數學之性質》中的一節。論類一節已見前期，本節論基數是繼續前節而來。布賴克雖是介紹直覺主義者之基數論，然而其實是介紹他關於基數之矛盾問題與無限問題的解決與態度。

一、矛盾問題

要明白指示直覺主義者關于數學公理之妥當性的見解與其他通行學派的見解之不同處，我們還是從正統派的點組論（theory of sets of points）起較方便，因為就在這點組論上，坎脫爾（Cantor）的超有限數的問題即發生出。此問題的解決將附帶使矛盾問題，在直覺主義者手裡，亦煙消而雲散。

我們可先討論布拉利・福悌（Burali Forti）關于最大序數的詭論（即矛盾）。在討論之前，幾個界說的引出也是必須的。在以下，「類組」這個字將取普通數學中的意義，而不是特殊的直覺主義者之意義。

先界說類組之成序。假設在一類組中任何兩個原素間，有一種

關係爲 aRb, bRc 函著 aRc, 則此關係即爲一系列關係。凡類組成此種系列關係的即叫做是「成序組」（well-ordered set）。一個成序組即是其中每一副組都有一第一分子或第一項的一個組。兩個成序組可以按以下的方法使它們成爲一對一的相應關係。其方法是這樣的：假設 R 是這一個組的成序關係，R' 是另一個組的成序關係，a,b 是這一個組中的任何兩個原素，而 a',b' 是另一個組中與 a,b 相應的任何兩個原素，則當著且只有當著 aRb 爲眞時，a'R'b' 也眞；在此種情形之下，那兩個成序組即有相同的序數。這個說明在本質上將被形式主義者所承認，他們因此可得到成序系列之序數 ζ，並以 ω 爲他們所謂第一個無限序數。

我們可繼續下去。假設兩個序數 A 與 B 不相等，這一個大于另一個，譬如說 B 大于 A。這即表示說：A 可與 B 中的成序副組發生一對一的相應關係。從以上的定義，我們很簡單可以說：一個成序組中的每一副組必也是一個成序組，而且它所有的序數或是小于原組的序數或是等于原組的序數，而不能大于原組的序數；並且也可以說：假設一個新原素加在一個成序組上而居于一切原素之後，則此新成之組也是成序的，並且必有一個序數大于原組之序數。這個構造過程很易成爲準確。

在正統派論類的觀點上說，假設每一數學物相被決定或是屬于一個組或是不屬于一個組，則一個類組即是規定了的。按此觀點，我們可得以下的公理：「假設在任何數學物相上，每一物相能被規定爲有一種一定的特性或是能應用于它或是不能應用于它，則即有一個類組只包含著那些能有某種特性的物相。」這個公理即叫做是「包含公理」（axiom of inclusion）。

　　布拉利・福悌的矛盾即在以下的說法中發生出：設有一類組 S，以按序排列之一切序數而組成。這個組，按照上面的「包含公理」而言，是一定存在的，並且很容易指示出是成序的（藉著「大于」的序系關係）。因此，這個組必有一個序數在量上不能被任何其他序數所超過。在另一方面說，因為並不是一切數學物相皆是序數，所以我們可以選取一個不屬于序數的數譬如說 a，並且因放上 a 而再構造一個成序的類組，此時新成的類組便大于原來的類組。譬如即以原類組 S 而言，把不屬于序數之 a 加在 S 之尾上，則便成一新成序之類組 S'。此時，S' 必有一副組 S，所以也必有一個序數大于 S 組中的序數。如是，數學家便遵著一種嗒然的矛盾情形。〔因為前邊說過 S 組有一個不能被其他任何序數所超過的序數，但是現在因為選取一個不屬于序數的 a 加在 S 上，則豈不是又有一個能大于 S 中的序數？所以是矛盾。〕

　　但是，這個矛盾不能在直覺主義者方面發生，原因是在他們並不去注意包含公理之妥當性，而在他們把類組建築于我們以前已述說的「選取相承」之計畫上。形式主義者也集全力修改包含公理以冀免最大序數之矛盾。如 Zermelo 即以下面的說法來代替以前的說法：「假設在一個類組的一切原素上，此類組被決定為有一種一定的特性在它的些原素上或是妥當有效或是不妥當有效，則此類組即包含一個副組，此副組即只包含那些能有那個特性的些原素，即那個特性能于其上妥當有效的些原素。」不過這樣的說法除去能免掉矛盾以外，並沒有什麼公正的理由為何必如此修改。

　　譯者案：這個最大序數的矛盾，其實就不是一個矛盾，原本

此種情形皆名為詭論（paradox），即奇詭戲論。此種詭論有時貌似矛盾，有時即貌亦不似。最大序數的詭論即屬于貌亦不似的一種戲論。本不發生矛盾問題，Zermelo 的修改說法更不足以使詭論發生，更何需于其他理由作他修改的根據？直覺主義者以直覺之實現而繼續前進，其法固足以消滅詭論，但《算理》中的類型說（theory of types）亦足以解決詭論而有餘。而何況這種詭論根本不成其為詭論！《算學》中的詭論大都屬于此類，類型說應付之綽綽有餘，不必直覺主義始足避免也。不過還有一種詭論，如「我說謊」、「無真理」之類，結果甚似矛盾，其情形不只類型層次問題，我的〈矛盾與類型說〉一文（《哲學評論》五卷二期）對此問題曾有詳細的討論，讀者可以參閱。惟此類詭論，雖非類型所能對付，恐亦更非直覺主義所能避免也。

二、無限問題

在另一方面，假設直覺主義者是對的，則坎脫爾的基數論將幾乎完全是不妥當的。舉例來說，在傳統的觀點上，一個類若與其序數為 ω（即無限序數）的一個類有同樣的基數，則此類即叫做在數目上說是無限的，而它的基數即叫做是 X_0。〔坎脫爾名此曰最小的超有限基數 transfinite cardinal number，類比於有限數中之0，0以後為1，2，……，X。以後亦為 X_1，X_2，……。〕設想有一類組之一切序數，其所有的基數為 X_0，如此則此類組之序數將被叫做是「數目地說來是無限的序數」（即 ω 是）。這個概念，直覺主

義者尚可承認。但是，在通常學說裡，對於無限數還有兩點主張：
⑴他們指出具有基數 X_0 的類可以在不同的樣法排列，因而能夠有
各種變化的序數；⑵並指出在每一個數目上無限的序數類上，可以
指出一個新的「數目上無限」的序數而並不屬於那個類，因此他們
結論說：數目上無限序數類可以有一個基數大於 X_0。這個大於 X_0
的基數叫做 X_1，並因此而繼續前進，可以得到整個的基數系列：
X_2, X_3, ...X_ω,......，而與不同的序數類相應合。但是，直覺
主義者卻以為「X_0小于 X_1」，或「X_1大于 X_0」的說法是無意義
的。因為在直覺主義者方面說，除去 X_0 而外，再不會有別的無限
基數。

從以上的結論，逐使著名的繼續問題，即 c（代表一條線上的
點數之基數或在一間距中的實數之基數）是否與 X_1 相一致或與上
面所提到的 X 基數中的其他一個如 X_2 或 X_4 等相一致的問題，成為
無意義的。

如是，假設直覺主義是一對的學說，則徹底的改變實要在純粹
數學中發生，但是這種革命若要被實際的專家所承認，除非邏輯主
義、形式主義與直覺主義三者之間達到相當的契合不可。但是這種
契合，在現在，也實是不免令人稍發嘆息的。所以我們的研究最好
也以疑問〔？〕而結束。

譯者案：直覺主義者論繼續、論無限、論類組，以及論基數
與序數，都是很有道理的。惟得到這些結果似不必非由直覺
不可；對于詭論與矛盾的解決，直覺主義的辦法亦不必是唯
一的。同時邏輯主義者亦不必與坎脫爾同樣論無限，即是

說，坎脫爾的無限論不必是邏輯主義的必然結論。如果是必然的結論，則直覺主義與邏輯主義是無法融洽的；如果不是必然的結論，而直覺主義的結果亦不必非由直覺而得，則他們之間的反對性必定是可以除消的。如果邏輯主義者可以得到直覺主義者的結果，而矛盾與詭論的解決又能盡職，對於拒中律也不斥排除於數學圈外，則直覺主義者的直覺立場，盡可除消，而直覺的功能必另有所屬，其地位將決不同于康德與布露渥手中的直覺。所謂數學實體之存在同于其構造性的意義也不必由直覺而得到而實現。須知康德與布露渥手中的直覺主義對於數學是沒有什麼好處的，對於數學的本性、理性的本性也是沒有什麼認識的。如果數學是理性的，則理性不離邏輯，或說就是邏輯。總關鍵還是一個邏輯問題。直覺主義者對此問題並沒有認識清楚。不但今日之布露渥如此，即昔日之康德亦如此，或說傳統之大流亦莫不如此。其所以不清楚處是在有個混合，這個混合說來亦很簡單，指而明之，人天朗然，但人們總是因其簡易而忽略之，不肯予以自覺。這個混合我們可以用金岳霖先生的話以代我的說明：「邏輯這一名詞在希拉本是由 logos 變出來的，它包含兩部分，一為 episteme，一為 techne。前者是抽象的邏輯，後者是實用邏輯的法則，前一部分是現在的知識論，而後一部分反變為抽象的形式邏輯。從歷史方面著想，邏輯最初就與知識論混在一塊。後來治此學者大半率由舊章，心理與知識論的成分未曾去掉。自數理邏輯或符號邏輯興，知識論與邏輯學始慢慢地變成兩種不同的學問。〔……〕可是有一點我們

應該注意。我們說的是邏輯學與知識論要分家。這句話或者免不了有人反對。如果反對者的理由是說事實上邏輯與知識不能分開，我們很可以同情。即以一個具體的人而論，他有物理、化學、生理、心理……等等各方面的現象，而各方面的現象事實上沒有分開來。但我們不能因爲在具體的世界裡，各種現象有它們的關聯，我們就不應該把它們區別以爲各種不同的學問的對象。邏輯與知識在事實上雖然聯在一塊，而邏輯學與知識論不能不分開。」（金著《邏輯》，第一部第一頁）我們還可以補充一句說：縱然各種現象在事實上有它們的關聯，然而它們還是各有其自性的。康德與布露渥的直覺主義就是邏輯與知識不分的直覺主義。專論一種現象的自性的學問與合論兩種現象于一起的學問，當然是有差別的。直覺主義就是後一種的學問，因爲他們有點不離經驗。他們的命題似都有「所與」爲內容的實際命題。我曾以「命題」與「命題函值」來區別邏輯主義與直覺主義：(1)邏輯主義以命題函值間的必然關係爲邏輯，直覺主義以由命題函值所變成的實際命題的意義的討論爲邏輯；(2)邏輯主義以命題函值間的關係推演數學，直覺主義以由非數學命題的命題函值所變成的實際的數學命題爲數學。這個道理說來話長，我在〈邏輯與辯證邏輯〉一文（張東蓀編《唯物辯證法論戰》中載）中曾有較詳細的說明，讀者可以參閱。直覺主義者這樣看數學與邏輯就是知識與邏輯不分的結果，因此結果，所以他的繼續論、無限論、基數論，以及矛盾的避免、拒中律的取消等結果都發生出來；因爲直覺不離經驗，而在

經驗中，繼續自然不能完成，無限自然不可構造，無限數之成序列自然無意義，矛盾自然可以不發生，拒中律自然不適應。我的意思以爲這些結果可以用邏輯得到：

1. 以邏輯基型（logical type）建設繼續：繼續是一個無限的前途，不能完成，所構造出的都是一組一組的，都是有限的。邏輯基型是根本概念。

2. 無限是一個前途，不能構造，但可解說：他是邏輯推演與邏輯分析上的一種特性，以邏輯基型之繼續前進的無底止顯示之。

3. 無限數之成序列是無意義的，只是一個遊戲，邏輯主義可以作可以不作：無限只是一個限制概念（limiting concept）與康德的「物如」同其作用：你要作它，是你把它有限化，以它爲對象而討論之：其實是無意義的，無意義是邏輯地無意義，不是直覺地無意義：因爲邏輯根本是理性基型的步步發展。

4. 矛盾以基型說（即類型說或亦曰層次說）解決之，以事實與概念之區分解決之（參看我的〈矛盾與類型說〉）：不是以直覺之實現避免之。

5. 數學是理性的發展，不能不尊守拒中律：數學既不在邏輯基型以外，當然不能說拒中律在數學上不適用的話，當然也不能說適用的話。我們只說數學要尊守它。

6. 邏輯基型自身能夠成立，其成立性即是其構造性，但不由直覺而構造：它所以能夠成立，是因爲它自身有意義，邏輯的意義，而非因直覺而有的意義，亦非由藉于經驗而得

的意義，純是物觀的、機械的。

7. 這種邏輯的意義既不需經驗的實證，又不需理論的證明，我們一見即可理解，這固然由于我們自己即是理性的，但這種意義之攝取而變爲自覺卻實是直覺的：凡邏輯的意義無不是直覺，因先驗故：因直覺而明白意義，並非因直覺而始有意義，直覺的功能與地位只限于此。

以上七條是我對于兩個主義的綜和，將來可詳細論之，萬一有成，豈非一大樂事？而布賴克亦不必深太息矣！

原載《民國日報·哲學週刊》第34期

（1936年4月22日，署名「曲達」）

制度經濟學之基本出發點

本文譯自康門士《制度經濟學》第二章〈方法〉。——譯者

康門士論拉克的觀念

拉克（John Locke）是英國革命的十七世紀之製造者。所以他的遭際是很苦的。在兩次革命中，他被他所反對的與夫所嘉許的所虐待；而在三十年間，他只能以假名印刷其作品。他從未公開地印刷過，直至他五十歲以後，他才有了自由出版的權利。可是那時已是在一六八九年的革命之後了。這次的革命把他從放逐中帶回故土，因而即于此遂奠定了近代的資本主義。

他的經驗範圍，其廣其精是一如他所處的世紀之所供給。他因訓練而為清教徒，他有服務牛津的生活。當清教徒當權時，他被他們逼得默無一言；當國王當權時，他又被他所轉變。他的命運是與Shaftesbury（minister of state）同起伏的：他曾居住在他的家裡，他也曾為他而寫過關于宗教、科學與政治的書，他也隨著他一同而出亡（被逐）。他見過大的執行與小的執行，大的監禁與小的監禁，他也經驗過人們的財產與意見之被教會、國王、清教徒以及

法官所沒收與壓抑。從牛頓到牛維浩克（Leeuwenhoek），他也曾做過科學家的朋友；他又是「新知識」的辛苦研究者，他也是以經驗改進知識的新皇家學會的會員。（在1662年，此學會爲查理第二所特許。）

在拉克之爲人，他是以懷疑代替知識，以概然代替定然，以理性代替權威，以研究代替獨斷，以立憲政府代替絕對專制，並爲財產、自由與容忍之故而主張法院之獨立。在任何學問方面，他總是簡舉了十七世紀，而支配了十八世紀，並制約了十九、二十世紀中的正統經濟學家的制度的概念與心理的概念。他的《人類悟性論》激動柏克萊成爲唯心論、休謨成爲懷疑論、法國人成爲唯物論，最終並使康德主張其知識的先驗形式與範疇。但是拉克個人卻只在注意任何事物之合理性（reasonableness）。他的《政府兩論》公正了1689年的革命，並引出美國與法國的人權革命。但是拉克本人卻只注意於以1689年英國人的民法權代替從亞當傳下來的國王之神權。在此《兩論》裡，他又使「勞力」爲政治學與經濟學的基礎，亞丹・斯密因之而得到其以「勞苦」（labor-pain）爲自然價值之尺度的學說；理恰圖（Ricardo）因之而得到其以「勞力」（labor-power）爲定常價值之尺度的學說；而馬克司復因之而得到以「社會勞力」（social labor-power）爲掠奪之尺度的學說。但是，拉克的勞動觀念卻是個人自己勞動生產中的私有財產。他只注意于反對國王不顧法院的見解而任意沒收財產的舉動。他的《論容忍書》（*Letters on Toleration*）即是他的從討論人類悟性的範圍與政府的範圍中而引出的結論。在這些討論裡，他說明了關於約束人們的見解、言論與集會等的自由問題。所有關於這些討論的論文，他都

以假名或在外國寫成、重寫或印刷，直有二十餘年之久，他公開在家中印刷不過十二個月之間。但這些論文卻足以使任意亂爲的君主政體變爲立憲的君主政權。

一、觀念

拉克的《人類悟性論》，其實際目的是在指出人心所實在能知的與不能知的究竟有多少。這個意向是從十七世紀的爭辯與獨斷中發生出的。這種爭辯與獨斷實足以引起混亂、不容忍及內戰。

> 五六友人會于吾之寓所，討論著一個題目，他們突然停止，因爲觸處都是困難。在經過一度迷惑之後，終未曾解決擾亂我們的那些疑點。我心裡忽然明白過來，我們是走錯了方向。我覺得：在我們追究自然之前，必須先考察我們自己的能力如何，並須先看什麼對象是我們的悟性所能適應或不能適應的。（《拉克全集・人類悟性論》中〈給讀者〉，1812，第11版，十卷本。以後關于拉克，皆以此版本爲據。）

此即是拉克研究學問的「新路向」。此「新路向」標明了他的創造的天才，並在其書中以觀念、字及概然等概念而終結。

拉克說，在心中的觀念是人們所實在知道的唯一對象，而以「字」表之于外。天賦論主張吾人有固有的觀念、本有的品性，此等觀念或品性于吾人之初生即印于吾人的心上。但是拉克反對此種學說。他說：「我們可設想人心如白紙，空無一物，無任何觀念，

無任何品性。然則它如何充實起來？〔……〕一言以蔽之，曰來自經驗。」（《全集》，卷一，冊二，章一，節一與二。）

拉克以爲經驗是感覺與反省兩者所組成。五官將許多「分子」傳于心中，此等分子被反省後，遂有種種存于外物之感覺質的觀念，而此等觀念又被符號所表示，如黃、熱、硬等，皆爲表示一感覺質之觀念的符號。反省，如照鏡，是吾心之運用，運用于它所得到的觀念之上。但同時反省亦被從任何思想中所引起的滿足或不安等的情感所伴隨。這些心中之運用，當靈魂反省並思量它時，它即以另一組觀念供給于悟性。此另一組觀念非來自外，全在其自己之心中。此種在心中之觀念可名之曰內感，而從此內感所引起的觀念即是所謂知覺、記憶、注意、重複、了別、比較、組合、命名。

進行中之感覺與對于感覺之反省是簡單觀念之兩個源泉。簡單觀念，進而被反省，即生起樂與苦之觀念。樂與苦，供給選此思想或行爲而不選彼思想或行爲之理由，並由之而生起力之觀念、存在之觀念、統一、相續等之觀念。

從此等簡單觀念而組合起的曰複合觀念。複合觀念是簡單觀念之集和，如本體、關係、種式等，皆爲複合觀念。簡單的與複合的觀念即我們所知道的事物。心，在其一切思想與推理，除它自己的觀念外，並無其他直接的對象。心只能或只是思維它自己的觀念。而所謂知識，亦不過只是我們的觀念之合與不合的覺知而已。

如是，拉克在心與心外之世界間，作了一個完全的區分。心觀察它自己對于一定的些觀念之運用。它從簡單的觀念結合起一些複合的觀念，並至高度複合的觀念，如本體、因果、道德、神聖法與民法等是。

這種內在的機械性，心；摹寫一外在的機械性，世界；即兩個世界之區分，乃是**從拉克到十九世紀末經濟學說之特性**。除消此種兩元說而代之以**心與外界間的機能關係**，此種概念，在經濟學說上，在門格爾（Menger）與賁巴衛克（Böhm-Bawerk）以前還沒有造成。門格爾，在1871年，在「減少效用」（diminishing utility）的名目下，造出情感依於外物，外物滿足欲望的觀念，並造出外物增加其豐富，情感即可減低其強度一觀念。隨之，賁巴衛克，在1888年，又造出將來商品之價值小於現在一觀念。自此以後，**機能關係逐代替以前心與外界的兩元論**。如是，我們需要「**稀少**」與「**未來**」（scarcity and futurity）兩概念以準備**心身之依於現在及將來的外在世界上所具有的變化程度之機能的觀念**。我們用此觀念以代替拉克而後所造成的心與外界之區分。不過，縱然有了這個機能的觀念，而那些樂欲的經濟學家（hedonic economists）仍然還是**繼承了拉克的感覺與觀念的分子說**。〔即感覺與觀念的礫粒性。經濟學上樂欲的心理主義者如賁巴衛克，雖然注意了心與外物的機能關係，但其所注意的仍是感覺及欲望的事實性或材料性，即只注意了赤裸的情感或欲望，而未注意情感與欲望以外的其他成分。他的經濟學說即由此赤裸的礫粒的情感或欲望或感覺而造成，並未注意到經濟關係之法律性、制度性以及道德性。所以他們還是分子的感覺主義者，而不是全體的制度主義者。此點必須予以嚴重的注意。制度學派的經濟學說即由此點而改進以往，不同于以往，且吸收以往。譯者注。〕

拉克的心的機械觀即是觀念之被動的容納觀，如牛頓的微分子一樣，從外邊傳進來，再經反省而為內。這種情形也是物理的經濟

學家的一種特性。馬克司將此情形達于極點。他把個人的意識還原到只是財富的生產與獲得之抄本。按照一種預期的互行之重複（an expected repetition of transactions）的觀念。〔這個「互行」的觀念是制度學派的中心點，以後再講。譯者。〕要想把拉克的分子式的感覺、反省、意志等等諧和起來，則對於心須有一種進一步的看法，即當該把它看成是一**全體之活動**，不當把它認為是**來自外的些分子式的感覺**。我們可以把這種全體之活動看成是一**創進之動力**，此種動力常是站在預期結果的觀點上向往著將來，且足以操縱或運用外界及他人。這種新觀點即是最近的心理學及經濟學所要想去完成的。〔唯用論、格式心理學、制度經濟學等都是向這個目的而趨。德人萊痕巴哈（Reichenbach）的《原子與宇宙》及《現代物理的世界》等書也當參看。這是最近想將光之粒子說與波動說結合起來的著作。又懷悌海《觀念之前進》一書亦當一讀。此是原注。譯者于此頗有感慨。西人治經濟學尚博讀哲學書籍，以正確其觀念，創立合理之新學說。未有毫無思想而可以統馭材料者。夫科學即解說事實之系統的知識。知識既成系統，必有原則以貫之，決非散沙之流。而此種原則又常隨時代之不同而有異。十七世紀、十八、十九世紀、二十世紀，皆各有主宰整個時代之思想潮流。康門士深知此意。拉克的原則支配了正統派的經濟學，而十八、十九世紀，乃分子說、物質說、機械說鼎盛之時，故其諸科學亦無不表現此種精神。二十世紀又入于一新階段。而整全說、機能說、格式說成為一種無孔不入之新原則。物理、生物、心理、經濟無不表現此種原則之為真理，而統貫一切之哲學亦大發揮此種精神而無遺。康門士握住這個原則而應用于社會事實，成功了他的適應新原則的新

經濟學。這種研究法，結果所得才是活的學問，科學的知識。那有像現在的中國人，不肯用思想，不敢解析事實，造成新理論、新科學，而只取巧討便宜，放馬後砲，偷取人家一點半點皮毛概念或見地，來治古書、考古董，以爲新理論、新科學知識只好讓西人去包辦，我們是不敢侈想妄談的？大家應須知，持這種態度的人，又最喜談洋化。但讀者又應知似這種專以放馬後砲爲能事，又如何能西化？又如何能化上去？自己專門對付古董，方向不與人同，又能化人家的什麼事？自己根本不用思想，不察事實，又根據什麼來與人家化？似這種談西化的人最可恨。專門說不著邊際無意義的話，來嚇唬人。以此道而鼓吹西化，則西化終不得成，而東化亦消滅無餘，此則可怕也。又現在中國赤色哲學專家專捧馬克司的《資本論》，視之若神聖。殊不知《資本論》所具備的原則乃是十九世紀的哲學原則，即物質說、分子說、機械說，早已不適于現代的哲學原則，視二十世紀已成過去。我們對他只能有所吸收與改進，而不能視之若神聖。我以前批評馬克司的唯物史觀即根據這種精神而立論。吾並非有成見。吾一見而知這種思想乃甚與現代的主宰原則不相融，故必須加以批駁。其他各方面已公認了新原則，豈容社會哲學獨逗留于十九世紀之狀態？故必須加以改進，使其與時代大流相融洽。故我的〈社會根本原則之確立〉一文乃爲一必須之作品，吾對之信仰極堅。惜乎，考古的中國人未之能識也；放馬後砲的洋博士未之肯顧也。然吾深信經濟學界必有起而倡之者，必有慧眼人創造新經濟學，彌補此種缺陷，以適應主宰時代大流之新原則。果也，康門士出矣。吾以康門士之經濟學，益足徵吾所立之社會原則爲不謬。吾焉得不喜？〕

〔我們對於拉克雖有修改，但拉克本人已備有我們的前進之餘地。〕拉克有經驗的主張，他幷證明我們一切觀念之起源只是五官，但他認五官只多或少給我們一不完全之圖象，並不能給我們一種關于世界之一定的系統的知識。他這兩個意思即是爲我們留一前進之餘地。現代的心理學及經濟學只須除消他的心之物理觀即足，而他的經驗方法仍可採用。仍可用之以研究心理學、歷史學及經濟學，恰如其當年用之于物理學一樣。而代替他的心之物理觀的那觀點，也須與此經驗方法相適應而後可。

具此觀點以進，我們將見，如果我們將「意義」這個帶有**情感性**的字加到拉克的「觀念」這個**純智慧**的字上，我們可得到拉克心中之所想，且可以除消他的主觀分子之機械的類比。他以爲主觀分子，即感覺，是環繞心而轉動，且與外在世界相分離。如果我們在分子式的觀念上加上「意義」這個字，則他這種主觀分子與外界分離的主張，可以不發生。「意義」這個字，如此處所指謂的，是表示**情感一方面**（emotional aspect），而其中之觀念則是**純智慧一方面**（intellectual aspect）。「意義」一詞函著**作用于內外變動世界上的活動與反動之意志過程的主客兩面**。

此「意義」一概念，即足將拉克的「觀念」一概念從照鏡式的被動影照變而爲觀念之能動的心理構造。此種心理自動構造出的觀念，其內在地被選取，被轉化，目的即在追討及理解那外界之複雜性。按物理上說，紅色是以每秒鐘四〇〇萬萬振動次數而組成，而藍紫色則是以每秒鐘八〇〇萬萬振動次數而組成。（參考 Jeans：*The Universe around Us*，《環繞我們之宇宙》。）我們所見的是紅色，但所謂紅只是我們給世界的**機械性**上的**一定之重複**的一種意

義,所以紅並不是一個抄本。機械世界中一定的重複,既有時可以暗殺兇手意謂之,有時又可以玫瑰花草意謂之。所以紅、玫瑰等等都是那所已經發生的物事之推斷,或將要發生的物事之預期。而此種推斷或預期又是根據經驗、重複、記憶,以及正在誘發中之興趣的。所以紅、玫瑰等等觀念都是些不同的意義,我們用之以賦予每秒鐘四〇〇萬萬之振動次數。我們的知識並非抄本之類。在智慧方面,知識是內部創發出的觀念;在情感方面,知識是將觀念關涉到感覺的那些意義。在對於各種事態之**秤量**方面,觀念與意義都有關於**價值的指示**;而在**意志**方面,則它們即表示一種**活動**及**交互的活動**。〔經濟學上關於價值的意義及經濟行為關係的意義都於此原則而指明而引出。讀者不可忽略。譯者。〕

「意義」一詞即是觀念之名字,我們把這個名字構造起來〔意義具於其中〕,為的去造成經驗之部分與經驗之全體間的關係之公式。因此,名字總是表象某種物事而不能與情感或情緒〔衝動的或行為的〕相分離。情感或情緒,當它們到了**行動發軔**的時候,我們開始**名之以價值**。那即是說,它們到了**相關的重要點**。這個重要點,因著我們對於自然世界及環繞我們的他人的關涉而現實地並測度地被指示出,並把它**客觀地付與外在的物事**。〔此即是情感、觀念、行動與外界四者合而為一的一種行為過程、經濟行為或道德行為過程。此處將以此而引至經濟行為。譯者。〕

這個意思即表示:「意義」帶出**預期的觀念**。「意義」所指示的多於一個觀念之內容,它還指示出被觀念所引起的**預期**。拉克的「觀念」只是某種外在事物的內部抄本,而只被內在的理智之心所造出。而我所謂「意義」卻又能指示出那些觀念在行動上的重要

點。

在此方面，「意義」一詞指示價值、選擇與活動三者間一不可分的面相。拉克的「價值」一詞只意謂一外在的性質，即是說，使用價值，存在於對象之中，但被反省而成為內部的觀念。但是現代的用法，卻是把名詞「價值」改變為動詞「價值」（valuing），即所謂價值化。此種價值化即含著一些意義與相關重要點中的些情感，而此意義與情感又是被直接的或預期的事實所引起。故「意義」與「價值」是互不相離。「意義」是**內部的著重點**，「價值」是**外部的著重點**。兩者都是活動於世界以及反動於世界這個同一的**意志過程**中的成分。

同時，意義與價值又不能與「選擇」相分離。選擇即是**所指示的意義**與**所估定的價值**之一種外在的證據。拉克的**權力**觀念給他好多困難，而在《人類悟性論》第二版時已加修改，其解析是很顯明的。他的內部被動的機械主義之心與外部能動的機械主義之世界的區分，足使他的「權力」一詞無**意志的意義**在內。他只看見了內部的心之物理過程，外部的物之運動過程。他見到這兩種情態，恰如他看見某種東西推動其他事物一樣。如是，「意志」變成光學、熱學及化學中的活動一類的東西，而決無於多種間施行**選擇**的觀念在內。**選擇觀念**，在物理學中，似究竟不能有的東西；但它只有在過去三十年間，才成了新經濟學的基礎概念。〔*此意是說，選擇觀念在自然科學中不能發生，但在社會科學中卻必須顧及。可是正統派的經濟學，仍如物理學，不把它計算在內。它之進入經濟學，才只有三十多年的歷史。譯者。*〕事實上，拉克關於「權力」的討論確未曾顧及「選擇」的現象。選擇，在拉克，只是與**樂苦**有關。不過

假設他把他的實驗法，不是反省法，應用於心理學，猶如他及他的同代人之應用於物理學一樣，則他可以不必有物理式的「意志之解析」，他可以看出，意志，即他的權力的觀念，即是**重複選擇之過程**，並且是在時間上**實際可親近的那最好的一種事態上的活動過程**。〔最好的事態即是你所選擇的對象。此對象常因時因地而不同。在經濟學上，選擇營業、選擇資本、選擇勞力、選擇市場等等，皆是各種不同的對象。你的意志於此總選擇一種比較實際可以達到的作為你活動的對象。譯者。〕這些各種不同的對象，在其**動力上、意義上**，以及**相關重要點上**，都也是繼續不斷的變化。像這類情形，總不會發生在物理學上、光學上或天文學上。茲再轉而至於意志，他的權力的意義，實可以看成是全身體及外界間的一種**機能關係**；而意志本身，則是施於世界及他人上的**不同的權力程度**間的**選擇過程**；而選擇之根據，則在附屬於有利的對象上的**相關重要點**，即其**意義**與**價值**是也。〔相關重要點亦因人因時因地而不同，此語甚有意蘊，讀者勿忽焉。〕

　　這種選擇的機能概念，實在也含著一物理的過程。但此物理過程卻又完全不同於物理學中的物理過程。一個選擇過程，在同一活動上，含有**預定**、**避免**、及**禁止**這三度。預定即是物理力或經濟力之向一方向而努力；避免即是另一預定之排斥；禁止即是在一實際預定中選擇一低度力以抵禦一高度力。

　　這種物理力或經濟力的三度性，在物理學上，是沒有的。這三度性是屬於**意志之活動，經濟說與法律說即於此而建起**。（參看康門士的《資本之法律基礎》。）這種活動即是一**能動的選擇過程**。這種有生的行為是不同於無生的行為的。因此不同，吾將常用「選

擇」一詞等於「價值」、「行爲」、「活動」、「互行」諸詞，並將使其作爲拉克的「權力」一觀念之正當的意義。這種選擇之三度性，拉克是不知道的，並且在他的心之物理觀裏，是沒有地位的。

按照這種人類行爲之物理向與經濟向而言，則**觀念**、**意義**、**價值**以及**活動**四詞，即是人類對於物界及他人的活動中之不可分的**智慧的**、**情感的**、**意志的過程**。這種含有智、情、意而不可分的總過程是代替了拉克的內界與外界之區分的機械性。在後面，我們將使**物理力**與**經濟力**及**道德力**分開。

假設知識只是關涉於觀念，而觀念又只是事物之抄本，而不是事物之本身；如是，即便一個事物其本身只是簡單觀念之集合，則如何能有知識之確定性呢？〔凡以上所論是從觀念方面，藉「意義」之加入，改變了傳統經濟學之觀點。自本段起，以下將從理性方面，注意於行動之合理性，即行動之社會性、關係性、交互性，以改變傳統個人主義之經濟學。譯者。〕拉克以爲確定的知識是有數學性、邏輯性及推演性的知識。有此等性的知識能直接或因證明而覺察到觀念間之連結、契合、不契合以及齟齬。如果，它們是直接地被察覺到，譬如黃是黃，黃非是白等等，此便是**直覺的知識**，或如吾所說，即「意義」是。如果因證明而間接地被覺察到，譬如三角之和等於二直角，此便是**理性的知識**。這兩種知識，直覺的與理性的，合起來組成「理性」之智慧的基礎，並組成無可懷疑的確定知識。這種知識，在關於永恆、無所不能、無所不知、至明、至微的東西的主張上，其確定性是很顯明的。這種東西的存在是很自然地從我們的知識之每一部分中引申出。這樣引申的證明，足以使我們確定了那個永恆、萬能、至知、至明、至微的東西之存在。而

此種證明的成立是根據於原因與結果的觀念的。而在證明那個東西之存在上，**結果不能大於原因**。結果是世界，原因是上帝。

這個觀念可以引至兩個結論。第一、因著在原因、結果的證明過程上，於眾結果中有一個結果是人的智慧，所以隨著，那本源的無限的「因」也必是一永恆之心。第二、我們在自然中能發見出秩序，諧和與美，但是如果沒有一第一永恆之情與智願望秩序，諧和與美，並將一切後起之全整體包括於自身中，則秩序、諧和與美即不能產生出。

這種永恆之心的觀念，簡單來說，即是**圓滿**之觀念。此觀念亦能使我們決定說世界有一**永恆的道德律**，且俱著她的責罰之尺度。此永恆之道德律，其對於理性動物及研究她的研究者之簡單明瞭，與公產法之簡單明瞭同。

因此，拉克的「理性」觀念不只是一智慧之過程。他又把終極目的所有的情感意義加添在內，此即所謂「幸福」者是，他又添一自然律之工具的意義，由之可以達到那個終極目的，此即所謂「正義」或「公正」者是。他使理性同於神，同於自然中的律則以及人間的幸福。此等概念，即理性、神、律則、幸福，在他的《政府論》裡，變成了慈佑、永恆、無限、不變之物。此物站在諧和、平等、和平、豐富諸原則上，以意向於人類的和平，且保障人類之生活、自由與財產。

因此之故，拉克被人目之為功利主義。他的功利主義是一種**無限之權威**的意思，不是邊沁的地球上立法的意思。按此無限的權威之多般意向，拉克有了一種確定的知識，以證明而引申出，並在此種確定的知識上，他建設他的自然之法則、自然權利說、價值說，

以及財產與自由之合正義性。**神**、**自然**與**理性**是同一的；它們連起來證明了一六八九年的**革命**是對的。〔此種思想即是文藝復興而後，趨於開明階段的理性主義。由此開明思想，發出近代文明之火花。此風經過十八、十九世紀以至於今日，突然遭遇了不幸的壓抑，此壓抑即獨裁主義是也。羅素曾名此種反動曰反理性主義，名此時代曰反理性的時代。其言甚有依據。讀者試將今日獨裁之狂潮與拉克時代之言論相比較，便可知前後兩精神之不同。所以廿世紀，雖在學術方面有開明的進步，比拉克所啟發的開明思潮還要開明，然而在政治方面卻實又轉而為黑暗。十六、十七世紀所開發的光明，延至今日，幾有被狂潮之昏暗所蒙蔽之勢。此今日理性健康之思想家所不可不注意者也。譯者。〕

不過，於此，我們又可看出拉克的個人主義。據他的意思，所謂人類也者，並不是他們所處的時代與地方上的習慣與風俗之結晶，但卻是些理性的單一體。譬以拉克為例，拉克也是一理性的單一體。此單一體，因理性之運用，能確定了宇宙中無限的仁慈之理性的定然以及自然法則的定然。宇宙只有一無限之理性，一無限之原因，一切個人皆能知此理性與此原因之確定性。因為一切個人是那無限之因的些結果。所以，此無限之理性即是拉克個人的理性之所以為永恆為不變處。他以他自己個人的心為起點，並以之作為宇宙之中心。他並不以**事態**、**實踐**以及**互行之重複為起點**。但是，此種種之重複進行卻即是他的心之習成之根據，並且因此所以看起來也就是**自然的**、**理性的**以及**神聖的**。

因此，拉克當需有定然與概然之區分。這個區分，從他所處的時代起，科學上即已經造成，因為科學所討論的也只是概然故也。

但是他卻缺少現代所謂相對、時間以及運動諸概念；他想尋求某種固定的東西，如一個人靈魂、一無限之理性、一宇宙之理性架格等。他尋出這些東西作座標，一切變化與概然可以推度於它們。

不過，即拉克自己也只是一變化的經驗之過程。不獨拉克如此，即任何個人亦如此。拉克的「定然」，究竟只是一個心中的觀念，與數學及邏輯之為定然同。吾人應知，數學與邏輯，嚴格說來，實不是科學，乃只是研究的**心理工具**。這些工具，如拉克所證明，不存在於外界。

如果如此，則外界之過渡到知識實只是概然而已。並且，如果概然、信仰、意見及經驗等代替了定然的知識，則我們現在所需要的基礎並不是為懷疑主義而設，乃是為分別**理性**與**合理性**而設。理性可以給我們一些**不可變易的律**，如關於神、自然、圓滿等律；但是**合理性**則給我們一種對於實際生活中概然性之優越的**相互認可**。故現在所能被人注意的則是拉克的**合理性之主張**，而不是他的**理性之主張**。

拉克而後，柏克萊以為我們所能知的只是觀念，而外在世界又只是神之觀念。休謨又進而以為甚至我們自己也只是一個觀念。降而至於康德，他以為從我們自己的自由意志，我們可以為宇宙及我們自己構造出一理性的律則。凡此皆是**理性之主張**，不是**合理性之主張**。他們所追究的只是**觀念**，不是**觀念之意義**。〔此段甚有意思。理性之主張，其所追究是觀念，是純智慧的，是是其所是，結果只是一些原理，不可變易的普遍律則。而合理性之主張則卻是注目於人間之行為性，行為之社會性；或者說，注目那些普遍原理之實現於社會方面，或吾人行為如何去實現之於現社會。如是，理性

之主張是智慧的、觀念的，而合理性之主張則是行爲的、情感的、意志的，並也是智慧的。此個分別，甚屬重要。大概東方人歷來不甚注意純智慧的理性之主張，卻總注意兼有智、情、意三者而爲一的行爲方面之合理性的主張。故東方人不只講純粹的天理，還要講人情，而人情又是合天理的人情。結果，天理，人情二而一，一而二，乃爲不可分之合理性的精神。然而西方人卻與東方恰相反。他們專喜歡講純智慧的理性原則，而不甚注意合理性的行爲方面。此種精神即是產生科學的精神。吾人決不能菲薄，且當充分發揮。於此，即應適當地注意康門士之所重視的合理性之主張。其所重視的合理性之主張仍只是研究觀點之轉變。以前的人只注意於理性本身的追究，現在則進而至於其應用。以前的經濟學家只隨著追究理性本身的精神而同樣用之於經濟現象，現在則當隨著合理性的原則而注意於整個的經濟行爲。以前的研究法得不著經濟現象的眞相，現在才能得著其眞相。所以我們當該注意合理性原則。這不是反對理性之主張，乃只是於理性之主張而外，又進了一步，轉變了一個方向；但是理性的追究還是需要的。而且這種以合理性爲觀點的研究法，還是一個研究工作，所以仍是智慧的理性之追究，與東方人實際方面的天理人情的做人道理仍是不同。此不可不分別認取。又合理性原則適用於社會科學最好，因爲社會總是人間的，總是由人類行爲之互組而成。故不能純注意於智慧之理性方面或觀念方面。而理性原則則用於自然科學方面最好。我們不能說我們現在用了合理性原則，我們便是對的，以前用理性原則便完全不對。我們只能說它於經濟學方面，或社會科學方面不對，我們不能說它於一切方面不對。馬克司便不明此理。他批駁弗爾巴哈的唯物論即是如此。他

以為弗爾巴哈只以自然來看人，他不知道人的社會性，所以他的唯
物論不可靠。這種批駁即是不知類之過，因為我們很有權從自然的
觀點來看人；如心理學、生理學、生物學，皆是。甚至我們還可以
用物理、化學的觀點來解析人。我們不能說這些科學因未曾注意人
之社會性，便說它們全是不對的。它們也許有欠缺，但不是因不注
意社會性而有欠缺。此兩者無因果關係，觀點不同故也。康門士之
注意合理性原則亦是如此。他只能於同站在社會科學的立場上反對
理性原則，反對拉克的傳統。如果理性原則或拉克的傳統於別方面
應用，則康門士無權反對。其無權反對與馬克司之無權反對弗爾巴
哈同。此又不可不注意者也。譯者。〕

我們可以綜括起來說：拉克的基本學說，如隨從他的經濟學家
的學說，都是一種個人的認識論及價值論，或者是一個個人如何能
知道外物，如何能給外物一價值的理論。但是，我們的學說則是一
聯合活動的學說，並是在互行中的**個人之價值的學說**。在一互行
中，一切分子互相還原到意見與活動之共同點。這不是拉克的理性
說，乃是他的合理性說。〔以上是康門士論拉克的觀念說。說明了
拉克，補充了拉克，隨著也轉變了觀點，成立了新經濟學的基本原
理。所以欲想懂得制度學派的經濟學，此基本原理不可不懂。故先
介紹於此，望國人注意焉。譯者。〕〔又本文是節譯，凡有不必須
的或重複的，皆刪去未譯。但即此於了解上亦很充分了。以後當繼
續介紹其論拉克的價值說。〕

原載《再生》第4卷第2期（1937年4月1日，署名「離中」）

印度爭取自由

英之對德宣戰，隨使印度亦轉入戰爭狀態。九月三號，首相在康甯街十號發出最後的聲明後，印度總督隨之即廣播全印說：「今天我們與德國已在戰時矣。」林李斯哥（Linlithgow）公爵措詞比較謹慎。他指出這次大戰的大原則。他說這是爲國際正義與道德而戰，理性的而非力量的。他又很聰明地說，現在無一國家能及印度之忠於此原則。所以他很自信地表示說，不分階級，不分宗教，不分民族，不分政黨，全印必盡其力於人類自由一方面，反對力量之統治。

當戰爭發生時，印度無疑地是反納粹的，並且亦無一語左袒德國。在印度總督發出宣言那一天，甘地即以其個人立場宣稱他是贊同無限制的與英國合作的。同時，尼赫魯也急速自中國飛回，在蘭古（Rangoon）城表示其相似之同情。各地王子，亦如一般人之所期，也展轉相告語，供給其軍需品與吏民於英、法方面使用，並允許于軍費方面，也願慷慨贈予。彭鴨（Punjab）與賣加爾（Bengal）兩省的摩士林首相（Muslim Premiers）皆很熱心擔保無條件地以其兩大省之所有來供給。至於個人方面，則全國人民皆要求加入陸空軍以從事，而各團體又皆通過同情於波蘭及聯軍之決

議，並且以其誠懇之熱望與大不列顛合作。

戰時不可免的凌亂與不方便自有怨言出現。八百五十個德人被捕了，被拘禁了。敵人的財產被沒收了。一切與德人之貿易突然被停止了。檢查員取消了，航海船不見了。物價統制已成為事實。禁止出入印度之貨物單亦逐批印出。國內工業則總期以不須外來供給而仍可進行。另一方面，黃麻製造廠也加緊製造，以備百萬沙袋之產生。其他各方面也都同時緊張而向著戰時狀態走。

但是，印度在戰時，如果要想合作，則他實在是想追求他自己國內的政治自由，不只是同情幾千里之外的波蘭及捷克司拉瓦克而已。在一般人心理方面都已經很清楚，以為歐亞兩洲之新秩序，於聯軍勝利後必有結果。印度方面渴望這類宣言之出現有十日之久，但剛愎的寂默卻流行於官廳方面。因此，合作之精神開始動搖了。

在九月中旬，印度兩大政黨國民會議派（National Congress）及摩士林聯盟派（Muslim League）合組的工作委員會已表示他們各政黨在戰時的位置。這兩個政黨都是為印度的自由而努力的。國民會議派，自然是更為有力。它有大量的黨員，從印度的每一部分每一團體內集來的。雖然它是印度的（Hindu），而事實上，他的摩士林黨員比摩士林聯盟裏面還要多。但摩士林聯盟卻是純粹的摩士林組織，決不許有一個是來自其他黨派。然而他的總理印那（M.A. Jinnah）君，在幾年前，卻是會議派的活動分子。在現在恐慌的時候，印度的態度大部分是決于這兩個有力的集團的。

印度總督宣戰以後，馬上曾邀請會議派領袖甘地及聯盟派領袖印那會晤一次。意料中，此兩位領袖必能傳達一點關於時下特殊情況的思想給總督。即是說，在現在情況下，總期達到最滿意的合

作，完全不須任何交易合同式的思想。在某一點上，這兩派之間是有相當契合的，雖然他們兩方的理由各不相同。這一點即是政府之實現愈速愈好。這就是英印與印度國家之聯盟的最大敵對形式。但是所謂印度國家，在九月十一號，官方聲明，以爲時下還不易實現。

會議派以工作委員會名義於九月十四日自華達（Wardha）首次發出一長篇陳述，其最後之決定，暫時可置不提。委員會造謁英國政府，以明白之言詞，對民主政治與帝國主義，宣稱其戰爭之目的。並表示這目的如何應用於印度之現在及將來。納粹及法西斯之侵略已被譴責，而在工作委員會眼中看來，這種侵略即是帝國主義思想之強化。反對這種侵略，印度人民已有多年之奮鬥。他們要求不列顚停止其帝國主義式之侵略，並希望其能淸出一條道路，讓印度自成一有憲法之議會，自己建造一種憲法，而不須外來之干涉。他們宣稱一個自由自主的印度必願與其他自由國家相聯合，互助以抵抗侵略，造成經濟合作，並基於自由與民治的基礎上建立一眞實的世界秩序。

同時，九月十八日，摩士林聯盟方面亦有一個決議案爲工作委員會所通過。其會議是在狄里（Delhi）開的。他們對停止聯邦制表示滿意。他們以爲這當該完全取消。並且請求英政府重新估量印度將來憲法的全部問題。那個議決案宣稱，摩士林印度決定反對任何聯邦的目的。因爲他們以爲若聯邦必造成多數的統治。他們反對的根據是：「這樣的憲法決不適於國民中的天才，它是以種種民族組成的，決不能形成一民族國家。」他們以爲基於民主式的巴利門制之省憲是在不變的多數之下成功的，並且這是印度之支配摩士

林。他們又進一步說，在種種省分所組織的會議政府之下，摩士林少數民族之生命、財產、自由、榮譽，甚至宗教、文化，將有日日受打擊被消滅的危險。

最後，對於無故之侵略加以攻擊，對於波蘭及英、法表示同情。其言論則說，如果眞實而堅強的摩士林合作與支持要得到保障，則英國政府與總督必須要公正，且對於摩士林在會議派統治的省分中須同等待遇。又特別指出，政府官吏必須使其善於運用他們的力量以保護摩士林的權利。又要求英政府擔保禁止省憲派之宣傳，而且若無摩士林聯盟之承認與允許，不得製造與採用任何憲法。

如上所述，顯有兩個完全不同的觀點。會議派主張須有統一的印度；摩士林派則反對之。會議派要求全印度之自由，不偏頗於某一部分某一團體；而摩士林聯盟則要求總督及統治者保護摩士林以反對印度，並拒絕民主式的巴利門政府之理想，以爲這不適宜於印度，同時又要求政府不准有立憲運動。這兩大政黨間的不幸衝突，在現在恐慌之時，正好給那些反對印度自由的人們以機會與口實，利用這種新的內部爭論作理由以拒絕會議派所提出的簡明之宣言。

印度與倫敦兩方面開始謳歌印度本身意見之不一致了。會議派，三年前實行第一次普選時，得到大多數的勝利，於英印十一大省分中，得到八省的無敵的立法權與行政權，將摩士林聯盟反對下去。摩士林聯盟背後並無顯著的權威存在，但是他有八千萬摩士林民出來爲自己講話。印度的分裂開始是在宗教的基礎，現在變成政治上的結果。因此，關於自由與英國之統制，民主與獨裁或其他政府形式，印度人民的意見是無法一致的。這已成世界周知之事了。

　　自然，在這些敵對上，意見的一致不在印度。但是試問什麼國家有這種一致呢？當然，在印度境內，各種宗教、民族、文化之紛歧，是一大問題。但是這個問題卻並不是不可解的。少數者以及聰慧者的職務就是想去克服多數，或是以其自己之觀點領導多數。年復一年之政治運動，因為黨派意見之不一致，徒足以加強其分裂。這確是近年來所發生的實情，而大部分也是「地方判決」（communal award）的結果。

　　總督為要使國內「情感趨向」比較滿意起見，特於九月下旬於狄里召集各地紳士，共五十二位，代表了各種政黨、集團及利益。結果他們表現出可驚的意見不同的數目。他們的談話繼續進行，並將詳細情形報告給白宮（Whitehall），而同時首相亦正在國會中反覆申說其聯軍作戰之目的，而卻無一語涉及印度。不久以後，九月廿七，政府祕書錫蘭（Zetland）公爵答覆了斯奈爾（Snell）公爵在貴族院的爭辯中所發起的關於印度的問題。這算是官方對於會議派宣言的第一次答覆，雖然不是直接的。

　　錫蘭公爵以為會議派的領袖重提其要求，在現在時局緊急之中，可謂不合時宜。在不列顛方面，只要他們的要求不趁此生死鬥爭之時以怨恨態度出之，皆極願予以聽取。他很知道這些領袖。他知道他們都是因祖國熱而激發出生氣。但是他亦覺得他們有時是失察的。舉目觀天，而艱難即在足下。但是，他亦知道，如果這些熱烈的印度民族主義者脫離各省政府的統制，必釀成一種禍害。因為他們現在於實際行政方面已有經驗，他們亦能處理其各省中所發生的問題，並且現在他們又很能與英政府合作以實行戰時所引起的種種策略。（可見他們是很有自治與組織的能力了。就是錫蘭公爵亦

不贊同摩士林所叫喊的暴政。）

一部分英國人擁護會議派的立場，以為他們的要求不是無理由的，並主張對有關的任何人須將戰爭的目的加以說明。但是，《太晤斯報》則以為這些派別的領袖成事不足，敗事有餘，故同意官廳方面的意見。

言語的爭論又回到印度。在十月十日，全印會議派委員會以百八十八對五十八之比通過一決議案，將九月十四的陳述之緊要處重新提出，外加兩點。第一、印度必須宣布為一獨立之國家，現在的要求必須儘量促其實現；第二、印度的自由必須建基於民主與統一以及少數民族的權利之認識與保護上。

一星期後，總督於上次狄里聚會之後，對於會議派及摩士林聯盟派發出一官方之答覆。戰爭的目的，在此答覆裏，有高度的聲述，但其措辭稍模糊。關於印度，其目標仍以統治為原則。但是，英國政府於戰爭結束後，決想以1935年印度法案所規定的政府形式，以印人之觀點加以修正，並與各團體、各政黨、各階級利益，乃至各印度王子相協商。同時，為使印人公衆意見與戰爭行為協調起見，總督又提議組織一諮議團，以全體陪審官充當會員。其來源當然是各大政黨及各王子。

如果這個聲明早提出一月，必可使會議派的哄動鎮靜下去。至少可以遲發。現在已有兩個允許：第一、統治制；第二、印度法案所規定的政府之修改的可能。但是，即使有此允許，不列顛政府在戰時所遇見的可怖的困難已復不少。可見這聲明是顯得太晚了。「全體不滿」的呼聲已廣大的呼喊出來。會議派中的一家領導報紙以諷刺畫一幅總起這些不滿，標題曰：「又來刺痛」（stung again)。這即表示總督於其身近洒下一面之網，而一群蜂蟻忽自其巢窟中突出，營營然相撞擊。

　　復次，所謂統治究竟是何種統治，在總督聲述中亦未提及。是西敏士特法（Statute of Westminster）中所規定的統治嗎？按此規定，我們可以允許其中立，在不列顛的任何戰爭中，印度都可以保持其中立性，且承認其有脫離或退出之權。是否是此種統治呢？錫蘭公爵則肯定曰是。所謂統治，正是如此，旣不多亦不少。但是，卻並沒有提出在什麼時候印度可以享受這種統治。每一件事都是糊塗的。除承認在戰爭結束時可以與印人共商修改印度法案所規定的政府形式之外，一無所有。但是這種共商與瑣碎的圓桌會議同一無謂。因爲在共商之中，印人的各團體、政黨及利益，必是仍然互相反對。至於說到諮議團，其職能又只限關於戰爭。這些問題，都是未得解答的。

　　會議派與摩士林聯盟派合組之工作委員會又開會了。在十月二十二日以決議案的方式將他們對於總督的聲明之反響公之於世。

　　摩士林聯盟，如其平常一樣，仍採取其地方性的立場。對於英政府拒絕會議派的無稽要求，表示滿意後，他們又進一步要求還有其他某幾點亦須弄清，並且責成印那君去全權辦理，務期滿意而後止。在得到滿意的解決後，即對英政府保證：於戰爭時期，摩士林方面必予以合作。

　　會議派的意思，則於其最短之會議紀錄中已表現清楚。他們以爲總督的聲明是老帝國主義政策之明白的重述。政黨意見的不同亦被厭恨，並成一煙幕以隱藏大不列顛之眞正意向。會議派主張說我們早已聲明保證少數民族之權利。我們的要求並不單爲自己或某一

團體、某一階級，而是爲全民族。印度國民黨並不能爲不列顛之外圍防護，而各省會議派之行政官必須辭去。（不合作）

倫敦方面，先著手施行一種政策。但這政策普通已認爲適足以延長印度內部混亂之時期。諮議團已加擴充。這是賀李（Sir Samuel Hoare）於十月廿六在下院中所提出的。在他的提議中，還主張總督於其行政會議中，必須直接得有兩大政黨的代表，或者甚至其他團體之代表。甘地、辣因得羅婆羅沙（Dr. Rajendra Prasad）以及印那等須與總督聯合，以希望這個新形式得到他們的同意。但是，第一步，須讓他們自己先行談話，看他們在省區中是否能得到契合的基礎，藉此可以預卜在中央合作之程度。尼赫魯與印那在長期敵對之後，實已會過。但是，過了無生氣的兩三天，甘地去華達，尼赫魯到阿拉哈巴（Allahabad），辣因得羅婆羅沙走巴拿（Patna），而印那之孟買。總督懊悔了，發出聲明說，談話已破裂。

在十月尾，會議派政務官開始出走。馬得拉（Madras）省首先施行。因會議派於各省中佔大多數，遂按照以前所決定的計劃，於省立法中首先提出一決議案，以辭職行動對付不列顛政府之不與滿意答覆。此決議案因大多數而通過，隨之，會議派官吏即於十月廿六，提出辭職。其辭職是否須長官允許，不得而知，但其解決如是之速，亦甚可疑。各地長官於允許其官吏辭職後，即發出一聲明說，憲法政府在馬得拉省已解體；並說他無其他辦法，只有採用印度法案中九十三條所規定的辦法。依此，憲法遲疑了，立法院亦閉會了，而各地長官遂取有行政與立法之全權。

會議派之立場清楚而確定。摩士林聯盟亦正謳歌其個人之勝

利。其他少數集團亦開始流利地巧妙地主張他們自己的權利，並請求印那擴大其活動範圍，把他們亦包在內。印度麻哈沙巴（Hindu Mahasabha）印度地方性組織，亦與摩士林聯盟和合。他們聯合起來俱不同意會議派的決定放棄在各省中的堅強地位，並覺得他們這種放棄一定是得到總督的允許想在中央得到某種權力。同時另一方面，蘇巴布施（Subhas Bose）所領導的前進團以及直接行動的急進分子，則又堅強地支持會議派的新運動。他們前些時曾脫離會議派，因爲他們不滿意會議派的合作政策。

會議派無搖動地照其既定方針進行。在十月下旬及十一月上半月，一個一個地在各省中俱行辭職。各省長官不能形成另一種行政組織，只好集一切大權於一身。如是，憲法政府在印度已大部分廢棄。並在十一月十四，中央政府宣布禁止一切破壞的武力行動。

會議派的第一步是辭職。第二步亦業已由上級命令決定。或者它可以教導的方式使其黨員不參加中央立法會議，以成爲一種不合作的普遍運動。甘地仍然相信他的非暴動主張，並希望其黨徒服從此信條，不管他們的不安靜之發展如何。但是，總督已表示其決定態度，決不承認其失敗，並以調解印度政黨的衝突爲其最終目的。印那與尼赫魯又聲明他們將於短期內再舉行談話。印那或者感覺到他的青年團，特別是農民（因爲在過去一二年內，農民在會議派及摩士林所轄之省份內有很多建設工作。）有反背的可能，所以必以獲得印度之政治自由爲自己之重責。他自己以眞實之言詞，聲明自己家內，自己團體內，以及自己國內之完全調和的願望，並說我們必須爲我們的國民，最後爲一切人類，而奮鬥。如是，合作之門仍是開的，我們一步一步努力吧！

譯者案：本文見于《亞細亞》本年二月號，著者爲 Gertrude Emerson Sen。譯者譯竟，不禁慨然傷之。甚覺印度獨立，難有成效。各派意見之分歧，不相上下。而其上訴洋大人之神情即爲其不能脱離一第三者調停之明證。最不堪者爲摩士林聯盟。甘地領導之國民會議派尚不失爲一光明之獨立運動，而少數集團之反對即不啻爲英國壓抑之先鋒。本文作者對印度似甚有同情，並不臨之以上國之神情。印度總督措置亦不以蠻橫處之。英國之軟性委蛇政策，儼若成人之對付幼童。此固英國之可怕，亦英國之可愛也。若在他國，早已不理置之矣！甯有此閒工夫與之磨牙耶？以若此文明古國之印度不克自拔，吾人實不禁爲之憐惜，復爲之痛恨。於以見不識大體而爭小利之民族亦實難言自主言獨立也。

原載《再生》第43期（1940年3月）

評羅素新著《意義與真理》

引言：問題的提出

這是一本新書。1904年出版。在炮火連天之時，亦居然能有這類純粹哲學的書出現，亦可謂百忙中的冷淡點綴。而我們避居邊陲，消息不靈，得有新書可讀，雖其所主不必爲吾所贊同，然亦可謂空谷足音了。

羅素久不寫哲學書。現在他老了。或許這本書就是他關於哲學方面的最後一部書也未可知。他平生的眞才實學是在《數學原理》一書中。關於哲學的主張（實即可說關於知識論的主張），則散見於《人之外界知識》、《心之分析》、《物之分析》以及比較通俗的《哲學大綱》。如果我們斷自《數學原理》，或以《數學原理》爲標準，則自從此書問世以來，邏輯界可謂達到極光輝燦爛之境地。這個光輝燦爛的主潮不能不說是由這部書而開闢。後來的發展，羅素不能不注意。尤其承其自己之學而發展，且與其脾胃相投的維也納派，他不能不注意。維也納派是以維特根什坦爲宗師，而這個大宗師就是羅素所愛念的高足。羅素講了一大堆數理邏輯，也

把數理邏輯作出來了，並由此爲工具或根據，也把數學的原理講出來了。可是對於邏輯自己究竟是什麼，他可並沒有說得很多，也並沒有弄個明白。維也納派把邏輯看成言語之邏輯句法，這是表示邏輯已與言語或句法結了不解緣，那也就是說，邏輯變成了言語，因爲在他們看來，言語句法的普遍化，即是說，言語的普遍句法，即叫做邏輯句法，而所謂邏輯也者也就是研究邏輯句法之學，而這個邏輯句法實即就是邏輯。邏輯句法所成的句法統系即是邏輯統系。我們可說這個句法統系即表示邏輯，一個普遍的句法統系即是一個普遍的邏輯。如果我們能有一個無所不包的大全的句法統系，這個大全的句法統系就是大全的邏輯。這個發展當然比較是新奇的，因爲從來沒有這樣看邏輯。羅素是喜歡新奇的。又他們所想造成的邏輯句法（言語的），其取材又不過是數理邏輯中的那些材料。這即不啻表示說，他們給了原來數理邏輯中的那些東西一個新的解析、新的看法，即是說，給了一個言語句法的看法。羅素當然不會忽略了這個潮流。而所謂句法的看法，在某方面說，也實投了羅素的臭味。因爲羅素向來有一個脾性，即所講的任何東西，若能離開主觀方面，或離開了人的一方面，他總是喜歡的。即就邏輯講，若使其不牽涉到思想、推理或理性等，他總是表示相當贊同的。而言語句法的看法，恰好純是放在外面的看法，與思想、推理或理性等全不相關的看法，這當然爲羅素性格上之所喜。他這本書可說就是注視了這個潮流，而把自己心中所蘊釀的寫了出來。寫的體裁，是以分析「字」與「句」入手，這顯然是言語的進路了。可見他也是很深契於邏輯之句法觀。

這本書所討論的主題是知識論。而其討論的進路卻是以分析

「字」與「句」爲入手。不但以此爲入手，且徹頭徹尾以分析字句爲關鍵。這在自然哲學的講法看來本爲繞大圈，爲何不直接自經驗以及經驗事實入手，而必自表示經驗或經驗事實的字句入手呢？但在羅素的思想看來，這也不無道理。因爲字句表示經驗事實，而經驗知識皆須以字句表之。表示經驗事實的字句，若嚴格點講，就是命題。而命題是表示知識的工具。知識之眞或假是在命題上說。眞假不在事實自身，而在表示事實的命題。羅素的意思是：眞與假首先是一個信仰的特性，復引申而爲句子（即命題）的特性。這是自認識論上說。而其最大的理由還是在邏輯。由句子的分析或討論可以講句法。由表示事實的句子，用抽象或普遍化的辦法，可以蒸發普遍句法，這就是邏輯句法，也就是邏輯了。我上段已說過，羅素講了一大堆數理邏輯，並亦作成了數理邏輯，但對於邏輯自身，並沒有說許多，也沒有弄個明白，我們還不知道他對於邏輯的看法究竟是什麼。現在他給了邏輯一個基礎的說明，我們藉此可以知道他對於邏輯的看法。這是我評述這本書的一個重要理由。於是，我可說這本書以字句的分析爲骨幹而討論兩個大問題：

一、認識論的問題：什麼是眞理？

二、邏輯的問題：如何構造成邏輯？

羅素自己聲明說：他在這本書裏極力避免邏輯問題。但發展到相當程度，他又不能不討論兩個邏輯問題。這兩個邏輯問題，一是外延原則與原子原則，一是排中律問題。而這兩個問題恰好與上面所列的兩個大問題相應。排中律問題是屬於認識論上眞理一問題，即命題之眞假問題。外延原則與原子原則一問題是屬於如何構造成邏輯一問題。我們可說這兩個邏輯問題是這本書的焦點或關鍵。一

切的討論向此而發展而集中，而由此兩焦點的討論亦可牽連到其他，而對於其他所說的一切亦可直接或間接聯想及之而有相當之了解。所以我這篇評述是以這兩個邏輯問題為中心。其他我以為不甚關重要，故略而不論。又認識論上什麼是真理一問題，羅素的見解向來持實在論的相應說，這本書仍不變更。此問題本是一大問題。但我以為關於這個問題中的各說，並不見得有相衝突相爭執的必要。故吾亦不欲論之。以是之故，遂舍真理一問題，而取排中律一問題。但是排中律問題既是一個邏輯問題，何以能說它是屬於認識論上真理問題中呢？這個自然可以不相關。但羅素則卻仍自認識論上的命題之真假以論之。即關於一個命題的真或假，我們如何規定呢？（這已就是通於認識論上的真理問題的說法了。）我們如何能說一個命題或是真或是假？一個認識論上的命題，當其不必有直接經驗事實以證實之，然而仍有表意，此時我們對於它能有真假可說嗎？即我們能說它或是真或是假嗎？即任何命題，只要它是表意的（不必是指事的），我們能說它或是真或是假嗎？即是說，排中律能應用於任何表意而不必表事的命題嗎？即除卻無意義的命題外，排中律能普遍應用嗎？這些疑問，大概就是羅素所欲解答的。而這樣討論排中律顯然是限於認識論上的命題言。而排中律是否能普遍應用，也就看我們對於認識論上的命題之真假如何規定而定。我現在首先介紹羅素對這個問題的看法，而介紹的話大都是譯文。遇必要時須加疏解或說明或討論或批評，而我的態度也就表明了。

上篇：如何論排中律（原書第二十章與第二十一章）

「任人皆知布露維曾反對排中律，而其反對也則依認識論之根據而進行。布氏與其他許多人同以爲『眞』可藉『證實』而規定。『證實』一詞顯然是屬於知識論中之概念。如布氏之說是，則排中律及矛盾律皆必屬於認識論，且規定眞與假必須使認識論之允許而重新考慮之。吾於第十六章曾從基本上討論過眞與假，而其討論則想從認識論上規定之。如自認識論上規定之，而爲之作一認識論之界說，則排中律自其通常形式言，不能眞，雖是矛盾律可以眞。在本章及下章，吾欲討論吾人是否犧牲排中律或使『眞』之界說不依於知識。

「此兩觀點中任一觀點之困難，皆足以給吾人以威脅。如其吾人涉及知識而規定『眞』，則邏輯必倒塌，不但如此，即至今所承認之大部推理，包括數學之大部，亦必被反對而謂其爲不妥當。但是，如其吾人承認排中律，則又將見吾人自己必陷於一實在論之形上學，而此於精神上則與經驗主義不相容。所以這個問題既基本又重要。

「在未決定以前，且自另一方面觀之。

「布氏並不討論句法上無意義的句子，如：quadruplicity drinks procrastination〔這是個無意義的句子，雖然三個字都有意義。〕其所論的句子在文法上與邏輯上是對的，而在認識論上則不能被證明亦不能被否證。我們必須先弄清其意義，然後討論之。

「布氏辯論說：『眞』乃一無用的概念，除非吾人能有方法發

見一命題是眞或不眞。依此，布氏以『可證實』代『眞』，而除非如一命題之矛盾方面爲可證實，則亦不能說一命題爲假。如是，吾人所餘者將有一類居間命題，而此類居間命題在句法上是對的，但既不能證實而其矛盾方面的命題亦不能證實。此類居間命題，布氏不承認可以說它或眞或假。即依此義，布氏遂視排中律爲謬。

「不過至今尙無人規定『眞』爲『什麼是被知』；關於『眞』之認識論之界說，則爲『什麼能被知』。『可證實』一詞爲人所常用，而一命題如能被證實，則即爲可證實。但此刻即有困難發生，因爲『可能』一詞是一麻煩的概念。如該界說〔即以可證實定眞之界說〕爲已確定，則其所引出之某種特殊可能性，即須加以說明。在數學方面，布氏及其學派謂此『可能性』之說明已有可觀之成績；但據我所知，他們對於普遍命題如歷史之假設吾人對之總無證據可言者，他們卻無甚討論。加拿普在其《言語之邏輯句法》一書中討論較多，但大體亦只是啓示。加氏主張：一普遍命題如『凡人有死』本質上乃爲不能完全證明者。然如其有許多關於其『眞』之事例已被知道，而關於其『假』之事例尙未經發見，則即可暫時被定爲眞。

「以『什麼能被知』爲『眞』之界說，此可自基礎命題一步步向前說明之。吾將預定（參照十一章所說者）吾人現在之事實前提〔十一章即論事實前提〕將包括以下四種：一、極少數關於現在覺相者；二、從現在覺相所引出之相當夠多之否定命題，此如吾人當看見一棵黃花樹，吾人說『這不是紅的』；三、記憶，此須當無有可以懷疑之之證據存在；四、矛盾律，但非排中律。排中律在某種命題上將是眞的，都在那些能與覺相相遇的命題上可以是眞的。設

汝于六月四日置一炸藥，且說：『看，此將爆炸』，則此時汝之所說即表示或是爆炸或是炸藥不靈而不爆炸。在此情形，汝之陳述即或是眞或是假。尚有其他情形自此類事實而引申，排中律亦可應用于其上。關于此類情形之界說與關于『眞』之認識論之界說之問題極相似。

「當排中律失效，則重負律〔即兩否定等于肯定〕亦必失效。如果 s 旣不眞亦不假，則『 s 是假』即是假的；如重負律有效，則『 s 是假』是假的必函著 s 是眞的，可是在原來假設上，s 是旣不眞也不假。結果，在這個邏輯裡，『 s 是假』是假的並不等于『 s 是眞的』。

「我們將允許自基礎命題而起的歸納普遍化，或至少我們也可自此討論起。此種歸納普遍化，如有一否定的例子發生，可以轉而爲假。設未至有否定事例發生〔出現〕，我們可隨加拿普暫時承認其爲眞。但無論如何，我們將把它視爲是服從排中律的。我們將也允許他人之證據，尊從常識所假定的。現在，吾人可建立起科學；又如果承認歸納普遍化，吾人將承認此普遍化之結果爲眞，如其不能被否證。舉例言之，曾有日蝕發生於史前各時期，天文學引吾人如此說；但吾人說此，是具有相當程度之猶豫歸于歸納之普遍化（此普遍化即組成天文學中各律者）。

「如是，自經驗主義言之，吾人能主張或否決一切命題，吾人有理由主張之，亦有理由反對之。然而困難，一、是在邏輯與數學中，二、是在那些總無證據以證之的邏輯外的命題。〔案：羅素並未討論第一點中的困難。〕

「現在讓我們討論無有證據以證之的邏輯外的命題。設有一命

題：『紀元前元年一月一號在曼哈坦島（ Manhattan ）上曾下過雪』。設名此命題為 P。對於 P 將何所知？如承認歸納普遍化，歷史可以告訴我們說，紀元前曾有一元年，而地質學也可以保證我們說，曼哈坦島那時亦曾存在過。吾人亦知道那裡的雪總是於冬季降。所以吾人了解 P 亦恰如歷史記載所記之降雪。理論上，拉普拉斯計算器固能推斷那時之天氣，一如天文學之推斷日蝕。但在實際上，此是不可能的，其不可能非只因計算太困難，實因於吾人所已得之材料〔證據〕外尚須更多之材料。是以吾人必須承認關於 P 之或真或假，無有任何證據足以證之。亦須承認：吾人亦從未能有任何證據。是以吾人亦必須歸結說：如其『真』是認識論地規定之，則 P 是既不真亦不假。

「我們不願承認這個結論是因為我們對於獨立於吾人之觀察之『真實』世界有堅強之信仰。我們覺得我們在那裡實在曾經有過存在，我們也曾經看見過天是否是降雪，而吾人之注視或觀望這事實亦可與彼之雪不相干。吾人固已決定雪之表現為白色是有關於吾人之目，此亦恰如冷覺之有關於吾人之溫度神經。但是吾人假定此等感覺是有外因的，此外因即物理學所討論之雪是。而所謂雪〔即外因〕，吾人相信，除卻某種十分精巧之量子觀察外，不論吾人是否知之或不知之，亦恰仍是其為雪。

「但是這一切，當吾人承認歸納普遍化時，是早已被論定了的，而且因此亦允許吾人相信曼哈坦島大概實是曾經存在於某時期。如其吾人承認此種歸納，似乎無有理由可以拒絕排中律之擴張到那些有證據（無論怎樣稀少）以證之或反對之的每一命題上去。吾人亦可很易有證據說：曼哈坦島之高峰在兩千年間並無多大變

化，而即據此情形，天氣的紀錄於二千年間任何一天內亦可供給以下雪之概然性。是以吾人將歸納說：P 仍可以或是眞或是假。因爲雖然吾人不能十分決定此問題，但吾人於其眞或假兩方面總知道一點事。

「尙有一種命題，吾人對之亦總無有證據可言者。此如：『有一宇宙對於吾人所居之宇宙無有空時關係』。這樣的宇宙可爲科學浪漫底作家所想像。但是依那假設自身之本性言，則不能有歸納辨論以證之或反對之。當吾人感覺必有或必沒有這樣的宇宙時，我想這是吾人想像一位神性默想他所造的一切世界，且因此我們默默地重建立起對於我們自己的世界之連繫線索。如果我們堅決地排除這種概念以及對於我們自己的知覺能力施以神奇的過分抬高這種情形也加以排除，則或者可以設想吾人的假設是無意義的。依此而言，則它即旣不眞亦不假。但此時它將不是一命題。所以此亦不能表示說：有些命題不服從排中律。

「言至此，吾人必遇見一問題即：在什麼情況下（如有之），一個句子在句法上是對的而不能有意義？依適才上文所說，『某種東西對於我現在的覺相無時空關係』這個命題或者即是無意義的；因爲此即是上文所反對的想像宇宙之情形。隨之，此命題的矛盾方面：『每一東西對於我現在的覺相皆有某種空時關係』此命題亦不能有意義。如果這句話是無意義的，必因『每一東西』中的『每一』一詞。『每一』一詞，可以說，其所函者是：全體宇宙皆在我的檢查之中，而事實上，新覺相不息地出現生起，因此一切綜體皆是幻象，除卻那些已被列舉的一組物象。

「綜體問題是很重要的。我們可問：我們能夠概念地規定一個

綜體，一如吾人規定人類或自然數類嗎？有些人以爲如果類是有限的，我們能規定，但在無限則不能。但自吾觀之，此不相干，除非當一普遍詞只是『此特定集和中的這些東西』之簡稱。可是如其如此，此普遍詞即不必要。只要當現實的列舉是不可能的（如在『人類』情形中），則其集合是否是有限抑是無限一問題即似乎是不相干。依此而言，『凡人有死』與『凡整數或是奇或是偶』實爲相同之問題。

「當我說：『凡人有死』，是否我說了什麼，還是一無所說，只作了一個無意義的聲音？吾非問此句子是否是眞的，乃問此句子是否有意義。設讓我先排除幾個不可執持的見解。一、我們不能將此命題歸化於預斷，即不能這樣說：『如果我看見一人，我將判斷他要死』。因爲在我將看見一人這些事件上，我仍不能列舉這些事件，一如我不能列舉『人類』一樣。我可以依我死的呼吸，而說『一切我所遇見的人是有死的』，因爲我所遇見的人是能被列舉的；但是直到現在這個集合卻仍只是概念地被規定。二、我們也不能說：『當有一可能經驗組時，關於一個集合之陳述即是合法的』（此可能經驗組一定可以覆及這全體集合）。因爲如果我想規定『可能經驗』，我們將見我們又落在吾人所欲避免的假然概念的領域。我們如何知道一個經驗是否是『可能的』呢？顯然，此仍須超越現實經驗之知識。三、我們也不能將『凡人有死』限於過去的經驗，因爲在此情形，其意必只爲：自今以前已經死去的人是有死的，然此只是一套套邏輯。四、有時以實際的報告解析普遍的陳述（尤其歸納普遍化），常被認爲是可能的。如是，『凡人有死』將意謂：『下次你遇見一人，我必可忠告你使你相信他是要死的，因

為你把他的頭砍成兩半而希望他不死，你一定要被捕。』但是我這種忠告只是因人是有死的才有效。如果你懷疑是否凡人有死，你可以在人上去作一個試驗。是以實驗的解析，事實上，只是一種逃避問題。

「如果我們排除『凡人有死』這類討論概念地規定的集合之句子，則普遍命題必將只限於歷史，或甚至只限於以現存或已存的東西所組成的集合，因此，我們只能說：『凡此屋中的人將死』，而不能說：『凡此屋中的人之後嗣將死』。但這自是悖謬。

「自吾觀之，當我們了解『人』與『有死』這兩個字，我們即能了解『凡人有死』，而不必親自去熟知每一個體。同樣我亦說我們能了解『一切整數或是奇或是偶』。但是如果主此觀點，我們又必須有不必依於列舉而即能了解『一切』這種事。這實是關於了解假然的東西的問題。普遍命題的分析是很困難的，因為看起來很清楚：我們能知道關於一個集合之全體的命題而不必知其個個分子。我們已知『我沒有聽見什麼』可以是一個基礎命題。但是在邏輯上說來它是關於宇宙中每一東西的一個陳述。在第十八章我們已知如何去免掉這種困難。」

案：第十八章的題目是「一般信仰」，即討論具有「一切」或「無一」這類字的句子，亦就是普遍命題。這種普遍命題，自其表示一知識而且牽涉於主觀或心理情態言，羅素名之曰「一般信仰」。一個特殊覺相表現於一特殊命題中，自其牽涉於主觀或心理情態言，亦曰「信仰」。關此可不深論。那一章關於「一般信仰」的分析，我也不願介紹。我現在願加上幾句話以弄清羅素討論排中

律的立場。羅素討論排中律並不是討論排中律的本身，而是討論它的應用。即是說，討論排中律應用的範圍。又討論吾人的命題在什麼情形下，排中律可以有效，在什麼情形下又可以無效。所謂「有效」「無效」即是「能說」或「不能說」。即在什麼情形下的命題，吾人可以說排中律；在什麼情形下的命題，吾人又不能說排中律。如是，問題又轉而為討論命題的立場。即是說，自某一立場規定命題的真或假，我們不能說排中律；而自另一立場規定命題的真或假，我們又可以說排中律。上面所引羅素的話，可以說即表示這個態度。依羅素的意思，若自認識論上規定命題的真或假，吾人不能說排中律。他所說「認識論上」的意義，是說一個命題在認識上已有證據可言者，即已有經驗事實為其所指者。當一個命題的真或假端賴有直接經驗事實為其證據，即是說，只限於直接經驗事實的範圍，排中律自然是無用的。因為如其有直接經驗事實，它就是真了；如其無之，它就是假了。此就是以「證實」的觀念代替「真」，而以「可證實」規定「真」。如其如此，凡總無直接經驗事實的歷史命題，以及凡不能列舉盡的或不能個個經驗到的那種普遍命題，吾人即不能對之說排中律，即排中律不能應用於其上。如是，遂使羅素討論普遍命題，以及引出關於歸納普遍化的承認，關於外在世界獨立不依於吾人的實在論之主張，與夫關於他人之存在、他人之經驗、他人之證據或記錄等之承認。總之，是關於超越直接覺知的命題之肯定。他的意思是：超越直接覺知的命題，或說是普遍命題，總是表意的，總不是一個無意義的聲音。它雖不指一現實的事實，但總可表意。即是說，對於它的真或假兩方面總知道一點東西。如果它可以表意，吾人即能對之表示態度，也就是說可

以說它或真或假。此亦表示排中律可以應用於其上。但這卻不是對於一個命題的真之認識論的規定法。羅素於此隱函著說吾人尚須另一種規定法。此另一種規定法即是他所要說的邏輯規定法，即是說，對於一個命題的真須有一個邏輯的界說。關此，我於後面還要介紹原文。現在我所要指示的，即此種超越直接現在覺相的命題，雖不自認識論上規定其真，但我可說，它卻仍是屬於認識論方面的命題，即不是純邏輯或數學中的命題。如其如此，則凡屬此方面的命題，我們自然可以向它有意義方面想，或者可說凡認識論方面的命題必須是有意義的命題，或進一步說，凡沒有意義的，將不復是一命題，或至少我們在這一方面可以分有意義的命題與無意義的命題，而認無意義的命題不是一命題。譬如「有一宇宙對於吾人所居之宇宙無空時關係」，羅素即認它是無意義的，且認它不是一命題。此種態度無論對不對，但總是自認識論方面講話。從認識論方面說，我們誠然可以有這種態度。因為限於認識論方面的命題，雖有時不能由經驗完全證實之，但總是有經驗方面一點根據。有經驗方面一點根據，我們才能說它有意義。此時的意義自然比較狹，因為是限於認識論方面講。限於這方面，則超越直接現在覺相的命題可以分為：一、歷史的命題，二、普遍的命題，三、如上面所說的那個無意義的命題。如果第三種捨而不論，則所餘的只有一、二兩種。限於這兩種，而又自認識論方面立言，則自然可以說排中律可以應用於一切命題，亦即是說，排中律應用的範圍可以不受限制，如是羅素遂救住了排中律的普遍有效性。但是在此我又要提示給讀者：如其自應用方面看排中律，則所謂救住等於不救住。因為自應用方面看，必是限於特殊情境。一言到應用，必是向外流注。隨向

外流注而成的特殊情境中的命題而向外應用之。所謂普遍有效,即是說,於個個特殊情境中皆可應用。然而照羅素所說的普遍有效,其普遍仍有限制,即限於認識論方面的普遍,即是限於認識論這個特殊情境中的普遍,而所謂可以應用於一切命題,其中的「一切」也是有限制的「一切」,即是限於認識論這個特殊情境中的「一切」。如其有限制,則即表示說有可以應用的情境,有可以不能應用的情境。如其如此,排中律總不能普遍有效,總不能無限制。我對於布魯維反對排中律的看法,就不像羅素那樣隨著他去糾纏。我的看法是個總持的看法。我說布氏的反對是從特殊情境的應用上反對。這是一個總持的觀念。我又說:如其你從特殊情境的應用上反對,那你自然是可以反對的。此好像從事物的變化上反對同一律一樣。不只同一律,總言之,好像唯物辯證法論者從存在方面反對三條思想律一樣。從這方面當然可以反對,可是問題是在排中律或三條思想律是否是這方面的東西,或是否是對特殊情境講。如果是這方面的東西,唯物辯證法論者的反對可以是對的。又如果是對特殊情境講,布魯維的反對排中律也可以是對的。現在丟開唯物辯證法方面不論。我們普通在邏輯上講排中律時,說一個命題或是眞或是假。所謂「一個命題」中的「命題」是什麼意思呢?我發這個疑問,我心中是有個深長的背景。這其中眞是汪洋大海。這關乎我對於邏輯的一個整個的看法。在此我自然不能講。但我可總持言之,我們在那裡是講排中律,而不是討論特殊情境中的特殊命題之特殊意義;而排中律也不是從特殊情境中的特殊命題之特殊意義上講。那就是說,排中律不是自特殊情境方面論,也不是從特殊情境方面成立排中律。如其我這話而信,則你自特殊情境方面反對排中律,

自然可以反對，但亦實是等於沒有反對，也可以說根本無所謂反對不反對，因爲這根本不相干，根本接觸不到排中律的身上去。這不過表示說在某種特殊情境裡我們不能說排中律。但這豈只排中律而已耶？我豈不能說矛盾律、同一律乃至一切其他邏輯律亦有不能說之時耶？所以限於特殊情境而反對，等於不反對。如其如此，則自特殊情境而救住，亦等於不救住。羅素與布魯維的不同，不過表示說在同一特殊情境下一個說可以用，一個說不可以用。而可用不可用還是一個可爭論的問題。無論如何爭論，或結果如何決斷，或即使羅素所說爲對（即在此特殊情境下可以用），然總是自特殊情境言。而如其自特殊情境言，則特殊情境本就有可用不可用的差別性。即便可用，於排中律無所增；即便不可用，於排中律無所損。此即是說，如排中律自身之意義與成立不在此，則無論可用不可用皆與排中律本身不相干。言至此，排中律之特殊應用與排中律自身之成立必須分別考慮。此是關係於邏輯的整個看法。暫止於此。以下仍介紹原文。惟下面的介紹是摘譯，而上面的介紹卻是從原章開頭起全譯。

羅素並不採取我那種看法，而卻自認識論方面討論那些超越現在覺相的命題，因而也就討論到未經觀察的事情。這顯然是認識論方面的問題。

「去問這些未經觀察的事情是否眞實會生起能有任何意義嗎？依照加拿普，只有一個言語的問題：『實在』只是一形上學的名詞，吾人對之無合法的使用。〔……〕我自己並沒有觀察到我所自他人的證據以及自歷史而知道的東西；我所觀察的只是在我自己的經驗內的東西。所以，依加拿普的觀點，去假定他人的證據不只是

許多無謂的聲音，以及假定這個世界在我能回憶的前時曾經存在，只是一種言語的方便。」（仍屬第二十章，全書頁352）羅素不贊成此見。「在現在我並不想去辯論未經觀察的事情會生起；我只想去辯論：無論它們現起或不現起，總不只是一個言語的問題。」（頁353-354）「我的結論是：我未經驗過的某種東西可以生起這個假設有一實際上的意義，至少當其為某種東西而可以類比於我的經驗時是如此，例如我所歸給他人的經驗。但是，這還不能解決以下的問題：即無人觀察及的物理現象之假設是否能有任何意義的問題。現在須討論之。」（頁354）關此，羅素分為兩問題。「第一、未經驗的東西之存在這個假設有意義嗎？第二、某種東西其存在不同於知覺之對象，即吾人設想其生起之處從無覺者以覺之，關此假設能有意義嗎？」（頁355）羅素對此俱作肯定答覆。第一個問題是說我們沒有經驗到或覺到或注意到的東西之存在。這是沒有什麼困難的。「事實上，我們皆可承認我們有好多感覺而我們沒有注意到，而這些沒有注意到的感覺，嚴格說來，即是沒有經驗到的感覺。」（同上頁）第二個問題是說從無覺者以覺之的物理學中的現象之存在。羅素以為這個問題比較困難。而此問題亦就是直接覺相與物理事，私世界與公世界，觀景時空與物理時空的關係問題。此為羅素所雅言，吾對之並無若何興趣。羅素論此無非明吾人於直接覺相外的事實，亦能作命題而且有意義，即吾人能超越當下之經驗而有所陳述。此與「凡人有死」的討論相接近（雖不必同），所以羅素以下又問：「現在所餘的須問：在什麼意義下（如有之），這樣的假設能被視為或是真或是假？」所謂「這樣的假設」就是那關於超越當下經驗的事實之存在的肯定，因此肯定，吾人能對之有

陳述（即能作命題）而仍有意義。所以那個問題又可如此問：在什麼意義下，這樣的命題能被視爲或是眞或是假？這樣的命題可分爲：一、歷史的命題，二、物理學中的命題，三、「凡人有死」這類普遍的命題。此三種命題都是超越當下經驗的命題，而吾人想對此等命題能夠說它們是有意義，即能夠說它們或是眞或是假。所謂「意義」當然是對認識論言。因其爲對認識論言，所以這種命題的討論實即歸於認識論方面的兩個問題的討論：一、外在世界之獨立存在；二、歸納普遍化之確有意義。如其如此，我隨著羅素，可以承認這種超越當下經驗的命題之有意義，否則我們當陷於完全的懷疑論。但我卻認爲這與排中律的確實否不相干，因爲這純是認識論的問題。

　　如果我們是完全的懷疑論，我們不能超過「自我中心的特體」（覺相）有所說話。自認識論上說，吾人固可懷疑到底，而謂吾人之知識不出吾人之腦筋。羅素說：「吾人邏輯原則可述如下：『無有關於在空時之這一部分中生起的現象之命題能函關於空時之另一部分中生起的現象之任何命題。』〔……〕我們也可以說：『從一件已覺知的事而引出的知覺命題在邏輯上說決不能函關於任何另一事之任何命題。』」（頁359）但羅素又說：「但是除去純數學外，大部而且重要的推理都不是邏輯的，而是類推的、歸納的。我們的部分懷疑論承認此種推理。」（頁359-360）我也承認此種推理，否則科學不可能。

　　「以上的討論雖十分無結果，然最後我自己相信，眞與知識不同。一個命題可以眞，雖然無法發見其爲眞。依此而言，吾人可以承認排中律。我將規定『眞』是涉及『事』（眞『非邏輯』的

眞），知識則關係於覺相。如是，『眞』將是一較知識為廣之概
念。實際上亦許是一無用的概念，但是因為知識的界限十分模糊，
即在此事實上，它又是有用的。當我們從事於一種研究，我們預定
我們所研究的命題或是眞或是假；我們可以找出證據來，或者不
能。在分光器前，想得到星球的化學組織似乎是不可能的；但是若
說：它們既不是包含也不是不包含我們所知的原素，那必是錯誤
的。在現在，我們不知道宇宙的其他區域是否有生命，但是我們很
可以說，或者有或者沒有。是以我們須要『眞』與須要『知識』
同，因為知識的界限是不確定的，又因為設無排中律，我們不能有
足以引起發見的問題。」（頁361）

這是第二十章的末段。羅素的分析，到此，始得到一個頭緒。
我們所應注意的是他所說的「眞」的概念比「知識」廣。對於這個
比較廣的概念（眞），我們如何規定呢？這個問題就等於上面所說
的：在什麼意義下（如有之），那種超越現在經驗的命題可以視為
或是眞或是假，這個問題。這其中的眞假之眞，即是比知識為廣的
那個眞。這個「眞」顯然不能認識論地規定之。因為如其這樣規
定，我們便只有「知識」這個概念，而不能有那個較知識為廣的
「眞」的概念。我們也只能限於當下經驗的陳述，而不能有超越當
下經驗的陳述。所以對於這個眞，我們不能認識論地規定之。除此
以外，須有另一種規定。這個便是羅素所謂邏輯地規定之，即對於
這樣的「眞」須有一個邏輯的界說。這即表示在一個邏輯的意義
下，那種超越現在經驗的命題可以視為或是眞或是假。而這個邏輯
的意義（據之以予以邏輯的界說）又須靠認識論上兩個信仰：一、
外在世界之獨立，二、歸納普遍化之有意義。有了這兩個信仰，我

們才能說超越當下經驗的話。而所說的這種話，雖不是認識論地規
定之，而卻是屬於認識論方面的話，而這方面的話之眞或假，雖是
邏輯地規定之，卻也是屬於認識論方面，即屬於認識論方面的邏輯
規定。因爲，羅素所討論的，不過是一方是限於當下經驗，一方是
超越此當下經驗；一方是有覺相以證實之的命題，一方是未有證實
的預測命題；一方是知識（或經驗），一方是眞；一方是現實的知
識，一方是可能的知識；一方是經驗的，一方是邏輯的。而這兩方
又總是相關連，誠如羅素所說知識的界限不確定，所以須要較廣的
「眞」以冒之。這顯然屬於一條線，從一根而發出。我們不能不說
兩方都是屬於認識論方面的命題。羅素所說的認識論地規定之與我
所說的屬於認識論方面的並不是一會事，而亦不衝突。認識論地規
定「眞」即等於以證實定眞，凡不能證實或未證實的則既不能說眞
亦不能說假：羅素意如此，他解析布魯維亦如此。現在羅素想對於
那不能證實或未證實的命題也可以說眞假，如是就不能採取認識論
地規定，而須邏輯地規定之。但我們並不因是邏輯地規定之，即說
它不是屬於認識方面的命題。我所以要指明這一點，爲的是要說明
羅素論排中律的立場。以下我們再介紹他論知識與眞。這就是原書
二十一章所論的，題目是「眞理與證實」。這一章是他對於排中律
問題正面的答案。

　　「最近哲學關於『眞理』可有四種學說。一、以『有保證的主
斷』代『眞理』，此爲杜威博士所宣稱。二、以槪然代眞理，此爲
萊痕巴赫所宣稱。三、以『一貫』定眞理，此爲黑格爾派以及某種
邏輯實證論所主張。四、眞理之相應說，依此說，基礎命題之眞是

依其對於某種『生起事』之關係而定，而其他命題之眞則依其對於
基礎命題之句法關係而定。

「我則堅決贊成第四說。但是，相應說有兩種形式。其間之差
別頗不易定。一種形式是：基礎命題必自經驗而引申出，所以，那
些不能適當地關涉到經驗的命題是既不眞亦不假。另一形式是：基
礎命題不須關涉於經驗，但只關涉於『事實』，雖然它們不關涉於
經驗，它們不能被知道。依是，相應說的這兩種形式是依『眞理』
對於『知識』的關係而不同。

「……現在，我將預定『眞理』是以『相應』而規定，並且依
照『眞理』與『經驗』相應或與『事實』相應，而考察相應說的兩
種形式。我將叫此說的兩形式：一是認識論的相應說，一是邏輯的
相應說。我並不想說：邏輯說比那一個更爲邏輯的，我只想表示：
邏輯說是邏輯中所預定的，而如其反對之，則邏輯必有許多困
難。

「在大部的領域上，這兩學說是相同的。凡按照認識論說而眞
的，按照邏輯說亦眞，然而反之則不能。一切認識論說裏的基礎命
題在邏輯說裏亦是基礎的。反之亦不能。基礎命題對於其他眞的命
題之句法關係，在兩說裏，是相同的。能被經驗地知道的命題，在
兩說裏亦是相同的。但是，對邏輯言，則有不同。在邏輯說裏，一
切命題或是眞或是假，而在認識論說裏，一個命題，如無證據以證
之或反對之，則既不眞亦不假。此即是說，排中律在邏輯說裏是眞
的，但在認識論說裏則不是眞的。這是兩者間最重要的差別。

「我們將見：用以規定『眞理』之相應，在兩說裏，只在基礎
命題之情形裏被發見。『凡人有死』這樣的命題，設預定它是眞

的，則其眞是自『Ａ有死』、『Ｂ有死』等等而引申出的，而『Ａ有死』、『Ｂ有死』等等則又自『Ａ漸漸涼了』、『Ｂ漸漸涼了』等等而引申其眞。這些命題，在Ａ與Ｂ之某一定值上，能自觀察而引出；所以它們在兩說裏，都是基礎命題。它們（如是眞的）在邏輯說裏，將是基礎命題，就是當它們不是被觀察的亦然。邏輯說主張：有一『事實』一定足以使『Ａ漸漸涼了』這個陳述爲眞，甚至吾人知道此事實亦無關。或者從另一方面說，它亦主張：有一反面事實，或一組反面事實，因之隨使『Ａ是不死』。

「在認識論說裏，基礎命題是如第十章裏所規定的。〔羅素在那裏規定基礎命題有二特性：一、它必須因某種可感觸的生起事而成立；二、它必須具有其他基礎命題不與之相矛盾的形式。〕在邏輯說裏，它們必須有一不關涉於知識的界說，但是依據這個新的邏輯界說，『經驗了的基礎命題』可以變成與認識論說裏的基礎命題相等的。邏輯界說之獲得是因觀察認識論上的基礎命題之邏輯形式而獲得，而略去其『必須被經驗』這個條件，而同時卻保留其『必眞』（在邏輯說意義裏的眞）這個條件。

「在認識論說裏，我們說：一個『基礎』的句子是『相應』於一個『經驗』的句子，或者說是『表示』一個『經驗』的句子。『相應』或『表示』之界說，主要意義，是行爲主義的。『經驗』一詞自然是可以說明的，但在我們現在的觀點上說，它卻很難規定。另一方面，在邏輯的觀點上說，『經驗』能被定爲是『事實』的一個副類。〔案：即『事實』比『經驗』範圍廣。〕

「表示經驗的句子皆是某種一定邏輯形式的句子。當這些句子表示那種足以供給物理學之材料的經驗時，它們常是原子形式的。

若對心理學的材料言，則很難如此說。但我們亦有理由想這些困難並不是不可克服的。有些『回憶』包含『或』與『某』這類的邏輯詞；更一般點說，還有些是『命題態度』，如信仰、疑慮、欲望等等。命題態度問題是很複雜的，並須大量的討論。但是我們關於信仰底分析已經指示出：關涉於它們（即信仰）的基礎命題與那些物理學中所需的，並不是有根本上的不同。〔案：原書十一章的題目是「事實前提」。羅素列事實前提為四種：一、知覺命題，二、記憶命題，三、否定的基礎命題，四、關於現在的命題態度的基礎命題，此即是說關於我所信的、所疑的、所欲的等等基礎命題。關此我不願多所介紹。唯本段有「命題態度」一詞，故提之。〕

「假設認識論上的基礎命題之邏輯形式已決定，則我們即能進而討論基礎命題之邏輯說。但是必須指明我們現在所考慮的觀點是可辨論的，並不成為定論。它的主要功績（指邏輯說言）是允許我們相信排中律。

「如果排中律已預定無疑，則那些在認識論上是基礎的任何句子，如其中任何字是為同一邏輯型的其他字所代替，亦將仍保持為真或假。但是，當一個句子在認識論上是基礎的，它所相應的事實（它因此事實而成為真），必是被經驗了的事實。當句子中一個字或多個字被變更而成一新句子，自可無有為此新句子所表示的經驗，也可以對於任何認識論上是基礎的句子無有句法關係。（藉基礎句子，新句子引申其真或假，如果無有句法關係，也就無所謂引申。）所以我們必須或者除消排中律，或者擴大我們關於『真』之界說。

「如果，重回到認識論說，我們除消排中律，我們能藉『證

實』來規定引申的眞：一個句子是可證實的，當它對於一個或多個認識論上是基礎的句子有一種特定的句法關係時。一個句子如無這樣的句法關係，將既不眞亦不假。（對於基礎句子的某種句法關係可以使一個句子爲『概然的』；在此情形，我們也將不得不反對句子是『眞或假』這情形。）

「反之，我們可以保留排中律，而設法對於『基礎句子』尋求一個相反於認識界說的邏輯界說。這步工作，第一、須要一個關於『表意』句子底界說。爲此目的，我們設置以下諸界說：

> 一個句子是可證實的，當或者一、它是認識論的基礎句子，或者二、它對於一個或多個認識論上的基礎句子（即命題）有某種一定的句法關係。
> 一個句子是「表意的」，當它是從一個證實的句子 S 中以同一邏輯型的字代 S 中的一個字或多個字而成時。
> 依是，排中律可以應用於每一表意的句子。
> 但是，這需要一個新的眞理界說（即「眞」之界說）。

「在認識論說裏，我們說一個基礎句子之『眞』是以其與『經驗』相應而規定。但是，我們可以『事實』代『經驗』，而在此情形，一個不可證實的句子可以因其與一『事實』相應而『眞』。依此，如果排中律被保留，我們將說，只要當有一可證實的句子 f（a），其中包含某一定字 a，且以與 a 相當的事實而證實，又如果 b 是與 a 爲同型的字，則即有一『事實』爲 f（b）句子所指示，

或者有一『事實』爲『非 f（b）』句子所指示。如是，排中律使我們陷於十分困難的形而上學裏。

「如果排中律被保留，我們可如下所列而前進：

一、「事實」是未規定的。

二、某些事實是「經驗了的」。

三、某些經驗了的事實既爲句子「所表示」又爲句子「所指示」。

四、如果 a 與 b 爲同一邏輯型的字，f（a）是一個表示一件經驗了的事實之句子，則或者 f（b）指示一事實，或者「非 f（b）」指示一事實。

五、材料（或所與或根據）是表示又指示經驗了的事實之句子。

六、「可證實的」句子對於「材料」有這樣的句法關係即可從材料而推出的關係，或者可以進一步說，在關係於材料上，它們多或少是「概然的」。

七、「眞的」句子則或者是指示事實，或者對于指示事實的句子有一種句法關係，其關係就好像可證實的句子對于材料所有的關係。

「在此觀點上，可證實的句子是眞的句子底一個副類。

「排中律如無上邊第四條所述的形上學原則即不能被保存，這似乎是很淸楚的。

「以上兩種眞理說，俱有困難。眞之認識論說，如果一貫地發

展下去，必把知識限制到一種過分的程度，但這卻不是其主張者之所欲。〔案：所謂過分即指過狹言，把知識限于直接經驗而不能有所超越。羅素曾言此種狹隘的經驗主義實無人主之。〕邏輯說則使我們陷于形上學，而在規定『相應』上又有許多困難。（相應是在『眞』之界說上所需要的。）

　　無論我們採取那一說，我想『意義』限于經驗，而『表意』則不必限于經驗，這是一定的。」

　　以上從362頁本章開頭起直譯至368頁。自此以下羅素自經驗論意義，無關重要，可不介紹。我再把他這一章的末幾段譯出，然後再作一總評述。

　　「我們可區別四組事：一、我所經驗的事；二、我依據他人的證言爲基礎而相信的事；三、一切那些爲人類所經驗的事；四、那些物理學中所預定的事。關于這四種，我經驗地知道第一種，即我現在覺知之或回憶之。從此，依據歸納法，我能達到我的將來的經驗或已經忘記了的經驗。依此類推，我能達到第二種事，如果我預定我所聽見的言語或所看見的書寫其意就好像我曾說過它或曾寫過它。設定此預設，我可以因歸納法而達到第三種事。但是我如何能達到第四種事？

　　「或可以說，我之相信第四種事，是因爲它能引至理論之諧和，在一切意義上，皆與一、二、三相一貫，並且對于管轄一、二、三之律能給以比用其他方法所得者較爲簡單之陳述。但是，關于這點，我們也可以說：單獨第一種，或單獨第二種，或單獨第三

種，皆同樣可以允許一諧和的理論，只要假設被排拒的集團中的那些事情是些方便的虛構即可。這四種假設（單獨一、單獨二、單獨三或第四種）經驗地說來是不可分離的。如果我們除去單獨第一種，而想採取其餘任何一種，我們必須在某種非可證明的推斷原則之基礎上採取之，此種非可證明的推斷原則不能因任何經驗根據而使其爲概然的或不概然的。因爲無人單承認第一種事，所以我可歸結說：世上並無眞正的經驗主義者，而且說，經驗主義〔嚴格而狹隘的〕雖邏輯上不可反駁，然事實上並無人相信。

「一個不可證實的存在命題，如物理學中的，說它是無意義的，這種辨論，我是反對的。在這樣的命題中〔即物理學中的命題〕，每一『常項』皆有一自經驗而引出的意義。〔案：所謂『常項』即該命題之命題式或指謂詞言。〕好多這類的命題，如『善者，死則昇天』，對于情感與行爲皆有有力的影響。它們的關于『事實』（當其是眞的），是與可證實的存在命題或普遍命題之關係於『事實』恰相同。是以我可以歸結說：在表意底分析中，沒有根據足以反對它們〔即那些物理學中的命題及『善者死則昇天』這類的命題〕，而且說：經驗主義雖只提供反對第四種事的根據，其實他所提的根據亦同樣可用來反對第二種事與第三種事。依此而言，我承認排中律而不必有限制。

「茲可綜結這冗長的討論：我所叫做的『眞』之認識論說，如嚴格言之，是把『眞』限於那些主張我現在所覺知或所回憶的命題上去。因爲吾人採取這樣狹的學說，所以不得不採取『眞』之邏輯說。邏輯說的『眞』是包括無人經驗的『事』之可能，以及雖無任何證據以證之而仍可爲『眞』的命題之可能。『事實』較廣於經

驗。一個『可證實』的命題就是一個與『經驗』有某種一定相應的
命題；一個『眞』的命題是一個與『事實』有某種一定的相應的命
題。因爲一個經驗是一事實，所以可證實的命題是眞的；但是卻無
理由說一切眞的命題是可證實的。但是，如果我們積極地主張有眞
的命題而不是可證實的，則我們即算取消純粹經驗論。最後，純粹
經驗論是無人相信的，而如果我們想去保留我們大家所關涉的那些
信仰是妥當的，則我們必須允許那些既不是證明的亦不是自經驗引
出的推斷原則。」〔以上自381-383頁原書本章至此止。〕

　　由以上的譯述，我們知道羅素討論排中律的線索是集中在三對
概念上：一是表意與意義的區分，二是事實與覺相（或一個經驗）
的區分，三是眞與知識（或一個證實或可證實的命題）的區分。這
三對概念每一對的前一概念其範圍皆比後一概念廣。而羅素的目的
就在想說明排中律可以在那三個廣的概念上應用。我的問題不在排
中律是否可以向那裏應用，而在是否可以從那裏講排中律或成立排
中律。排中律的應用與排中律的自身成立決然是兩會事。羅素把這
兩者混而爲一了。混與不混遂決定我與羅素對於全部邏輯的看法的
不同。在未達到這個中心問題以前，我先把那三對概念的意義再重
述一番。

　　按照羅素，（實不只羅素，大家或許都可承認），表意的句子
（即命題）不必與當上覺相或已經驗了的事實相應，即不必指示或
表示一個覺相或已經驗了的事實，而一個有意義的句子，即句子的
意義（非句子的表意）則須與覺相或已經驗了的事實相應。不必指
示或表示一個覺相的表意句子，按照羅素的意思，須與「事實」相

應。因其與「事實」相應，所以雖無覺相（或一個經驗事實）以證實之，而仍可表意。此就是說，它可以因與一未經驗的事實相應而有意義（即表意）。在此，吾人須考察這種未經驗的事實是什麼意義。關此又須先決定「未經驗的」一詞之意義。此點，羅素集中於兩個問題，即一、未經驗的東西之存在，此言未經驗即是未注意的意思，即事實上有好多感覺而我們並未注意之，此雖未經驗而實可以經驗之，即仍屬於知覺現象，其存在當無問題（當然順巴克萊亦可以辨論下去）；二、有些與知覺現象絕不相同的東西，從無知覺者以覺之，此譬如物理學中的物理事，如把經驗限於官覺，則此種物理事不但是未經驗的，而且是不能經驗的，因為它們根本不是知覺現象。如果「未經驗的」限於這兩點，則未經驗的「事實」也就不能出乎這兩點所述的範圍。如果一個表意的句子所與相應的「事實」是這個意思，則雖說未經驗的，其實就是經驗的。因為所謂未經驗的，限於官覺，其義太狹，若從寬點講（也不算背理），也可以說是經驗的。因為第一點未注意的，我可以注意，且仍屬於知覺現象。第二點為物理學所研究，而物理學總不是憑空說假話，雖不是知覺現象，總有相當根據，吾人為尊重科學，我們承認物理學中所說的命題是已經證實或可以證實的，而其所討論的事實或其命題所指示的事實，也不是虛構，即有知覺的根據。如其如此，我們對之自然可以應用排中律。我想布魯維也並不反對排中律之應用於這種命題。因為如果科學不是無意義的，我們自然可以說它裏面的命題或真或假。而亦無人能說科學是無意義的，除非我們是絕對懷疑論者。所以如果與事實相應，其中的事實是這種事實，則排中律之應用於表示這種事實的命題是沒有人反對的，而這種事實亦並不能

使我們達到關於這種事實的命題之眞之邏輯的界說（羅素心目中所想望的）。即是說，以此事實爲準，並不能使我們「眞」的概念比「知識」廣。因爲對於表示這種事實命題之「眞」，雖說是邏輯地規定之，而實仍是認識論地規定之，即其「眞」之邏輯界說實即等於認識論之界說。依此，表意的句子若與此種事實相應，則即與指示覺相的意義句子不能有根本上的差別。而事實與覺相，雖一寬一狹，亦不能有根本上的差別。如是，即不須於認識論界說外尙須一邏輯界說。即如果「事實」是這種事實，則表意與意義，事實與覺相這兩對概念並不能使我們對於「眞」必須有一邏輯界說。因爲物理學中的命題之眞假或成立否總是以證實來決定的，而其所討論的現象（即事實）也即爲我們所試驗的對象（無論其試驗爲如何間接），我們即對付此試驗的對象，而以試驗的運用以期證實討論此種現象的物理命題。所以這種物理現象，我們雖不能耳聽目視或手舞足蹈地去接觸之，然仍不能不視爲在經驗範圍內或在試驗範圍內。如其在試驗範圍內，我們即不須一邏輯界說規定其命題之眞，只須一認識論的界說就夠了。蓋物理學中的命題總是知識也。或者說，物理學中的命題已證實的是知識，而物理學中的命題又大都是測斷未來的歸納普遍化。現在照這種歸納普遍化言，未來的事實未出現，亦無人經驗之，所以這種普遍化是未有滿證的，甚至永不能得到滿證。旣不能得到滿證，則一方旣不能遽視之爲知識，他方對此測斷未來事實的普遍化的命題之「眞」，我們能不予以邏輯界說嗎？曰仍不須。關此可從兩方面看：一、從概然方面看，則此普遍化可因證實之程度而有一概然值之級系，此則只是認識論地規定之，而非邏輯地規定之，此點羅素亦承認。二、普遍化是有相當事

實作根據的普遍化，而非絕無事實根據以證之或反對之的憑空陳述，如爲並無事實以證之或否證之的陳述，則對此陳述之「眞」可須一邏輯界說，今既爲歸納普遍化，則仍只是認識論的，而非邏輯的，而此普遍化的命題之「眞」仍只須認識論地規定之，不須邏輯地規定之。

然而羅素的「眞」之邏輯說實有一種特殊的意義。他總是說，總無根據以證實之或反對之的命題，我們仍然可以說它或眞或假，即對之仍可有眞假的觀念，即或者它可以是眞的，或者它可以是假的。這種情形的「眞」即爲邏輯說的「眞」，而亦就在這種情形下，我們對於「眞」始須要一個邏輯界說，而不能認識論地規定之。如認識論地規定之，則在此種情形，吾人實無法說其是眞或假。既不能說其或眞或假，就是不能表意的，亦就是無意義的。現在我們想說它或眞或假，即是想說它雖不指示經驗事實而有意義，但仍可以表意。但照上面所說，羅素實不能達到這個邏輯界說。如是，我們現在須考察「總無證據以證之或否之」這句話是什麼意義。

考察到這個問題，我覺到羅素是陷在一個謎惑的困難裏。他的論點十分猶疑。如果「總無證據以證之或否證之」中的「證據」是指「覺相」言，或指他所分的四組事中的前三組言，則物理學中的物理現象實是不能經驗的，而討論這種物理現象的物理命題即是「無證據以證之或否證之」的命題。然至今止，似乎尙無人能說物理學中的命題是「無證據以證之或否證之」的命題，而羅素自己亦並不採取那樣狹的經驗主義。固然，羅素所以不採取那樣狹的經驗論，是在承認推斷的知識或歸納的知識亦即物理學的知識。但我們

在此卻並不能說承認這種推斷的知識，就隨之說這種知識是「無證據以證之或否證之」的知識。然則「無證據以證之或否證之」的命題必是別有所指的命題，而不能限於物理學的命題，而與那種命題相應的「事實」也必不是物理學所討論的物理現象。我們在此很可如此斷定：「眞」之邏輯說的需要，必不指物理學中的命題言，而邏輯說所規定的「眞」所附隸的命題所與相應的「事實」也必不是物理學所討論的物理事。然而羅素討論排中律所應用的邏輯說的命題，顯然卻只限於物理學中的命題。在〈排中律〉章（即二十章），分析的結果是集中於「外在世界之獨立」與「歸納普遍化之有意義」這兩個主題的承認。這顯然是限於科學知識而言。在〈眞理與證實〉章（即二十一章），最後分為四組事，而以物理學中所預定的物理現象為討論排中律的集中點。這亦顯然是限於物理知識言。這好像邏輯說所規定的命題只是限於物理學中的命題，而所謂「無證據以證之或否證之」的命題也只限於物理學中的命題。羅素所謂「眞」的概念比「知識」廣，所謂「廣」者不過如此。知識如限於覺相或覺相的經驗言，則物理學中的命題之眞實比知識廣。然現在尚無人能說物理學不是知識，亦無人能說其中的命題「無證據以證之或否證之」。所以我們又可以很斷定說：如果邏輯說所規定的命題限於物理學中的命題，則此種命題之眞即不須邏輯地規定之，即對於眞不須一邏輯界說，而只須認識論地規定之，只有一認識論的界說即足夠。如果我們須一邏輯界說，則「無證據以證之或否證之」的命題必不指物理學中的命題言，而這種命題所與相應的「事實」也必不限於物理學中所預定的物理現象。

然羅素討論到「無證據以證之或否證之」的命題時，不只從正

面限於物理學中的命題，且從反面否認那種真正「無證據以證之或否證之」的命題是一命題。譬如在論排中律那一章，「有一宇宙對於我們所居的宇宙無有空時關係」這個命題，因其不是一命題，所以排中律固然不能應用於它，但亦不能說不能應用於它。結果這也並不能說有些命題不服從排中律。此是羅素的辯論。由這種辯論的表示，顯然是將「無證據以證之或否證之」的命題限於無覺相以實之的命題上去，即限於那些只是無有覺相為其所指示的命題上去，因而遂以外界獨立、歸納普遍化、物理學中的物理現象，為討論的中心。如講知識論的命題，自然當該限於此。因為知識論所講的是知識的命題，即所論的是知識。依此，凡不是知識的命題自然不須論。但如其如此，我們即無理由還須一個邏輯的界說。因為其中的命題都是知識的命題，而凡知識的命題都是有證據以證之或否證之的命題，即都是可以證實或否證的命題，這其中不能有既不能證之、復不能否證之的命題，因為這將不是一知識命題。既沒有不是知識的命題，則對於凡是知識的命題之真即只須認識論地規定之，而不須邏輯地規定之，只須一認識論之界說，不須一邏輯之界說。這顯然衝破羅素的願望。「有一宇宙對於我們所居的宇宙沒有空時關係」這個命題，我們可以認定它是一個命題。它是一個邏輯的命題。它雖無經驗事實為其有意義的條件，但是它很可以表意，因為它究竟說了一點什麼。至於它所說的是否是事實，那不妨礙它是一命題。它所說的，我們縱然無事實證據以證之或否證之，但我們可以認它是一個邏輯的命題，而予其「真」以邏輯的界說，而說它或是真或是假。如是我們始真有邏輯界說的需要。如是我們始能說「真」的概念比「知識」廣。如是我們亦始能說，它所相應的「事

實」不必是經驗的事實，而「事實」比「經驗」廣。但是如其如此，我們得承認這種命題，雖是命題，但卻不是物理學中的命題（即知識命題），而其相應的「事實」亦不是物理學中的物理事實。然而顯然羅素的討論並沒有達到這個目的。他沒有意識到比經驗覺相廣的有物理事與非物理之別，因而遂全歸到物理事。殊不知一歸到物理事，我們即不須邏輯界說也。

　　現在我們考察那個真正「無證據以證之或否證之」的命題，不是物理學中的命題，它是什麼命題？它所相應的「事實」不是物理學中的物理事，它是什麼「事實」？對於第一個問題，我們或者可以簡單答覆說，它是一個邏輯的命題。關此，在現在的目的上，似不必多說話。所須多說一點的，是在第二個問題：即它是什麼「事實」？如果物理事實及經驗了的事實俱是「現實的事實」，則那種命題所相應的事實即可叫做「可能的事實」。現在講「潛在世界」的人很流行。潛在世界亦可曰可能世界，直名曰邏輯世界亦無不可。羅素這本書並沒有提到這些名詞。可是我們很可以說他是這派思想的導源人，他所講的真之邏輯說也很可以是這個世界。說它是這個世界也並沒有曲解的毛病。所以我們很可以說他是這種思想的壓寨老將。照現在講潛在世界的人看來，不但那種「總無證據以證之或否證之」的命題所應的事實是可能的事實，就是我們現在以為歷史上是假的命題所應的事實也是可能的事實，此譬如凱撒殺布魯圖斯，或如漢武帝焚書坑儒或築長城。不但此也，就是圓方、金山、龜毛、兔角這種沒有的事實也是可能的事實。當然照這最後一種的特殊例子講，羅素不必採取這種態度（從某一方面看當然也不必不）。可是從「總無證據以證之或否證之」的命題方面看，這種

命題所應的事實是「可能的事實」則無疑。因為這是一個邏輯的陳述，所以也就是一個邏輯的命題。這當然不必有現實的事實與之相對應。那末，這種「可能的事實」是本來有的，以備我們的邏輯命題與之相對應呢？抑還是由我們這種富有自由性的邏輯命題導引出的呢？這誠然是一個困難問題。且不問它如何有。我們已知這種命題必對應一種「事實」，單就這種被對應的「事實」言，誠不免羅素所謂使我們陷於形上學的困難裏，即不免有一種形上學的假定。此即原書二十章所列七條中的第四條：「如果 a 與 b 為同一邏輯型的字，f（a）是一個表示一件經驗了的事實之句子，則或者 f（b）指示一事實，或者『非 f（b）』指示一事實。」羅素言：排中律如無這形上學原則即不能被保存。這是羅素所屢屢引以為慮的。這個形上學原則，再詳細點，又可如此說：「只要當有一可證實的句子 f（a），其中包含一定字 a，且以與 a 相當的事實而證實，又如果 b 與 a 為同型字，則即有一『事實』為 f（b）所指示，或者有一事實為『非 f（b）』所指示。」羅素說完這句話，接著又說：排中律使我們陷於十分困難的形上學裏。凡此俱見上面所譯原書二十一章中文。他在上面所譯二十章第二段裏亦說：「如果我們尊從排中律，則又將見吾人自己必陷於一實在論之形上學，而此於精神上則與經驗主義不相容。」可見這是他所最引以為困難的。我們現在須考察何以必到此地步，又是否必須處到此地步。這其中有一個暗礁，這是對於邏輯的看法的暗礁。

為什麼那個原則就是一個形上學原則？又為什麼是一個形上學的困難？說到困難，或者因為羅素不願涉足形上學，而到此竟不得不涉足，所以是困難。但願不願是情感問題。如果這個原則有理

據,即到此亦無傷。但困難的是這個原則竟毫無理據,講到此竟是一種變把戲。羅素當然不如此想。但我卻可這樣看。所以我所意謂的困難是就此點言。至於願不願,那不是我所願問的,關此下面再說。現在須說爲什麼那個原則就是一個形上學原則。今假定 f (a) 是表示一件經驗了的事實句子,用專門名詞說,是一個以個體事實爲目數的命題函值。其中的 a 如果可以代時,我們叫它是變項,其中的 f 我們叫它是常項。常項不變,而變項可變。如果現在以同一邏輯型的字 b,代 a,而成爲 f (b)。這個新句子是由原來表示經驗了的事實之句子而構成。這個新句子或者有經驗事實爲其所指示,或者沒有經驗事實爲其所指示。如是前者,則是可證實的,或已證實了的,它當與原來的那個句子爲同質。如果沒有或永不能有經驗事實爲其所指示,則它即不是可證實的,它與原來那個句子有性質上的不同。這個不可證實的新句子,如自認識論上說,則它旣不眞亦不假,即我們對之不能說眞假。但是它是一個命題(邏輯命題),雖不能說它是有意義的句子,但可以說它是表意的句子,即它仍表意。旣能表意,我們對之即仍能夠表示態度。但是這種表示須是另一種不同於認識論的表示。所謂「能夠」也是另一種「能夠」。按照羅素的意思,如果想要對它表示態度,須採取一種邏輯的態度。所謂對它表示態度,即是說,本來自認識論上不能說眞假,現在自另一種觀點可以說眞假。這種說法即是邏輯的說法。我們對於它所說的「眞」,須是一個邏輯界說的「眞」。按照羅素,在認識論上以「相應」規定「眞」,現在在邏輯上仍以「相應」規定「眞」。但是在認識論上有經驗事實可應,我們才以「相應」規定眞,譬如原來的那個句子。現在,這個新句子旣無經驗事實可

應，我們如何能以相應規定其真，即我們叫它應個什麼。豈不是空無所應嗎？此處「無經驗事實可應」不必限於無有「覺相」可應，亦不必限於未直接經驗到的物理事。如其限於此，則我們很可以說我們未覺到的未必無其事，我們未直接經驗到的亦未必無其事，所以我們仍然很可以說「相應」。又為成立科學起見，我們也必須承認未覺到的或未直接經驗到的事實之獨立存在。但是我們現在不必限於此，也無理由必限於此（辨論見上）。既不限於此，我們有什麼「事實」叫那個新句子相應呢？按照羅素，既以「相應」規定這種邏輯句子的真，則必有其所應。然則其所應的事實是什麼事實？在那裏？所謂「有一事實為 f（b）所指示，或者有一事實為『非 f（b）』所指示」，此中的事實是什麼意義？在什麼地方？既不是適才所說未覺到的事實，或未直接經驗到的事實，則此「事實」必是：一、永不能經驗到的，或二、我們無能力經驗到的，或三、空無所有的虛擬。三者任何一種皆足以形成形上學的假定，此就是那個原則之所以為形上學原則的道理。如是第一種，則我們有很多形上學所討論的對象不是我們所可經驗到的（此經驗是經驗知識的經驗，不是體驗）。此譬如我們中國聖哲所講的心性或道體。如是第二種，亦然，此譬如上帝，我們無能力經驗到。如是第三種，則只是虛構。前兩種雖是形上學的，我們或可尚有理由承認它，而且我們亦實在當作形上學來講它，我們自然有講它的道理。所以我們也決不認它是虛構。可是無論是虛構或不是虛構，本來純是形下的東西，現在要逼迫得進入形而上，就不能不有跳出自己的圈子而涉足其他圈子的困難。這就是所謂陷於形上學的困難的客觀意思。可是，我的問題還不止此。我所想說的羅素的形上學的困難亦不止

此。我的看法是羅素的形上學原則以及所謂陷於形上學的困難中的形上學的假定其實就是空無所有的虛擬（即第三種），亦就是我前面已提到的毫無理據的形上學假定。

有一事實爲那新句子所指示。現在對此「有一事實」的肯定，我可以這樣問：此事實的肯定如何導引出？即我要追問此肯定的來歷。此問題我在前面已提出，即這種「可能的事實」是本來有的，以備我們的邏輯命題與之相對應呢？抑還是由我們這種富有自由性的邏輯命題導引出來的呢？這是決定這個困難爲眞正的困難的所在。羅素所討論的是經驗知識的句子，而又自這種經驗知識的句子擴大範圍進到無有經驗爲其證據的句子，這叫做邏輯句子。其進法是對於經驗的句子中的變項施以代替的運用。所以要這樣進，是因爲要成立「眞」的概念比「知識」廣這個理論，而所以要成立這個理論，則一在要救太狹的認識論之「眞」之窮，又因知識的界限極不確定，所以需要一個較廣的概念以冒之。他的論題的範圍始終是限於知識領域內，或以知識爲焦點的領域內。他沒有越過這個範圍，來討論形上學。他事前亦沒有形上學的肯定。形上學雖有種種，但如果我們要講形上學，我們對於我們所要成立的形上學所討論的形上實體，不能沒有一個特殊的規定。那就是說，我們所講的，總是一個特殊形上學，我們所討論的形上實體也總有其特殊性，即它是我心中所意謂的，不是他人心中所意謂的。羅素全沒有這種企圖。也可以說，他沒有形上學。形上學及形上學所討論的實體，對於他全沒有點影子，乃是一個未知數。一個未知數沒有限制，沒有謂詞，我們對它不能有觀念。也即是說，我沒有這個世界。此即表示，我沒有從這個圈子進到另一個圈子的問題上的困

難，因為我沒有另一個圈子。依此，羅素所說的形上學的困難乃是一句空話。他心目中的困難乃是因著問題的發展，臨時抱佛腳，逼迫著他須有一個形上學的空泛的假定，不著邊際，毫無實義。這種假定是邏輯的逼迫，所以其為假定也全是邏輯的陳述法。它不能當著一個特殊形上學看。因為一個特殊形上學所討論的實體總有邊際，有其函義，有其實義。現在這個假定全不備這些條件，所以純是邏輯逼迫出的一個邏輯陳述。現在就要考察，我所意謂的困難是在什麼地方。這個假定既不是有實義的形上學中的有實義的實體，羅素也並沒有費力氣討論這個實體，因為他沒有形上學。那麼，它的引出如何而來？據我看，它是前無古人，後無來者，憑空臨時隨便而設置的。在邏輯上說，我們對於一個句子中的變項的代替是不必有經驗的限制，是很可以隨便的，只要是邏輯的同型即可，即不要混亂邏輯的層次。羅素提出以邏輯的同型為條件是很重要的。我們須明其意義。這是根據他的類型說而言的。所謂同型是同邏輯型。以個體為主目（亦稱目數即變項）的句子，凡是個體的皆為同型，即同是個體的句子皆為同型的句子。這是個體層。我們還可以謂詞（即常項）為主目，這是謂詞層。以謂詞的謂詞為主目又是一層。皆不可混。同型為同邏輯型。即以個體層而言，只要是個體即可以代原來的個體，而不必限於什麼個體或經驗上的個體，或在經驗知識上為同種類的個體。此即謂同邏輯型。既只為同邏輯型，自然可以隨便代，而無限定。不但無限定，而且可以無窮地代。如是，我們可以有無窮數的句子代出來，因為它本來沒有給我們以限制。既可以隨便地代，又可以無限定無窮地代，則所代出來的新句子自然不一定有現實的事實與之相應。因為我們這樣代時，本沒有

受經驗或現實事實的限制。這種隨便地代，本純粹是自由的，對於經驗或事實本沒有負什麼責任，也沒有顧慮到。爲什麼一定要假定一種可能事實與之相應呢？這豈不是一個極隨便的假定嗎？「可能」也得有個意義。而這種可能全無意義。代爲隨便的代，假定亦爲隨便的假定。這種假定豈不是毫無客觀的意義嗎？旣無客觀的意義，自然不能說它是本有的。本有的有實義，雖說是假定，亦有實義。現在旣不是本有的，自然無實義。旣無實義，豈不是由隨便的代而隨便設置的嗎？豈不是臨時抱佛腳而純爲邏輯的虛擬嗎？豈不是由隨便的邏輯代替而導引出的嗎？豈不是純爲一種邏輯的陳述嗎？只由此而導引出，而並無其他，我們不能認爲有意義。要如此假定一種事實以備邏輯命題之相應以規定邏輯命題之「眞」，這純是一種邏輯的把戲，不能有任何意義。而此種事實亦不能認爲是可能的事實，乃根本是沒有意義的虛擬。因爲它的引出太無根據，乃是無中生有的變把戲。此又不能說爲是主觀的客觀化，因爲這究竟還有個主觀的東西，不過不應客觀化罷了。現在這根本不能說上是主觀，乃是一種虛無，所以也無所謂客觀化。這不過是爲相應說規定眞所需要，隨便安置的罷了。我們可以說它是一個幻象。又不能認爲這個假定是一種形上學，因爲它不過是需要上的一種假定，而這種假定是一個幻象。這是困難的眞正所在。（言至此，我們也可知未經驗的現象不應限於未有覺知者以覺之的物理現象。如其限於此，我們不能有這種形上學的假定或困難，因爲尙無人能說物理學是一種形上學。）

現在問：我們何以必須有這種假定？我們不要它不行嗎？難道我們必須走到這步田地嗎？這其中有個暗礁。這個暗礁是對於邏輯

的看法問題。現在又可問：與這種假定的事實相應的命題只是「邏輯的」呢？抑還就是邏輯中的命題，或竟就是我們說這個就是說邏輯？如其只是「邏輯的」，則此時用邏輯只是形容詞，那麼我們還有一個名詞（即邏輯自己）。此時我們所講的也不是邏輯，乃是邏輯的東西，那末，此是另一問題，我們也可以有別種解決法。如其就是邏輯，則這個問題便是對於邏輯的看法問題。依照羅素的意思，與這種假定的事實相應的邏輯命題其實就是邏輯。凡關此所講的就是講邏輯。邏輯的就是邏輯。邏輯的世界就是邏輯這個世界，可能的世界也就是邏輯這個世界。可能的世界有可能的事實，而這種事實就是邏輯這個世界所要表示或相應的，也就是邏輯所要應的邏輯事。何以知其如此？因爲羅素就是想從這個地方構造邏輯，用他的新說話，就是構造一個普遍的言語。這顯然是邏輯自身問題。我們須對之有個根本的看法。這點下篇再詳細介紹與討論。現在止於此。

　　現在須仍回到排中律。

　　排中律的成問題，本起自數學家布魯維。然須知他是爲達某種目的而在數學上講。自此疑問世，討論的人很多，大都不必贊同。今有代表一派數學見地的羅素出來討論這個問題，自然是可喜的。然據以上的介紹與討論，我覺得羅素的解決法與討論的路數，並不見得是布魯維的原義，或者說是爲布魯維所誤引。羅素關於「眞」，雖有認識論的界說與邏輯的界說之分，而其討論的路數卻是自認識論上講。這是他的進路，也就是把排中律限於這方面來講。因爲限於認識論，所以若自經驗、覺相或知識看命題，則以證實代眞，我們只有定然的眞與定然的假，而不能有經驗或覺相以證

實之的命題，則即既不眞亦不假，或無所謂眞假，那就是說不能說它或是眞或是假，也許它也就是無意義的。所以對此而言，我們不能用排中律。而於證實的命題之定然的眞或定然的假，我們又不須排中律。一則不能用，一則不必須，所以排中律是廢物。但是據羅素意，我們的命題常不只限於有經驗有覺相這樣狹的命題，而常有所越。即就物理學中的物理現象言，即是不能經驗的，我們對之亦無覺相可言。所以表示這種現象的命題也就不是有覺相可以證實的。然則此種命題有無意義呢？我們對之是否可以說或眞或假呢？羅素自然作肯定的答覆。於是羅素遂以未有覺知者以覺之的物理現象爲討論的中心，兼及歸納普遍化，外在世界之獨立等肯定。讀者須知，有覺相以證實之的命題固是認識論的命題，即是這種超越覺相的命題仍是認識論的命題，而這種討論，所論及的問題也仍是認識論的問題。不過羅素於此種命題以爲既不能以覺相之證實而言眞，故於眞之認識論的界說（即證實之界說）外，還須一邏輯的界說以濟其窮。即對於此種不能直接以經驗證實的命題，我們對之仍有眞假可說，即它或是眞或是假。羅素把不能直接證實的命題限於物理學，於此而言眞之邏輯界說，以救住排中律，其爲認識論的討論法最顯明。不過我們前面加以檢討，知道不必限於物理學，要眞是須要眞之邏輯的界說，也不能限於物理學。必須超過這個限制，邏輯界說始有眞的意義。如其超過這個限制，我們有兩點可說：一、須有一形上學的假定，遂使我們陷於形上學的困難；二、因爲羅素想於此種邏輯的界說處構造邏輯，這好像已進入邏輯方面，而非認識論方面。第一點我們前面已論過。關於第二點，照羅素的邏輯觀，雖可以說這是邏輯方面，然自問題的發展方面看，它又仍是

認識論方面的。因為它的來歷是自認識論而入手的來歷，乃是一根之育，所以仍是同一方面的。羅素這種講法，或者可說有一箭雙鵰的意思。一方面他救了狹隘的知識之窮，保證了知識的範圍；一方面他救了排中律的困難，構造了普遍的邏輯。造成這種意思的關鍵是排中律的討論。保證知識範圍的這個世界就是排中律應用的世界，也就是邏輯世界、可能世界，也就是邏輯本身的所在。如是，邏輯是由以經驗知識中的命題為根據而構造起來的（構造的成序與手術見下）。邏輯這個世界是排中律應用的世界，而排中律的必須有效即在補救過狹的經驗主義之窮，此即表示對於超越覺相的命題P（物理的、非物理的都在內）仍可對之說真假，而此種命題就是邏輯命題，亦就是邏輯自己，邏輯的所在。是以這個邏輯必是有排中律的邏輯。這是不能缺少的。否則邏輯構造不起，知識的範圍不得保證。我們也必陷於過狹的經驗主義，推而至其極，也就是唯我論、懷疑論。這是羅素討論這個問題的整個路數。雖有一箭雙鵰之意，而仍可說是認識論的討論法。我們現在即注意這一點，至於他由此構造邏輯，下篇批評。

我在前面已經提示過，排中律根本不能從認識論的命題上講。也就是說，根本不當有羅素那樣的認識的講法。現在我且說，就是羅素這種講法，也不是布魯維的原義，即布魯維不必自認識論上否認排中律。羅素或者為他所誤引，或者只是藉題發揮。現在且稍述布魯維如何提起了這個疑問。

布魯維在數學上是主張有限論，而反對皮亞諾、坎特爾以及羅素等人相傳的無限論。我們說他是為某種目的而在數學上討論排中律。所謂某種目的，就是指有限論講。有限論的主題是：凡是數皆

是有限的，皆可構造的。可構造即是可實現。而每一個構造出的、或實現了的，皆是有限的。每一步構造，即是每一步實現，也就是一個數。所以只要它是一個數，它必是在構造或實現的限定中而成一個有限的數量體。數是有限的。若是反過來，以「有限的」爲首出，我們也可說，凡是有限的才可構造。即便以數爲一個類，也必是有限類。在有限類上我們才能有所構造，有所實現，即是說，才能構造一個數。若是在無限的情形下，我們就無所施其構造。所以若遇到無限類，我們也不能構造一個無限數，因爲我們對之不能有所措思。其實「無限類」也根本是不可以說的。因爲要成個類，它須有成類的標準或規律。按照這個標準或規律，我們才能把那些分子約束起來而成一個類。現在旣是無限的，則我們即沒有這個標準可以使我們約束那些分子，我們也不知其中是否有一定的規律可以約束那些分子而成類。即我們隨便定一個標準或一個規律，則於無限的情形下，它雖適合於某些分子，但我們也不能知它是否適合這些分子以外的那些分子。所以這個類是不能構造成的，因而無限數也是不能構造的，所以我們沒有無限數，即不能有旣是一個數而又是無限的。數與無限似乎是不能連合在一起。這就是有限的數學論。

但是何以接觸到排中律呢？普通以爲可以有無限數，是因爲對於一個不能措思的無限集團而加以措思。如何措思？布魯維於此遂藉排中律表明其論證。普通以爲對於一個無限集團可以措思，是他們以爲這個集團可以分成旣窮盡而又排斥的兩部，這兩部合起來就是（等於）那一個無限的集團。假設這個無限集團可名曰「｜」，而以 P 與「非 P」表示那旣窮盡又排斥的兩部，則他們的措思可以

列爲下式：

$$-P \text{ 或 } P = 1 ； -P \lor P = 1$$

這個情形即表示：我們對於這個無限集團可以用排中律而思議之，即是說，這個集團可以措思爲「或是 P 或是非 P」，或「或是 P 或不是 P」。但是布魯維以爲這是不可能的。如果那個集團是有限的，我可以那樣想，因爲我可以去試一試。但是如果是無限的，我就無法那樣想，我也無法去試它。旣不能去試它，也不能那樣去想它，所以就不知道那個集團（無限的）是否就是 P 與非 P。縱然或許有 P 與非 P 的情形，而合起來也未必就是那個集團。這就是說，我們不能知道它一定可以分成旣窮盡而又排斥的兩部，因爲我們沒有標準或規律去這樣作，所以那種措思是無根據的。因此，布魯維以爲我們沒有那個等於「丨」的式子，而只能有等於 X 的式子，如下：

$$-P \text{ 或 } P = X ； -P \lor P = X$$

這便是把他們以爲可以確定措思的變成不能措思不能確定的。如是，布魯維遂宣稱排中律在此不能用。可是，在此不能用，並不因而排中律本身就是假或不能成立。因爲排中律並不在此處成立其自身。如說在此處不能用就是假，則同一律、矛盾律又何曾能用之於此處？何以不一起而否定之，偏光顧了排中律？布魯維以爲矛盾律可以保留，因爲凡構作出來的數或數學命題，不能旣是又不是，或旣眞又不眞。但是，思想三律是分不開的。沒有排中，也不能有矛盾。而矛盾正是隨排中來，而排中、矛盾又正是隨同一來。豈容分折？一個數學命題不能旣眞又不眞，我豈不可說一個構造出來的數學命題，或者是眞或者是不眞（不是眞）而不能有第三者？這才

是與同一、矛盾爲同一層次（同一分位）的使用。今布魯維不自同
一層次用它們，將其分離，而自未來看排中，又自未來不能構造的
無限上看排中，這當然可以不適用。但如其如此，我們也不能偏愛
矛盾律，乃至同一律。因爲它們亦同樣不能適用於無限。布魯維的
有限論，我們相當贊同的，但我不必完全贊成其直覺論。此處暫不
及此。他以直覺的構造或實現講數學，而置無限於不能構造之列，
單就其不能構造「無限」這方面論，我是默契的。他這種數學論，
視一切數或數學命題皆是定然而必然，是相當美而眞實，其中沒有
假然的成分。數學本應如此。徹頭徹尾是定然的，起腳落腳是眞實
而必然的。歸於直覺自可至此，但不必只是直覺。這點此處亦不
論。因爲這牽涉到我自己正面的主張。其中委曲，頗非一二言所能
了。可是直覺論起腳落腳俱爲定然的好處，希爾伯的形式論與羅素
的邏輯論，皆不能至。因爲形式論於前一階段有公理問題，如是遂
有形而上學的主張；邏輯論於後一階段有無限問題，如是又有無窮
公理的假定。他們都不及布魯維乾淨美麗。茲以下圖明此義。

公理　　　　　｜∙∙∙∙∙∙∙∙∙∙∙∙∙∙∙∙∙∙∙∙｜　無窮

　　布魯維沒有公理問題，所以起腳是定然；也沒有對於無窮的構
造，所以落腳是定然。他只有中間一段直覺的構造所貫穿的數學自
己，所以徹頭徹尾是眞實而定然。希爾伯有未決的公理問題，所以
數學是假然的。羅素有無窮公理的設置，所以數學也是假然的。他
們都有假然的成分，因而也都把數學擺在外面去了，所以都沒有妥
當不易的基礎。自此而言，他們都不及布魯維。茲且置之。

　　現在須問：羅素討論排中律何以不是布魯維的原義？其故即在布魯維是在數學上對無限講。他不一定牽涉到知識論。他純是對無限而發。而此種無限又純是數學上的意義，切不可當作知識上歸納普遍化中的無限看，如「凡人有死」這類的情形。他說無限不能構造，不能實現。而所謂不能實現中的「實現」，自亦可解為證實。布魯維要說明此意，自可隨便取一個普通的例子，譬如他所舉的「一堆粉筆中或者有一枝是白的或者無有是白的」，以及「於圓周率的十進發展中或者有某級數出現，或者無有某級數出現」。這類的例子，若自未來方面看，在未構造或實現以前，自然不能有所決，所以也不能施之以定然的排中律的說法。但這必須都當對無限講。那一堆粉筆是無限的，那個十進的發展也是無限的。如全對無限講。我們自然知道他的用意，而不必糾纏於他所舉的實際的例子。布魯維或者忘記了專對「無限」講，或者普遍化而作一般的陳述，專注意於未來的證實或不證實（即是實現了或未實現）。如其如此，自然可以令人聯想到一般的知識命題，如是就牽涉到了知識論，而專流入自知識論方面討論這個問題。羅素就是如此。但我想這不是布魯維的原義，至少也不是其主義。所以我說羅素為布氏所誤引，否則就是藉題發揮。因為在數學上專對無限講，與在知識論上而對一般知識命題講，確乎不同。也是絕沒有干連的問題。在數學上對無限講，布魯維的想法很有理。一般人亦皆可如此想。就是羅素討論到無限也不能不如此想，所以逐有相乘公理與無窮公理的假定。假定也者不能定知之謂。所以在此處說排中律不適用，自無不可。但一般的知識命題便不同，而歸納普遍化尤是別一事。我們很難於此處說那種道理。而羅素竟為其所誤引，專移到認識論上

講，逐討論到歸納普遍化、外在世界之獨立等問題。無論布魯維對此如何想，我則斷然謂其為無關，不應牽涉到此。又對無限不能措思，並不是說對於未經驗的事實（無論未經驗如何講）不能措思。這其中亦決然不同。而羅素亦專移到此處講，豈不太離題？

布魯維在數學上對無限講，謂排中律不適用，也實不適用。羅素自認識論上對一般知識命題講，謂其可適用，也實可適用。然無論適用不適用，我的意思則以為此決無關於排中律本身什麼事。因為他們都是向外看，從特殊境況上論，好像排中律是從外面特殊境況上建立一樣。如其從那裏建立，自然逐適用不適用而可以承認不承認。我則以為排中律決不自那裏建立，所以無論適用不適用，決不牽連到排中律本身之成立否。向外看，從特殊境況上論，它本可以適用或不適用。布魯維雖不自認識論上講，而謂於「無限」這特殊境況上不適用，遂以為排中律不成立，這本已糊塗。對付他的懷疑，本極應打斷他這種從特殊境況上反對排中律的思路；而羅素不如此想，卻隨他的證實不證實去糾纏，而專移到認識論上講。專移到認識論，就是向外看，也就是從特殊境況上講，因而也就須隨特殊境況定。豈不是也有「真」之認識論的界說與邏輯界說之別嗎？豈不是隨特殊境況而定嗎？在認識論界說的觀點上不能用，在概然的觀點上亦不能用，在邏輯界說的觀點上又可以用，這豈不是向外看，從特殊境況上論，它本可以適用或不適用嗎？若是羅素那種邏輯界說不成立，或有人反對，或至少可以起爭論，則豈不是又不適用或不一定適用了嗎？你以為適用，但這豈不是你自己一家的理論嗎？而邏輯律卻決不是隨個人的理論而走的。若是排中律從外面特殊境況上建立，則其普遍性、必然性又安在？若不明排中律本身成

立之所在,而專從特殊境況上論,在此適用,在彼不適用,則其普遍性、必然性又安在?這樣一來,邏輯律豈不如喪家之狗,推來推去,終無歸宿嗎?我們何須此無用之長物?救與不救又有什麼要緊?豈必須一嗟來食之憐憫乎?是以我堅決反對這種討論法。如其從外面看,本可以適用不適用,則即無須救與不救。如其排中律有其本身成立之所在,則外面之適用不適用亦不能增損其價值,而於某特殊境況上不適用,亦無須吾人之憂慮。惟於特殊境況上之適用不適用而決定排中律之建立不建立,以爲排中律本身之成立不成立即決於此,則須堅決反對。如是,吾人必須有一個根本的轉向。我們不能從外面中講排中律。我們必須轉回頭來發見其所在,尋出其普遍必然而不可移之意義。這是我立言的根本義。

對於邏輯的認識與其本性之必定之必須轉向,乃是事實一步一步逼迫我如此,我初非有一成見在胸。我是在虎穴裏邊透出來的。我的正面的意義,已於我的《邏輯典範》中而表明,在他處亦屢有講說。本文在述評羅素的意思而指出問題,不在說我自己正面的主張。排中律問題雖只是一個律的問題,其實就是整個邏輯問題。正面的話,本文雖不便多說,但至少在此我可以這樣說:排中律是一個邏輯律(此三字須審思),它雖可以在命題上表現(因爲我們總是藉命題來表示),而卻不在命題上建立或成就。所謂藉命題表示,此中命題亦須簡別。邏輯學裏滿紙是命題,但須知這是邏輯裏的命題,有所隸屬,而非空頭。若不簡別何所屬的命題,而泛泛講命題,而空頭講命題,而空頭單注意於命題之本身,則必流入命題本身的分析,而這種分析,一般講來,又最易視命題爲表示知識的命題。凡空頭講命題,則劈頭一見,必是注意一個命題的意義。此

時大都不致於視一切命題皆純爲無意義的。如一切皆純爲無意義，我們即對之不能有思維，亦即不能施其討論與分析。有意義、無意義兼顧，是在對待上討論這個有意義的命題，以期問題之容易說明。是以仍歸於有意義。因爲空頭單注意命題，則此時的命題總有所表示，所以最易流爲知識中的命題。命題總是限於殊境而表示殊境，有方向有限定的一個點。因爲它是一個點，所以它才有方向有限定，而亦正因其有方向有限定，所以它才是一個點，所以它總是有表示而流入知識中。若是我們空頭論命題而陷於知識中，遂不期而從知識上論命題，則我們必不能講出邏輯來，必見不到邏輯蹤影之所在；那就是說，講邏輯而消滅了邏輯於無形。即不然，而以爲可以講出來或構造起，也必是無歸宿的喪家狗，無用的廢物，這不過是一個把戲罷了。想於此而明其普遍性與必然性，決作不到。所以我們定須簡別何所屬的命題，而不能空頭論命題。如其有簡別，我們說這是邏輯中的命題。如是，我們由層層剝蕉的辦法而深明邏輯命題之本性以決定邏輯之本性，或者反過來由深明邏輯之本性而決定邏輯中的命題之本性，皆無不可。這一步決定了，如是我們再進而明邏輯命題的「意義」是何意義。這一步決定了，我們又進而明附屬於邏輯命題上的「眞假」是何意義。凡此都決定了，我們自然就明白了邏輯律的意義。但這卻不是三言兩語所能說明的。但依適才所說，我們也知道所謂排中律的問題其實就是邏輯的整個問題。如是，我們應當急須轉而看羅素對於邏輯的整個看法。這便是下篇的問題，即如何構造成邏輯的問題（這自然是羅素的說法）。

下篇：如何構造成邏輯（原書第十三章C段與第十九章）

第十三章的題目是「句子之表意」，C段是「句法與表意」。其辭如下。

「在本段，我想討論構造一邏輯語言之可能性，在這種邏輯語言裏，表意之心理條件（如上段所論）可以翻譯爲嚴格的句法規律。

「設自由知覺引出的名字以及由表示知覺判斷的句子引出的名字作起點，我將給一組表意的句子以界說，而以其對於基本名字以及對於知覺判斷之句法關係規定之。當這一被規定，我們可以討論在一適當的語言裡，它是否能包含一切表意的句子而無其他。

「基本的物象文字是以名字、謂詞、關係而組成，而所謂名字、謂詞、關係等又皆有顯明的界說。理論上說，關係可以有任何有限項數；在任何表示我們實際所覺知的一關係事實之句子中，我們不須追究那最大的項數。在物象文字〔亦可曰物象言語〕裏，一切字皆須有一明顯界說：有字典界說的字，理論上言，是不必要的。物象文字在任何時皆可說爲是新經驗的結果，譬如第一次你吃鯊魚翅覺得很好，你可以給那美味以名字。

「描述經驗的句子，時常（雖或不爲總是）是以簡單關係或謂詞與一相當的名字數聚合一起而組成的。這樣的句子表示知覺判斷。它們是句法構造前進的基礎。

「設以 $R_m(a_1, a_2, a_3, \ldots\ldots a_n)$ 是表示一知覺判斷的句子，

其中包含一個 n 項關係 R_n，及 n 個名字 $a_1, a_2, a_3, \ldots \ldots a_n$。依判斷是，我們可以設置一個『代替原則』如下：如果其中任何名字或一切名字為任何其他名字所代替，而 R_n 則為任何其他 n 項關係代替，則那個句子仍可表意。如是，我們從知覺判斷得到一群表意的句子。我們可以叫它們是原子句子。

「或可反對說，這個原則亦可允許無意義的句子之構造，譬如『碰的聲音（打牌時）是藍的』。但以我對於名字的學說，這情形必是對於兩個對象有不同的名字而予以同一的主斷。依此，我必說此非無意義，乃是假。在知覺判斷間，我一定包含『紅不同於藍』這類的句子。同理，如果 S 是碰的聲音之性質底名字，則『S 不同於藍』即是一知覺判斷。〔案：此即羅素所謂否定的基礎命題，為事實前提中之一者。〕

「因為我們所討論的是人造言語，所以對於一個沒有自然表現的句子而給以約定的表意，這是可能的。但須無矛盾。句子若無自然的表意，顯然不是自然地真的句子。所以對我們所欲包含的任何句子（即那些沒有任何自然表意的句子以及不含有『不』字的句子），我們能給以假的表意，譬如說『這棵黃花莨是藍的』。當討論原子命題時，這其中是無矛盾的危險的。所以，如果代替原則為可疑時，則其有效性可因約定而獲得。依此而言，沒有理由可以反對這個原則。〔案：依羅素此意，我們無論如何代替，不能有無意義的句子，只可有假的句子。假的與假的句子，依句法關係而成統系，此為一假的統系，即無有此種事實為其所應者。真的與真的句子，依句法關係而成統系，此為一真的統系，即有事實為其所應者。那怕此事實不是經驗的或永不能經驗的亦無妨。因為它有可能

事實爲之保證。此即上篇所說的形上學原則所假定的事實。〕

「在句子之形成中，第二個原則可叫做結合原則。一特定的句子，可以否定之；兩個特定的句子可以『或』、『與』、『如果則』等而被結合。這樣的句子叫做分子句子，如果它們是由原子句子之結合而成，而其結合也，或者是直接的結合，或者是以某種有限數的手術而結合。一個分子句子之眞或假只依其原子句子而決定。

「一切分子句子可藉一種手術而構造。如果 p 與 q 是任何兩個句子，則 "p|q" 即意謂『不是 p 與 q 兩者』，此即是說，或 p 是假的或 q 是假的。依此，我們可以規定『非 p』爲 "p|q"，即是『不是 p 與 q 兩者』；規定『p 或 q』爲 "（p|q)|(p|q)"，即是：『不是非 p 與非 q』，規定『p 與 q』爲 "（p|q)|(p|q)"，即：『p 與 q 兩者是假的是假的』。自原子命題作起點，並用以槓子方法結合任兩句子以成新句子之原則，即可得到一群分子句子。此爲讀眞理函值邏輯之邏輯家所熟知者。

「另一種手術即是普遍化〔案：此即第三原則〕。設有任何句子其中包含一個名字 a，或包含一個指示關係或謂詞的字 R，我們可有兩種方法構造一個新句子。第一種是對名字 a 言，我們可以說：一切句子若以其他名字代 a 皆可是眞的，或者可說至少有這樣一個句子是眞的。（此處須注意，我不是討論推斷的眞的句子，但只討論句法地構造句子，故不注意其眞或假。）〔此爲羅素自己注。我在此須附加一句，即此處所謂至少有這樣一個句子是「眞」的，其中的「眞」是從句法地構造句子上而依邏輯的界說所界說的「眞」。故非推理上從前提到結論的推演的眞。〕例如，從『孔子

是人』，用這普遍化的手術，我們可以引出兩個句子：『任何東西是人』及『某些東西是人』，或者如此說：『 x 是人總是眞』，『 x 是人有時眞』。變項 x 在此是指一切值言，即『 x 是人』這個句子對 x 之一切值言皆是表意的，即是說，一切值皆是指物之專名。

第二種是對 R 言。我們對關係 R 亦可有一種普遍化。如果 x 是任何一個人，R 是任何一種兩項的關係，我們可以說：我對 x 有關係 R。換言之，每一有『 如 X 是一個人，我對 X 有關係 R 』這種形式的句子皆是眞的。或者以『 無兩人完全無關者 』這句話爲例。這句話意謂：如果 x 與 y 是人，則某種有『 x 對於 y 有關係 R 』這種形式的句子皆是眞的。此即是說：每一個有『 如 x 與 y 是人，則某種有「 x 對於 y 有關係 R 」形式的句子是眞的 』這種形式的句子是眞的。〔案：此句包含兩層須確認。〕

「 函有謂詞底普遍化之句子在普通言語裏是常見的。例如：『 拿破崙有爲一大將的一切特性 』，『 伊利薩伯有其父與祖父之德而無其短 』。

「〔……〕由代替、結合、普遍化三種手術而得到的一堆句子，我將名之曰句子底原子層級。 」

「 這個層級是否能組成一種適當的語言，即組成一種言語，任何其他言語中的任何陳述皆可翻譯入其中，這確是一個重要問題。這個問題有兩方面：一、我們能允許以原子命題爲構造之基礎嗎？二、我們能允許以名字、謂詞、兩項關係等等，作爲我們唯一的變項嗎？抑或是還須其他種的變項？第一問題將於第十九章及第二十四章中論之。第二問題涉及普遍化，並與解決詭論的矛盾有關，須

即論之。

「普遍化所引起的問題比代替與結合所引起問題較爲困難。在此所討論的主要問題是：如上所定之普遍化，在數理邏輯裏，是否是足夠的？抑或是還須另一種變項，即還須一種不以上述的變項來規定的變項？」〔中略一段〕

「在數理邏輯底開始，有時我們須要另一種變項，即以命題爲變項。我們要求能說矛盾律及排中律，即『無命題既是眞又是假』，以及『任何命題或是眞或是假』。此即是說，我們要想說：『無論句子 S 是什麼，S 不能既是眞又是假』，以及『無論句子 S 是什麼，S 或是眞或是假』。在此兩種句子裏，表意底條件需要 S 須是一個句子（或命題），但不須對於 S 施以任何其他限制。困難是：在表面上我們造了一些句子，它們是涉及一切句子，所以也涉及它們自己。

「再較一般點說，如果 f（P）是以命題 P 爲變項的命題函值，則『在每一 P 上，f（P）』也是一個命題（如果我們必須承認它是可允許的）。現在問：這個命題是否也是 P 在 f（P）中的一個可能值？如果是，則即有一個以該綜體而規定的值，此值復包含於 P 之值底綜體中。這種情形有這樣的結果：無論命題之集和是什麼，只要我們以之爲 P 之值之綜體時，我們必陷於錯誤中，因爲復有另一個 P 之值而即爲該綜體所規定，並且當那個綜體變時，它也變。〔……〕

「依此，以命題爲變項是含有困難的，說謊的矛盾即是這個困難。我現在這樣提示：以命題爲變項只有當它們是代表名字變項及關係變項之一簡寫時，它們才是合法的。設以 P 爲一變項，它代

表任何句子（即我們以代替、結合、普遍化三原則所構成的任何句子）。依此，我們可說：『每一有 f（P）形式的句子是眞的』不是一個單一的新句子，但只是無窮數句子的一個絜和，而這無窮數的句子其中的變項卻不是句子。

「要達到此目的，吾人可如下說明之。吾人首先可解析以下這個陳述：如果 P 是一原子命題，則 f（P）是眞的。這個陳述顯然等於：無論 R_1 及 x_1 所有的可能值是什麼，f｛R_1（x_1）｝是眞的；又無論 R_2 及 x_1 與 x_2 所有的可能值是什麼 f｛R_2（x_1，x_2）｝是眞的；其他亦如此說。依此而言，變項只是 x 與 R。

「至於 P 是分子句子亦可得此情形。我們將主張說：在諸 x 及諸 y 以及 R 與 S 底一切可能值上 f｛R（x_1，x_2，……x_n）｜S（y_1，y_2，……y_n）｝是眞的；並且當對於 f 的目數不只包含一個槓子符而包含任何有限數的槓子符時，亦可進到同樣的主斷。如是，我們現在已解析了：當 P 是任何分子命題時，f（P）是眞的，這種主斷。

「最後，我們可允許 P 是用普遍化的方法從 P 之以前各值中之任一個值而得到的任何句子。如是，『如果 P 是原子層級中的一個句子，f（P）總是眞的』，我們對於這個陳述即得到了一種解析。但是這個解析是使這個陳述變爲很多的句子，而不是一個句子。如果 f（P）是這樣的，即：當 P 屬於一原子層級，而 f（P）亦屬於一原子層級，則一切這些很多的句子亦必屬於一原子層級，而並沒有一個新種類的句子被產出。

「我們可用相同方法討論『某些有 f（P）形式的句子是眞的』這種陳述，即我們可看它是一種無窮的析取式，其項數是同於

上面所述的無窮的絜和。

「當然，專門來說，我們仍然能夠用變項 P。上面的分析底唯一用處，是在表示不允許我們把『f（P）總是真』看為 P 在 f（P）中的一個可能值。那就是說『f（P）總是真』不允許我們去推斷『f｛f（p）｝總是真』。因此，這點是重要的。如果涉及 P（或任何其他變項）之可能值之綜體的那些主斷是有任何確定的表意，它們自己必須不要是 P 所能有的值之間的一個值。

「再論以函值為變項。設以 φa 表示一個在原子層級中的變項命題。在此變項命題裏，a 這個名字出現於其中，並設 f（P）是屬於一基本層級中的命題之某一函值。依是，我們能作成 f（φa）這個函值，在此函值裏，變項是函值 φ，而且我們能說：『f（φa）在任何 φ 上是真的』以及『f（φa）在某些 φ 上是真的』。普通常用的句子即可有此形式，如『拿破崙第三有其叔父的一切壞處而無其一好處』。可是這種形式的句子也同樣發生困難，與『f（P）在每一 P 上是真的』所發生的困難同。似乎很可以想：『f（φa）在每一 φ 上是真的』這個陳述自己就是 a 底一個函值，所以也可以想：『f（φa）在每一 φ 上是真的』也應當函著：『f｛f（φa）｝在每一 φ 上是真的』。但是在這種情形，都是有些 φ 的值是以 φ 之值之綜體來規定的，所以有關 φ 之值之綜體之任何可思議的界說被表示為皆是不適宜的。

「我們可用某種說明來弄清楚這個問題。例如：『拿破崙第三有拿破崙第一的一切壞處』，這個陳述是什麼意思呢？首先，什麼是一種壞處？我們或者可規定它是『一種習慣其中每一件事例皆是一種罪惡』。但是因為我的目的是在說明句法中的問題，所以不必

這樣去追求。對現在目的言，我們可以把一種『壞處』視爲某一種類的謂詞。依是，如果 R1 代表一個變項謂詞，『R1 是一種壞處』就可以寫爲 F（R_1）這個形式。設以 a 代拿破崙第三，b 代拿破崙第一。依是，『拿破崙第三有拿破崙第一的一切壞處』即變爲：每一有『F（R_1）及 R_1（b）兩者合起來函著 R_1（a）』這個形式的句子是眞的。在此，R_1 是變項。但是這仍不十分滿意。因爲一見便知，在 F（R_1）中，R1 好像是一個名字而不是一個謂詞。如果 F（R_1）是一種形式，允許它是屬於原子層級中，這必須加以修改。我們可以視『壞的』爲一應用於個體的謂詞，而一種『壞處』視爲函有『壞性』的一個謂詞。依是，如果 V（X）意謂『X 是壞的』，『R_1 是一種壞處』即意謂：『在 X 之一切可能值上，R_1（X）函著 V（X）』。現在這個是代替了上面的分析中的 F（R_1）。這結果似甚複雜，但是即便如此，在我們說明的目的上它仍是簡單的。〔中略一段〕

「如果變項 φ 如變項 P 那樣，只是代表其他變項中的一個方便的簡稱，我們即可免掉這個困難〔案：即上述循環詭論的困難〕。依是，a 出現于其中的命題將是：

「一、R_1（a），R_2（a，b），R_3（a，b，c）……。

「二、可以使以上的命題與原子層級中的一個或多個命題結合起來。

「三、設 a 不爲一變項所代，第二條中的命題可以普遍化。

「如是，f（φa）在每一 φ 上是眞的，將主斷：

「a、R_1（a），R_1（a，b），……在 R_1，b，……之一切可能值上是眞的。

「b、關于 R_1（a）｜R_1（b）......之陳述亦然。

「c、b 條中的命題之普遍化，將見只是 b 條中的命題之重複。

「依此而言，變項 φ 與變項 P 同，可以化歸爲〔即還原於〕名字變項及關係變項。在『f（φa）在每一個 φ 上是眞的』這個陳述中，因此種化歸，一無窮數的句子代替一個句子。〔案：以上所論，無論以命題 P 爲變項，或以函值 φ 爲變項，皆可化歸爲名字變項及關係變項，涉及「綜體」的陳述可以化將爲無窮數的句子，這個思想便是羅素《數學原理》中的還原公理。藉此可以免掉涉及綜體的命題之循環的詭論。然所謂化歸是指第一序言語，如在第二序言語，便不須化歸。如是，類型或層次説亦由此產生。〕

「在第二序言語裏，『f（P）在每一 P 上是眞的』，『f（φa）在每一 φ 上是眞的』，可以承認爲一簡單句子。此不須多論。在第二序言語裏，變項指示符號，而不指示其所符者。

「依是而言，沒有理由在名字變項及關係變項（內的或總持地説而非外的或列舉地説）以外，還須其他變項作基本。設有既非分子的亦非普遍的一堆命題，我們可以歸結説：我們能從這一堆命題構造一種適當的言語，其構造只須用結合原則及普遍化原則即可。〔案：此處所謂適當的言語，即是任何言語中的表意句子可以翻譯於其中的言語。〕

「原子原則底問題尚未討論。這是關於那些既非分子的亦非一般的命題之問題。此問題是這樣的：是否一切這類命題〔即既非分子的亦非一般的命題〕皆是：

　　　R_1（a），R_2（a，b），R_3（a，b，c），......

形式中的此一個或別一個？譬如『我相信蘇格拉底是希臘人』這類命題即不是以上形式中的命題。又「我相信凡人有死」這類命題尤其困難。因爲其中的普遍性是只應用於其中的一個副屬命題。我的相信並不等於：『如 x 是一個人，我相信 x 有死』，因爲我可從未聽說有 x，所以我不能相信他是有死的。『A 是 B 之一部分』這類形式的命題也足發生困難。原子原則將在後面討論。」〔案：即第十九章所論者。〕

第十九章的題目是「外延原則與原子原則」。吾人一切知識上的命題，自其最基本處言之，皆與心理的條件、生理的條件發生關係。此即羅素所謂命題態度。「我相信孔子是春秋時人」、「我相信凡人有死」，皆是命題態度中的命題，即皆與心理條件發生關係。但是邏輯中的命題就是要脫離這種命題態度，即必須脫離心理或生理的條件。此就是說，必須是抽象的普遍的而與主體無關的命題才是邏輯中的命題，而亦唯有此種命題才能構造起邏輯，才能構造成普遍的言語。但是一切知識中的命題皆不免與心理條件生關係，而那種抽象的與主體無關係的命題又不是本有的，現在既從知識的命題討論起，進而由此構造一個普遍的言語，則我們如何能從牽連於命題態度中的命題過渡到脫離這種牽連的抽象命題？其中的關鍵就是「外延原則與原子原則」是否有效。以下是十九章的譯文。

「『A 相信 P』、『A 懷疑 P』等類的命題的分析引起兩個邏輯的重要問題。〔……〕因與命題態度相連結而發生的兩個邏輯問

題即是外延性問題與原子性問題。關此，前者最近邏輯家曾多所討論，而後者則幾全無所知。

「在陳述『外延原則』以前，必須說點關於真理函值的理論及類的理論。真理函值的理論是數理邏輯中最基本的一部分。它所討論的是用『或』與『不』這兩個字的命題所能說的任何東西。依此，『p 與 q』即是『非 p 非 q』的否定。p 與 q 間最普遍的關係就是『非 p 或 q』〔案：即 p 函蘊 q〕，它能允許我們有了 p 可以推 q。或者換一個說法，這個最普遍的關係亦能使你從有了 p 與 q 可以推 r，這便是：『非 p 或非 q 或 r』。排中律是『p 或非 p』；矛盾律是『p 與非 p』之否定。兩個命題當其同真或同假，便謂『等值』。亦就是說，當我們有『或者 p 與 q，或者非 p 與非 q』，便是等值。兩個命題若是等值，我們說它們有同一真理值。

「我們現在可不自『非 p』及『p 或 q』為起點，我們可自一簡單而未界說的函值『不是 p 與 q』（即非 p 或非 q）為起點。我們將把它寫為 p|q，並名之曰檳子函值。顯然，p|q 是等值於『非 p』的。因為如果 p 與 q 兩者俱不是真的，p 自亦不是真的，反之亦然。又『p 或 q』等值於『非 p 與非 q 不是兩者俱真』，亦即是等值於『p|p 與 q|q 不是兩者俱真』，也就是等值於（p|p）|（q|q）。如是，『或』與『非』能以檳子函值規定之。隨之我們可說：凡能以『非』與『或』規定的，也能以檳子函值規定之。

「那是顯然的，也易證明的，即：設有任何命題以檳子的方法從別的命題建立起來，則其真理值即只依其組之之成分命題之真理值而定。此是從以下的事實而來的：譬如『p 與 q 不是兩者俱真』，如果其中的 p 是假的，q 也是假的，則它即是真的；如果其

中的 p 與 q 兩者俱眞，則它即是假的。p 與 q 是什麼命題不相干，只要它們的眞理值是不變的就行。此種函值即叫做『眞理函值』。推演論裏所需的一切函值皆是眞理函值。

「外延原則之第一部分是說：一切命題底函值是眞理函值，即是說，設有任何陳述，其中包含一命題 p 爲其部分，則如果我們以任何其他命題 q（與 p 有相同的眞理值）代 p，其眞理值不變。

「現在再論『命題函值』。一個命題函值是一個包含一個或多個未規定的成分 x, y,......的表示式，而且是這樣：如果我們對 x, y，無論設置個什麼以代之，其結果即是一個命題。依此，『X 是一個人』是一命題函值。因爲，如果你對於 x 決定了一個值，結果即是一個命題——如果你規定 x 是孔子或康德，便是一個眞命題；如果你規定 x 是三頭狗或飛翼馬，便是一個假命題。『x 是一個人』，使其爲眞之值即組成一個人類。每一命題函值規定一個類，即變項之值之類。在此類上，一個命題函值可因而是眞的。兩命題函值，如果在其變項之每一可能值上所成之命題相等值，則此兩命題函值說爲形式地等值。如是，『x 是一個人』與『x 是一無毛兩足動物』是形式地等值；『x 是一偶質數』與『x 是8之實立方根』也是等值。當兩命題函值是形式地等值，它們決定同一類。

「謂詞可以與具有一個變項、兩項關係字（其中含兩個變項）、三項關係字（其中含三個變項）等等的命題函值相同一。當我說：『人是有死』是意謂：『在 X 之一切可能值上，如 X 是人，X 有死』。那是顯然的，如人有死，無毛兩足動物也是有死的。那也是顯然的：如果有 n 個人，也有 n 個無毛兩足動物。這些

命題說明這事實：如果兩個命題函值是形式地等值，則許多陳述如在此命題函值上為真，在彼命題函值上亦真。外延原則之第二部分即述敘這情形。即是說：在任何包含一命題函值之陳述裏，我們可以形式地等值的函值代其中的函值，而仍不變該陳述之真理值。」

〔中略三段。以述加拿普意，與此相同，故略。〕

「顯然，外延原則在主斷命題態度的命題上並不是真的。如果A相信P，而P是真的，這並不能隨之說：A相信一切真的命題。如果P是假的，亦不能隨之說，A相信一切假的命題。復次，A可以相信：有無毛兩足動物而不是人類，而沒有相信：有人類而不是人類。結果，那些主張外延原則的人皆不得不想方法去討論命題態度。外延原則，我們有很多理由可以支持它。在數理邏輯裏，它是技術上十分方便的。它在數學家所作的陳述上也顯然是真的。它對於物理主義及行為主義的支持也是重要的。但是這些理由沒有一個足以為假定外延原則為真之根據的。使其為真之根據將在後面略為一論。

「原子原則，維特根什坦陳述如下：『每一關於複體之陳述可以分解為關於其組織部分之陳述，且可分解為那些完全地描述那個複體之命題。』（《名理論》2.0201）這個原則之關連於命題態度之分析是顯然的。因為在『A相信P』中，P是一複體；所以，如果維氏的原則是真的，『A相信P』，此表現而為關於複體之陳述，它必須被分解而為關於P之部分之陳述以及與描述P之命題連合於一起。但是，較鬆一點說，這個意思是意謂：作為一單位的P不能進入『A相信P』中，但只其組織的部分進入之。

「原子原則有一個技術上的形式，而對于邏輯去知道它是否是

真的（在這個形式上說），是很重要的。在這個專門原則被陳述前，某種初步的解析是必要的。

「對象言語，我們已知其中是包含一堆名字、謂詞、兩項關係、三項關係……等。任何 n 項關係可以任何 n 個專名〔即名字〕（不必一切皆不同）連合於一起去作成一個命題。假設 n_1, n_2, n_3, ……是專名，P_1, P_2, P_3, ……是謂詞，R_1, R_2, R_3, ……是兩項關係，S_1, S_2, S_3, ……是三項關係，等等。依此，P_1（n_1）代表『n_1 有謂詞 P_1』，R_1（n_1, n_2）代表『n_1 對於 n_2 有關係 R_1』，S_1（n_1, n_2, n_3）代表『n_1, n_2, n_3（即依此次序）居於關係 S_1 中』，其他依此類推。一切依此法而得到的命題曰原子命題。

「設取任兩原子命題 p 與 q，而以槓子結合之，如是即得 p｜q。這樣得到的命題，以及原子命題，合於一起，便給我們一個擴大的命題綜體。如果我們再以槓子的方法，結合任何兩個擴大的綜體。我們又可得到一個又較大的綜體，我們可以如此無窮前進。如此得到的全體命題，叫做分子命題。因為這恰如原子之結合而成分子，故名。

「現在，既已以唯一的槓子方法達到一堆分子命題，我們又可進而介紹一種新手術以構造命題，此叫做普遍化。設取任何原子命題或分子命題，其中包含一成分 a，並寫為 f（a）。如以 b 代 a，同樣的命題可寫為 f（b）如以 c 代 a，則寫為 f（c）。設不以一定項代 a 而以變項 x 代之，如是可得一命題函值 f（x）。由此，我們可說：在 x 之一切可能值上，f（x）是真的。又可說：至少在 x 之一個值上，它是真的。主此兩種情形的命題是兩個新命題。如果它們包含一常項 b，我們可轉而再應用普遍化於 b，直至無有常項

保留始止。舉例明之，『如果孔子是一個人，而凡人有死，故孔子有死』。這不是一個邏輯中的命題。因為它提到孔子、人、及有死，而邏輯中的命題卻決不提特殊物的。它也不是一個分子命題，因為它包含『凡』這個字。它是從一分子命題到一邏輯中的命題之通路。一個邏輯中的命題當是如此：『無論 X、A、B 是什麼，如 X 有特性 A，而且任何物有特性 A 者亦有特性 B，則 X 有特性 B。』

「我們可以把這個所包含的普遍化過程，詳細說明之。茲以下命題而論之：『或者孔子是人而不死，或孔子不是人，或孔子有死。』這是一個邏輯上必然的分子命題。現在我們這樣看，當一個命題對孔子是真的，至少它必對『有一個』是真的。依此，如果我們以『有一個』代該命題中首次出現的『孔子』，則該命題仍保其為真。（『有一個』當然可代該命題中三個孔子，但為現在目的，只代第一個即足。）如是，我們達到以下的命題：『有某一個他有這特性即或是他是人而不死，或孔子不是人，或孔子有死。』〔句子中的某一個，我們心目中自然知道他是孔子，但是我們現在可不管這點知識。〕我們現在可稍變這個命題而如此說：『有一個是人而不死，或孔子不是人，或孔子有死』。在此，我們有三個句子。如果第一個是假的，那兩個中的某一個必是真的。現在，如果『有一個是人而不死』是假的，則『一切人有死』即是真的〔按照矛盾關係言〕。如是，我們達到：『如果凡人有死，則或者孔子不是人，或者孔子有死。』此命題即等值於：「如果凡人有死，則如其孔子是人，孔子有死。』我們從原來的分子命題，用一次以『某一人』〔或有一人〕代『孔子』之過程，即達到這個命題。所謂以

『某一個』〔或「有一個」〕代孔子之過程,即是邏輯過程。因此過程,設已定 A 有特性 a,我們可推『某物(有一物)有特性 a』。

「我們所要製造的新命題,須是原來命題底邏輯結論。但是,上段最後那個陳述仍不是原來命題的邏輯結論。因為它仍包含三個常項,即孔子、人、有死。對於這三個常項,我們用普遍化的歷程於其上,以 X 代孔子,A 代人,B 代有死,然後再主斷在這些變項的一切值上之結果。如是,我們得到『在 X、A、B 之一切可能值上,如果一切 A 是 B,且 X 是一 A,則 X 是一 B。』這即是一邏輯中的命題,而我們原來的命題則是其中之一例。但是須注意此刻我所討論的不在說我得到一個真命題,但只是說我已達到了一個命題。

「各級普遍性的命題從分子命題製造成,其製造之原則如下:設

$$F(a_1, a_2, a_3, \ldots\ldots P_1, P_2, P_3, \ldots\ldots R_1, R_2, R_3, \ldots\ldots)$$

是一分子命題,其中包含專名 $a_1, a_2, a_3 \ldots\ldots$,謂詞 $P_1, P_2, P_3 \ldots\ldots$,兩項關係 $R_1, R_2, R_3 \ldots\ldots$,以及其他等等。所有這些叫做該命題中之『成分』。這些成分中之任一個或多個可以為一變項所代替,而代替之結果則在變項之某一值或一切值上有所主張。這個情形可給我們一大堆普遍命題,一切皆自原來的分子命題製造成。試取一最簡單的例子,如『孔子是明智的』。若用上面普遍化過程,這句話可引出以下十個命題:

一、某種東西是明智的。

二、任何東西是明智的。

三、孔子有某一謂詞。

四、孔子有一切謂詞。

五、某種東西有某一謂詞。

六、任何東西有某一謂詞。

七、有某一謂詞，任何東西具有之。

八、某種東西有一切謂詞。

九、某一謂詞屬於某一東西。

十、每一東西有一切謂詞。〔……〕

「原子原則之技術形式，如我上面所述，主張：一切命題或是原子的，或是分子的，或是分子命題之普遍化；或者至少也主張：有一種言語在其中這個原則是眞的，並且任何陳述可翻譯於其中，而這種言語是能被構造的。如果維氏的原子原則是眞的，這點也必是眞的。但反之則不能。如我下面將要解析的，關於原子原則有一種較弱而較易成立的形式，而這個形式也同樣能爲技術形式。就在其技術形式上，原子原則在邏輯中才是重要的。我想維氏自己現在亦必承認我在下面那種修正。因爲我知道他不再相信原子命題了。在前面有一章，我們已論過在邏輯中有用的乃是原子『形式』，而那個修正了的原則允許我們以此原子形式去代替原來的原子命題。（在這原子命題裏，每一字必代表某種簡單的東西即沒有複雜性的東西。）

「使維氏的原子原則稍爲弱點（因而使其較爲可稱許），可說明如下。一個名字 N 事實上可以是一個複體的名字，但其自己不

必有任何邏輯的複雜性，即其中不必有任何部分是符號。一切實際流行的名字皆然。凱撒這個人是一個複體，但『凱撒』那個字〔指英文言〕邏輯上是簡單的，即是說，其中無有一部分是符號。我們可以主張說：維氏的原則不是應用於事實上是複體的任何東西，而只是應用於爲複雜名字所名的東西。例如：雖然『凱撒』這個字是簡單的，而『凱撒之死』是複雜的。前引維氏那個命題起首那個小句子『每一關於複體之陳述』，我想代之以：『每一關於其複雜性已顯明於陳述中的複體之陳述』。不然，必有以下的困難，即：當說某種東西事實上是複雜的，然而我們不能知道它是複雜的，或者無論如何我們也不能知道如何去分解它。

　　「就是在這個稍弱的形式，原子原則也必禁止 P 作爲一單一體而出現於『A 相信 P』中。因爲一個命題必須是一個顯明地複雜的東西，除去那些其中有專名這種不常見的情形，一個命題總是複雜的（顯明地）。而就是在有專名的情形裏，也只有當我們以命題代其中的名字時，我們才能達到『A 相信 P』中所主張的。

　　「如果主張外延原則及原子原則，則必須分別『A 相信 P』中的『P』以及在普通眞理函值如『P 或 Q』中的『P』。如果這兩者是同一的，我們不能構造一個純粹外延的邏輯，或者也不能支持加拿普的物理主義。首先分別這兩個 P 的是維特根什坦。（《名理論》5.54 以下）。他說：

　　　在一般的命題形式裏，命題之出現於另一命題中，只是作爲眞理值運用之基礎。
　　　但命題出現於另一命題中，似乎還有另一種路數。

特別在某種心理學中的命題形式，如『Ａ想Ｐ是如此』，
或『Ａ想Ｐ』等等，即是另一種路數。

在此，它的出現，好像命題Ｐ在一種關係中與一東西Ａ相
對。

在現代認識論裏（羅素、穆爾等），那些命題即在這個路數
被討論。

但是那是清楚的：『Ａ相信Ｐ』、『Ａ想Ｐ』、『Ａ說
Ｐ』，即是『「Ｐ」說Ｐ』之形式。依此，我們沒有一個事
實與東西Ａ〔案：即主體之爲物〕之間的均停關係，而只有
以其主體間的均停關係爲工具而成的事實間的均停關係。

這即表示說：沒有像現在不相干的心理學所討論的靈魂、主
體等這類的東西。〔以上爲維氏的話〕

「我曾採他的外延觀點於《數學原理》第二版（第一卷附錄
Ｃ），而加拿普在其《世界之邏輯構造》亦採用之。在其《言語之
邏輯句法》一書中，他稍微變更一點。他說：內的〔強度的〕言語
及外的〔廣度的〕言語皆是可能的。依此，我們必須只說：在一種
內的言語中之每一陳述皆能被翻譯爲外的言語。但就是這點，他也
並沒有看成是一定的，雖然他以爲是可稱許的。在命題態度的問題
上，他的觀點比維氏較顯明。他說：『某甲說（或想）Ａ』是內
的，但可以譯爲『某甲說（或想）「Ａ」』。在此，他告訴我們
說：以『Ａ』作爲某一句子之簡稱（不是命名）。我們又被告訴
說：句法的命名是因加以反括弧而形成。這一切皆不外《名理論》
中之所說。

「上面所引維氏那段話之重要點是：『Ａ相信Ｐ』、『Ａ想Ｐ』、『Ａ說Ｐ』，皆是『「Ｐ」說Ｐ』之形式。且讓我把這個觀點弄清楚。

「一般說來，當一個字出現於一句子中，我們不是說這個字，而是說這個字所意謂的。當我們要說這個字時，我們把這個字放於一個括弧裏〔如「Ｐ」〕。『孔子』是孔子的名字，這句話不是套套邏輯。當你被介紹給一個從未聽見的人時，你即可知道這種命題。當「孔子」這字不在括弧中，你是說那個人，不是說那個字。當我們主張一個命題時，亦是如此。即，我們並不是說那些字，而是說那些字所意謂的。如果我們要說那些字，我們須把它們放在括弧裏。但是，句子與單字又有不同。單字至少如物象字那樣，有一種外於言語的意義。但是命題，因為它能假，除去它們表示知覺時，它們對於對象〔東西〕必有某種不甚直接的關係。依是『Ｐ』與Ｐ的區別，在我們的問題上，不是最重要的。在這個討論裏，最重要的區別不是『Ｐ』與Ｐ的區別，而是Ｐ所表示的與其所指示的之間的區別。這個區別不限於命題，亦存於物象字中。如果我叫一聲「火！」，我既表示我自己的情態，也指示一件生起的事情（不同於我的情態）。〔所以既表示亦指示，指示即指事。〕……

「表意的句子〔不必指現實的事〕與無意義的一串字之區別，迫使我們認識一個表意的句子有一種非言語的特性（即表意）。這個特性與真或假無關，比較是主觀的。我們可以使一個句子之表意與其所表示的（此即說者之情態）相同一。它所表示的情態可以名為『信仰』，如果那個句子是指示的。為同一句子所表示的兩個信仰

名爲同一信仰之例子。〔中略三段。〕

　　「維氏說『Ａ相信Ｐ』是『Ｐ』說Ｐ之形式，其意難決定。但是我想我們能決定：是否我們說『Ａ相信：即Ｐ』還是說『Ａ相信「Ｐ」』〔注意Ｐ之括弧〕。設以『Ｂ是熱的』代Ｐ。當我們說『Ａ相信：Ｂ是熱的』，我們是說（粗略地）：Ａ是在一情態中，此情態將引導他去說（如果他說時）Ｂ是熱的，或去說某種有同一意義的句子。但不是說：這些字是在Ａ的心中。如果他是一個法國人，他一定說一句法國話的『Ｂ是熱的』（如果他說時）。我們事實上並不是說『Ｂ是熱的』這幾個字，而是說它們所表示的。所以，我們不必有括弧。我們一定說『Ａ相信：即Ｐ』。〔在此，「冒號」或「即」字是重要的。案：此頗難表示。在英文即爲關係代詞 that 所表示。中文譯以「冒號」或以「即」字表示。〕

　　「我們必不要說：『Ｐ是眞的』，或『Ｐ』是眞的。普通以爲我們當說後者，但我以爲這是錯的。試看：『那是眞的即：Ｂ是熱的』。這個句子主斷一類信仰與一件事情間的複雜關係。它意謂：任何人他若在某一定情態類中（即那些爲『Ｂ是熱的』所表示的情態類），他即對於一定的『一件事』有一定的關係（此件事即Ｂ的熱）。在此，『Ｂ是熱的』這幾個字只有經過那個語句的表意而進來。所以，我們一定說：『那是眞的即Ｐ』，而不說：『Ｐ』是眞的。

　　「這問題的困難是因爲句子及某些字有兩種非語言的使用這事實而發生。這兩種非語言的使用是：一、作爲指示對象，二、作爲表示心之情態。字可以經過它們的表意而出現，而沒有作爲指示而出現。這點當它們作爲只是表示時即發生。單字（不是物象字）只

有表示而不指示。這即是爲什麼它們不能是一完整的句子的緣故。
（物象字不然。）

　　「由以上的分析，我們說：『Ｐ』可以在兩種不同的非語言的
路數中出現：a.指示與表示兩者俱是相干的；b.只有表示是相干
的。當句子作爲一個主斷因其自己而出現，我們即有 a 條；在『Ａ
相信：即Ｐ』中，我們即有 b 條。此因爲我們所主斷的生起事能完
全的被描述而不必涉及 P 之眞或假。但是當我們主『Ｐ或Ｑ』，或
任何其他眞理函值時，我們即有 a。

　　「外延原則，在其原來未限制的形式中，是應用於 P 之一切
生起事（在此指示是相干的）。但不應用於那些在其中只有表示是
相干的句子中。即只應用於 a，而不應用於 b。這種只應用於 a 的
句子，我想，即是套套邏輯。外延原則如果應用於 a 及 b 兩種（如
果我不錯），則必須反對。

　　「道爾凱君（Mr. N. Dalkey）曾提示我說：在『Ａ相信：Ｂ
是熱的』一句中，『Ｂ是熱的』這幾個字描述那爲『Ｂ是熱的』所
表示的，當這是一個完整的句子時。這觀點是動人的，也可以是對
的。依此觀點，『Ｂ是熱的』這幾個字並不眞實地涉及 B，但只描
述 A 之情態。當我說：『Ａ聞得一玫瑰之味』時，亦可如此講。
在此，玫瑰只能作爲描述 A 之情態而進來。我可以給玫瑰之味以
名字曰 S，而說：『Ａ聞見Ｓ』。同樣我可以（理論上）用若干字
來代替『Ｂ是熱的』（所用的字是描述存在於那些相信 B 是熱的人
們中的心身情態的字）。這個觀點，使我們必然於『Ｐ』與「屬某
之 P」之間引出一個嚴格的分別。〔「屬某之Ｐ」即隸屬或連繫於
「Ａ相信」之 P，亦即爲冒號或「即」所引之 P。原文爲 "that

P"，今意譯爲「屬某之 P」。〕當眞地是 P 而且 P 發生，我們能保持外延原則；但是當是『屬某之 P』發生，則此原則之失效的理由是因爲『P』事實上並未出現。〔案：此即如上所說，於「B 是熱的」中，並未涉及 B，但是描述 A 之情態，B 只作爲描述 A 之情態而進來。此即只有表示而無指示義。以無指示，故事實上並未涉及 B，亦即並未指示 B，亦即並未指及 B 之爲事之自身。故於「A 相信：B 是熱的」中。此句只有表示而無指示，而其所表示的又只爲 A 之心身情態。「A 相信：P」亦然。此時並未涉及 P 之自身，而只表示 A 之情態，P 即於描述 A 之情態而被介紹進來，至於 P 之爲事或爲命題其本身如何，在此句裏並未涉及。所以於 P 本身（爲命題）之眞或假，亦未確定。此即所以不能於「A 相信：P」這類表示命題態度的命題上應用外延原則之故。亦即羅素所謂我們一定說：「那是眞的即 P」，而不能於 P 之自身遽作肯斷曰：「P」是眞的。如果可以這樣肯斷，那便是所謂眞地是 P 而且 P 出現，此時便可應用外延原則。此亦即是上面 a 條之所述，即「表示」與「指示」皆相干。若在命題態度裏的 P 則只有表示相干，此即上面 b 條之所述。在此外延原則不能用。〕

「現在再論原子原則。我將不一般地論之，但只關係於『A 相信：即 P』這樣的句子而論之。在其一般形式裏，它需要一種分析的考論，而在複體上的專名是否是理論上不可少的一問題，我將留在後面討論〔案：即二十四章論分析〕。現在我只想討論：『A 相信：即 P』這樣的句子，在一適當的言語裏，是否能被表示在原子句子、分析句子以及普遍化的句子之層級中。

「問題是：我們能解析『A 相信：即 P』而不須視 P 爲一副屬

的複體嗎？

「在『P』上，讓我們再以『B是熱的』爲例。我們皆同意：去說『A相信這個』是說A是在許多可描述的情態中之一情態中。而這許多情態皆有某種東西是公共的。這些情態中之一即是：『A喊叫：B是熱的！』。但是當他相信『B是熱的』時，並無理由去假設任何字必須呈現於A。〔即也許只是他的喊叫情態，並無任何字所指示的東西。〕

「去說：『A喊叫：B是熱的！』是主斷在A之說話器官中的一串運動；這個是純粹的物理現象，而可以完全地被描述而不必引進任何副屬的複體。每一其他A之情態（此亦一種『B是熱的』之信仰）也能同樣被描述，這似乎也是可以的。但是，現在所餘的問題是：所有這些情態所具的公共點是什麼？

「我想它們的公共點只是因果關係，但這是一個困難問題。我現在也不必去作任何決定的答覆。自我觀之，似乎無有正確的理由可以反對：『A相信：即P』不必引進一個副屬的複體而能被分解，這個結論，只要當P是一簡單的句子，如『B是熱的』之類。如果P是一普遍的句子，如『凡人有死』，則問題比較困難。所以我現在可以承認一個臨時的結論：我們覺得沒有好的論據可以反對原子原則。

「如是，我們得到以下的結論：一、外延原則未被表示爲是假的，當藉『A相信P』這類句子之分析而嚴格地被解析時；二、同樣的分析也未至證明原子原則是假的，但也不足證明其是眞的。」

〔本章至此止〕

　　本篇介紹羅素的話至此止,其材料也足夠為我們討論的根據,其態度也表現得相當充分。但是在說明「如何構造邏輯」上,這種細如牛毛的分析實在令人感覺到茫然。而這種將問題逼到牛角尖裏去的鑽牛角態度,又實在是入了魔道。這種討論是沒有結果的。即有之,也只是羅素所謂臨時的,決得不到理之必然。我譯完這一章,我感到羅素到處狐疑不定的態度,猶豫不決的處境。這好像行為主義者所試驗的耗子,到處碰壁。這樣論邏輯,可謂邏輯的厄運。難道邏輯就是如此嗎?抑還是討論邏輯的態度有毛病?這不能不需要我們有個根本的抉擇。

　　羅素敘述構造邏輯的三種手術(或運用)即代替、結合、普遍化,是無問題的。因為這個不是解析它們本身的意義。問題是在外延原則與原子原則。羅素問:我們能構造一種適當的言語,在其中外延原則可以成立嗎?又問:我們能構造一種適當的言語,在其中原子原則可以成立嗎?(原書212頁)我們又可換一個問法:我們能由外延原則與原子原則構造一個適當的言語嗎?再進一步:外延原則與原子原則如何成立呢?它們能施行於何種命題,即於何種命題上它們才是有效的呢?我們可從最後一個問題說明起。問到它們能施行到何種命題,最顯明的,首先就有內的命題與外的命題的分別。內的命題就是羅素所謂關涉於命題態度的命題,如「A相信P」之類。外的命題姑且定為不關涉於命題態度的命題,就其不關涉命題態度言,可說它是客觀的命題,即作為一個主斷以其自己而出現的命題。在此我們先論外延原則。據羅素的肯定(我們大家也承認),外延原則只應用於外的命題,不應用於內的命題。外延原則第一部份,是在真理函值上言,即對真理函值中的命題施代替而

言。其第二部分是在命題函值上言，即對一有謂詞爲常項的變項，施以普遍化而言。這兩種手術（代替與普遍化）的施行，當然只能在外的命題上。可是討論命題既自知識上而討論之，則知識的最基本點，起始不能不牽涉到心理生理的條件。起始的命題也總是牽連於心理生理條件的命題。由這種命題而起預測，羅素曾名曰生理推斷。所以這種命題與推斷，一方既是生理的，一方又是心理的。在此我們沒有邏輯命題、邏輯推斷乃至邏輯關係。說它們只是心身的情態，而並無所指示，也未始不可。羅素認識了這一點，所以說外延原則於此不能用。但羅素所說明的，只指出其可用處與不可用處，尙未說明其不可用處何以能轉變到其可用處。即內的命題何以能轉爲外的命題，他並沒有說明。可是若自知識上論命題（尤其經驗主義的知識論），則不能不說明。其初的命題既只是心理生理的，而外的命題又不是憑空掉下來，則即不能只有此分別即足。尙必須說明如何能變爲外的命題。這個問題就是從表示主觀知識的命題何以能變爲表示客觀知識的命題？從只有表示而無指示的命題態度何以變爲既指示又表示的客觀命題（此時亦直可說知識命題）？從「屬某之 P」何以變爲「眞地是 P 而且 P 出現」？這其中當然可有個說明，我想也難不倒羅素。我也不必從事去討論它，因爲我的目的不在此，而在表明羅素論邏輯的路數。這個路數，我可以斷言是知識的，由知識的發展而講進去。

　　既是知識論的路數，則雖過渡到外的命題，而外的命題仍是一個知識命題。「屬某之 P」於 P 本身無所涉及，只是因對其所屬之情態之描述而被介紹進來。現在既由此屬於命題態度之命題轉而爲「眞地是此命題而且此命題出現」，則我們以爲這不過是屬某之 P

之脫離其所屬而客觀化。客觀化就是 P 自身作為一個主斷，它既表示亦指示，它成了一個確定的表白，所以它有真假可言。此時我們可以說：「P 是真的」，因為它脫離了主觀情態而自立，所以我們也不必說：「那是真的即 P」。但是這種客觀化，只是表示不關涉命題態度。在正面言，它仍是一個知識命題。對命題態度言，它雖可以是外的，然外的不必此，而此種外的亦不必真是邏輯命題，即由此種外的命題不必真能構成邏輯。因為邏輯中的命題都不是知識命題，它們於特殊的事物並無所涉及。而一個知識命題則必指示一個特殊物。此點羅素前面論普遍化時已言及之。所以此雖對命題態度言，已是外的，然尚為一知識命題，仍不是邏輯中的命題。不過羅素於此可以說：我們就在這種知識命題上，可以施行外延原則，而造成邏輯中的命題。如是，我們復應由此以「代替」與「普遍化」的手術而施行外延原則。在此，我們應記得上篇羅素論排中律所說的，每一認識論上的基礎命題皆有某種一定的邏輯形式。又說：邏輯界說（關於真）之獲得是因觀察認識論上的基礎命題之邏輯形式而獲得，而略去其「必須被經驗」這個條件，而同時卻保留其「必真」（在邏輯說意義裏的真）這個條件。羅素這話，即是由知識命題加以代替與普遍化之手術而實施外延原則之意義。這就是說，邏輯命題之獲得是由知識命題中抽出其邏輯形式而獲得。是以邏輯中的命題其實就是只有邏輯形式的命題。而此種只有邏輯形式的命題實則只是一個「句法」，於特殊物並無涉及的句法。這是普遍化的結果，也就是應用外延原則的結果。

　　如是，我們在構造邏輯以前，有一段歷程。此可謂構造成邏輯的前期歷程。這個歷程可分三步：第一步是命題態度，第二步是由

命題態度如何轉爲知識命題，第三步是由自立的知識命題施行外延原則而構造成邏輯中的命題。到了邏輯中的命題，我們才眞到了邏輯本身（即一個普遍的言語）的構造。這就是邏輯的所在。這個進路是認識論的，即其後面有一段認識論的歷程爲其根據。而邏輯則是由這個根據上而抽成而撰成的。這是個後的的東西，它並不是本來有的。

現在再看原子原則。論理，原子原則是與外延原則並行的。外延原則所應用的地方，原子原則也應用。外延原則所不能應用的地方，原子原則也不能應用。因爲原子原則是對於一個命題的分解。關於一個複雜的命題所表示的複體，能分解爲描述其中的部分之原子命題。即是說，每一關於其複雜性已顯明于陳述中的複體之陳述可以分解爲其組成之之部分之陳述（此是羅素修正的說法）。但是關涉命題態度的命題，即命題態度中的命題只爲主體情態之描述，而其中的命題實際並未出現，即其中的命題並未客觀化，其自己並未自立而確定，所以我們對之也不能有所知，也不能涉及其眞假，因此我們也不能對之有所分解。是即明原子原則亦並不能應用於命題態度中的命題上。如其要用，須從主觀的心身情態中脫離出來成爲客體而自立方可。這樣，便是原子原則與外延原則並行同用，自同一觀點而論之。但是，羅素似乎卻不如此論。他不問一個外的命題是否能表示在原子的、分子的、普遍化的命題之層級中，他卻問「Ａ相信：Ｐ」這類的句子是否能表示在這樣的命題之層級中。這好像是由外的命題又轉到內的命題了。我們覺得這與論外延原則的觀點不一致。轉到內的命題的分解，實際就是心身情態的分解，而不是關於其中的命題的分解。因爲其中的命題實際並未出現，只因

情態的描述而被介紹進來，所以實際並未涉及其中的命題之自身。依此，所以羅素的問題是：我們能解析「Ａ相信：即Ｐ」而不須視Ｐ為一副屬的複體嗎？「Ａ相信：Ｐ」是一全體，Ｐ是隸屬於其中的一部分。現在問：是否須視Ｐ為一副屬的複體才能分解「Ａ相信：Ｐ」？羅素答：不必。依此，我們並沒有分解Ｐ，而只分解了「Ａ相信：Ｐ」所描述的心身情態。此時Ｐ是連屬於情態裏，而沒有獨立性。而此種心身情態又純粹是物理現象，我們可以完全地描述之而不必引進任何副屬的複體。既純粹是物理現象，又可以完全地描述之，自然可以分解之。依此所分解的不是Ｐ，而是「Ａ相信：Ｐ」。羅素又言，所謂「Ａ相信這個」是說Ａ在一群可描述的情態中之一情態裏，而一群可描述的情態又皆有某種東西是公共的。然則所謂公共的是什麼？羅素答曰：因果律。於此羅素又牽涉到因果律。這些心身情態既是具有因果關係的物理現象，自然可以描述而分解之。然則原子原則可以應用於命題態度而使此種關涉命題態度的命題可列入原子的、分子的、普遍化的命題之層級中，為什麼又說外延原則不能應用之？蓋既可列入層級中，則它們已經就是邏輯中的命題，已經就是應用了外延原則了。否則它們不能列入那樣的層級中。所以羅素的觀點頗不一致。在論外延原則時，是注意「Ａ相信：Ｐ」中的Ｐ，以其並沒有實際出現，故外延原則不能應用於其上。在論原子原則時，則又不注意Ｐ，而注意「Ａ相信：Ｐ」所表示的心身情態，視之為一具有因果關係的物理現象，故可分解之，而謂原子原則可以用，可以使「Ａ相信：Ｐ」表示於原子的、分子的、普遍化的命題之層級中。這豈不是觀點不一致嗎？精明的羅素何至如此？如其注目於所表示的心身情態，則心身情態自

爲一客觀現象。視之爲一自立而表白的現象，自然可以分解之。然
這豈不是如視 P 爲「眞地是 P 而且 P 出現」一樣嗎？如其如此，
這豈不是又一立場嗎？豈不是又爲另一層次嗎？如其我注目於心身
情態爲一客觀現象：自其本身而論之，則雖可以分解之，而所分解
的，如表之以命題，實仍只爲「眞地是 P 而且 P 出現」。如其如
此，則外延原則亦可應用之。然這是另一層次，不可混亂。如其從
命題態度之爲主觀方面看，我們無論討論那個原則，皆應自此命題
態度中的 P 而言，不應變換立場。蓋邏輯層級中的原子的、分子
的、普遍化的命題，亦就是外延原則所能應用的命題以及應用後而
成的命題。這兩個原則決不可離。否則，若如羅素所論，不是立場
游移，即是矛盾；而且好像邏輯中亦可有命題態度的命題。

　　然而這尚不是我所要注意的。我所要明的，討論原子原則亦與
外延原則同，都表示在構造邏輯前有一個歷程。此即認識論地討論
之歷程。其歷程之步驟如前所述。

　　依上所述，我們可知羅素是由認識論的進路以構造邏輯。此種
討論邏輯的路數，我們可以分三段論之：

　　一、邏輯的前期歷程：以認識論爲背據。

　　二、用此背據而構造成邏輯本身，遂視邏輯爲句法系統：普遍
　　　　的言語。

　　三、此種邏輯中的命題之「眞」須依一形上學的假定，此即可
　　　　能事實與可能世界。

如以第二條爲中點，則第一條爲後顧，第三條爲前瞻，亦即有其
「溯自」與「展向」。而此三段，每段又皆有其問題。如是，邏輯
是在疑難叢叢，終不得決的荆棘中夾逼而出。不特如此，而且一、

邏輯是無用的廢物；二、是憑空虛懸；三、可有可無，無有必然，不得歸宿的喪家狗。以下且申明之。

照第一條言，在構造邏輯前，有一段歷程。這一段歷程雖是爲構造邏輯講的，然而其自身卻亦就是一種認識論。命題態度的分析是認識論的問題：由命題態度轉到一個知識命題也是認識論的問題；而關於「凡人有死」這類普遍命題的歸納普遍化的分析，又是認識論的問題。羅素講到命題時，有「基礎命題」（第十章）的承認，而基礎命題必指表示覺相的命題言，此爲最根本的起點。又有「事實前提」（第十一章）的肯定，而此列爲四：一曰知覺命題，二曰記憶命題，三曰否定的基礎命題，四曰關涉命題態度的基礎命題。此是構造邏輯的前奏，亦是認識論之自身。而基礎命題皆有一邏輯形式，而邏輯命題即由此邏輯形式的保留而成。這又是認識論的講法。所以在構造邏輯前，有一段歷程。此歷程即是認識論。如是，我們陷於兩方面的困難。第一、從認識論方面說，認識論中的每一問題皆是一個起爭論可討論的問題，此處須允許有非必然性的理論。縱然你的理論可以引至構造邏輯的目的，而他人的理論則不必。即他人的理論亦想由此引至構造邏輯的目的，然其所構造的與其所意謂的，不必與你同。此處亦定須允許有紛歧交替的可能。依此，邏輯遂隨認識論的理論之不必然而成爲不必然。第二、從邏輯方面說，這個沒有必然性的東西乃是完全從一個不妥當的根基上隨意構造起來的（縱然不是憑空）。而這個隨意構造起來的東西，雖是由認識論入手，而對於認識論自身卻是毫無用處，即在認識論中毫無地位。因爲我們的知識論已成立了，而邏輯卻爲後起；我們的知識已成立了，而邏輯卻於我們的知識之成立過程中毫無所作用。

此亦就是說，知識毫無求助於邏輯的必要。如是，邏輯由不必然而變為廢物。

　　或者說，認識論的理論雖不必然，而認識論裡的命題之邏輯形式，即邏輯句法（由言語句法而成），卻有必然性與普遍性。以此邏輯句法為邏輯命題而成的命題統系或句法統系，亦有必然性與普遍性。如是，我們當轉而看上面所列的第二條，即由認識論的根據而構成的邏輯本身。這樣構成的邏輯，羅素以及其他皆視為句法統系，即普遍的言語。這是加拿普等人所倡導的一個最近的主潮，羅素大體亦承認之。我以為邏輯的厄運，莫過如此。這是一個最墮落的趨勢。他們以為我們可以造一個普遍的適當的言語，任何其他言語中的陳述（命題）皆可翻譯於其中。我以為這個陳述就不是一個邏輯的陳述，那就是說沒有邏輯的必然性。縱然事實上，我們人類現有的言語系統，大概皆可翻譯於你所造的普遍言語，然這也不是邏輯必然性。因為這個見解是圉於事實上講的，是歸納的；而且言語的統系或言語的句法，其本身就是歷史的、社會的、約定俗成的，亦無邏輯必然性。依此，你所造的那個普遍言語的普遍性，並無邏輯的保證，所以你那個陳述也不是一個邏輯的陳述。縱然，退一步，你由言語句法而成的邏輯句法，我承認其有事實上的普遍性與必然性（非邏輯上），然而由邏輯句法而成的句法統系，即句法與句法間的連結。（此種連結亦是句法的，如凡 M 是 P，凡 S 是 M，故凡 S 是 P，加拿普即以為這是按照句法的轉成規律而成的一個句法。）所謂推演的系統，你也不能明其何以必如此，縱然其連結為必然的連結，然你不能說明何以有如此必然的連結，那就是說在一推演統系中，命題與命題間的必然連結，你不能說明之，這是

沒有理由的。若說，我們按照成句的規律或基本概念而成句，譬如依照羅素所說的「邏輯字」如「一切」、「有些」、「否定」、「析取」（即「或」）、真、假等而成句。但是依此而成的只是一個邏輯句法，如「非P」、「P或Q」、「凡S是P」、「有S是P」，這些都是一個句法，而並不是句法與句法間的連結。此是加拿普所謂按照「局成規律」而成的個個句法。但是加拿普又說：我們按照句法的「轉成規律」即可說明句法與句法間的連結。譬如：凡M是P，凡S是M，故凡S是P，這個就是按照句法的轉成規律而成的。但是，我以為這是一句空話。句法的「局成規律」可以說是指那些邏輯字言，這還可說是造成一個句法的規律或基本概念。但是轉成規律是什麼？在那裏？請你告訴我。轉成規律其實就是那個三段式，而那個三段式就是一個必然連結。試問這個必然連結，你將如何說明之？你若說在這個三段式自身以外，有一種轉成規律使之為如此，因而成為句法與句法間的必然連結，則請你告訴我這種規律在那裏，是一個什麼概念？你若不能明白指出，不能使我對之有一清晰之概念，則你所謂按照句法的轉成規律而成的句法的連結，便是一句空話。轉成規律如果是一句空話，則你對於必然連結就算沒有解析。你若視邏輯為一外在的句法系統，你不能說明其中的必然連結，甚至你也不能說明何以會有連結。若只是句法，而無別的，我誠不知這些句法何以會發生連結，而且何以定如此連結，而不如彼連結，這是沒有理由的。你若說：這是一種邏輯的推理關係，所以是必然的。我說，你這句話若不就是你的邏輯之句法觀，則你如此說，即算衝破了你的句法觀。試問邏輯的推理是何意義？這恐怕不盡是句法關係而已也。如是，我可斷言曰：一個寫出

的成文系統，我們所見的誠然滿紙是命題、是符號、是句法，然而卻也不只是命題、是符號、是句法，其中必顯示一個東西足以使這些命題或句法成爲一個必然的系統。否則，我們沒有理由來說明必然連結。至於所顯示的那個東西是什麼，亦須予以決定的說明，否則也可以有歧義。我自己所執持的決定的說明，其歷程稍後即略明之。

羅素亦承認邏輯是句法系統。但他似乎於句法系統以外，還承認一個東西。可是他所想的那個東西卻不是我所想的。他所想的是命題所必須與之相應以定其爲眞或假的客觀而外在之事實。他承認一個句法系統有基礎命題（這是維也納派所不承認的）。基礎命題必表示經驗或覺相，即必指示一事實。一個句子不只是一堆字，它一定有所指有所表。一個命題之眞之認識論的界說，就是那個命題須與經驗的事實相應。但是有趣出經驗事實的命題，而此種命題之眞則須予以邏輯界說，即那個命題須與一不必經驗的事實相應，即須與一可能事實相應。如此，羅素徹頭徹尾是向外找一個客觀的事實系統。現在且把基礎命題與認識論的界說所界說的命題視爲知識命題，即構造邏輯前的一段歷程中所有事。把邏輯界說所界說的命題，即與可能事實相應的命題，視爲邏輯中的命題，亦即邏輯之所在。如此，我們當轉而看上面所列的第三條。此即形上學的假定一問題。對此問題，我們只須就邏輯中的命題言，而不必牽涉到構成邏輯的前期歷程，即不必牽涉到知識命題。如是，我們的問題，在此，只集中於「形上學的假定」這一點。而就在此點上，我們又陷於兩方面的困難。第一、所構成的普遍言語是一個系統，而統系中的命題又皆有一可能事實與之相應，如是，我們於一句法統系外，

當有一客觀的可能事實之統系，以備句法統系與之相應，且為其中的命題之真或假的決定條件。可是這個可能事實的統系並不是被經驗的，或永不能經驗的。基礎命題以及認識論的界說所界說的命題，皆已有覺相或經驗了的事實為之證實，我們已無話可說；而其所表示的覺相或與之相應的經驗了的事實，已有吾人的官覺發現之是如此或不如此，我們亦無話可說，只有靜待我們的官覺經驗來決定。這種覺相或事實是否能在一個統系中，或即能，而其所能在的是如何的一個統系，皆只有經驗知識的發展來答覆。我們此時亦不能泛泛地說，我們有一套成統系的現成的知識命題與一套成統系的現實事實相應。因為事實的有無統系，或是否能成統系，皆只能由經驗知識的發展來發現，因而來決定。所以在知識命題上，我們不必事先作如此的決定，我們有一個最好的樞紐就是經驗。但是現在在一個句法統系上，我們沒有這個樞紐，而我們所構造的統系又是一個普遍的統系，任何其他系統中的陳述皆可翻譯於其中的統系。既然如此，則這個統系必是一個唯一無二的統系，不能隨便變換，如知識命題之統系之可以有紛歧，有交替，有變更。如是，我們有一個已造成的現成而絕對的統系，又有一個與之相應的可能事實的統系。而這個可能事實的統系又與句法統系那樣如此其嚴整，那樣唯一而無二。而我們於此又沒有經驗為樞紐。如是，我們如何能相信有這麼一個可能事實的統系？在經驗知識命題上，尚不能對其所指之事實如此肯定，現在有什麼根據可以如此肯定？這個事實的統系豈不是一個憑空的玄想嗎？句法統系，無論時人的看法如何，我們總可以有理由說明它，安頓它，因而承認它，然必於此句法統系以外還肯定一個為之相應的可能事實的統系，則毫無理由。這個肯

定是全無根據的。這還是就可能事實統系自身言，即就其有此事實方面言。若是反而問如何導引出此事實，則尤爲憑空變把戲，無根據。此點上篇已說明，茲不贅。再看第二點。羅素關於命題之「眞」，所以於認識論的界說以外，尚須一個邏輯的界說，其理由是因爲「知識」的界限並不確定，故須有一個較廣的「眞」之概念以冒之。此點若站在歸納普遍化上說，並無若何毛病。若進到邏輯系統，則毛病甚大。我們可以這樣想：若是可能的事實一旦都變爲現實的事實，即都成了經驗了的事實，那時我們的命題都是知識命題，然則我們還有邏輯沒有？如是，我們一方有邏輯，一方沒有邏輯。邏輯就在這麼一個搖擺的情形裏，有其暫時的存在。你說，因爲「知識」的界限不確定，所以才有邏輯（依羅素，邏輯的界說即是邏輯之所在，故如此說）；我則說：即因這種不確定，又可以沒有邏輯。此時好像有邏輯，移時又沒有了，這就叫做旋起旋滅。若說：知識無有已時，旋起旋滅亦無有已時，故總有邏輯。那麼，邏輯或者歸於事實上毫無用處的廢物（羅素已說過「眞」的概念事實上是無用的）；或者自其可能事實永不實現言，便爲毫無根據的假定，且純爲變把戲而導引出，如是邏輯便毫無妥當性。羅素的相應說之應用於邏輯，是其邏輯態度最顯明的一點，亦是最乖謬的一點。在認識論上，還可說得通；在邏輯上，全不通。我不知道，這兩者何以必須俱用相應說以貫之？難道拆不開嗎？我現在必須拆開它，這就決定我們對於邏輯的全幅看法。復次，就是假定相應說，亦不說明句法系統句法與句法間的必然連結。因爲那個可能事實的系統乃是假定的，不能經驗的。若說句法系統依照可能事實系統而成其必然連結，則我們不能知之，即亦無法依照之。而何況並不是

依照之，而實是自句法統系上隨便導引出的。所以它毫不能助於必然連結之說明。

依上所述，羅素的邏輯論有以下的缺點：

一、對知識言，邏輯是後起的，是構造成的，而知識已成立了，所以邏輯是廢物。

二、邏輯只是由構造而成的擺在外面的句法統系，所以不能說明何以有必然連結。

三、邏輯須靠一個全無根據的形上假定，所以邏輯全無妥當性、必然性。

總之，邏輯是憑空虛懸、無根據、無歸宿的喪家狗。

我們必須有一個大翻轉。這個大翻轉的說明歷程如下：

一、我們不空頭論命題。依此，有邏輯中的命題與認識論的命題之分。如是，我們不自分析認識論的命題入手。此即是說，在講邏輯時，我們沒有認識論那段歷程。

二、邏輯中的命題隸屬於邏輯。依邏輯而決定邏輯中的命題，依邏輯中的命題而認識邏輯。邏輯中的命題實即不是命題，而是命題函值，是一個普遍的句法。說它是一個普遍句法即表示須把它的內容盡行剝掉。由此我們須認識它是無所說、無所對、無所向，而不凝固於外界的一個空空句法。每一個命題是有所向的，因而凝固於一點。邏輯中的命題無所向，因而不是一個點。如是我們有有向命題與無向命題之分，此即內的命題與外的命題之分。

三、一個無向命題是一空空句法。它既無向，所以我們可以把它解析為按照幾個基本的邏輯概念（即羅素所謂邏輯字）而造成，此或即加拿普所謂局成規律。例如傳統邏輯的句法，我們可以說它

是依照兩組基本概念而造成：一組是量的，此即全體與部分（即曲與全）；一組是質的，此即肯定與否定。至於 S 與 P，可以完全不管它。此種句法，我們叫它是邏輯句法，以依邏輯概念而成故。

四、邏輯句法既依邏輯概念而成，又是無向，所以我們不能視之為有對有所表，而就其有所表期圖規定其真假。縱然我們說每一知識命題皆有一邏輯形式，又說邏輯句法是由考察知識命題中之邏輯形式而得出（此即明邏輯句法與普通知識中的言語句法有關聯），然到我們得到邏輯句法，視之為一邏輯中的命題，我們即不須追求其外面的意義，而藉相應說規定其真假。此是完全不必要。此是格外生支。必須把這個剝掉，大翻轉的端倪乃見。

五、不空頭論命題，邏輯句法亦不就是邏輯，此不過是表示邏輯的工具。依此，我們認識於句法與句法間的必然連結才見邏輯。表面上是句法連結，譬如是一個三段式或是三個句法，而實際是一個推理，即不只是句法連結。依此，乃說明必然連結之所以。

六、句法無所向、無所說，所以其表示的推理就是推理自己，不是什麼東西的推理，即不是有所附著的推理。

七、推理自己顯示理性自己。每一推理，皆理性自己之直接展示。依理性自己而言「純理」，邏輯是顯示純理之學。邏輯中的推理是推理自己，是最後的。

八、一個邏輯句法依其基本概念而有意義：凡 S 是 P，依「凡」與「是」而有意義。句法連結而成的推理依理性自己而有意義，其意義即是理性自己，亦即是邏輯。此意義即名曰「邏輯意義」，即邏輯自身（理性自己）是一種意義。（內的命題須依其所向而有意義。）

九、依此,邏輯是不能構造的,因爲我們不能說構造「理性自己」。推理自己亦不可構造。理須要顯示,而不能構造。

十、依此,我們有顯示理性自己的邏輯自己與寫成的句法系統即成文邏輯之分。一個成文邏輯是可構造的,構造是對依基本概念與基本定義造句法而言。不對理性自己言。但構造不必有認識論爲其背據。每一成文邏輯皆顯示理性自己。成文邏輯可多,而理性自己則一。

十一、標準的成文邏輯是與理性自己的開展相應的邏輯。依此,凡當構造成文邏輯時,皆須直應理性自己之開展而構造,凡不必須的外來概念皆當剔去。當吾撰基本概念而造邏輯句法時,亦須直應理性自己之開展之所顯示而撰之,凡外來而不必須者盡去之。吾意能至此者是二值邏輯。傳統邏輯是二值邏輯。它的基本概念是全體部分之量與肯定否定之質,依此而成其句法。然最能直應理性自己之開展之所顯示而撰基本概念以成句法者,則爲眞假值系統,此亦是二值邏輯。然其句法之成則只須肯定否定之質,而量則已剔去之。(講命題函值時,亦有類乎全體部分之量者。然其核算所據之關係,則仍以肯定否定之質所成之句法爲據。)

十二、眞假二值是肯定否定二用之外在化。依此外在化,我們說邏輯中的命題之眞或假。依此,眞或假全無外面的意義(即認識論上的意義),亦不須藉外面的東西(如相應說)以界說之。

十三、肯定否定二用是理性自己自行開展之所顯示。依此而言邏輯中的二分法。二分法的本義原只在此,二分法即眞假二分,眞假已言其原爲二用之外在化,無外面之意義。依如此之二分法,成立邏輯中之思想三律。此亦不能由外面以論之。

十四、二用爲理性自見之自用，自用即理性呈現其自己而爲自己所起之運用。三律爲「理性自見」之自己昭示。自己昭示是昭示其自己開展之狀如此如此。如此如此即如三律之所述者。

十五、在邏輯中的命題上說三律亦爲「理性自見」之自己昭示者之外在化，亦如二用之外在化而爲眞假。

十六、此種理性自己之如此開展是由思解之運行中透露出。如是，我們說它是顯於理解而歸於理解。顯於理解，明其並非無來歷；歸於理解，明其並非無安頓。如是，邏輯有了歸宿。

十七、依此，由邏輯的認識逐決定了我們對於知識論的講法，而不是如羅素那樣，由認識論的說明入手而構造邏輯。如是，邏輯不是廢物，而知識論的講法亦大不同。此是由邏輯的大翻轉，引至知識論的大轉變。

十八、由如此而認識的邏輯我們建立（說明）數學，我們眞作到了「數學歸於邏輯」這個主張。

本文止於此。

三十一年十二月廿五日草於成都

原載《理想與文化》第3/4期合刊（1943年1月）

懷悌海論知覺兩式

一、感覺論原則與主觀論原則

　　懷氏云：近代哲學之兩大主潮，一為休謨之經驗論，一為康德之超越理念論。懷氏引休謨云：「事象之呈于感覺，且具有關係，吾不名此為推理，而名之為知覺。于此情形，亦復無思想或任何活動之存在，惟有經由感覺器官而得之印象之被動接受而已。依此而言，關于時間與空間之同異與關係，吾人所作之觀察，切不可視以為推理。吾人之心從無由越乎感覺之直呈，期有以發見真實之存在與夫事象之關係。」（《人性論》第三部第二節）懷氏解之云：「此段主旨在默認『心』為一被動之接受體，而以『印象』為其私有之偶然世界。是以除其私有屬性與私有屬性間之私有關係外，一無所有。然而休謨復顯然拋棄此心之本體觀（心為接受體之本體）。末句言：『吾人之心從無由越乎官覺之直呈，期有以發見真實之存在與夫事象之關係。』此即言：印象決無力量足以證明真實之存在與夫事象之關係，亦足示：印象只心之私有屬性也。桑它耶那于其《懷疑論及動物信念》一書中，即常言：充休謨之說，同

異、時間、空間,決無由以涉乎眞實世界也。只有桑它耶那所謂『當下之孤客』而已。即在記憶,亦復如是。蓋『記憶印象』非關于『記憶』之印象也,此只爲另一私有之直接印象而已。」

懷氏復引休謨云:「有如許哲學家,基于本體與偶然事象間之區別,而作種種推理,並想像對于本體及偶然事象皆有淸晰之觀念。吾試問:本體一觀念是否有來自感覺之印象或反省之印象?如其來自感覺,吾又問汝:來自何官?如何來法?如其爲目所見,必有色;如其爲耳所聞,必有聲;如其爲口所嘗,必有味;其他感官,亦復如是。但吾以爲無人視本體爲聲、爲色、爲味也。是以本體之觀念,如眞存在,必來自反省之印象。然反省之印象又融解而爲吾人之情欲與情感,而情欲或情感又皆不能表象一本體。是以吾人決無本體之觀念,視其有別于殊質之集和。不惟此也,如吾人論之推之,亦決無意義之可言。」(《人性論》第一部第六節)懷氏解之云:「本節所論本體一念,吾不欲問。吾之引此,以其爲休謨基本假設之顯明例證也。其假設爲何?一、直接呈現及直接呈現間之關係(私有屬性),組成知覺之經驗。二、直接呈現中,無有足以顯發一『擴張實事之共在世界』者。」〔案:即于此直接呈現中,無有足以引起「同時生起之擴延實事之關係或組織」者。蓋在休謨所謂直接呈現,只一簡單之赤裸印象而已。〕

以上所述,參看懷氏《象徵論》31-34頁。懷氏所引休謨語,吾人亦不欲詳細分解之。懷氏之解語亦極簡略,吾人亦不欲問其能盡休謨之意否。本文單介紹懷氏自己之意思。

懷氏視休謨之印象爲「單純生起」,亦以「單純定位」視之。故其印象之爲直呈,實只當下之赤裸,不足以明共時生起之擴延關

係（亦曰擴延連續）。故流于碎瑣，而不足以應實。即吾所謂煞那感覺，當下之拘囚是也。此乃推極而爲言，非感覺之實情，故名曰理論感覺也。懷氏則云：「至于吾，則直接反對此單純生起之主張。天下事無有單純生起者。」（《象徵論》38頁）單純生起，單純定位，皆抽象之極致，非具體之實事。以此爲基本假設，即懷氏所斥之「錯置具體」之謬誤。休謨煞那感覺之單純生起之主張，懷氏名之曰「感覺論原則」。感覺論原則，必至「主觀論原則」（如不安于瑣碎與懷疑）。故有康德之超越理念論，自理解範疇以構造事實（現象），以組織碎瑣之感覺。故懷氏云：「康氏之主張承認休謨以單純生起爲所與之簡單預設。」（同上38頁）又云：「休謨感覺印象之主張有兩重意義。一則爲主觀論原則，一則爲感覺論原則。兩者常于感覺論之主張下而得結合〔……〕機體哲學于此兩原則皆反對之。拉克承認感覺論原則，而關于主觀論原則之述叙，則常不一致。〔……〕康德則承認主觀論原則，而反對感覺論原則。如承認主觀論原則，則感覺論原則必居主宰之地位。康德實現此地位，以爲其對于哲學之貢獻之基礎。現代哲學更企圖避免主觀論原則之結論。休謨與康德之偉績豐功在其對于所遭遇之困難而顯明之。主觀論原則，主經驗活動中之『所與』可純以共相分析之。感覺論原則，則主經驗活動中之基本活動乃對『所與』施以赤裸主觀之接待，而遮撥任何接待之形式（主觀之形式）。此即所謂赤裸感覺論也。」（《歷程與眞實》第二部第七章第一節）

　　本文介紹知覺兩式，以破感覺論原則爲主。懷氏對于主觀論原則亦有其重述，吾所不取。本文亦不能及。須知懷氏立言乃宇宙之觀點，非認識論之觀點。彼謂「康德以爲客觀自主觀出，而吾則以

為主觀自客觀出。」康德之主觀論原則有奇采，而此宇宙論觀點之主觀原則無奇采。

二、因果實效式

懷氏之破感覺論原則也，于知覺而發見兩式。一為直接呈現式，一為因果實效式。由此兩式，遂足以超越當下之拘囚，而歸于緣起之實事。其說通達無礙，願為介紹于下。惟兩式概念雖異，不能分論。茲先述因果實效之實有。

「囿于煞那感覺之單純生起者，不認因果實效為可覺知。休謨如此，康德亦然。兩者皆視因果實效為思維或判斷『所與』（印象）之重要法門。然彼皆以為因果實效不能存于實事。故休謨名之為思想之習慣，康德名之為思想之範疇。〔……〕二人復視『所與』為純粹之感覺所與。又以為因果實效之重要，及活動之足以證明此因果者，必為高等生物之特性。如吾人注目于因與果之常相等，並依複雜之推理而論之，則如此高級之心思及感覺所與之如此準確之決定，自為必須。惟有可注意者，如此推理之每一步，皆依據『直接現在必與直接過去之現成環境相契合』一事實。吾人切不可空注意自昨日至今日之推斷，或甚至五秒鐘前至直接現在之推斷。所應注意者，乃直接現在與直接過去之關係性。現在活動中之事實與先行既成事實之契合，人常忽而無睹，吾今得而指之矣！吾所持者，當機體之為下等也，現在事實與直接過去之契合，于其顯明行為及意識中，尤為彰著。花木之向日光，其準確甚于人類。瓦礫石塊與其外在環境所成之條件相契合，其準確程度亦復甚于花

木。犬之預測直接將來之契合于現在之行動，與人類同；至其至于核算與推理，犬固不如人，然其活動決非直接將來與現在之不相干。活動中躊躇不決，乃由于『某種相干之將來』之覺識與無力處理而決定之。設無相干不相干之覺識，何有于猝然遇之而躊躇不決耶？直接感官所與之生動欣賞，可以遮蔽將來之相干與否之攝受。〔案：此即對休謨視印象爲生動活潑之義言。〕是則當下即是一切。于吾人覺識中，此即幾近於單純生起矣。某種情緒，如怒與恐懼，又易遮蔽純粹感官所與之攝受。然其生起，則全依於直接過去與現在，現在與將來間之關聯之生動攝受〔……〕大部有生之物，其有白晝生活之習慣者，則于黑暗之夜，無常見之視覺所與，即覺心神不安，驚慌失措。〔……〕是以與環境中之眞實相契合，乃爲覺知之事。此于吾人外在經驗中，乃最基本之事實。吾人與吾之身體器官相契合，並與外于吾人器官之模糊世界相契合。吾人原始覺知即爲契合（模糊之契合）之覺知，亦爲于未分化之背境中『我』與『他』之關係者（模糊的）之覺知。如關係性不可覺知，則如此所論自必依據理論根據而造成。如吾人承認關係之覺知爲實事，則契合之覺知即爲不可疑之基本原素。〔……〕怒、恨、怕、懼、戀、愛、飢餓、熱誠等情感與情緒，皆密切與『溯自』及『展向』之原始機能相纏繞。惟所謂『溯自』及『展向』，並無細密之空間分化，只爲對于外界之『印其特性于吾人』時之反應而已。汝不能純從主觀中而有『溯自』。蓋主觀者只具于吾者而已。〔……〕當吾恨也，吾所恨者乃一人耳。其爲人也，乃一有因果實效之人，非一感官所與之集和也。『契合』之覺知，其原始之顯明性，可以事象之『有效性』（唯用性）而說明之。設不承認契合原則，任何事

象皆不能有其有效性。因契合原則之實有,故凡『已成之事』可爲『將成之事』之決定。有效性之顯明即『契合事實之覺知』之顯明。實際言之,『現在契合于直接過去』一事實,無人疑之。此爲經驗之基本組織。其顯明有據,與感覺之直接呈現同。現在事實自其先在者(或先行者)而生出,甚至一秒之四分之一之先亦先也。未料及之事自可參入,力亦自可爆發。但無論如何,現在事實總隸屬于直接過去之事實所成之範圍,如力眞爆發,則現在爆發之事亦必由過去與『力欲爆發事相一致』之事而來。過去之完全分解,其中必有足以爲現在之條件者。如力爆發于現在,則于直接過去,必已有要爆發之力之醞釀。」(參看《象徵論》39-46頁)

懷氏所述,實自機體之生理歷程、生物之適應歷程,乃至種種交互之總歷程而言之。懷氏復舉一例以與休謨辨。

「設就一眨眼人之私經驗而言之。于直接呈現式中,覺相(感相或印象)之承續,爲光之一閃,眼閉之感,以及煞那之黑暗。三覺相,實際言之,實爲同時生起。然光之一閃,實執持其先在性;後二覺相,孰先孰後,則不分明。依據機體哲學,此眨眼之人,于因果實效式中,亦復覺識另一覺相。其所覺者:眼之經驗,以光閃故,實有眨眼之因果性。此人自己,決不疑此。『因果』之感覺足使此人區別光閃之先在性。反而言之,從光閃至眨眼之時間承續亦可爲相信因果性之前提。此眨眼之人可解析其經驗曰:『光閃使吾眨眼。』如汝疑其說,彼可答曰:『我知其如此,因我覺其如此。』機體哲學承認此眨眼之人之陳述,即光閃使其眨眼。然休謨則參之以別種之解析。彼首指言:於直接呈現式中,並無光閃『使』此人眨眼之覺相。於呈現式中,只有兩覺相:一爲光閃,一

爲眨眼。復合此二，名曰一眨。休謨不認此人之宣稱曰：使眼一眨乃適其所覺知者。休謨之如此拒絕，乃在認一切覺相皆爲直接呈現式。此外，休謨於此人之經驗，則有另一解析：此人實際所覺者乃其『眨眼後於光閃』之『習慣』也。依休謨意，『聯想』一詞，解析一切。但如一『原因』不能被覺，『習慣』又如何能覺？於『習慣』之感中，此寧有一直接呈現耶？休謨施以巧妙之手法，將『感覺眨眼後於光閃』之習慣，混而爲感覺眨眼後於光閃之『習慣之感覺』。如上所述，吾人自直接呈現式之考驗，可於某種主張取得批判之駁斥，並因而允許別種主張自後門而滑出。因果觀念之生起實因人類生於因果實效式之經驗中也。」（參看《歷程與實在》第二部第八章第三節。全書劍橋版246-247頁。）

　　休謨囿於直接呈現之印象，遂不認事象之因果關係爲實有。彼視因果之感乃生自「此先於彼」之直呈感相之長期聯想。事象既無關係，故事象流轉之時動關係亦不可得而言。因此，所謂「時間」者，遂成爲「純粹之相續」。純粹相續者，因不相關聯之直呈感相之數數聯想而抽成也。故時間只有主觀性，而無客觀性。由此，遂有康氏直覺形式之主張。蓋彼二人皆不能證明事象之關聯性故也。今證因果實效之實有，故時間遂不得不改觀。懷氏云：「以吾人觀之，時間爲吾人經驗活動之相續，因此，亦爲於該活動中客觀被知之事象之相續。惟此相續非純粹之相續，乃由事事相隨而引生，即由後事之契合於前事之相隨相從而引生。時間自其具體性言之，爲事與事，後者與前者之契合。而純續則由既成過去與引申現在間之『不可返之關係』而抽成。純續觀念可類比以顏色觀念而明之。世間無空頭之色。但有某種特殊之色，如紅如藍。亦無純續，但有

『各項彼此相續』所依以成之某種特殊關係。數目之彼此相續如此，事象之彼此相續如彼。至乎由此種種相續而抽成者，即所謂純續者，則已落於第二序之抽象矣。此已失其時間之時動性與整數之數目關係矣。」（《象徵論》35頁）

懷氏如此論時間（即純續之時間）正是康德所駁斥之視時間為經驗之普遍化或抽象之概念或論證之概念者。此問題甚複雜，本文不欲論之。懷氏論及此，吾只欲視之為具體事象之具體關係之說明，不欲引至時間本身之討論。此中頗費分解與論辨。譬如「因不能證明事象之關聯性，故視時間為主觀、為直覺之形式」。但若已證明事象有關聯性，而時間亦未必非主觀、非直覺之形式。此中有各層次各分位之不同之問題，非可一概而論也。本文不以此為問題。

三、直接呈現式

知覺不只剎那感覺之直接呈現，且為因果倫繫之發展歷程。不惟直接呈現之感相為可覺，即此因果倫繫亦可覺。惟吾人之覺知既具因果實效式，則因果實效式中之直接呈現亦必非休謨之剎那感覺與單純生起。懷氏云：休氏所預設之直接呈現，其中並無足以顯發一擴張事實所成之同時生起之世界。然則，懷氏所謂直接呈現端在表明擴張實事所成之同時生起之世界之全體結構也。茲譯述其言以明之。

「吾人外在世界之覺知可分兩型（即兩式）。其一為因果實效式，已言之於上。其一即為共時生起全體世界之直接呈現。其呈現

也，以直接感覺之投射，規定共時生起之物理實事之性相。此呈現
式，即為環繞吾人之直接世界之經驗。所謂直接世界，即依吾人機
體有關部分之直接情態而成之感相所點綴之世界也。〔……〕感相
為現代語，休謨則曰印象。對人類言，此經驗型生動顯明而準確。
且其顯示共生世界中空間區面及種種關係，尤為清晰而明顯。吾常
言『感覺之投射』，此語實有誤會。須知決無赤裸之感覺先被經
驗，然後再投於吾人之足以為其感，或投於對面之牆以為其色。投
射為全境之一部，與感相同其根本。所謂投射於牆，因而性相化
之，化之以如此這般之色，固亦同為準確，然亦同有誤會。『牆』
之一詞，因其自另一知覺型（即因果實效式）而引出之報告，亦同
有誤會。〔案：如何誤會，懷氏無明言。〕所謂牆者，顯現於純粹
直接呈現式中，惟因空擴關係，連之以空間觀景〔案：即主體與牆
間之空間觀景〕，結之以顏色感相，獻其身於吾之經驗中。吾言牆
如此而現，意欲明其表現連結中之『普遍性相』。蓋此種普遍性
相，因其詮表一物而被結合。其所詮之『物』即牆也。惟吾人知覺
並不限於普遍性相。吾未覺知無體之色、無體之擴。吾所覺知，乃
牆之色，乃牆之擴。所驗實事，色與牆俱，同現吾前。是以『色』
與『空間觀景』乃抽象原素，藉以予牆以性相，以進入吾之經驗。
故色與空間觀景乃『此時之主體』與『此時之牆』間之『關係原
素』（以關係原素故，名為普遍性相）。惟是色與惟是空間觀景，
則為極度之抽象體。蓋其出現，乃在將『此時之牆』與『此時之主
體』間之具體關係剝落而後然。此種具體關係為一物理實事。對牆
而言，或不甚重要；然對覺知主體言，則甚重要。而空擴關係，則
於牆於主體，皆同等重要。惟於此空擴關係中，『色』之一面，即

在該時，與牆可不相干（雖爲構成能覺主體之一部）。依此而言，共時顯發之實事，其生起也，可彼此獨立。吾名此經驗型曰『直接呈現式』。此呈現式表示共時生起之實事如何互相關聯，而又執持其彼此獨立性。獨立中之干連爲共時生起之特殊性相。此呈現式惟於高級機體爲重要。〔案：即於人類認識爲重要。〕至其爲物理事實，則或入吾人之意識，或不入吾人之意識。如其入也，須依吾人之注意及概念機能之活動。以此活動，物理經驗及概念想像遂混融而成知識。」（《象徵論》13-16頁）

懷氏又言：「所謂直接呈現，吾意即通常所謂『感官知覺』。〔……〕直接呈現爲共時生起之外在世界之直接覺知，此外在世界顯現爲組成吾人經驗之原素。於此顯現中，此外在世界表露其自身爲緣起實事之共體。其爲實事與吾人機體之爲實事同。此種顯現以『性質』爲媒介而成功。性質者，如色、聲、臭、味等是。如此等性，或視爲吾人之感覺，或視爲吾所覺知之實事之性質。如此等性，乃覺知主體與所覺實事間之『關係體』〔此『體』爲虛位字〕。以爲關係體故，可自其函於所覺實事間及所覺實事與能覺主體間之空擴關係中抽離而孤立之。此種空擴關係爲一完整格構，分布於能覺主體與所覺實事之間而無偏黨。此爲複雜機體之形態格構，藉以形成共時生起之全體世界之結聚。〔案：形態格構即形態學之格構。此即爲幾何格構，亦稱數學秩序，由直接呈現式而暴露。懷氏有所謂育分與向分，向分之分解即指此而言。此爲世界甚至每一機體或事物之公性。育分則示其生成歷程也，此當自因果實效式而暴露。〕每一現實物理機體，當其參入而構成此共時生起之全體，即契合於此形態之格構。是以感相（如聲、色等）或機體

感,即依據空擴格構所供給之觀景而引介物理實事以進入吾人之經驗中。空擴關係自身及感相皆孤離之抽象。惟空擴關係所提供之『感相之觀景』,則爲特殊之關係。外在共時生起之實事,於此範圍,以此特殊關係故,遂爲吾人經驗之一部。如此等等機體實事,介入經驗中而爲對象(物相),亦兼攝吾人機體(身體)之種種器官。〔案:即種種機體器官亦爲機體實事而引介於經驗中。〕而其中所謂感相,則名曰『機體感』。機體感,以及其他外在實事(爲呈現式中之重要部分),連合而成『能覺機體』之環境(共時生起之全體即環境)。依是,直接呈現式之要性有三:一、所含之感相依於能覺之機體以及其與所覺機體間之空擴關係;二、共時生起之世界顯現而爲擴延實事,且爲種種機體(即實事)之瀰漫(即充滿機體);三、直接呈現惟在少數高等機體之經驗中爲重要,至在其他,則並未分明發展,或甚至全無蹤影。〔……〕復次,純粹直接呈現所給之知識,必生動、準確、孤成而不牽連及他。〔……〕蓋吾人不能將此事之『性質呈現』與他事之任何內具性相直接連結之也。吾可見一有色椅子之影像,此影像亦能呈現鏡後之空間。然吾不因此而知鏡後空間之任何內具性相。但如此所見之影像,其能直接呈現一顏色足以狀某距離處鏡後之世界,與轉吾視線而直向椅子之所見同。是以純粹直接呈現式,不允吾有虛幻與非虛幻之分。或全是,或全無。吾所驗,即吾所驗。含於直接呈現中之感相,其關連甚廣闊,非此共時生起之實事所表現者所能盡。設抽離此廣闊關係而不顧,即無由以決定感相所現之共生實事之『顯現形狀』之重要。〔案:此兩語義蘊無邊,懷氏近出《思想之模式》一書即詳發此義。〕以此意故,所謂『唯是顯現』即具『孤成不連』之義。

〔案：即孤成自持，義不通他。〕感相之廣闊關係，唯因考察另一知覺式而得明。〔案：即因果實效式之考察可以暴露此廣闊關係。此恰如千古興亡，百年悲笑，一時登覽。一時登覽即直接呈現式中之感相。此所見者孤成自持，然因因果實效，則千古百年全體勾起。〕」（《象徵論》21-25頁）

懷氏又云：「於直接呈現式中，一切共時生起實事，自因果言之，其顯發也，皆彼此獨立。〔案：如上所述。〕該共時生起全體世界，客觀化而爲客觀實事（即客形）。如此客化，足以說明具有種種部分於其中之赤裸擴延關係。其所具之部分即因種種不同感相所分化者。色、聲、機體感、香、味、觸，以及因擴延關係而引出之觀景關係等等，皆爲關係體，亦即曰『永相』。〔案：即永恆物相。物言其客體義，相言其型式義。〕以此永相故，共時生起之實事遂皆爲吾經驗組織中之原素。此所謂『客觀化』，吾曾名之曰『呈現之客觀化』。〔案：共生實事因永相而得客觀化，簡稱客化。〕依共時獨立原則，共時生起世界，依其『被動可能性』而客觀化。感相及其所分化而成之部分，乃爲吾機體之先行情態所供給，並亦因之而將如此感相分布於共時生起之空間中。〔案：共時生起世界因感相而客觀化。感相爲能動而客化之。然感相之現皆有其先行之歷史根據，其所客化之實事亦皆有其先行之歷史根據。依此歷史根據，即言共時生起世界如此客化所據之被動可能性。〕」（《歷程與眞實》，劍橋版，84-85頁）

依此，吾人進而論客觀化之歷程。

四、客化歷程

共時生起世界，因感相而客觀化。此客化歷程即雙攝直接呈現與因果實效而爲一。茲再譯懷氏文以明之。

「擴延連續之純數學可能性，欲使客觀實事決定爲吾主體之眞實對象，有增加內容之必要。此所增益之內容爲永相（即感相）所供給。此等永相即爲主體經驗之『所與』。其爲所與，非由共時生起之實事之割離（或云決定、截斷或限定）而出現，乃生自主體之先行物理機體之機能。而此物理機體之機能，如轉而分解之，可知其表現遼遠過去之影響。此遼遠過去，於主體，於其共時生起之實事，爲公共者。是以如此感相即是永相，實表現一複雜關係體。且連結過去實事與共時生起之實事而爲一。且藉之以成功共時生起之實事與過去實事之客觀化。舉例言之，吾見一共時生起之椅子，然吾見之也以目。吾復觸一共時生起之椅子，然吾觸之也以手。所見之『色』旣客觀化此椅，復客觀化吾之目，客觀化之以爲主體經驗中之原素。於觸亦然。旣客觀化此椅，復客觀化吾之手，客觀化之以爲主體經驗中之原素。然目與手在過去（幾乎遼遠之過去），而椅子在現在。如此客化之椅子，即爲共時生起之實事統於一而成一結聚之客觀化。此結聚，自其組織言之，可以『空間區體』及其『觀景關係』而說明之。此一『空間區體』（即結聚所示者）即以結聚中之分子故而得『原子化』。〔……〕復次，所謂過去，不只限於先行之眼與手，外于吾之機體之自然事亦有之。」（《歷程與眞實》86-87頁）

由分解物理機體之機能所表現之過去之影響，即攝因果式于直呈式。此種兼攝表現一發展之歷史跡。惟吾人常易注目於直呈式中之客形，而於其過去歷史，則常忽而無視，尤於最近過去或直接過去爲然。直接過去，以其密接於現在，故易忽視。遼遠過去，則因模糊而難識，故又略而不論。然此自吾知之抽象言也。若其歷史之關係，過去與現在之發展，此在實事，無有可間斷而孤離者。是以吾人亦不容忽之。今懷氏自機體之提供感相而表示過去之影響，暴露歷史之發展，連結兩式而爲一，誠可謂善巧而應實。不嫌辭費，願詳述之。

「遙遠過去之直接相干，其相干因其於當下主體之直接客觀化而相干。然此則常容易被忽略。因此時所注意者，乃於直呈式中攝取一嚴格之物理事也。然外在世界復有間接之相干。此因轉化歷程而顯。於此轉化歷程中，每級皆有類比於當下客觀化之客化。〔案：每一步客化即形成一攝受，亦形成一結聚。〕依是而言，於自然事實中，必有種種居間客化之歷史跡。如此相干之歷史跡可引至動物機體之各部（各器官），並將『攝受』轉入此歷史跡中。此歷史跡中之攝受即形成外在環境對於動物機體之物理影響。〔案：每一步影響成一攝受，成一結聚，成一客化。〕惟此外在環境，雖爲具體化之主體之過去，俱時亦爲客化之椅子影像之過去。〔案：此椅子影像即一結聚。因前文以椅子爲喻，故如是云。〕如有一眞實椅子，則復將有另一客化之歷史跡。〔案：於其環境中，從結聚到結聚之客化之歷史跡。〕每一結聚中之分子，將皆互爲共時生起而存在。〔案：亦自保持其孤成自持之獨立性。〕復次，此歷史跡亦必引至椅子影像之結聚。以此歷史跡及椅子影像所共組之完整結

聚將形成一單一組合社團。如此社團即名曰『真實椅子』。」（同上，87頁。）

　　「于客化歷程，分解言之，當有最基本之經驗型。此可名曰『感官接受』，此則不同于『感官覺知』。以柏格森之語述之，感官接受未空間化。感官覺知則空間化。感官接受之感相只為『感動之確定』，乃自緣起至緣起之轉化所具之『感動形式』，可無主客之分，故曰未空間化。然即此最簡之緣起實事〔案：感官接受自身亦緣起事〕，亦必經驗少分感相，因而亦必具最小之模型。〔案：模型者自特殊永相中抽出之複雜對比之式樣也。特殊永相即為此「對比式樣」之質料。前明感相亦永相。少分感相亦自有少分對比，雖不明顯，不可謂無。故云具有最小之模型，實亦即所謂「感動形式」也。〕此時所驗之感相，其被驗也，只為感動驗之。驗之而成種種『特殊感』。此種種特殊感之強度，結和而至『滿足之統一』。此簡單感攝中，雖有『自強度之結和而至滿足』之歷程，然此歷程，于其高級形態〔案：即滿足之統一〕，實為無效〔案：即不生作用〕。此時所謂歷程，只為其『所與』之奴隸。依此而言，最簡級之經驗，對其『所與』，可謂無創生之反應。『所與』之為簡單，以其表示『于簡單情形下而成之過去』之客觀化。設有 A, B, C 諸緣起事，進入緣起事 M 之經驗中。A, B, C 自身亦經驗感相「S¹」及「S²」，而「S¹」及「S²」，可因其間之少分對比而得統一。此時緣起 M 亦必感「S¹」及「S²」諸感相為其自己之感覺。是以自 A, B, C 至 M，其感覺之感可有『轉化歷程』。設 M 有自我分解之聰慧，因自 A, B, C 至其自身之轉化故，必知其感覺自己之感相。是以對 A, B, C 之直接覺知（不自覺）只是 A, B,

C 之因果實效性。彼等自身進入 M 之組織中而爲其成分。如此不自覺之直接知覺自不免于模糊。蓋如 A, B, C 無大異，其強度之變化亦甚小，則使 A, B, C 互相分化，亦無若何關係也。是以所遺者只有當下實事之因果實效之感，而其準確關係則蒙蔽而不露。依是而言，M 之經驗可視爲一『量度之感』，其爲量也，乃由 A, B, C 感相之提獻及 M 按比例而契合之而成立。此理，可以物理言詞而普遍之。M 之經驗爲由特殊感相（由 A, B, C 而引者）而生之強度。自 A, B, C 言之，實有一『量度感』之流注（量度感自『感之殊形』而起）。經驗有其向性，亦有其強度之公共測量，復有傳達其強度之『感之殊形』。如以『力』代『量度感之強度』，以『力之形式』代『感之殊形』，並知物理學中所謂『向性』意謂自他處而起之『確定轉化』，則此處所描述之最簡原素可與『近代物理所據以建立』之一般原則全契合。吾言『所與』即物理學中向量說之基礎。吾言『量之滿足化』即物理學中『力之定位化』。吾言『感相』，即物理學中力所以爲衣飾之『歧異殊形』之基礎。惟吾所描述自玄學言，故有如此用語，實與物理概念相契也。〔……〕是以上直接覺知顯示：于接受情形下，一緣起實事之組織。自因果言之，如此覺知可描述作用於現實世界中之生發因果。自認識論言之，可描述特殊存在之觀念如何吸入能覺主體之主觀性中，如何能爲外界經驗之『所與』。自物理言之，可描述『定位之力』之『量度強度』其自身如何有其創發之向性，如何有其特殊之殊性。」（同上，162-164頁）。

　　「約理而言，動物機體只爲較高級之機體，而普遍環境中直接一部，則爲其『主宰事』。此即最後之主體是也。〔案：**此主體即**

覺知主體，亦曰覺知事。〕然自外至內之傳通，此動物機體即標識自低級事至高級事之流轉。流轉之級愈高，其增進之力愈生動而有創發。最低級之純粹接受及其轉化即予生命之『勾機活動』以地位。藉此活動，力即解放而為新奇之形態。是以『轉化之所與』，以其自低級外界流轉至人類機體之直接部，即使其所具之感相增進其相干性，或甚至改變其特性。舉例明之，一感官所與可自石頭轉至手中之觸感，然其發自石頭之向性，仍保持而不失。手中之觸感具其發自石頭之向性，復可轉至腦中之主體。是以最後之覺知乃經過手中觸感之石頭之覺知。於此覺知中，石頭即漸變模糊，而與手比，亦漸失其相干性。然其相干，無論如何式微黯淡，仍非無有。從 A 至 B 至 C 至 D，此一串隱存之轉化中，A 因永相 S 客觀化而為 B 之『所與』。隨之，B 復客觀化而為 C 之所與。但 B 之所與復對 C 有某種干連，即 A 客觀化而為 B 之所與，再客觀化而為 C 之所與，依次而至於 D，亦同經客觀化之歷程。是以最後主體 M，其所有之『所與』，可含攝如此轉化之 A，如此轉化之 B，乃至其他。M 所有之最後之客觀化，乃因一組永相 S（此為原始 S 群之變形）而成功。一般言之，A, B, C, D 等間之區別，可不甚顯。有時，某種客化歷程線如 A 及 C，可因某種「創發形態」之特殊表現而特見顯明。（蓋某種創發形態之特殊表現可保持其後來轉化中之重要性，此時即甚顯明而不暗淡。）此連串中，復有若干分子如 B 與 D，可漸沈沒而被遺忘。例如，於觸覺中，必及乎密接於手之石頭，乃至單及於手。但在常態而健康之機體運用中，沿膀臂而起之一串事，則埋沒於背後，幾全遺忘。是以 M，若有分解其『所與』之覺識，則當以手觸石之時，亦必覺識其手中之感。依

此所述，覺知自其本性言之，即爲外界因果實效性之覺識。以此因果實效故，『能覺主體』即自一有組織之所與中而具體化（即客觀化）。『所與』之向性，即此所謂『因果實效』。〔……〕如此所成之知覺，即爲因果實效式中之知覺。記憶即其例也。蓋記憶者，即將最後『能覺主體』M_1，M_2，M_3，等等之某種歷史跡所具之『所與』連至『記憶主體』M 之知覺也。」（同上，168-169頁）。

「通常所謂視覺實『主體事』之具體化中較後級之成果。〔案：通常哲人皆集中視覺以論知識，故云。〕當吾於意識中，標示一灰色石之視覺，其所意指，常不只赤裸之目視。所見之石必關涉於過去。〔……〕石定有其自身之歷史，且或有其將來。其爲現實世界中之一原素，有現實之理由，非只抽象之可能性。然於灰色石之覺知中，吾人皆知所含之『禿頭視覺』乃一與吾主體同時生起之『灰色形狀』之視覺，且與主體具一定之空間關係，且有粗略之規定。是以『禿頭視覺』惟限對於主體而起之幾何觀景關係之描寫，以及對於某種同時生起之『空間區面』之描寫。此種描寫，則因『灰色』爲媒介而成功（灰色即感相）。『灰色感相』足以依免該區面與其他區面間之模糊混擾，而使其脫穎而出。借一感相爲助，使一同時生起之空間區面（對其空間形狀及其對主體之空間觀景而成之空間區面），自模糊中脫穎而出，此種知覺名爲『直接呈現式中之知覺』。〔……〕於因果實效式，吾人舉記憶以及生理五臟之歷程爲例。於直覺呈現式，可以『虛幻』知覺爲例。例如：於鏡中所見之灰色石之影像，可以描述鏡後之空間。因精神錯亂（如飲酒過度）而起之視覺幻像，或因某種想像之刺激而引起幻視，則

足以描述一環繞之空間區。由於眼之失調而起之雙重視覺亦然。夜間仰視星體，或星雲，或銀河，亦能描述共時生起之天空之模糊區面。切斷四肢之感，可以描述身體外之空間。身體之痛可以描述痛區，然非生痛之區。凡此等等，皆為純粹直接呈現式之佳例。」（同上，170-171頁。）

以上由客觀化歷程引證知覺兩式。兩式之連貫，懷氏名曰「兩式之相交」。相交云者，兩式中公共之結構也。此公共結構即為勾連兩式之勾機。蓋公共結構之成，由直接呈現而引生之覺相與由因果實效而引生之覺相所共組者。懷氏以「感相」與「定位」為勾連兩式之公共結構。定位亦即感相之定位也。如前所述，感相為直接呈現之「所與」，復亦因感相而客化先行之事實。是以凡為經驗中之「所與」只能由其「自然之潛能」而引生。自然之潛能，於因果實效下，賦特殊經驗以形狀。因果實效即「既成過去」之形成於現在。故感相於知覺中表現為雙重角色。於直接呈現式中，感相之投射，足以顯示共時生起之世界（具有空間關係）。於因果實效式中，感相顯示最近先行之機體器官足以參其特性於當下之經驗。此即前所述因感相而客觀化于手眼與椅子者。復次，感相有其「定位」。吾以手觸木，以目視形。以觸與視而生之感相，有其定位（故感相與定位為勾連兩式之公共結構也。）懷氏復云：「休謨亦默認此雙關之勾機。如休氏所云：『如其為目所覺，必為色，如其為耳所覺，必為聲。〔……〕』此雖無因果之覺知，實已默然預定之。蓋所謂『為目所覺』、『為耳所覺』之『為』何謂耶？休謨之辨論已預定：作用於直接呈現中之感相，乃因作用於因果實效中之目與耳之『故』而為『所與』矣。否則，其辨論必落於循環而不可

止，蓋必復起自目與耳，亦必解析『 爲 』字之意義。是以休謨初則默認知覺之兩式，繼則復默定直接呈現之一式。」（參看《象徵論》49-51頁。 ）

五、後跋

本文取材，只限於《象徵論》與《歷程與實在》兩書。懷氏哲學之骨幹實以「知覺兩式」為一具有問題性之入路，由此而建立其哲學。論懷氏思想者，皆未能了悟此骨幹。《象徵論》一書（此為一小冊）專講此兩式。此即建立其哲學規模之所在。此後即將此骨幹吸收於《歷程與實在》。握住此骨幹，則該書可讀矣。書中一切其他鋪陳皆由此而引出。論者皆注意其鋪陳，而忽略此骨幹。懷氏哲學本純為一宇宙論。宇宙論之主題為「成為」，為「發展」。然「成為」或「發展」不能空談泛論，必須自一切實之問題入，此即其切實之根據。懷氏由「因果實效」講「發展」，講「成為」，此即其不浮泛。然宇宙論又不只「成為」、「發展」而已也，且必須暴露「成為」、「發展」中之條理或架子。此即所謂數學之秩序。而此秩序又不能泛論，亦必有其切實之根據。懷氏由直接呈現式而論之，此亦是其警策。此一數學架子之暴露，本文不能接觸及。然若能瞭解直接呈現式，則此進一步之鋪陳，及數學架子之暴露，即可得而明。此步鋪陳即是懷氏所謂「擴延連續」之分解。抽延法、輻輳律、幾何秩序、數學架子，皆自此而言也。懷氏早期工作（即《自然之概念》及《自然知識之原則》兩書所作者）皆集中於此。此特表現其物理之知識及數學之修養。嗣後即以直接呈現式為根據

而全部吸收于《歷程與眞實》。此步鋪陳，較涉專門，了者亦少。然實爲懷氏實學之所在。若單自早期言，則自以此爲主文。然若自其哲學之整個系統言，單注意此鋪陳以及其對於「成爲」、「發展」之妙論，則即不能了解其問題之骨幹。此爲一燦爛之外衣，必有足以支持此外衣之架子。此即「知覺兩式」也。此爲懷氏由學力而進於智慧矣。其至爾力也，其中非爾力也，進於慧矣。

因果實效式之提出，實爲懷氏之獨特處，亦爲其中肯處。自休謨破壞因果後，論者似皆不能對題而立言。因果律爲「事實律」，即其爲律總屬於事實者。前乎休謨所意謂之因果律，亦自事實或存在而言之，所謂「有物有則」是也。雖視此「則」爲過硬，或名之曰天則，或視之爲「理性的」，然「天則」亦是物之天則，「理性的」亦是存在之「理性的」。休謨亦自此而意謂之。然彼依據其狹義之經驗論，以爲並不能獲得之證明之，依是天則遂成泡影矣。唯有可注意者，無論經驗能證明之或不能證明之，而因果律自身總屬於客觀「法」或存在「法」。是以如欲挽救之，亦必須自經驗而立言，自存在而在意之。即：如其必須由經驗而明之，則將如何由經驗而明之？如由經驗不能證明之，則或重新考論對於經驗之看法，或無論如何考論，經驗總不能證明之，則即須承認命運注定其無因果，注定經驗事實不能有因果，是即任之而已矣。要不能自外乎「事實」處發見某種物事置於經驗事實以充當因果律。蓋外乎事實而發見者，未必即能充當之，而事實亦未必即能接受之。解鈴還得繫鈴人。屬於存在「法」仍須自存在而尋之。如由經驗不能自存在而發見之，以經驗之發見爲難證明，則無有比經驗更佳之法門，亦無有比經驗更易證明之路徑。前乎休謨，其所意謂之屬於「理性

的」之因果律，乃是自外面之存在而置定之。此即謂獨斷。然要不自思想而言之，其所謂「理性的」，亦不是思想中之「理性的」。休謨之批評證明此獨斷為無據，然後又不能自經驗而重新建立之。後之人承乎休謨，自不能再自外面之存在而置定，故返而自內部之思想而為言，以挽救休謨之所破。此種路徑正吾所謂自外乎事實處而發見。此有三難：一、未必即能充當，事實亦未必即能接受；二、知識流於套套邏輯，而終不能說明知識；三、此終為自形上學而立言，而終於為形上學，對存在學有意義，對知識無意義，純為形上學之平鋪，成為邏輯之分解，而不能與經驗相接頭。此第三難，即是康德、黑格爾之困難。無論吾人形上學為如何，此問題之生起乃在有對之知識中，是以無論形上學之系統為如何，要須在知識階段中通得過，得解答。如外乎此階段，而自形上學得滿足，則在知識中仍未通得過，是即等於無解答。轉出去得滿足，則即「末之難矣」。蓋在形上學得滿足，而一旦在知識之有對中，經驗仍不能證明之，則形上學之置定與滿足仍於事實無助也，或仍為獨斷也。是以無論在圈外如何說，而在知識階段中必須首先通得過，能獨立得解答。如此義得成立，則懷氏之途徑自不能淡漠視之矣。蓋其「知覺之因果實效式」即自經驗而言之，而自事實而意謂之也。縱懷氏哲學為一單純之宇宙論，而「知覺之因果實效式」仍值得提出考慮。筆者以為此是一對題之途徑。

懷氏洞見力極高，想像力極豐，可謂深入事物之奧秘。然其洞見之深入乃集中於物理而為言。以其物理之底據，數學之陶養，遂將其深入事物之奧之洞見剖解而為一終始條理之系統，以成功一最後為「美學態度」之系統。此實富貴氣之英人文化之最高典型。其

以往之經驗主義之傳統蓋繼創業者之艱苦經歷耳。而切實之富貴氣，則又非浮誇之華飾所可比。此蓋中國之律詩也（律詩有富貴氣）。浮薄淺嘗而又專發感慨之中土學人，亦未始不應有此「自足」之剖解精神之訓練也。雖非富貴，亦不必專以叫苦為事。

柏格森之深入與光輝亦奇才也。然就生物學而發揮，成為一烈性之謳歌，非西學之大統。是以不為識者所重。

嘗思之，柏拉圖之理型，亞理士多德之「理地」（愛森士之譯語），其深入西人之心際，如此其深，實為其靈魂之托足，彼將與之終古矣。而英人對於外事奧秘之剖解，德哲對於思想委曲之深入，皆登峰造極，人類精神之燈塔。吾人如能深刻了解之，此是何等事業！《易》之窮神知化，孟之仁義內在，西人又何能望其項背？宋儒之理，明儒之心，百煉菁英，西人又何曾窺其津涯？察業識莫過於佛，觀事變莫善於莊。而宗門大德之透脫棒喝，又是何等氣魄！吾人一一體會，深入而煉出之，會之有歸，統之有極，若謂吾之思想文化不能頂天立地而站起，吾不信也。異代典章，鑄於此矣。空口侈談，而不實學，討盡天下便宜，害盡天下蒼生。凡有心人，皆當亟回機而就已。

常聞人言，懷氏居常喜看偵探小說。居移氣，養移體，悠悠謙居，別有會心。其洞見委曲，蓋有得於其精細，自不取其奸巧也。此富貴子弟之所為，而吾人則不可無振拔嚴肅悲憫之心胸。是以吾雖望國人有其剖解之訓練，而不可無主於心中。吾不願吾人徒為一國際遊魂也。懷氏看偵探小說，吾人讀《孟子》、《水滸》其可矣。

原載《理想與文化》第5期（1944年2月）

評述杜威論邏輯

杜威近出一邏輯書，標題曰「邏輯」，復標一副題曰「研究論」。其中第四部十九章，題目曰「邏輯與自然科學：形式與質料」。此章專論邏輯與自然科學之關係，即邏輯如何應用於科學。此問題再轉即爲「形式與質料之關係」之問題。杜威由此立言，以斥形式主義之非是。卓然成家，而不足以入於眞理之門。茲單就此章，節譯其言如下，並疏解而刊正之。案語低兩格。

凡邏輯家主形式與質料無關者，名曰形式主義。形式主義，其間亦有不同。有則主張形式構成一玄學可能性之領域；有則主張形式爲語句中字之句法關係。與此相反者，則主形式乃質料之形式。本書之主張，則屬後者。本書主張之特點乃爲邏輯形式須引附於所研究之題材（即主材亦即質料）。其引附也，乃於所研究之題材於研究中必服從於研究目的所決定之條件見之。依此條件，可以組成有保證之結論。

案：近世治邏輯者大都有一本體論之根據，即杜威所謂視邏

輯形式爲構成一玄學可能性之領域。領域者「界」義。玄學
可能性之領域，即玄學可能性之世界。簡言之，即可能世界
也。自羅素盛倡關係邏輯起，凡講形式邏輯而作邏輯命題或
普遍命題之分析者，皆函有此思想。延至孟太夠、約德等，
此玄學可能性之世界遂一變而爲知識論上之潛在世界。杜威
所評者，大都隱指此派。至視形式爲語句中字之句法關係
者，則爲維也納學派所執持，如加拿普，其傑也。此派可置
不論。夫視邏輯形式可以構成一玄學可能性之領域，是即於
本體論上有其存在之根據。故杜威得以形式與質料一問題而
視之。既同有存在之根據，則形式與存在無關，超然而空
懸，如後之所謂潛在世界者，固不若杜威視形式爲質料之形
式，自研究歷程一根而發之爲圓融也。然吾所執持者，則根
本不許邏輯形式爲存在之形式，亦即決不許其有本體論之根
據。故邏輯之爲形式決不可視爲形式與物質一問題中之形式
而論之。杜威不識此意，徒將其超然而外在者，引于研究歷
程而內在之，亦無當也。

　　嚴格之邏輯形式論之論點，以其視形式離乎質料而不視爲質料
之形式，必引至形式邏輯與自然科學中之方法論之關係之討論。蓋
如形式論者之邏輯不能討論科學方法之特性，則本書所取之立場之
堅固不拔性即已獲得矣。初次見之，純粹之形式主義似全不應涉及
自然科學中之方法，因科學中之方法必關涉事實也。然實情殊不
然。形式論者之邏輯並不定許「存在科學」中之方法可以完全孤離
而獨存。此中之某種連結常以「邏輯與科學方法」表示之。或亦用

「應用邏輯」一語表示此種連結之思想。然此兩種表示皆忽略一論點而不知。「應用邏輯」一語似無過，然此中眞實之問題（即論點）乃在：如其邏輯定爲純粹獨立於事實，則此「應用邏輯」一語是否可以有意義，實是疑事。因此問題實即此種脫離質料之形式是否能應用於質料之問題。如其不能，「應用邏輯」一語即爲無意義者。蓋問題不在此邏輯形式是否「是」應用（在其於存在題材之研究中已被取用之意義上），而在如其純爲形式而離質料，則是否能如此被取用。當吾人研究自然現象，而可成爲科學之表示，即有純形式之數學命題之出現。通常取此事實以爲應用邏輯之一例。此事實自可承認。且依前此之討論，不但可承認，且亦爲必然。惟此事實，對於主形式與質料間截然無關者，實無所助益。其所引起之問題反爲：在某種條件下，於有實際內容或報告之命題（即存在命題）之決定中，非存在命題（即形式命題）之應用或使用如何可以出現之問題。

即在此「應用之條件」之基本事實上，形式論即趨於崩潰而不能成立也。如形式完全與質料無關，則形式即不能應用於任何一題材，且於任何選擇路數中，亦不能指示何種質料將爲其所應用；即應用也，亦不能決定何以用於此而不用於彼。如所謂質料完全定爲「形式質料」（當其給予時），以上諸問可不發生。且可以矜詡之恣態而辨訴曰：此即數學中之實情也。然當其自自然科學中之題材而言之，則不能有此推諉。是以邏輯形式或全與事實無關（故亦不生應用問題），或其應用必爲將彼足以予事實或基本題材以科學基點之「命題」（即形式命題）引入基本之題材中，或使其附隨於此基本之題材上。倘若邏輯形式（即前句所謂命題）於任何特定科學

研究中，不能選取其所恰欲應用之特殊題材，且亦不能排列或條理該題材以期達到有科學妥當性之結論，則所謂附隨於基本之題材上，亦殊不易見。因所謂「應用」一詞，其最低之意義，於物理研究中，即是選擇（包含汰除）與排列也。

人皆承認「非存在之命題」（於其表爲假然之普遍性），於自然科學中，期欲得到完全有根據之結論上。乃爲必須者。此於反對傳統經驗邏輯（如米爾所主者），自爲一要義。蓋依米爾之經驗邏輯言，相當充足之個體命題即足以證明一普遍化，此實爲不可能者。然縱足以取此說而反對之，亦不足以極成應用於自然科學中之此種普遍命題之只爲形式性之主張。因此問題之焦點，乃在於任何特定情形下，所用之普遍命題如何獲得其內容（此內容即爲此種普遍命題之一定應用之條件）。徒視一命題函值「如甲則乙」爲達到任何科學上有根據之結論所必須之形式，此尚爲不充分。其所必須者乃爲：必甲有一確定之值，因之乙亦復有一確定之值。復次，凡普遍命題皆不涉及單數之個體，是以從普遍命題亦不能直接轉至存在命題。此蓋爲公認之原則。〔杜威於此忽插入此義，與其直接前後文，似不相關。必須與後各段合觀之，方可知其意。蓋彼於此亦有看法也。〕茲舉例明之。設一純形式命題「如甲則乙」已獲得一內容，而陳爲：如任何物是人，則它有死。此種命題於有統制之「觀察之運用」中有其指導力。以此命題爲指導，吾人可以決定是否任何存在物有描述「人」一種類之特性，並因「人」一種類之描述特性，吾人可以推斷此種類中任何物亦爲有死者。然此只爲一面之事也。自另一方面，邏輯言之，吾人亦可言：離其運用之機能（即有組織之統制觀察中運用之機能），此命題亦須應用於存在。

其運用之機能與其應用於存在，固非一事也。吾人可歸結曰：所謂應用者，實即「存在之運用」之施行於「存在之材料」上之謂也。因此施行，至少於自然科學中，一普遍命題可有其純粹機能之根據與形式。

案：近來講邏輯者皆知邏輯為一純粹而形式之「推演之系統」。然彼從不知自此推演系統處察識其何所謂以明邏輯之本性。單于此推演系統中，拾取其命題，孤離于系統，而追求其意義，寔假由孤離命題之追求而論邏輯之本性，故其所論皆遠離邏輯而外尋別一物事。此所謂捨本逐末中，亦即所謂以「形式為構成一形上可能性之世界」者是也。殊不知凡邏輯中推演系統皆在顯示宿于思解運行中之純理。除此以外別無所說，別無所涉。其中所用之命題皆為隨意而立之邏輯句法，藉以為工具以顯純理。一邏輯中之命題固為一普遍之形式，所謂「命題函值」者是也。然此形式于其為工具以顯純理時，只是一「外的命題」，藉以顯無雜染（無色）之純理。所謂外的命題亦即無特殊內容之命題，吾亦曰「無向命題」，故亦為無雜染者。而所以取此無雜染之無向命題者亦正為唯此可以顯無色之純理。如有特殊內容凝固于其內，則必有所說，有所涉，而無向者已變為有向矣。于此有所說有所涉之有向命題之系統中，固亦有推理運行于其中，然此推理為有所說有所涉之推理，而非顯純理自己之推理，故其所成之系統亦非純邏輯。此只可曰邏輯的，而非邏輯自己也。此即凡純邏輯中所用之命題，皆為無向命題之故也。當吾于

邏輯中用此無向命題時，決未涉想其外在存在之根據，而實亦不曾有外在存在之根據。故其爲一普遍之形式決非于用之時尚隱指其爲「存在」之形式也。唯當孤離而論之時，始引吾人追求其存在之意義，蓋忘其爲顯純理之工具，單就命題而涉想，此種追問亦必有也。然讀者試思起此種追問，豈非已離邏輯而歧出乎？此所謂「狂狗逐塊」也。今之治邏輯者皆「逐塊」之類也。故由此遂想爲有存在根據之可能世界也。杜威雖自「應用」一詞而指其困難，然彼亦自一孤離命題而涉想其意義，故彼始終不識純邏輯之爲何物。單自一「如甲則乙」之普遍命題之討論定邏輯矣。因而遂將此普遍命題引于研究歷程而明其運用之機能，由此以明其應用于存在，以爲「存在」之形式。此固較彼所斥之形式論之寢假而爲外在之可能世界或潛存世界者爲圓融。然其所論固亦歧出矣，固亦非邏輯也。蓋其所論之普遍命題實已脫離邏輯而論之，故已非純邏輯中之命題，而爲認識論中之命題，故非無向，而已爲有向。既爲有向，自可以應用于存在。「應用」一詞可無疑。以其應用于存在，故其爲「形式」遂爲「存在」之形式。然吾斷言，此則決非論邏輯。此所言者，不過普遍命題于知識中之作用耳。然普遍命題並非即邏輯。空頭孤離一普遍命題而論之，並不能定邏輯之本性，亦不能由此即盡説明「邏輯之應用」之責任。故杜威邏輯自知識論言之，可無弊，自邏輯言之爲全非。言有宗，事有君，其分際不可亂也。形式論者尚知注意純邏輯之推演系統，其謬誤在孤離命題而追求其外在之意義以論邏輯之本性。杜威則全不

知此推演系統之形式性與純粹性，而單于研究歷程中，自一假然之普遍命題之運用機能以論邏輯，此則更爲離題矣。

上所述者，已隱定純粹形式之命題函值「如甲則乙」已獲得某種內容，是以甲有其是「人」之意義必然關聯及「有死」一值。由是可知，倘非某確定值爲可斷定，則形式之命題函值即不能知其必應用于此一存在之題材，而不應用于其他。此爲顯然無可置辨者。然則，此種特殊確定值將如何（依何路）賦予甲與乙？于一特殊研究中，爲何不能取某某值代替「人」與「有死」，而言「如是神則有死」，或「如是病夫則不死」？此即足徵所謂必然關係實是有一定形式之「內容之關係」，而非爲離開內容只是形式之關係。吾人可再顯明以設此問：純粹形式如何獲得相關聯之內容？何者爲純粹形式藉以獲得其內容之邏輯條件？

案：如此論形式，則其應用于存在（材料），固可密合無間矣。杜威以爲如此論形式，已盡巧妙之能事。實則其所如此論之「形式」，決非邏輯中所謂形式也，此形式之應用亦並不足以代表形式邏輯之應用。蓋其所謂形式，並非形式邏輯中之所謂形式也。形式邏輯中一普遍命題之爲形式，可因全不涉及存在之個體而爲形式，而其爲形式，亦可並非存在對象之形式，或直無與于存在對象之形式。無論形式論者如何論，至少吾可以如此論。杜威所指斥之形式論者之主張，視形式構成一玄學可能性之領域，亦並非形式邏輯所必函。如形式論者之主張，誠如杜威之所述，則誠不如杜威所說者之

圓融。然須知雙方所論者皆爲存在之形式。其差別只在一爲超越，一爲內在；一則自形上學而姑如此置定之（此即所謂獨斷也），一則自知識歷程而由其于統制觀察中之機能或運用而明之。此其所論者皆爲存在之形式，皆爲表象存在形式之普遍命題，非邏輯也。自其所意謂之「形式」言，吾人只可謂爲邏輯的，非邏輯自己也。然杜威之立言與爭執皆集中于此矣。試看「如甲則乙」。杜威以爲此是一絕對普遍之命題，表示一必然之關係，且表示—「形式」。並謂此必然之關係實是有一定形式之「內容之關係」，而非爲離開內容只是形式之關係。是則形式實爲內容（存在或質料）之形式。內容之關係是否有必然，是否可以說必然，尚是一問題。即假定其有必然，而爲「如甲則乙」所表示，亦是存在之形式。「如甲則乙」，如視爲邏輯中之命題，則只爲一句法，或依據成句之概念而構成之架子（句法）。此架子中所表示之關係之爲必然，只在「如果則」之爲關係本身而見之，並不表示外乎此關係（架子）本身之實際事物之關係。而且邏輯亦並不能於此見。如甲則乙，今甲，故乙。此一推理方是邏輯之所在。而「如甲則乙」則只是一命題。空頭論命題，何足以定邏輯？今將此命題引用于研究之歷程，視之爲有向，則自可以表示一存在之形式，表示一具有一定形式之「內容之關係」。然須知此決非所謂形式邏輯也。本段其他句子，皆可取而簡列之。讀者思之，不復一一贅及。且看杜威如何說明本段最後所設之疑問。

設一命題形式，如 " yψx " 或 " y R x "，于某種未特殊化之情形下，得到一相當足夠之內容，吾人表之爲「 x 被刺 」。且不問「 被刺 」一實際內容如何引進，吾人仍可以問：于無限數可能值中，爲何獨以此值給 x，而不以其他值給 x？吾人皆知凱撒、林肯被刺，而克倫威爾及華盛頓未被刺。但是此何以能成爲人所周知之事耶？若云其所以爲人所周知，乃因命題函值之形式，必荒謬而不堪。吾以爲其所以爲人所周知，乃因觀察與記錄而成立，必非徒因命題函值之形式。「 被刺 」一念，特與其他死法不同，必須被含在內。邏輯言之，當一「 析取形式 」一經注意，則「 如有如此這般不同之特點，即有被刺之特殊情形 」一假然命題，即有邏輯之必然性。但此種命題之爲必然，只可視之爲需要滿足之條件，而非該命題之內在而固具之特性。此種條件只有因施行于「 存在材料 」上之「 存在運用 」而得滿足。

案：形式邏輯之取用 " yRx " 等命題形式或命題函值，只視之爲一符號構造之架子，意在明架子與架子間之推演關係，即其必然之連結。即此推演關係或必然連結之形式系統，方是邏輯。並不討論此架子之特殊化，即並不討論賦予此架子以特殊之內容，如給 x 以確定值，或給 y 以確定值。于純粹邏輯中，亦不應給以確定值。以其所陳者爲邏輯，並非一特殊命題也。自邏輯言之，不應給以確定值。並非言不可給以確定值，亦非言不能給以確定值，然如當給以確定值，即非邏輯所應問，亦非邏輯所有事。設若離開邏輯之立場，孤離此架子而觀之，吾自可以給以確定值，亦能給以確定值。吾

可以孤離此架子，而視之爲一有所表象之結構表示一事物之
關係。當吾如此觀，吾自可以說明其如何獲得一內容，如何
能爲事物之形式，如何能引用于存在以表象存在之結構。治
形式邏輯者並非不許將此命題函值提出而討論之而觀其如何
應用于存在。唯其所提醒吾人者，乃在：汝如此孤離而提出
之，而討論之，而引用之，並非邏輯事，已離開邏輯之範
圍。復次，形式邏輯所作者亦不函其所如此工作者必不能或
必能應用于存在。蓋或直無所謂應用不應用。設其取用一命
題形式時，並不意其表象一外在存在之形式，無論潛在或顯
在，或根本視其與存在形式無所涉，則即無所謂應用不應
用。唯當視命題形式表象一外在存在之形式時，始有此問
題。然須知如此意謂已非邏輯矣。杜威所指斥之形式論者之
主張，乃出位之思也。如此出位而思之，固可以視邏輯系統
爲一潛在之存在形式之系統，爲一玄學可能性之領域。然須
知此出位之思並非爲形式邏輯所必函。是以主形式邏輯者並
不必即不能說明應用問題也。出位之思爲根本謬。杜威所言
不過隨其謬而謬耳。然而每況愈下，則已背棄邏輯而言他
矣。

視純粹形式可以組成「所需要之應用」上之「假設」，此中實
可函有一混擾。即，將作爲「需要滿足之條件」之形式的邏輯關係
之機能力量及指導力量與一內在而固具之結構特性混擾于一起。設
以「x有死」爲例。此命題式，吾人皆知當以「孔子」代x，即變
爲一命題。現在可說：或者孔子只是一空符，無內容，亦無所涉

及；或者：一、孔子有意義，二、其意義可有存在上之應用。如孔子只是一空符，則于其代 x 也，吾人亦仍無所得。如「孔子」不只一空符，于應用中有意義，則其意義決不能自「命題函值」中而取得，但只因觀察與觀察之記錄而取得。此種觀察或觀察之記錄，可以決定一對象如孔子者有其存在，或曾經于一定空時中有其存在，且決定此對象如孔子者有諸特性足以描述「人」一種類。

案：此段首句所述之混擾即隱指形式論者之主張而言之。形式論者視形式爲一形上可能性之領域，即一潛存之「理地」世界。（理地爲「愛森士」之譯語。地者依止義，理者形式義共相義。）此世界爲一獨存而自足之理地世界，故其中之連結皆有邏輯必然性。形式論者視此必然性爲一內在而固具之特性。杜威則視此必然性並非內在而固具，故上段末云：「此種普遍假然命題之爲必然，只可視之爲需要滿足之條件，而非該命題之內在而固具之特性。」此即言普遍命題之有邏輯必然性只當引附于研究中而爲指導觀察之原則時始見之，而如此而見之原則之爲必然又只可視爲需要滿足之條件（當給以內容而證實之時即得滿足），並非該命題之固具特性藉以爲獨存自足之理地世界。形式論者不明此義，故有混擾。即：不明普遍命題于研究歷程中之作用，于對待關係中之指導機能，遂將其脫離實際研究之歷程，離開任何實際事實之關涉，而視其所表象者爲一客觀而外在潛存之自足之理地世界。實則其中並無有足以使吾人如此置定也。吾人如了解此混擾，則普遍命題所表示之形式自不能自足而獨存也。

　　杜威破形式論者之主張可極成，然破此不必即歸彼。

　　命題函值「x是人」實為一極度模稜之形式。當其陳之以適當之形式，譬如陳之為一假然之普遍命題，則其為規律或公式（指導吾人能作某種事之規律或公式）即指示一「施行之運用」，而此「施行之運用」即必然決定一對象之存在，藉以滿足該函值（普遍命題）中所具之條件。換言之，「x是人」一函值實可形成一問題，即：足使吾人如何能發見一對象或多對象有「人」一名所指示之特性，而形成此問題之條件，則須「人」之意義早決定。因此可說：存在之應用必須：一、包含一「存在之問題」，因涉及此問題，該「非存在命題」（即形式命題）之內容即可被選取而條理之；二、形式而非存在之命題之運用可以作為觀察之手段（工具），藉以尋求對象以滿足此種形式命題所指定之條件。

　　　案：直至此段止，杜威說明一普遍命題所表之形式如何應用于存在。一普遍命題必須引附于研究歷程中，必須在有對盡職中而表現。一、它首先是一原則，即所謂規律或公式，以指導吾人之研究。二、其為原則，其出現也同時即表現而為一種運用，是以每一原則有一運用之機能，即所謂「指示一施行之運用」也。三、其在施行之運用中決定一對象之存在，藉以滿足其自身所具之形式條件，此即所謂「應用于存在」，因而形式即為質料之形式。吾人必須認知：此是于知識歷程中說明普遍命題之意義與作用。此是知識歷程中之普遍命題也。然純邏輯中之講普遍命題卻並不自知識歷程而言

之，此亦不函其如在知識中即無杜威所說之意義與作用。此其一。單只普遍命題之討論並非即邏輯，此可爲一邏輯書中所有事，然並非即邏輯。決定普遍命題在知識中之意義與作用以及其能應用于存在，亦不因而即能決定邏輯之意義與作用與夫其應用，即並不因而即能説明純邏輯之本性。此其二。由普遍命題之意義之追求而涉想其所表者爲一玄學可能性之領域，由此而想定一理地之世界，此並非形式邏輯本身之所函，亦非治形式邏輯者所必至。此其三。此三義如了然，則杜威對于邏輯之思想之何所是，即可得而決。如只以杜威之研究歷程之立場而討論普遍命題于知識中之作用爲邏輯，則杜氏説固甚通。然邏輯實不以知識中之普遍命題之討論爲分内事，亦不自知識立場而討論之，亦即此種討論或追求並非邏輯也。亦即言其理論雖圓通，然所論者非邏輯。邏輯中固以普遍命題爲工具藉以成推理，而任何有系統之知識中，如有所陳説，亦莫不有普遍命題之表示，是以如不明取用普遍命題之類屬，而單空頭討論或追求普遍命題之意義與作用，則其所論固已非邏輯也。單取一普遍命題而追求之，固可解爲知識中運用之機能，指導研究之原則，藉以決定一對象之存在，此吾所謂範疇之運用性，當機而立之論謂也。依此而言，形式命題固有其存在之意義，而其内容固亦由觀察而獲得，決非自該形式命題本身而獲得。此蓋因形式命題之設立，本起于論謂一存在，決非空頭而立也。此即吾所謂在有對中在盡職中而表見也。然此所論，顯非邏輯。而如此而論之形式命題亦顯非純邏輯中之形式命題。純邏輯中之命

題，吾人須有一套極嚴整之理論以說明之。本文吾不能詳爲讀者述。茲且置之。形式論者所意謂之純形式邏輯，其本意本爲藉形式命題以成推演之系統。唯當其不識此推演系統之何所示，而單孤離一命題而追求其意義，始有形上可能性之世界之設置，而彼純形式之系統遂亦變爲有存在根據（即本體論之根據）之可能世界之構造。即于此處，杜威乘虛而入，始有如何應用之疑難。所謂應用邏輯，或科學方法，或方法學，自通常言之，亦非謂純邏輯之應用。其本身所論者，自爲別一事。杜威于此致疑，本已不恰。然彼形式論者，既視推演系統爲一可能世界之構造，有本體論上存在之根據，一方又視爲自足獨存之純形式，而與殊事無關係，則杜威疑其究如何可以應用或關涉于實事，自非無理據。設雙方所意謂之形式同有存在之根據，則一旦說破，自以杜威說爲圓融。然如其如此，則邏輯已毀滅，而歸于非邏輯。其所意謂質料之形式，至多可說爲「邏輯的」，而非邏輯自己也。即就其討論之路數言，亦只爲認識論，而非邏輯也。是以吾言邏輯，全由內透，而非外陳。即不許外陳，而爲存在之形式，亦即不許其有時賢所意謂之本體論上之根據。吾仍可言純邏輯。然吾不孤離一命題而追求其意義以定邏輯之本性，而單由此純形式之推演系統以識純理以定邏輯之本性。此純理即爲宿于思解運行中之理性自己。純邏輯之純形式推演系統即所以表達此純理。故唯表達純理者爲純邏輯。由純理而言宿于思解運行中理性之全體大用；所謂理性之「自自相」與理性之「自他相」，所謂法成標準與方法標準，皆貫

于此全體大用而一之，則方法邏輯亦得而建立，而純邏輯仍
屹然而不墜，而杜威應用之疑難亦可不發生，且可判定杜威
所論者爲何事，亦兼破彼「形上可能性之世界」之謬誤。凡
此本文皆不能詳言之。

　　吾前言有兩種普遍命題常爲人混。一爲種類命題（此爲普遍化
的命題）；一爲原則命題（此則眞爲普遍命題）。茲復有重述之必
要。〔……〕造成此種混擾之推論線索，可述之如下。一種類式之
普遍命題，如「凡人有死」，（凡人有死，意即每一人及任何人若
是曾經活過，或正在活著，或將會活著，他總是已死或要死。此命
題顯有「存在」之報告。）通常認此命題決不涉及任何特殊個體，
但只能涉及不定個體數中之任一個（此義甚對）。此命題所述之存
在範圍含有許多現在所不能觀察之個體。換言之，此命題于描述
「人類」之特性組及描述「有死」之特性組之間，肯定一種連結。
此命題復亦肯定：此種連結之保證即是肯定「是人類」之特性及
「是有死」之特性必須內部相關聯（此種肯定亦對）。此種命題，
簡言之，自其存在力量觀之，實即「從已觀察到未經觀察之不定
數」之普遍化（自其外延言）。如此普遍化之外延實因觀察實際發
生之許多事實而由經驗以固定。凡採取此種有待證明之命題，事實
上，只是一種生物學或生理學之研究。此種研究足以指示規定
「生」與規定「死」之特性間之必然關連，其關連恰如一「概念之
結構」。
　　至此爲止，並無混擾。但是，「凡人有死」不涉及任何當下特
殊個體之事實，若解爲不涉及「任何」個體，卻不合法。由此不合

法之解析，遂將「凡人有死」一命題轉爲非存在命題「如是人則有死」。此種轉換，亦不合法。因邏輯言之，對于「描述從一種類之任一特定個體中抽成之類之特性」作一命題爲一事，而對于此抽象再作一純粹抽象之命題（即純抽象地作一命題），則又是別一事。一命題不能特殊涉及某一個體，並無根據可說此命題即與「任何存在之關涉」無關。從「無特殊個體」並無邏輯道路可以通至「無任何個體」。但是，當種類命題（凡人有死）與原則命題（如是人則有死）一經混合，此種不可能之路子卻爲若干邏輯主張所採取。

在邏輯形式之討論上，近人復指出個體命題與種類命題（即一切 I, O 式之命題）皆有存在之關涉，而 A, E 式之全稱命題皆無存在之關涉。由此主張，可知吾所討論之混擾，並非偶然之滑過，亦非只一時之不愼。凡一、主張邏輯形式爲純形式，獨立不依于事實或「概念之內容」，而二、又謂其能有實際之應用，凡此兩命題同時主張者，此種混擾皆爲其所必具。于「凡人有死」一命題中，姑不問「凡」字表面如何，邏輯言之，此命題總是 I 式之命題。時人皆主 I, O 涉及存在。惟其說法不必與吾同。而 A 命題實亦涉及一類之每一分子及任何分子。此類即爲一特性組所描述者。描述者即特性組規定「人類」與「有死類」者也。

今且返回前此所述。當科學方法，若無非存在之「如果則」命題，即不可能。又當此種命題爲科學方法之必須條件時，此條件卻不是其充足條件。每一「假設」所示者是「可能的」，而關于「可能」之命題，在有科學根據之研究中，必不可少。所謂「假設」須于一抽象之「如果則」命題中形成之。因此，「假設」即形成一規律，且爲實驗觀察之方法。「指示運用」之「施行」所至之「歸

結」，即規定「形式之應用」一概念之「邏輯一貫」之意義。于自
然科學之方法上，「應用」之一不可少之條件即是：假然命題之
「內容」，須為先行之「存在研究」所規定，規定之可以使其指導
進一步觀察之運用。

　　案：全稱命題與特稱命題，自羅素起始有其主詞涉及存在否
　　之提示。繼其後者，引申其義，而討論遂詳，亦儼若為大
　　事。大抵皆主全命題不涉存在，特稱命題則涉存在。以涉存
　　在與不涉存在，遂影響傳統邏輯之推理。如 AEIO 對待關
　　係、直接推理及三段論法之間接推理，皆因受主詞存在否之
　　影響而改變。此其所以為大事也。誠如所說，則傳統邏輯之
　　形式推理不純為「邏輯的」，除邏輯原則外，尚須參入一
　　「存在原則」也。是則純者已不純矣。亞氏邏輯取 AEIO 為
　　造成形式推理之工具，于此形式推理之進行中，何以必有
　　「存在」思想參與其中耶？亞氏五謂定界，固有其本體論之
　　根據，然須知此是論界說也，論共相也，所謂「理地」也。
　　而于形式推理中之命題，則可以問及此，亦可以不問及此。
　　然無論問及此不問及此，則所謂本體論上之存在根據乃指謂
　　詞、共相、理地言，不指主詞言。設謂詞必附麗于主詞，共
　　相必附麗于殊相，理地必附麗于個體，總之，屬性必附麗于
　　本體，則謂詞、共相、理地、屬性有其本體論上存在之根
　　據，其所附麗之主詞、殊相等亦必肯定其存在，即于命題
　　中，無論為全稱或偏稱，其主詞必皆涉及于存在。是則存
　　在、此時，亦可指主詞言。然則亞氏邏輯中本有「存在」之

思想瀰漫于其中也。焉見形式邏輯必不可涉于存在耶？吾于此作此想：就亞氏邏輯言，有三點當注意：一、全稱與共相不同，此為亞氏自己所明言者。共相指謂詞或理地言，全稱指主詞概念下之散殊分子言，即一切個體言。二、謂詞或理地有本體論上存在之根據，則主詞所指之散殊分子即一切個體必皆肯定其存在。三、邏輯中一切命題皆指謂存在之真命題，無謂之命題與無所謂真假之命題不在此限內，亦不必注意及。由此三點而觀之，則「存在原則」可為一範圍，一切形式推理皆在此中行。如是，存在原則是一保險箱，是一大前提。吾人只要一旦肯定之，一切工作即可安然而進行，亦不必念念在心中，蓋一切推理皆已有保證，吾人已得安頓矣。依是，在此範圍內，問及存在或不問及存在皆無關。一切推理式總可為實際應用之軌範。依是，吾人于此亦不應有涉及存在與不涉及存在之分別，而且全稱與共相不同，故即在全稱，亦必涉及散殊之存在。依是，在「存在原則」之籠罩下，一切推理式及一切推理式中之命題皆可純為形式者，即皆可純為純邏輯陳述，藉以形成一推理之系統，形式之結構（由邏輯推理而成之形式結構）。依是，存在原則與不涉存在並不相衝突。吾人亦不須將全稱命題解為假然之普遍命題，雖可如此解，而兩者函義實不一，是以不妨分論之，並存之，而在亞氏邏輯中實亦分論之，並存之，一則為定然，一則為假然，並不視之為一事。吾人亦不必如杜威視全稱命題為種類命題，為 I 命題式。蓋其為一邏輯之定然陳述，與杜威視之為一由歸納普遍化而成之種類命題，函義又不一，

而杜威于視之爲種類命題中所説之「涉存在」，其函義亦不同于亞氏邏輯中之存在，故杜威之所解亦不必定是亞氏邏輯中之本義。依是，吾人可列以下四種見：一、亞氏本人以「存在原則」爲保險箱之見解，此可以「本體論上之存在根據」而名之。二、解全稱命題爲假然普遍命題，即「如果則」之命題，此則爲絕對普遍而不涉及存者。此外則視偏稱命題爲涉及存在之命題。依是分 AEIO 爲兩類。此爲時下流行之見解。此種涉存在或不涉存在，吾人名之爲認識論之觀點。與亞氏義又不同。三、視全稱命題爲種類命題，此則爲 I 命題式，涉及存在；別立原則命題與之對，此則絕對普遍，不涉存在。此爲杜威之見解。此種存在義，與第二種見解同。而與第一種又不同。四、不惟將二、三兩種之存在義剝落之，即亞氏之存在義亦根本遮一撥之。定然與假然之分仍保持，一仍亞氏義，惟將其保險箱之存在原則剔去之。依是，邏輯唯成邏輯之一線，成爲純粹而形式之推演，其所表者唯純理。命題爲無向，推理亦無向。邏輯中之命題有其特殊之理論以明之，與在知識論中者全不同。邏輯中之推理爲無色，無雜染，唯是推理自己，是以邏輯中之推理是最後者。唯是推理自己所顯者即是唯是「純理自己」。此則全無存在之思想。此爲吾所堅持者。如是，方可救住邏輯于不墜，方可顯示其絕對性、先驗性、普遍性。依是觀之，即杜威之所論，分種類命題與原則命題，亦全爲不相干。吾所認爲相干者，即：凡孤離命題而追求其意義者，未有不誤引邏輯者，而由此亦並不能決定邏輯之本性。蓋其所討論者必至

則爲一事也。杜威邏輯實爲一知識論,吾已屢言之矣。于一研究歷程中,自可有原則命題與種類命題之分別。然種類命題不必定是亞氏邏輯中之 A 命題,而 A 命題亦不必定解爲研究歷程中之種類命題。而形式論者,自孤離命題而言之,亦大可解 A 命題爲「如果則」之非存在命題。是以徒空頭論命題,固有許多異解也。然此種孤離而論解之,無論歸結如何,要非即邏輯之所在。此吾所以認爲不相干也。

以上之討論,支持「邏輯形式爲實際之形式」之主張于消極之基礎。其積極之支持,則在以下之事實。即:在科學研究中,特殊內容(無論爲事實或概念),以及條理此內容之「形式」,皆須嚴格相應和。〔……〕邏輯之基本範疇曰「秩序」。秩序亦爲一切學問之基本範疇。在每一理智指導所定之程序(手續或方案)中,實際內容之普遍秩序即爲「自手段至歸結」之秩序。現實的「存在實際」供給吾人以材料,而作爲「手段」之實際根據(材料),則需選擇及整理,因此整理可以組成特殊之連結,以成功吾人所意圖之結論(歸結)。在原始時,當吾人想望一定之結果,某種存在之實際,在其自然或粗糙狀態中,即被取而作工具(即手段),譬如以手杖起石頭。于此情形中,所必要之觀察運用,只是指導吾人選取一適當之手杖。但是當需要「一定結果」出現時,則須選擇恰足以使吾造成器具之材料,于變化之空時環境中,有效地經濟地以成功吾所意向之目的。因此,選擇材料及重造材料,實有層次之進展。〔……〕每一器具、應用品以及日用稼具,與夫每一交換傳達上之發明,皆足以例證「粗料之變爲選擇而整理過之手段」一事

實。是以材料即是形式化之材料。或自形式方言，形式乃材料之形式。形式與材料相關而爲一整體。因此之故，一個椅子視之爲一椅，有害者爲一有害者。同理，石頭爲一石頭，樹爲一樹，乃至其他。〔……〕凡此諸例，可以例證本章前面所述之原則，即：藉材料與運用互相間之適應，共服務同一特殊目的，遂使形式有規則地連繫于材料。此處所述者，則復有另一目的，但亦與前所述者相關聯。此目的在說明以下之原則，即：自一切「形式化之材料」言，形式與材料成一整體之組織，互相嚴格相應和而發展其機能，並表現其機能。每一器具（取其廣義：包含每一應用品、發明品，與夫凡爲運用所組織而成者，以及凡用之足以成功一結果者）。嚴格言之，即是一種在關係中之器具，即在「自手段至歸結」之關係中。而任何事物，若能爲有效之手段，即有某種物理上之存在。

一、「手段歸結」之抽象關係可以形式地分解之。此關係包含材料與運用手段間之相應和。〔案：運用手段即手續，有程序的手段，非只手術，而含有手術義。手術即在運用中見。此既是一運用，又是一形式。〕此種相應和，在日用衣食器具之情形中，可以材料與技術互相適應之實事而說明。改變生貨形狀之「技術歷程」之發明，可以使吾人改變粗糙之質料。技術歷程應用于此質料，可以使之爲手段（工具）。此種技術歷程必須能爲一「適應于其所對付之質料」之「應用式」。技術一經造出，即能有獨立之發展。當其發展至于完成，不但能改變以往舊式有效而經濟之材料，且能應用于從前未用爲手段之粗料。如此產生出之新「形式材料」（即形式化之材料）可以引至進一步技術之發展。依此前進，可至無窮。依理言之，此種發展，當無限制之可能。

二、任何技術或一組運用手段（手續手段）必須滿足某種秩序方面之條件，所以此種運用手段必有一種形式之特性。在改變粗料之形狀時，最粗糙之技術手續亦必有其一定之肇始，一定之完結，復有一連結此兩端之居間媒介。換言之，即有最初、最後與居間之「形式特性」。居間性對于規定手段甚至「手段」一字之本身，乃最根本者。「最初、最後及居間運用」之有秩序的傳遞關係是形式關係。且可以抽出此形式關係。其本身復組成「材料或事實之特性」間之內在關係。改變其中任一步驟，如最初或居間，其他亦隨之而更變。設即此而普遍化之，即可現出「系列秩序」之概念。此秩序對于材料乃必要者。所謂材料，若自一切理智活動之觀點上言，亦全是形式化之材料。

三、因上述第一點，即材料與運用手段或技術手續相應和，運用手段（手續）之系列秩序即規定此手續所應用（對付）之材料之形式關係。甚至粗糙而原始之技術，設用之以求成一客觀之歸結，亦足于材料之特性間，引出粗略之分化。某種材料可以用之為技術藉以成衣服；其他材料則又用之以作器皿。當化煉技術發展成功時，礦物材料中之「品性差別」即因標識金屬之不同種類而為吾人所注意。此處所例證之原則，可因以下之陳述而普遍化，即：不同之特性（描述不同種類者）只有當材料被判決為手段（工具）而與「運用」相連結以完成特殊之客觀歸結時，才能為吾人所組織（即成為有組織之特性而描述一種類）。一完成之目的，如衣服，即是一「事類名」，或曰一「種類」。但當其成為不同種類之衣服，則即適宜于不同之時季、不同之情況以及不同之社會階級。某一種適于多，另一種宜于夏。有適宜于戰爭，有適宜于和平。有適于僧

侶，有適于酋長，亦復有適于普通之平民。種類，在互相嚴格之應和中，被分化被關聯。

設吾人回到首章〈研究之生物模型〉所引證之討論，吾人一定要注意系列秩序之形式關係實已于有機體之生活中預具其模型。吾人之生活有需要或欲求（自其存在之強度之意言），而「需要」只有因經過變更之客觀事實之組織始能得滿足。此種「結束」或消費狀態之成功，必須一種有秩序之運用系列為條件。諸此有秩序之運用互相適應，而期達到最後之結束。如吾人于一有秩序之關係中，比較手段與歸結兩者所具之自然有機體之情形，則一重要之差異即可表現出。「活動與材料間之關係」中之「目的」，吾人可謂其屬于「手段」之情形。此關係中之「目的」是一種「結束」（完結）或「界點」。而在「歸結」方面，則有一增益之特性。即：預見及意向中之客觀結束，即于此歸結上，變為一觀點中之目的。並因此「觀點中之目的」可以指導吾人對于技術與材料施以理智之選擇與整理。

在實際方面，以上之討論，對于一般人可謂司空見慣者。故在邏輯理論方面，似乎不值吾人之注意。然吾以為此種討論卻非無謂。因其可以引出許多重要點，而此許多重要點，在邏輯理論中，有其根本之意義。主要意義如下：一、在研究中，形式之連繫于材料非是一無根之假設。二、當材料變為形式化之材料時，即含有一定之秩序，即系列之秩序。三、此種形式秩序可以抽出之，並可因論辨中函蘊關係之發展而造成。四、經過文化藝術之審慎經營所成之秩序關係，吾人即可知從機體生活之秩序關係到統制研究所具之上述種種特性，其間即有一種發展之連續。

案：以上各段爲杜威邏輯正面之主張。本段四點亦甚重要，
蓋攝要而言也。杜威于研究歷程言運用（即手術之運用），
是即于對付外界言運用。運用者吾人解析外界以爲吾人之了
別，或對付外界以爲吾人之使用，所起之主觀態度或觀點
也。每一態度或觀點表示一種運用，而運用中即帶有運用之
形式。是以運用乃有手續或程序或概念之運用。運用可分爲
二。一曰思想之運用，此指解析外界而言也。杜威所説範
疇、界説或論謂者是也（此義本章不具）。犯罪法爲一種
類，而所以定其爲犯罪法之「原則」，則範疇也。于範疇之
運用，即見思想之運用。二曰實際之運用或存在之運用，此
指對付外界以爲吾人之使用而言也。選擇某物以爲工具（即
手段）以達所意向之目的者是也。譬如運用手杖起石頭，即
其一例。故實際之運用即技術或器具之運用。杜威所常言之
運用手段（手續手段）乃至運用手段與其所運用之材料相適
應，或技術運用與其所對付之材料相適應，即指實際之運用
言。實際之運用通實際之生活，亦通科學之試驗。科學知識
固不離思想之運用，然亦不離實際之試驗。實際之試驗即實
際之運用。如近代科學之發展實爲兩大試驗所形成。一爲伽
里流之試驗物體下降，一爲邁克爾遜之試驗以太存在否。伽
氏之試驗固不離工具，然不及邁氏之試驗所用工具之精緻。
後乎邁氏，如物理學中之種種試驗，皆非精緻工具不辦。用
工具以試驗即爲實際之運用或技術之運用。工具愈進步，吾
人知識愈入微，思想之運用亦隨之而深入。科學知識固不離
此兩種運用也。自杜威觀之，此兩種運用之本性實相同，故

可自同一分位而言之。實際之運用實已含思想之運用。譬如試驗，必在一觀點中，必在一程序中，而觀點或程序即含有思想與形式（秩序）于其中。運用手杖起石頭亦有觀點與程序，是即思想之運用也。不過在實際活動中，思想之運用即具于此活動中而不顯耳。不顯而亦顯，是以觀點所引出之程序或形式即該實際活動所導引而顯示之秩序關係也。故杜威云：「從機體生活之秩序關係到統制研究所具之種種特性，其間有一發展之連續。」又云：「系列秩序之形式關係實已于有機體之生活中預具其模型。」每一有手續之運用（有程序之運用）皆有最初、最後與居間之形式特性。實際之手續運用或思想之手續運用皆然。而此形式特性，有機體生活之實際活動亦具有之。此形式特性名曰系列秩序，亦曰有秩序之傳遞關係，此即形式關係也。此形式關係必須自研究歷程而說明之。即，必須由研究歷程中手續之運用所導引或控制而顯示之。由此而達到「形式為質料之形式，而質料亦為形式化之質料」之結論，譬如樹為一樹，石為一石，乃至其他。此形式關係必不可視為超然而外在之形上可能性中之固具結構，亦不可視為外在之本來如此之不變結構（此義下文杜威明言之）。復次，形式雖為質料之形式，然亦不可視此形式為質料所本來固具之如此之形式，即不可視質料已本來有如此之形式。蓋原料必在手續運用中之質料，即常在製造改變中之質料。或引之而如此，或引之而如彼。質料並無固定如此或如彼。在其未成為如此之形式時，即不能實謂其為如此，只可謂其有如此之可能。然有如此之可能，即函其亦

可不如此。而如此不如此或如彼，則全賴手續運用之指導或控制（此義杜威下段即言之）。此實爲適應美國工業文明之哲學。此義于認識論可引至于何地，頗難言。在此吾不欲追求之。蓋唯用論之哲學本有左右兩翼也。主觀製造論與客觀實在論皆可爲其所函蘊。「實在」在製造中，亦爲彼等所雅言。大體言之，杜威偏向于客觀論，故言製造亦稍異。然順其理論，右翼之「製造」義固未必不可推至也。吾人現在所討論者可與此不相干。無論對于實在如何論，而形式爲質料之形式，因而成爲實在者，則爲吾人所注意。形式爲質料之形式，如杜威所論，一、不應視爲超然而外在，而應視爲內在者；二、不應視爲潛存之可能，而應視爲現實者；三、自手續運用之向往將來言，不應視爲本來如此之不變結構，即不應視爲既成之先行存在之恆常結構，而應視爲期望實現之概然秩序；四、形式一旦成爲質料之形式，乃爲指導研究歷程之手續運用中之普遍命題之應用，即所謂應用于存在。吾人先作如此之了解。然問題乃在究竟何者爲邏輯。此爲質料之形式處是邏輯之所在乎？抑研究歷程中所必具之手續程序，或研究歷程所必依照以進行之方法路數（即手續程序）爲邏輯乎？關此，不惟本章即在全書，杜威亦無明言。此實根本問題之所在。如自質料之「形式」言邏輯，則邏輯之理即存在之形式，邏輯學即研究此存在之形式。無論對此形式如何觀，總爲存在之形式。是則杜威與其所斥之形式論者之不同，惟在內在與超越之不同，現實與潛存之不同。依是，邏輯學將無以異于形上學，亦無以異于其他之科學。黑格爾

之《大邏輯》，雖名曰邏輯，然無人目之為吾人所意謂之邏輯，而只以形上學目之。此問題所以至此者，不在對于形式如何論，而在其總為存在之形式。如以邏輯中之所謂形式為存在之形式，或以邏輯學為研究存在之形式之學問，自吾觀之，皆為一混擾：此是毀滅邏輯，而非擴大或保持邏輯。自實際上言之，吾人一提及一般邏輯，或純形式邏輯，吾人心目中無有意其為研究「存在之形式」之學問者。惟當對于邏輯中之形式命題無善解，逐漸混擾，不加警惕，遂至如此之結果。形式論者視形式為一潛存形上可能性之領域，即是此種無善解之一例。（吾國金岳霖先生亦精研邏輯者，而亦歸于此見地。）凡一言邏輯，總為形式者。「形式邏輯」一語，猶是複辭。邏輯而為「形式的」，首先是說：其中命題皆為形式命題，不涉具體事實之普遍命題。然此種首先出現之解析，猶是遮詮。此遮詮中並未函形式命題或不涉具體事實之普遍命題中之所謂形式是何形式乃至是何物之形式。即並不函其是存在之形式也。明言是「形式命題」，而形式命題只言其為命題不涉事實，無有內容，只是一個命題架子，此明示形式指命題言：一、不涉事實，無有內容，即依此遮詮而名之為「形式的」；二、只是一命題架子，即依此表詮而名之為「形式的」。此中並未表示其是存在之形式，以根本未涉存在故。此中所函者為「不涉存在」，然並未函「存在之形式」不涉存在。杜威本章開始即說：凡邏輯家主形式與材料無關者，名曰形式主義。此陳述中有二函義：一、形式已定其為存在之形式；二、形式既為存在之形式，即不能

與質料無關涉。杜威既有此隱定，則彼當與形式論者同，即皆視邏輯中之所謂形式爲存在之形式矣。此既肯定無疑，則進而所爭者即爲此存在之形式如何關涉于存在（質料）。杜威如此進行其理論，自吾觀之，就是隨人腳跟轉，所謂吠影吠聲，一錯百錯也。若能知邏輯中所謂形式不即存在之形式，就此打住，以斥所謂形式論者之根本謬，則杜威對于邏輯之認識必當又有一番境界矣。然杜威既粗忽肯定形式論者之主旨（即形式爲存在之形式），則亦自必隨形式論者同視邏輯即爲研究此「存在之形式」之學問，或以爲此形式即是邏輯之所在。然彼于此又無明顯之表示。彼只常言，此存在之形式，由研究歷程中之手續運用而導引出，且可以抽而出之，抽出之而純爲抽象或符號之表示。彼以爲此即形式邏輯與數學所以可能或成立之所在。然彼心目中所意謂之邏輯究竟是什麼，究竟何所在，尚未決定也。于是，吾人當轉而論「研究歷程所必依照以進行之方法路數（即手續運用所具之程序）爲邏輯」一問題。杜威反對普通對于純邏輯與應用邏輯或方法學所作之二分，而主張「科學方法之一元論」。科學方法，照普通所解，可定爲科學研究之進行所尊守之一套方法路數（法門），即其進行時所必具之公共而普遍之程序。此義簡言之，即研究歷程中所具之手續運用之程序。依此而言，則普通所謂歸納法與演繹法，即此整套程序中之二形態。杜威雅言研究歷程與手續運用，並直標其書之副題曰「研究論」。彼若能于研究歷程中反顯手續運用所具之整套程序爲邏輯，則亦可名符其實，而亦恰合其「科學方法一元

論」之意圖。或減弱言之。無所謂一元論，則亦不能不謂其
所論者爲科學方法也（一元論誠有病）。科學方法即吾所謂
解析邏輯，或亦曰方法標準（對法成標準而言）。若以方法
標準爲主，則即須就其爲邏輯而言之，一切言辭皆在極成此
一整套之程序，並明其由研究歷程而反顯以得之。杜氏書本
可向此而作，吾人亦可如此而了解其書。然彼自身于此似不
甚能意識及，而又意在反對形式論，又意在反對形式邏輯與
應用邏輯之二分，又意在亟于執持「科學方法一元論」之主
張，有此種種成見橫互胸中，遂使其于邏輯之全部不能有如
理之認識。須知所論者爲方法學，而不必即爲方法學之一元
論。方法學中之整套程序由研究歷程反顯以得之，而不必即
以「研究歷程」爲論題。復次，方法學中之整套程序是邏輯
（方法的），而將此整套程序引介于研究歷程中而由研究所
獲得之形式（存在之形式）不可是邏輯，兩者不同，亦不可
爲一事。整套程序由手續運用中而顯示，而手續運用中之某
一步，譬如普通命題之運用之一步。此步之運用，于實際研
究歷程中實函有一形式，亦導引或指示一形式；而此「形
式」（質料之形式）卻不是該方法學之邏輯中之一態。依
此，若方法學中之整套程序爲邏輯，則質料之「形式」即不
可爲邏輯。「形式」之應用，不是純邏輯之應用。質料之形
式與質料之關係，不是純邏輯與自然科學之關係；然杜威當
論及形式如何應用于存在，卻一方面已視存在之形式爲邏
輯，一方面又自方法一元論之立場而吞沒純邏輯（形式）于
方法學而一之，而不知此中有許多根本差別也。此實不是由

方法學而一之，而是由研究歷程而一之。然研究歷程爲一實際活動之全體。吾如論研究歷程（即認識歷程），吾亦須自研究歷程而統一各成分。然要者不是此研究歷程爲邏輯，而是此全體歷程中之某一成分爲邏輯。然則，究竟那一成分是邏輯？此則杜威全未了然也。如此追討下去，將有甚長甚長之討論。吾今只如此說：一、形式邏輯中之所謂「形式」，不是存在之形式，依是，存在之形式如何應用于存在，只是別一事，與純邏輯之應用迥不同。前者之應用之說明，不能代替後者之應用之說明。二、純邏輯亦不是研究存在之純形式。純邏輯中之命題既皆爲形式命題，無所說，無所涉，何能空頭冒冒然爲存在提形式？而且吾何以能知其實爲存在提形式，而且既無所說，無所涉，又何以知其形式必是存在之形式？三、杜威所論者，只不過于研究歷程中說明「質料之形式」成分如何應用于質料，而此卻與形式邏輯不相干。彼以爲如此即可以使形式邏輯與實際生關係，殊不知此大謬不然也。四、杜威之意，以爲形式邏輯所研究者即是可以應用于「存在」之形式之系統，惟形式論者之論此形式不涉實際而論之，此是瞎子之作爲，所以必須自研究歷程而内在之，由與存在之關係而論之。此即所謂科學方法之一元論也。「科學方法之一元論」實即「研究歷程之一元論」。而此整一之研究歷程不可爲邏輯。然則杜威究視由研究歷程而反顯之整套程序之方法標準爲邏輯乎？抑視其所内在之形式系統（質料之形式之系統）爲邏輯乎？杜氏意：必以後者爲邏輯，而以科學方法之運用于研究歷程中而内在之，此即其所

欲解決之「邏輯與科學方法」如何關聯于一起之問題。然吾則反是：後者只可說爲「邏輯的」，而不可說爲即「邏輯」。前者方是邏輯之一面（即方法標準之一面），而純邏輯則是另一面（即法成標準之一面）。此兩者之關係是吾自己正面之主張中所有事。在此可不論。杜威不能至乎此，甚憾也。以下再介紹杜威本章之餘義。

以上所述，復有一重要問題，即切勿混「潛能」與「現實」而爲一。粗料必有其性質足以允許並引起「特殊運用之形成」。此種運用，在形式化之材料中，得其成功，成功而爲達到目的之手段（工具）。但是，一、此種足以引起特殊運用之性質（粗料所具之性質），只是潛能，而非現實；二、因其被發見爲潛能（知其有此潛能），故此種潛能只有因施行于其上之「運用」（即具一特殊觀點之運用），遂將此潛能改變而爲「從手段到歸結」之實現。在原始時期，此種改變之運用可以極混亂而無秩序，或極偶然而無定式。但在文化進步中，即漸變爲有統制之運用。其爲統制之運用猶如科學試驗中之運用。吾于此處第一所要述者：因動物生活之出現，某種材料可以變成爲食物。于是，或可說：此種材料，于過去一切時，已經爲食物，或甚至說，其內在之本性上，即已是食物。但爲此說者，實混潛能與現實而爲一。吾人此時轉向往昔，自可肯定此種材料是可食之材料。但當其未經人食或消化以前，總非實現之食物。此即是說：在未有某種運用給此種材料以新特性足以使其成爲特殊食物類以前，總非現實之食物。第二所要述者：可食與不可食，以及毒性間之差別，只有因嘗試與考驗而發見。甚至原始部

落民族亦有其方法組成其技術之運用，可以將原來有毒之材料變爲滋養之食物。完全潛能之性質因試驗之運用而被證實。此事實可因「物理化學手術之擴大與改進因而可食之物之範圍亦擴大」之事實而證明。舉例明之，人工牛奶是否成功，全是技術問題，而非理論問題（除非所謂理論其意是在指導實際努力上是必要者之理論）。

> 案：此段只在說明形式雖爲質料之形式，然不可視此形式爲質料所本來固具之如此之形式，即不可視質料已本來有如此之形式。樹爲一樹，石爲一石，有害者爲有害者，可食者爲可食者，皆須在手續之運用中而成爲如此如此之形式。

此種性質之連繫于手術之運用因而組成描述種類之特性，復益之描述種類之特性之發見必連繫于（亦即有待于）手術之施行，此種理論即足以否決古典邏輯以「附著之性質或理地規定種類」之主張。但在邏輯理論上，吾說復有其他之影響。以前之討論，曾限于形式與材料之嚴格分別之批判。現在，茲復有其他邏輯說，想指給「邏輯形式」以直接本體論之根據。然其說法固與亞氏邏輯異。此等學說基于一種事實之基礎而成立。蓋彼等亦能認識以下之事實，即：倘若「存在之材料」無其自己固有之潛能以爲取此形式之根據，則邏輯形式之能應用于「存在之材料」，必徹頭徹尾無根據，外部的，且爲隨意者。但是，此種有效之洞見，因潛能與現實之混擾而誤入歧途矣。一般存在必須能使吾人採取邏輯形式，而特殊存在亦必須能使吾人採取不同之邏輯形式。此自爲必要者。但組成統制研究之手術運用，在使潛能變爲現實上，卻亦甚爲必要者。

案：此不過說：存在雖有足以使吾人採取邏輯形式之潛能，
然邏輯形式之實實如此，則必須有賴于研究歷程中使「潛能
變爲現實」之運用。潛能一經現實，則「存在」即有如此之
「形式」，如樹爲一樹，石爲一石，而邏輯形式亦即適應此
「形式」而有「當可」性。然則邏輯形式所表象者即「存在
之形式」也。此與邏輯有何關耶？此不過表示吾人知識中如
何能使用一當可之普遍命題，如何能獲得「存在之形式」之
認識。而此皆非邏輯之所有也。

最近復有其他學說，採取另一特殊之說法。此說亦主張對邏輯
形式能給以直接存在之根據，而非經過研究之機能所得之間接之根
據。此主張所由立，乃以其關于「不變數」之形上解析而然也。在
物理研究中，使用某種由數學所完成之常數，即是一「不變數」之
邏輯意義之說明。如吾人將其所函者普遍化，邏輯形式即是「不變
之常物」。舉例明之，設離開作爲常數之函蘊關係（即以函蘊關係
爲常數），即無有秩序之論辨；設離開描述一定種類之特性之結合
間所具之不變之形式關係，即無有根據之推理。但是，自吾觀之，
不變數，在研究行爲上，固是必須（因其能給吾人以有保證之知
識），但不因此即說：此不變數在知識所關涉之存在中，或對知識
所關涉之存在上，亦爲必須。邏輯形式有存在之關涉，此自爲有效
之原則。然不能由此而歧出。彼等由此有效之原則，滑入另一完全
不同之原則，即：關于存在之特性而予以形上學之概念。而此種特
殊之「預定概念」（即形上概念）又用爲安置邏輯不變數之意義之

根據。因此，邏輯遂成為歧出之物。或換言之，邏輯是依于一形上
學之原則，而並非因邏輯地規定之方法達到其自身。此種「形上學
預設」之外在性，在其關涉存在之界說上，極為顯著。然吾以為，
研究之深研于存在，只能在達到結論上，有某種概然秩序之互相引
掛。（在科學運用程序中，一不變數與一組特殊運用相關聯，而經
過批判之「觀點」則預定此不變數為絕對者。）〔案：此句在「此
種形上學預設……」句上，今順文意，移于此。〕（然此種運用上
之不變數實即所謂概然秩序者。）〔案：此句譯者補。〕而一「概
然不變數」與一「不變的結構」，實非一事。復此，由不變數而成
為外在之「不變之結構」，亦為無根者。蓋因于經過研究而達到有
保證之結論上，不變形式之運用是完全在互相競爭之統制研究之自
身之根據上而得其應用。在已證實的知識之形式與存在之形式間，
預設一對一之相應關係，此並不能自「研究邏輯」內之必要條件上
發生出，乃實從某種外面認識論或形上學之源泉中而得來。

案：此段中所述之「不變數」或「不變之結構」，無論如何
觀，要非純邏輯中之所謂形式。此種存在之形式，只為變易
中之不變，乃只為「邏輯的」，而非「邏輯自己」也。邏輯
何能論及此？對邏輯言，無論杜威「概然不變數」之看法，
或他人「不變之結構」之看法，皆為歧出。蓋彼等皆不知形
式邏輯中之所謂「形式」是何意義也。

以上批判而建設之討論，其真實之結論是：「邏輯與科學方
法」一語，當此「與」字意謂兩詞間之外在關係時，實無妥當有效

之意義。吾說自科學方法一元論而出發。科學方法既能組成復能表白邏輯形式之本性。科學方法在現實研究行爲中，組成邏輯形式。若此邏輯形式一旦脫穎而出，即能被抽象：即在其自身中被觀察，施分解，並形成其自身。

案：譯杜威原文止于此。此章幾全譯，間有節略。今就杜威結論而作總評如下。一、形式邏輯中之所謂「形式的」，或純邏輯中所言之「形式」，不是「存在之形式」。是以「存在之形式」與「存在」如何相關聯之討論，皆非邏輯所能問。二、邏輯本來接觸過存在，是以亦未接觸過存在之形式，亦不能提供存在之形式。既未接觸過存在，亦未與經驗相接頭，亦不就經驗而表現，何能空頭陳列存在之形式？又何能冒然論列存在之形式？吾人又何能冒然斷定其表現即爲存在之形式？此本最顯而易見者，而常情每不見。恆就其所無根據以置斷者而作望風捕影之置斷，而作空華幻結之討論。于顯而易見者，明其眞實之何所是，則反百不得一焉。眞所謂人情之惑也久矣，目對眞而罔覺。三、邏輯中之命題之爲「形式的」，而且必爲「形式的」，正在其對于存在無所涉，無所說，無所表，而惟藉之以表推理之自己，其所顯示者只是純理自身之關係，決非一關于存在之推理，亦非表示一存在之理之關係。此即所謂邏輯自己也，而亦唯是顯一「純理」也。以欲達此「邏輯自己」之目的，達此「唯顯純理」之目的，所以邏輯中之命題必爲「形式的」，即不能說存在，涉存在，表存在，即依此義而名爲「形式的」。此本

與存在不相干，而且必須與存在不相干，何得將此「形式的
命題」轉而爲表示「存在之形式」之命題？又何得將此「形
式的」轉而爲「存在之形式」？此種轉移，非混擾而何？
四、存在之形式，若抽出之，單言其自身，只可爲「邏輯
的」，而非「邏輯自己」，只可爲「合理的」，而非「純理
自己」（邏輯之理之自己）。是以凡存在之形式，無論如何
論，皆非邏輯之所在，邏輯亦決不能討論存在之形式。是以
凡討論存在之形式者，皆不能謂其是邏輯。五、由邏輯中之
命題之爲「形式的」轉而爲存在之形式，就杜威所斥之形式
論者言，是其錯置之混擾，是其無根之置斷。杜威若能明邏
輯根本爲何事，便應就此打住，而斥其轉移之謬。而彼不能
如此，遂隨其謬而謬焉，遂將邏輯全變爲「存在之形式」
矣。此實既歧出，而又離題也。不涉存在，而又謂其爲存在
之形式（潛存而爲理地世界以待實現以爲存在之形式），此
是一矛盾之謬誤。杜威理應就此謬誤處，而指其置定爲「存
在之形式」之謬誤，而深明邏輯何以不涉存在之密義。然彼
不能如此，反順其置定而肯定之，遂只成爲存在之形式如何
應用于存在之討論，是又歧出而離題矣。邏輯豈本如此乎？
抑亦論者之謬也。六、由邏輯中之命題之爲「形式的」轉而
爲「存在之形式」，若就一般而言之，其故只在孤離普遍命
題而空頭追求其意義。且其心目中必處于知識論中而追求其
意義，必視其爲一知識命題而追求其意義。蓋孤離而論之，
每一命題雖不必有指示，而無不有表意。指示者，殊事命題
之指事；表意者，普遍命題之汎述。雖爲汎述，而循其所述

而窺伺之，亦自易涉想其存在之根據。設此汎述已證實，則既指事又表意。無論證實否，總述一殊事所要滿足之「形式」，此即所謂一概念或共相，或殊事之「理地」也。由是，普遍命題必表一存在之形式。存在之形式自對存在言。表「存在之形式」之命題亦自必當「存在」之幾而爲一「當可」之陳述。由是杜威自可言：普遍命題雖不涉某一種特殊之存在，而不能謂其不涉任何之存在。且亦可言普遍命題中之變項其所以被定之以此值，而不定之以他值，必以涉于存在而知之，而不能自該普遍命題中分析出。凡此諸義，若自知識命題言，又何待言？若自形式爲質料之形式言，又何待論？然邏輯中之命題如 "xRy"，本非一知識之命題，亦不否認由經驗中始能給 x, y 以決定值，以此本名曰「命題函值」也。所以陳之以符號，表之以變項，即在使其本不說存在亦不涉存在。然此並不函其表示一存在之形式，亦不函其「表示一存在之形式而且不涉及乎存在」。此在邏輯中之架子全存在無關涉，亦不可視之爲一知識之命題。然雖如此，亦正不妨其于知識中而爲一知識命題也。然視爲一知識命題而論之，則即所論者非邏輯。此何可亂耶？七、若視爲知識命題，而以其所表之存在之形式爲邏輯，則此形式，或如形式論者視爲形上可能性之領域，或如杜威視爲由研究歷程而導引出。兩者無一而可。總評之，無以異于形上學，無以異于其他之科學。此不得以單注意形式而自解。分評之，就形式論者言，當其作形式邏輯也，並不涉存在，何以知其必爲存在之形式？此決無據，不必多說。就杜威說而言之，此形

式由研究歷程中之手續運用而導引出。杜威所謂由科學方法組成邏輯形式也。此形式可以抽出之,在其自身中被觀察,施分解,並形成其自身。依杜威意,抽象復抽象,即可純表之以符號,純為形式之關係。杜威說:此即形式邏輯及數學所以可能或成立之所在。誠如此言,則邏輯純為外在而後起,已成為無用之廢物,徒供形式家之遊戲而已。而杜威之如此論,亦不過對一遊戲物予以慈悲之說明,尚未被遺棄。是則邏輯之普遍而必然,內在而先驗,全歸無有矣。然而杜威固一能「思」之存在也。說此說彼,皇然巨帙,而不得邏輯之所在。然則杜威何不反身一考察能「思」之自身乎?何不就此而認識邏輯乎?彼若自研究歷程反顯方法標準為邏輯,則雖不識法成標準(即純理之自自相),吾亦謂其「齊一變,至于魯」。若再能前進,後反顯法成標準為邏輯,乃至認識理性之全體大用(合自自相與自他相而一之),由此以認識邏輯之全部,則即「魯一變,至于道」。惜乎杜氏不能也。吾讀其書,既喜且惜,不禁廢書而嘆曰:理之相差,毫釐間也。一層薄紙,人透不過。鑄九州鐵,成一大錯,置于街頭,無人能識,吾之辯又烏可以已。

又,本文評語,有筆者自己之思想作根據,而吾自己之思想又無法于本文正面表露出。讀者或不能甚了此中之委曲也。此學所關甚大。吾之努力粗具規模于吾《邏輯典範》一書中。而此書無由運至內地,讀者無法參考。是以讀本文者尚望以深遠之洞見而領會遙契之。惟《理想與文化》月刊第三、四合期本有筆者〈評羅素新著《意義與真理》〉一文,

于讀者深入之領悟當有助益也。

又，杜威言此章本可置于全書之首以爲確定邏輯意義之綱領。然在說明之歷程上，列于較後爲適宜，故排于第四部。然無論如何，此章可以代表其對于邏輯理論之意見。杜威此書，其主文要義大抵在以下各章：第二部章次十四章：「種類命題與普遍命題」；第三部全部論命題與名：章次則第十五章曰「命題通論」，十六章曰「成組之命題與成系列之命題」，十七章曰「形式關係及規律」，十八章曰「名或意義」。再進即爲第四部章次十九章，即本文可介紹者。凡其所論一本研究歷程而說明之。圓融周詳，通達無礙，亦可謂卓然成家矣。

原載《學原》第1卷第4期（1947年8月）

黑格爾的歷史哲學

一、歷史哲學之意義

本文是以黑格爾《歷史哲學》中〈引論〉所說為介紹之對象。大體是譯文。故所引用及所譯者,皆不注明頁數。

關于歷史,因研究方法之不同,黑格爾分為三類:

第一類:原始的歷史。

第二類:反省的歷史。

第三類:哲學的歷史。

關于前兩類,黑氏討論本少,我只略引幾句話以為介紹。

關于原始的歷史,歷史家的描述,「大部分是限于他們親眼所見的行為、事件,以及社會底狀況,而這些行為、事件等的精神,他們也有分。他們只把環繞他們的世界中正在進行的事件轉到重現底領域。這樣,一外在的現象便翻譯為內在的概念。」「依是,這些原始的歷史家把他們所親見的行為、事件,以及社會底狀況,變為概念能力上的一個對象。」

關于第二類反省的歷史,「它的表現底模式不限于它所關係的

時代，它的精神是超越現在。」此類復分為四種：㈠「研究者底目
的是想對于一個民族或一個國家底全部歷史，或世界底全部歷史，
去得到一種通觀。這就是我們所叫做的『通史』。在這種情形中，
歷史材料之搜集是主要工作。搜集材料的人是以他自己的精神去從
事他的工作。他用以從事工作的自己的精神是不同于他所操縱的成
素之精神的。」㈡「第二種反省的歷史，我們可以叫做是『實用
的』。當我們去討論過去，我們自己為一遼遠的過去所佔有時，一
個『現在』便升到心靈上來。這『現在』是為心靈自己的活動所產
生，當作是它的辛勤勞力之報酬。所發生的現象實有種種不同，但
是滲透于這些現象中的觀念卻是『一個』。這是把現象提出于『過
去』底範疇之外而使它根本上成為『現在』。」〔案：此譬如《資
治通鑑》。〕㈢「反省的歷史之第三形態是『批評的』。它不是歷
史本身。我們可以較恰當地說它是『歷史之歷史』，是一種對于歷
史縷述的批評，並且是一種對于它們的眞理性及可信性之研究。它
的特殊性是在于敏銳的精察，用之以從記錄中強探出某種東西來，
而此某種東西卻並不在所記錄的材料中。」〔案：此即歷史考
據。〕㈣「反省的歷史之最後一種則表露它的破碎性〔案：即分支
研究〕。它採用一種抽象的立場。但因為它取用一般的觀點（例如
藝術史、法律史、宗教史等），所以它是轉到『哲學的世界歷史』
之過渡。〔……〕民族生命底這樣的些分支是密切地關聯于一個民
族的年曆之全部。在關聯于我們的題目中，那重要的問題是：這全
部底連結是顯示在它的眞理與實在中，抑還是只涉及外部的關係。
如果只涉及外部的關係，則這些重要的現象（藝術、法律、宗教
等），只表現為一些純粹偶然的民族特性。必須注意，即：當反省

的歷史已進到採用一般的觀點時（如果這立場是一眞正的立場），則這些分支研究所想去構成的，必不只是一外在的線索，一表面的系列，而卻是佔有一民族的年曆的那些現象與行動之內部的指導靈魂。因爲在眞理中的理念，民族底以及世界底領導者，以及精神，那個指導者之理性的與必然的意志，便就是而且已是世界歷史底事件之導演者。去熟習這盡指導之責的『精神』便是我們現在的工作之對象（目的）。」

這即使我們轉到第三類歷史，即「哲學的歷史」。

「對于前兩類歷史不需要有說明，它們的本性是自明的。但是對于這第三類卻不同，它確乎需要一種解析或能使之安立的說明。對于這第三類歷史所能給的最一般的定義是如此，即：歷史底哲學其意不過是對于歷史之『思想的考慮』。思想對于人性實是最本質的東西。就是這思想，使我們不同于禽獸。在感覺中，認識中，以及理智活動中，在吾人之本能與意欲中，只要這一切皆眞正是人的，思想便是其中一不變的成分。但是去執持思想與歷史的這種連結，似乎不能令人滿意。在這門學問裡，思想似乎必須服從那『所與』的東西，服從事實之實在；而這事實，這所與，是它的基礎與指導：而哲學則是處于自己產生的觀念之區域中，而並不涉及現實。〔……〕」

但是，黑格爾所說的「思想」並不是那種只是被動的、了解的思想，而是一種形而上的主動的思想。把思想從對待關係中提升上來而爲一種實體性的心靈之理性活動。因此，

「哲學所用之于默想歷史的那『思想』便是『理性』這個單純的觀念。理性是世界之統馭；因此世界底歷史便具著一合理的歷程

呈現給我們。這個信念與直覺在歷史領域內是一假設。在哲學領域內，它不是一假設。在哲學裡，它是被玄思的認識所證明，即理性是『本體』，也是『無限的力量』。它自己的『無限質素』（infinite material）居于一切它所致生的自然生命以及精神生命之下而為其底子，亦如這『無限的形式』，它使這『質素』在運動。一方面，理性是宇宙底本體，即因著這理性而且即在這理性中，一切實在有其實有與潛存。另一方面，它是宇宙底『無限的力』（infinite energy）；因為理性不是這樣無力的，以至于不能產生任何東西，而只是一理想，只是一意向，在實在之外有它的地位，但無人知其在何處；只是某種分離而抽象的東西，存于某些人的頭腦中。它是事物之『無限的複雜』，是事物之全部本質與真理。它即是它自己的質素，它把這質素交與它自己的『活動力』去制作；它不需要有特定工具之外在材料底制約，因這特定工具，它可以得到它的支持點，得到它的活動之對象，就像有限活動那樣似的。它供給它自己的滋養品，而且它是它自己的運用底對象。當它專是它自己存在底基礎，絕對的最後目的時，它也是實現這目的的活動力；不只把它發展于自然現象中，而且也把它發展于『精神宇宙』中，于『世界歷史』中。這個『理念』或『理性』就是這真正的、永恆的、絕對有力的本質；它顯示它自己于世界中，而在那世界中，除這理性以及它的榮耀外，亦再沒有別的東西被顯示：這些宗旨，如所已說，已在哲學中被證明，因此，在這裡亦被看成是已經證明者。」

只要我們把歷史攝進人的實踐中，則理性統馭世界，是可以說的；進一步，說：理性顯示其自己于世界歷史中，世界歷史是理性

之實現過程，具著一合理的過程呈現給我們，也是很容易理解的。一個個體生命，若不只是一自然生命，而是一人格發展的生命，則不能不受理性的指導。如是，我們也可以說，一個人的一生發展就是理性（德性）之實現過程，理性顯示其自己于此人之一生中。一個民族，散開著，是一大堆人，聚起來看，也與一個個體生命一樣，是一個整個的、獨個的生命。它不只是一自然生命，而且是一文化生命。如是，它也不能不受理性的指導。理性顯示其自己于此民族生命之發展過程中，此民族之歷史是理性之實現過程。很顯然，這個理性是主動的理性，創造的理性，而不是在對待關係中，在認識關係中，作抽象的思考，作被動的理解之理性。「理性」一詞是綜說。自其為受其指導統馭的一切現實存在之「本質」言，名曰「理念」（或「理典」）。〔黑格爾用理念或理典，在哲學傳統上，亦承柏拉圖之理型或型式而來。但柏拉圖之理型是超越而隔離的，是靜態的，不表示主動性與創造性。傳之于亞里士多德，則轉為內在而不隔離的「形式」或「普遍者」（共相、共理），但亦是靜態的，不表示主動性與創造性。但在亞氏，已就此而言事物之「本質」。此「本質」一義，亦留傳于黑氏之理念或理典中。〕自其為指導性與主宰性言，曰「意志」。自此意志之主動性與創造性言，曰「自由」。自其為意志而表現其自由言，曰「精神」。因此，理性亦可曰「心靈」。

依此，黑格爾說：「首先必須注意，即：我們所研究的現象，世界史，是屬于『精神』之領域。『世界』一詞，包含物理的自然與心靈的自然這兩面。物理的自然，在世界歷史中，也有其地位。但精神，以及其發展之途程，卻是我們的主要對象。我們的工作不

需要我們去默想自然在其自身為一合理的系統（雖然在它自己恰當的範圍內，它證明它自己是如此），但只是去想它對于精神的關係即足。在我們正觀察世界史的階段上，精神是在其最具體的實在中發展其自己。可是縱然如此，我們必須先對于精神本性底抽象特徵作一說明（即，為了領悟它的具體實在底形態所體現的『一般原則』這個目的，須先對精神本性底抽象特徵作一說明）。但是這樣的說明在這裡只能作簡單的主斷。」

依是，黑氏以以下三點作為其〈引論〉之主要部分：

㈠精神本性之抽象的特徵。

㈡精神用什麼工具以實現它的理念。

㈢最後必須考慮精神底圓滿體現（即具體化）所預定之形態——即國家。

本文對于這三點的介紹全是譯文，幾乎是全譯。間有節略，亦間有案語。

二、精神本性之抽象的特徵

依黑氏，凡是對于一個概念，依其本性作分解的說明，便是抽象的說明，而在此抽象的說明中所明的特徵便曰抽象的特徵。此是邏輯的分解所作的。但是精神本身就是具體的，說它是具體的，是說它一定要表現。而它的表現不能不有歷史性與發展性。依是，在歷史發展中表現，而且有種種價值的實現，文化上的成就，這便是精神之最具體的實在：每一步實現，每一種成就，都表示精神之具體的實在。但是脫離歷史發展，單依其本性作分解的說明，便是抽

象的說明，因之其所明的便是其抽象的特徵。依其本性稱理而說，只表示了一些一般的原則，對其歷史發展言，只表示了其潛能性。它不通過歷史的發展，它將有些什麼表現與成就，我們全不得知，故必在歷史發展中，通過它的成就，精神始眞有它的具體實在性；而此具體實在性此時亦可說即體現了那抽象的一般原則。對于「具體」與「抽象」兩詞的使用，先作如是的了解。以下我們看黑氏的話。

「精神之本性可以因看其直接反面之『物質』而被了解。因爲物質之本質是吸引，所以另一方面，我們可以肯定精神底本體或本質便是『自由』。人皆同意：精神，在其他種種特性之間，也賦有自由一特性；但是哲學卻告訴我們說：一切精神底特性只有通過自由而存在；一切是得到自由的工具；一切皆尋求而且引生自由，而且只是自由。自由是精神底唯一眞理，這是玄思哲學底一個成果。物質因其趨向于一中心點而有吸引性。它本質上是組合的東西；含有互相排外的部分。它尋求它的『統一』；因此，顯示它自己是自我破裂的，是向其反面即『一不可分的點』而接近的。可是如果它一旦到此，那即不會有物質，它必已消逝。它追逐它的『理念』之實現；因爲在『統一』中，它之存在始是理念地存在〔案：即如其物質之理而存在〕。反之，精神可以定爲在其自身中即有其中心點的東西。它沒有一個外于其自己的統一，而是早已發見之；它存在于它自己而且同著它自己。物質有其外于其自己的本質〔案：即其本質是外于其自己〕；精神是自身含攝的存在（self-contained existence, Bei-sich-selbst-seyn）。這確然即是『自由』。因爲如果我是依待的，我的存有是涉及某種我所不是的其他東西；我不能獨

立不依于某種外部的東西而存在。反之，當我的存在依于我自己
時，我是自由的。精神底這種自身含攝的存在不過就是『自我覺
識』，一個人的自己存有底覺識。在覺識中，有兩點事必須分別：
第一、『我知』，第二、『我所知的』。在自我覺識中，這兩者融
于一；因爲精神知道它自己。它含有對于其自己的本性之賞識，它
也含有一種力量能使它去實現它自己；使它自己成爲實現的，實現
那是潛能的。依照這個抽象的定義，我們可說世界歷史便是：在實
現那是潛能的東西之過程中精神之顯示。因爲種子在其自身中即具
備那樹木底全體本性，即具備它的果子之味道與形式，所以精神底
來龍去脈本質上就含有那世界歷史之全體。

　　「東方人不曾得到『精神（人如其爲人）是自由的』這種知
識；而因爲他們不知道這點，所以他們不是自由的。他們只知道：
一個人是自由的。但是在此意義上，那一個人底自由也只是任意任
性浮動無常的；兇惡──情欲之粗野無顧忌，或者欲望上之寬大和
順，這寬大和順本身也只是一種自然之偶然──其爲任意浮動一如
前者──因此，那一個人只是一暴君或專制者，而不是一『自由
人』。〔案：這點最足刺激中國人的情感。但是我們不要光是情感
用事，亦當反省中國歷史是否如此。要作此步反省，先須了解黑氏
說這幾句話的意義。在君主專制政體下，皇帝沒有客觀有效的政治
法律形態之憲法以限制之，則他無論是兇惡或寬柔皆是「自然之偶
然」，因此，他的自由亦只是任意任性，反覆無常的。此處「自然
之偶然」相當于中國以前理學家所說之氣質、脾性。此對「天命之
謂性」之先天的超越的「道德心性」言，爲後天的、經驗的，亦是
自然的，而非道德理性上之必然，故云自然之偶然。從這裡發的自

由當然是任意任性反覆無常的，並無道德理性上的根據。自由必須是通過道德理性上的自覺而成爲理性的、客觀的，始能説得上是站得住的自由，植根于心性上的自由，而不是植根于氣質脾性上的自由。宋明儒者最曉此義。不過他們只從個人的道德生活上講此義，尚沒有把此義擴大化客觀化而應用于國家政治法律上，因此君主專制政體一直維持二千年而不變。黑格爾説東方，中國也在内，而且以中國爲典型，是就其歷史文化之整個發展，所表現之國家政治法律之整個形態，而言的。簡單説，就是就君主專制的政治形態而言的。你沒有發展到以客觀有效的政治法律形態之憲法來限制皇帝（在以前只有道德宗教的形態來限制），這即表示人民是沒有政治上的自覺的，不是有眞實個體性的人民，因而亦不是自由的，而只有一個人即皇帝是自由的，而他的自由亦是任意任性反覆無常的，亦即不是眞正的自由。儘管有好皇帝（聖君），而在政治形態上則總如此説。此義深遠，值得我們切實反省。黑格爾當然不是故意駡人。其書之後面亦復提及。見下第五段。此中所牽連之全部文化上的意義，我曾詳言之于我的《歷史哲學》中。〕

「自由之意識（覺識）首先發之于希臘人，因此，他們是自由的；但是他們，羅馬人亦然，只知道有些人是『自由的』（一部份人是自由的）──不是『人如其爲人』是自由的。甚至柏拉圖與亞里士多德也不知道這點。因此，希臘人有奴隸；而他們的全部生活以及他們的豐富自由之維持，是賴著奴隸制度；進一步，這事實，一方面使自由只是一偶然的、流逝的（過渡的）而且是有限制的生長；另一方面，對我們的公共本性，即普遍人性，形成一種嚴重的束縛。

「至于日耳曼民族，在基督教的影響之下，首先得到這覺識，即：人，當作人看（即人如其爲人），是自由的：那就是說，此就是這精神底自由它構成精神底本質。這個覺識首先是在宗教中生出，在精神之最內部中生出；但是把那原則去引入現實世界底種種關係中，卻含有一較爲廣大的問題，即比其單純的培植（即植根于宗教的培植）更爲廣大的問題；這一個更爲廣大的問題，它的解決與應用需要一種艱難而且長期的文化過程。在證明這點上，我們可以注意：奴隸，在接受基督教上，並沒有直接地停止。並且自由亦不曾在國家中佔優越支配的地位；政府及憲法也沒有採取一合理的組織，沒有認識自由是它們的基礎。那原則之應用于政治的關係，因它而成的社會組織之不斷的造型與解析，這是一個同于歷史本身的過程。我早已注意到這裡所含的原則本身與其應用間的不同（應用即是它的引入或帶進精神與生命底現實的現象中）。在我們這門學問中，這是一個最重要的一點，必須常常視之爲本質的一點。復次，這原則與應用間的差別不同，就基督教的自我覺識（即自由）之原則言，也同樣被引起注意；而就一般說來的自由之原則言，這差別也表示其自己是一本質的一點。世界底歷史不過就是自由底覺識之進展；這一進展就是它的發展是依照它的本性之必然性而發展的進展。去研究這點，就是我們的事。

「上面關于自由底覺識中種種階段之一般陳述——東方民族只知一個人是自由的，希臘與羅馬世界只知一部份人是自由的，而『我們』則知一切人是絕對地（即人如其爲人）自由的——便把世界史底自然區分提供給我們，而且也暗示它的討論之模式。〔……〕」

三、精神用什麼工具以實現它的理念

在這一點上，黑格爾注重人的情欲、需要、利益等，是人底行動之動力；由此進而言推動世界的偉大人物，即所謂英雄，其行動之動機與目的都可以不必是純粹的，即，是有夾雜的，甚至純出于私人之利益，然而縱使如此，他在不自覺中也推動了世界之前進，使精神實現了它的理念。依此，情欲以及偉大人物就是精神實現它的理念之工具。由此，黑格爾進而言「理性之詭譎」。我們于此可抽象地說，情欲、需要、利益等是行動之原動力，這些是概括在中國以前理學家所說的「氣」這個概念下的，廣言之，是概括在「才、情、氣」之下的。才、情、氣就是「實現原則」。行動的人物都是特別表現才、情、氣的人物：是以才、情、氣作主，不是以德性作主。英雄，偉大人物，在中國歷史上，如漢高、唐太，都是才、情、氣之極峰。這些人不是聖人：不以德性作主。他們不服從理性原則，而是服從生命原則。才、情、氣是生命上的事。服從生命原則之才、情、氣底表現當然不會純，因此落實了，就免不了情欲、需要、私人利益等之夾雜，不會完全是「天理之公」。但是須知「天理之公」在人間並不是容易一下子呈現的，而是要在歷史發展中艱苦實現的。因此，英雄、偉大人物之生命與才、情、氣，便成了「天理之公」實現之工具。朱子說三代以下皆把持天下，漢唐亦不在眼下。這是一間未達，只停在道德判斷上，故不能論歷史。把持誠然是把持，自私誠然是自私，然若只看二帝三王，只看天理流行，則歷史也不用說了。而重要者則在不能正視精神之發展義，

艱苦實現義。精神之內容究竟是些什麼東西是要在發展實現中表露的，在發展實現中始有文化成果。因此講歷史，不能只注意「天理之公」之道德判斷，而服從生命原則之英雄人物之才、情、氣底表現亦須貫通在內而觀其意義與作用。然這裡必須通透，真見智慧與學力，方可。故陳同甫之義利雙行，王霸並用，為漢唐爭地位，其意似能注意及才、情、氣，然而學力不足，思之不透，故不見真智慧、真器識，只是一時之浮明，反不若朱子之能站得住。這裡唯王船山能通透有學力，故不失義理之正。而黑格爾尤嚴整有條理。故觀其所言，是真能開擴吾人之歷史意識以及對于歷史之智慧者。以下便是黑氏之原文。

　「自由因之把它自己發展到世界上的工具問題可以引導我們到歷史自己底現象上。雖然自由，原始地觀之，是一未發展的觀念，而它所使用的工具卻是外在的，而且是現象的；即：在歷史中把它們自己呈現到我們的感覺視線中。對于歷史，那初次一瞥，可以使我們認定：人底活動（行動）是從他們的需要、他們的情欲、他們的品性、他們的才能而進行的；而且使我們相信：這樣的些需要、情欲，以及利益等，是行動底唯一源泉，即行動幕景中的有效動力。在這些需要、情欲等之間，或許可以發見出一種自由的目的或普遍的東西，它也可以是仁德善行，或是一崇高的愛國行為；但是這樣的些德性及一般的觀點〔案：即較為公的觀點〕，當與世界及其作為相比較時，是無甚表意的。我們或許可以看出『理性底理想』實現在那些採用這樣的些目的的人們中，而且實現在他們的影響力底範圍內；但是他們對于人類民族底大眾言，卻只分得一微細不足輕重的比例；因此，他們的影響力之範圍也是有限制的。而另

一方面，情欲、私人的目的，以及自私欲望底滿足，卻常是行動之最有效的動力（興發力）。這些東西底力量由以下事實可以見之，即：他們不顧慮（尊重）正義與道德所加于他們的些限制；而這些自然的衝動其對于人們所發生的影響比那工巧而冗長的訓練以使人服從秩序、法律、道德，以及自制，更爲直接而有效。當我們去看這種情欲底表現，以及它們的離經叛道之結果，這『非理性』不但是與這些情欲自私相聯合，而且甚至與善的意圖及正當的目的相聯合；當我們看見了罪惡、敗行、瓦解，以使人們底心靈所已創造的最繁榮的王國陷落，我們不能不憂慮這種普遍的墮落之污點：而因爲這種衰敗腐爛並不是純然『自然』之工作，而是人類意志之工作——即道德的受苦——則『善的精神』之背叛很可以是我們反省之成果。不必用修辭學的過分誇大，只要看痛苦之單純的眞實的結合（它淹沒了民族與國家之最崇高的人物，淹沒了私德之最佳的風範），這即足形成一幅最可怕的圖畫，並且引起最深遠最無希望的憂愁之感，這沒有安慰的結果可來平衡的。我們忍受這心理的痛苦，除思量這已發生的必如此外，沒有任何防禦與逃避；這是命運，沒有外力可以改變。因此最後，我們從那不可忍受的憎惡中（因這憎惡，這些憂愁的反省使吾人恐怖）抽回來，而進入我們個人生活之較爲合意的環境，即進入爲我們私人目的及興趣所形成的『當下』。總之，我們退避于自私中，立于安靜的海岸上，在平安中欣賞那『混亂投擲的廢墟殘物』之遠景。但是即使把歷史看成是屠殺場，則人民底幸福，國家之智慧，個人底德性，在其上究竟犧牲于什麼原則，什麼最後的目的（這些無比的犧牲所提供的原則與目的），這問題也是不由自主地要發出來。從這裡作起點，我們指

出那些現象，即造成一幅啓示悽慘之情與思想的反省的圖畫之現象，只當作是實現那我們所主張的『本質的命運』即『絕對目的』之工具，或者看成是世界歷史之眞實的成果。」

依是，「我們第一所要注意的，就是我們所叫做的原則、目的、命運、或精神之本性與理念，乃是某種只是一般的與抽象的東西。〔案：此中所謂「命運」以及上段末「本質的命運」兩詞易有誤會。此在英文爲 " destiny "，" essential destiny "。此與普通所說的命運不同。乃是精神或理性本身所具的定然之意圖或趨向，即注定要實現之意。故上段末于「本質的命運」下即連之以「絕對目的」，而在這裡，則與原則、目的、精神之本性與理念，諸詞，連在一起說。其意似乎是「天命之性之定向」。〕原則——存在底計畫——法則——是一隱藏的、未發展的本質，它如其所是觀之，雖在其自身是眞的，然而卻不是完整地眞實的。目的、原則等只在我們的思想中，只在我們的主觀意圖中，有其地位；但是在實在底範圍內，尚不能有其地位。那只是對其自己而存在的東西，是一可能性、潛能性；但是尚還沒有突現于『存在』中。依是，要想去引出『實現性』，第二成分必須被介進；而實現之動力便是『意志』——廣義地說的人之活動。只有因這種活動、那個『理念』以及一般說來的那抽象的特徵，才能眞實化、實現化；因爲就它們自己言，它們是沒有力量的。使它們有作用而且給它們以『決定存在』的那動力便是人底需要、本能、傾向以及情欲。〔……〕」

「依是，我們可以主張：凡是已經完成的東西，沒有一件是在活動者方面沒有利益興趣而可以完成的；而如果這私利興趣叫做情欲，當一整全個體（即一個人）忽略一切現實的或可能的私利興趣

及要求，而專致力于一個對象（目的），集中一切他的欲望與力量
于這個對象上時，則我們可以絕對肯定，世界上沒有一種偉大的事
情無情欲而可以完成的。依是，兩種成分進入我們的研究之對象
中：第一是『理念』，第二是複雜的人類情欲；理念是『經』，情
欲是世界史這個廣大的花氈之『緯』。那具體的『中道』以及這兩
者底統一便是『自由』，在一個國家中的道德之制約下的自由。我
們已說，自由底理念是精神之本性，是歷史之絕對目標。情欲則被
認為是罪惡方面的東西，是多或少不道德的東西。人是需要去達到
沒有情欲的。依此，情欲一詞，就我所想去表示的意義說，實不是
一恰當的字。在此，我的意思不過是說人類活動是當作從私人的利
益興趣而來的結果看，藉此規定，意志與品性底全部力量致力于它
們的成就，而別的利益或一切別的東西皆犧牲于它們。〔案：不如
我所說的盡才、盡情、盡氣為較恰。〕意欲中的對象（目的）是緊
縛于人的意志上，所以它完全而且單獨地決定『融解之顏色』，並
且是不可離的。它變成他的意志之本質。因為一個人是一特殊的存
在；而不是『人一般』（此詞無真實存在與之相應），但是一特殊
的人。『品性』這個字亦同樣表示意志與智力底這種特異質。但是
品性綜攝一切特殊性，不管是什麼；它是一個人在其中引其自己于
私人關係以及其他等等中之路數，而並不限于他的特異質之在實際
的與活動的一方面。因此，我將用『情欲』這字；因以了解品性之
特殊的傾向，當意志底些特殊性不限于私人利益，但提供這驅迫的
力量，實現的力量，以完成為團體所共有分的事業時。情欲其初是
力量、意志及活動之主觀面，因而亦是形式面——其對象與目的尚
是不決定的。在只是個人的信斷（信從）、個人的觀點、個人的良

心中，亦有這同樣的形式性對于眞實性之關係。在決定究竟是這一
個還是那一個是一眞正而且是本體性的對象中，我信從底目的是什
麼，我的情欲之對象是什麼，這是一個有本質的重要性之問題。反
之，如果決定了，那將不可免地要得到現實的存在，即被實現。」

　　「從對于一個目的之歷史的體現中這第二個本質的元素所作的
解析上，我們可以推斷：（試一看國家之組織），當一個國家之公
民底私人利益與國家底公共利益諧一時，當這一面在另一面中找到
它的滿足與實現時，則此國家即算是很好地被建立起，而且是內在
地有力的。但是在國家中，要想達到這所欲的諧和，許多制度必須
被採用，許多政治機構被發明，伴之以適當的政治安排（在什麼是
眞適當的被發見前，須有一長期的奮鬥），並包含有具著私人利益
與情欲之內容，以及對于這私人利益與情欲之長久的訓練。當一個
國家達到這諧和的境界時，這即是它的開花、它的德性、它的活
力、它的隆盛之時期。但是人類歷史並不以任何種的自覺目的開
始。那純然社會的本能函著生命與財產之安全底自覺目的；而當社
會被組成時，這目的就變成更爲綜和的。世界底歷史是以它的一般
目的，即精神底理念之實現而開始，但這一般目的是只在一潛隱的
形態中，即是只當作『自然』看著，它是一隱藏的、最深地隱藏
的、不自覺的本能；而歷史之全部歷程則是指向于把這不自覺的衝
動轉成一個自覺的衝動。依是，自然意志（即曾叫做是主觀的一面
的），物理的渴望、本能、情欲、私人利益，以及意見及主觀的概
念，只是在自然存在之形式中表現者，皆自發地呈現它們自己于歷
史底開始。這些意志、利益以及活動之廣大的結合即構成世界精神
在達到它的目的上之工具與方法（手段）；把這目的帶到自覺上，

並且實現它。而這個目的不過就是去發見它自己，歸到它自己，而且在具體的實現性中默想它自己。但是在個人及人民方面的那些活力之表現（在此表現中，他們尋求及滿足他們自己的目的），同時即是一較高而且較廣的目的之手段與工具，這較高較廣之目的是他們一無所知而所不自覺地實現的——這點實值得成為一問題，而且實已被人作問題看，不過在種種方式中被否定，被詆毀，被侮蔑，而視之為只是夢，只是『哲學』。但是在此點上，我開始宣稱我的觀點，主斷我的假設（此假設在後將見是在一合法推理之形式中），肯定我的信念，即：理性統馭世界，因而也統馭世界之歷史。在關聯于這個獨立不依地普遍的實體性的存在中，一切別的東西是隸屬于它，服役于它，而且為它的發展之工具。普遍的、抽象的存在與個體（主觀的一面）之統一（只這統一才是真理），是屬于玄思之部門，而且依一般的形式已論之于『邏輯』中。但是在世界歷史本身之過程中（因為仍是未完成的），歷史之抽象的最後的目的尚未成為欲望及利益之顯著的對象。而這些受限制的情感仍然是不自覺它們所要滿足的目的，即：普遍的原則是含藏在它們中，並且是透過它們而實現它自己。這問題也預定自由與必然底統一之形式；精神之藏隱的抽象的過程被認為是『必然』，而那在人底自覺意志中（當作他們的利益看）顯示它自己的，則是屬于『自由』之領域。對于這些思想底形式之形而上學的連結（即在『理念』中的連結）是『邏輯學』所有事，在這裡去分析它，那必是離題的。〔……〕」

「我將用例子把上面所說的使得更為生動與清楚。

「一所房子底建築是一主觀的目的與意圖。另一方面，我們在

工作上以若干實物，如鐵、木、石等，作工具。在工作中，所用的元素是以這種材料而成的，即：火去熔化鐵，風去吹火，水去使風輪轉動以截木等等。結果是：風，它曾幫助去造這房子，現在則為這房子所閉出；水亦曾有助于造房子，而水之氾濫亦為房子所閉出；而當這房子保火險，則火之破壞力亦被驅逐出。石頭與樑木則服從吸引律，即向下壓，而高牆亦因之而築起。如是，這些元素是依照它們的自然本性而作成，而為一建築物而合作，因這建築物，而它們的合作亦是受限制。這樣，人底情欲是被滿足了；他們依照他們的自然趨勢而發展他們自己以及他們的目的，而且建築起人類社會之大廈；如是，築起權利與秩序以與他們自己為反對。

「上面所指述的事例，亦含有這事實，即：在歷史中，一種附加的結果是為人類活動所產出，超出他們所注意的與所得到的以外，即超出他們所直接認識與意欲的以外。他們滿足他們自己的利益；但是某種進一步的東西亦因而被完成，這進一步的東西，雖然沒有呈現于他們的自覺中，亦沒有包含在他們的意圖中，然而卻實含藏在已有的實際活動中。一個類比的例子是：一個人他想報仇，也許他不是一個壞人，但是在他報仇的行動中，他損及旁人，焚及旁人的房子。在一行為本身與一串不直接包含于其中的情況之間，一種連結是直接地被建立起。〔……〕在行動者底意圖中，只是想報仇，行之以反對某一人，毀壞他的財產，但是這行為牽連了旁人，便是一種犯罪，因而亦含有受懲罰。這些可以不在行兇者的心上，亦不在他的意向中；但是他的行為本身卻含著一個一般的原則，它的實體性的內容（本質的內容）函著它。因這個例，我只想使你注意：在一簡單的行動中，某種比存于行動者底意向及自覺中

更進一步的東西可以被含在內。但是這例子又含有進一步的考慮，即：這行動底本體，亦可以說這行動本身，又衝回于行兇者的身上，具著毀滅的趨勢衝回到他身上。這兩極底統一，即一個一般觀念在直接實在性底形式中之具體化（體現）以及把一特殊性升到與普遍真理相連結，這兩極之統一是在這兩者間的本性之完全不同之情況下而進行，而且在這一端向著另一端底一種不相干的情況下而統一。發動者所置于其自己前之目的是有限制的，而且是特殊的；但亦必須注意，即：發動者本身就是一有理智思維的存在。他們的欲望之目的是與對于正義、善、義務等等的一般的本質的考慮交織在一起；因為純然的欲望，即在其粗野形態中之意欲，並不落于世界史底幕景及範圍內。那些一般的考慮（同時亦形成一指導目的及行動之型範），皆有一決定的目的；因為『為善而善』這樣的一種抽象，在活的實在中，是沒有地位的。如果人要去活動，他們必不只意向『善』，而是必須為他們自己決定出是這個還是那個特殊的東西是『善的』。但是就私人生活之普通的偶然事而言，行動之特殊途程什麼是善或不善，是為一個國家底法律與習慣所決定。這裡並沒有很大的困難。每一個人有他自己的地位；他完全知道一個正義的光榮的行為是什麼。〔……〕

　　「但是在歷史所涉及的複雜關係中，那就完全不同。在這領域內，在已有的、被承認的義務、法律及權利與那些反對不利于這固定體制的偶然行動之間，有衝突呈現；這些偶然行動攻擊甚至毀壞這固定體制底基礎與存在；但是這些偶然行動底大體意指（方針）似乎又是善的，從大處看，是有利的，甚至是不可少的，而且是必然的。這些偶然行動在歷史中實現它們自己：它們含有一個一般的

原則，完全不同于一個民族或一個國家底『持續』所依恃的原則。
這個原則，在『創造的理念』之發展中，在趨向于其自己之自覺的
那『真理』之發展中，是一本質的形態。歷史上的偉人，世界史上
的人物，就是那些在其目的中存有這樣的一般原則的人物。

「凱撒，在喪失地位底危機中（在那時，這地位也許不是很優
越的地位，但是至少也是與其他俱爲國家首腦的人同等的），而且
屈服于那些作爲他的敵人的人，這例子本質上就是屬于這個範疇。
這些敵人（他們也俱是追逐他們個人的目的者），有憲法底形式，
並且有一種正義底現象所賦與的力量。凱撒是意在保持他的位置、
榮譽及安全；而因爲他的敵人之力量就含有統治羅馬帝國之各省的
統治權，所以他的勝利即得到這全帝國之征服；如是，他變成國家
底獨裁者（他毀棄了憲法）。他之得施行其志，初次觀之，是一負
面的（消極的）意義，即羅馬之獨裁制，但是同時在羅馬史以及世
界史中又是一獨立地必然的姿態。依是，那不只是他的私人禮物，
而且是一不自覺的衝動由之以完成那時代所已成熟的事。一切偉大
的歷史人物皆然。他們自己的特殊目的就含有那些大的結果，這些
大結果便是『世界精神』之意思。他們可以叫做是英雄。因他們之
引生其目的及志業，並不是從那安靜的、規律的行程，爲已存的秩
序所許可者，而引生，而是從一隱蔽的源泉中而引生（這隱蔽的源
泉尚未得到其現象的存在、現時的存在），從那內部的『精神』而
引生，這精神隱藏于表面之下，它打擊這外部世界猶如打擊一個空
殼，把它碎成零片，因爲它是另一個核心（即另一種事業的種
子），一個不屬于那空殼的核心。依此，這些人就是從其自己而引
生其生活之衝動的人；而他們的行爲已產生出一種事物之情況以及

複雜的歷史關係，這複雜的歷史關係現見只是他們的利益、他們的工作。

「這些歷史人物，當追求他們自己的目的時，並不自覺到他們所展開或揭露的『一般理念』；反之，他們是實行的人物、政治的人物。但是同時，他們也是些有思想的人，他們有一種洞見，能直覺到時代之需要，直覺到在發展上那已成熟的東西。這個便就是他們的時代、他們的世界中的『真理』；這是下一代的種子，早已在時代底蘊釀中形成了。只有他們知道這初現的原則；這是在進展中必然的一步，直接承續下來的一步，這是他們的世界所要去完成的；把這個作他們的目的，而且去耗費他們的精力以助長增進之。依此，世界歷史的人物，一個時代底英雄，必須被認為是那時代的敏銳人物；他們的行為，他們的言詞，是那個時代底最佳者。偉大的人物只為滿足他們自己而形成其目的，並不為別人。他們也可以從旁人學得慎思熟慮，但不管怎樣，這在他們的行為中是很有限的，而且是不一致的些姿態；因為只有他們是最懂事的；別人從他們那裡學習，並稱贊或至少同意于他們的政策。因為在歷史中採取這最新鮮的一步的那個『精神』就是一切個人之最內部的靈魂；但卻是在一種不自覺的狀態中，而為偉大人物所挑起。依此，他們的徒眾即跟隨這些『靈魂領導者』；因為他們能感覺到要這樣體現的他們自己內部的『精神』之不可抗拒的力量。如果我們去一看這些世界歷史人物之命運（他們的志業是世界精神之動力），我們將見無一是幸福的。他們沒有得到安靜的享受；他們的一生是勞苦與煩擾；他們的全部本性，除他們的『主要情欲』外，一無所有。當他們的對象（目的）已達到，他們就逝去，好像空殼之脫離其核心。

他們或者是早死，如亞里山大；或者是被刺殺，如凱撒；或者是被
放逐，如拿破崙。〔……〕」

　　「依是，特殊的情欲利益是與一普遍原則之生動的發展不可分
離的；因爲正是從這些特殊而決定的東西裡而且從對于這特殊而決
定的東西之否定裡，那普遍者才有成果（才現見）。互相競爭的是
特殊與特殊，而某種喪失亦即含于這競爭底結果中。並不是這『普
遍的理念』亦牽連于敵對中而從事競爭，而暴露于危險。它藏在後
面，不能被觸及，亦不能被傷害。這可以叫做是『理性之詭譎』
（理性之機巧 cunning of reason），而它使情欲爲它而工作，而那
通過這樣的情欲而發展其存在者償付了這懲罰，並且忍受了這喪
失。因爲這樣看的是『現象的存在』，這現象的存在，一部分是無
價值的，一部分是積極的，而且是眞實的。特殊的情欲與普遍的原
則比較起來，大部分是無什麼價值的；個人被犧牲了，而且是被廢
棄了，理念之償付『決定存在』所應受之懲罰以及償付腐爛所應受
之懲罰，並不是從它自己而償付，而是從個人之情欲而償付。

　　「但是雖然我們可以容忍這觀念，即：個人，他們的欲望及欲
望底滿足，皆被犧牲了，而他們的幸福也被犧牲于他們所屬的『機
遇領域』內，並且當作一個一般的規律看，個人總是落在工具底範
疇內，即爲一外在的目的之工具，然而在人類的個體性內復有一
面，我們不容易拿隸屬的眼光去看，甚至在關連于『最高者』中，
亦不宜這樣看，因爲那是絕對無隸屬成分的，但只是存在于那些個
人中而爲內在地永恆的，而且是神聖的。我意這即是道德（德
性）、倫理及宗敎。〔……〕」

　　案：這即是黑氏之不失其正處。一方面，歷史之動力是情欲、

英雄人物，世界精神藉之以顯現；而另一方面，理性也于道德、倫理及宗教中，無詭譎地直接呈現于人間。這即是我的《歷史哲學》中所說的盡心、盡性、盡倫、盡理之道德宗教的精神，聖賢人格底精神。這不是盡才、盡情、盡氣之英雄底精神，但是道德、宗教、理性等不只是在聖賢人格中表現，而且亦要在歷史文化中作客觀成果的表現。此即下第四段所論之國家。

「這些觀察，在涉及世界精神用之以實現它的『理念』之工具中，亦可以夠了。簡單地而且抽象地說，這種媒介（即工具）含有個人存在之活動，在這些個人存在之活動中，『理性』是表現為他們的絕對存有、實體性的存有；但是在起初，這基礎對于他們仍是隱晦的、無所知的。但是當我們看個人不只是在他們的活動面看，而且是更具體地，與那活動在他們的宗教及道德中之特殊顯現聯合在一起而觀之時，則問題即變成更為複雜而困難。（道德宗教是密切地與『理性』相連結的些存在之形式，並且分得了『理性』之絕對的要求。）在這裡，工具對于目的之關係便消逝不見，而在涉及精神之絕對目的中，這種似乎困難底主要意義亦曾簡略地被論及。」

四、精神底圓滿體現（即具體化）所預定之形態
　　——即國家

「依是，要分析的第三點便是：被這些工具所要實現的對象（目的）是什麼；亦就是說，它在真實底領域內所預設之形式（形態）是什麼。我們已說及工具；但是在實現一主觀的、有限的目的

中，我們也考慮到材料之成素，早已有的，或是要去獲得的。依
是，以下的問題必發生：『理性底理想』因之以完成其自己的材料
是什麼？開始的答覆必是：人格本身，人類的欲望，一般說來的
『主觀性』。在人的知識與意欲中（當作理性之材料成素看），理
性獲得積極的存在。我們已考慮到主觀意欲，它的對象（目的）是
一眞實（實在）之眞理及本質，即是說，它構成一個偉大的世界歷
史上的情欲。當作一主觀意志看，它爲有限的情欲所佔有，因而它
是依存的，而且只能在這依存範圍內滿足它的欲望。但是這主觀意
志復有一實體生命（一眞實），在這實體生命中，它活動于『本質
的存有』之區域內，並且即以這『本質的存有』本身作它的存在之
對象（目的）。這個『本質的存有』就是『主觀意志』與『合理的
意志』（理性的意志）之統一：它是『道德的整全』，是『國
家』。國家就是個人在其中有他的自由而且享受他的自由的那種
『實在底形式』；但所謂個人在其中有其自由而且享受其自由，必
須以個人之認識、相信，而且意欲那公共『整全』者爲條件。但是
這不要了解爲社會單位之主觀意志是通過『公共意志』而得到它的
滿足與享受；亦不要了解爲這整全是爲個人得到其利益而供給的工
具；亦不要了解爲：個人，在其對于其他個人之關係中，爲的要使
這普遍的限制，即一切個人之互相抑制，可以爲每一人擔保一點自
由，故必限制其自由。勿寧是這樣，即：只有法律、道德、政府，
才是『積極的實在』，而且是『自由底完整』。在低級而有限制的
層次上的自由只是浮動任性，反覆無常。這種自由是在特殊而受限
制的欲望之領域內有其存在。

　「主觀意欲（情欲）就是那使人活動者，那成功『實際的』實

現者。『理念』是活動底內在源泉；國家是現實地存在的，是實現了的道德生活。因為它是這普遍的、本質的意志與那個人的意志之統一；而此即是『道德』。生活在這種統一中的個人有其道德的生活；有其單含存于這本體性中的價值。索福克里士（Sophocles）在他的 *Antigone* 一悲劇中說：『神聖的命令既不在昨天，亦不在今天；它們有一無限的存在，無人能說它們何時降臨。』道德底律則並不是偶然的事件，而乃在本質上是理性的東西。那在人底『實際的實現』中，即在他的傾向中，是本質的東西，必須恰當地經常地被認識，這便就是國家之對象（目的）；那就是說，它必有一彰顯的存在，而且維持其地位。這個道德的整全一定要存在，這乃即是理性之絕對興趣，而即在這裡存有建立國家的英雄們之功績與合理，不管他們所建立的國家是如何的原始或簡陋。在世界底歷史中，只有那些能形成國家的民族始能進到我們的注意中，因為那必須了解，即：國家是自由之實現，即是說，是絕對的最後目的之實現，而且亦必須了解：它之存在是為其自身之故而存在。復次，那也必須進一步了解，即：每一個人所有的一切價值，即一切精神的實在，只有通過國家而有之。因為他的精神實在是存于：他自己之本質（即理性）是客觀地呈現于他，即他自己之本質對于他而有客觀的直接的存在性。如是，只有他才是完全地自覺的；如是只有他才是道德底分得者（享有者）——一種合法而道德的社會政治生活之享有者。因為『真理』是普遍意志與主觀意志之統一；而普遍意志則是見之于『國家』，見之于國家底法律，于國家底普遍而合理的安排。國家是神聖的理念之存在于地球上。依此，我們在國家裡有歷史之對象（目的），在一比其前期較為確定的形態中之對象；

即在國家中，自由得到其客觀性，並且處于享受此客觀性中。因為法律即是精神之客觀性；亦即是意志是在其真實的形態中之意志。只有那服從法律的意志才是自由的；因為它服從它自己，它是獨立不依的，所以是自由的。當國家或我們的民族構成一存在之共同體時，當人底主觀意志隸屬于法律時，自由與必然間的矛盾即消除。合理的有其必然的存在，此是事物底實性，亦是事物之本體，而我們在把它當作法律而認識時，我們是自由的，而且隨從它，把它當作是我們自己存在之本體。依是，客觀意志與主觀意志被消融，而呈現為一個同一的『同質的整全』（ homogeneous whole ）。〔案：即消融了主觀意志與客觀意志間的對立而成為一個同一的純化的整全——此即是國家。〕因為國家底道德性並不是那種倫理的反省的道德，在倫理的反省的道德中，一個人自己的信念常易傾斜而搖動；此後者勿寧是近代之特點，而真正古代之道德則是基于『一個人堅守對于國家之義務』之原則上。一個雅典的公民作那需要他作的事，好似來自本能；但是如果我反省我的活動之目的，我必須有這自覺，即：我的意志是在作用中。但是道德是義務，是實體性的正義（權限、權利），亦是我們所叫做的『第二自然』；因為人底『第一自然』只是其原始的動物存在。」

　　案：黑氏此段所說之國家論，最不為通常所理解，因而亦最為人所詬病：認為抹殺個人自由，助長假借國家政府之極權專制。然而黑氏實是「稱理而談」。他極反對極權專制，認為極權專制是任意任性反覆無常之意志，因而亦不是真實的意志，真實的自由。此專制者一人之自由實是屬于情欲的主觀自由，他的意志亦是屬于情欲的主觀意志。他的意志與自由尚未理性化與客觀化，即在他，

尚未達到主觀意志與客觀意志（普遍意志）之統一。落實言之，此時之國家尚未達到以客觀有效之政治法律形態之憲法以限制專制者，而專制者亦未至接受此限制以客觀化其意志之境地。此即尚不是自由之完整實現之國家，尚不是一「道德整全」之國家。依此，極權專制者不得假借黑氏之國家論以自掩。復次，極權專制之出現乃由于人民無個性之自覺。無個性之自覺，則不能制定法律以限制專制者，以維護自己之權利。此時人民之意志即在自然狀態中，因而亦不是真正自由的人民。于此，黑氏十分重視「個體性原則」。但個體性原則不能在任意任性反覆無常之屬于情欲的主觀自由之形態下表現，它亦須進至客觀化的形態。人民由個性之自覺進至制定法律並服從其所制定之法律，方是真正的意志，真正的自由。在此亦是主觀意志與客觀意志之統一。故個體性原則不能停在任意任性之形態下，此則真有助于極權專制者。下有無個性自覺之人民，上即有專制之獨夫。此是互為因果者。而真正個性之自覺必向建制立法以成國家之客觀目的前進。在前進過程中，由真正個性之自覺所顯之主觀意志（此與任意任性之主觀意志不同）與那普遍的客觀意志，尚未達到統一的境地，尚在對立中，此亦即表示國家尚在建造中，尚未至充分形成之境地。一旦達到主觀意志與客觀意志之統一，則國家即算真建立起，而此時之國家即是自由之充分實現，自由得到其客觀性。如是，「國家是神聖的理念之存在于地球上」。黑氏所根本要求的是個體性原則與普遍性原則之統一。抽象地一般地言之，國家即代表這統一；而具體地言之，則此統一是在奮鬥的過程中實現，也許是一個無限的過程，但可有種種的階段，有種種程度的實現。雖是某階段某程度的實現，亦代表這統一。不統一是

表示在奮鬥過程中。而若永處于相反之地位而不向統一企求，則那個體性原則即是任意任性之自由，而那普遍性原則即是極權專制。此既不是近代化之國家，亦不是近代化之人民。既不是表示「自由之實現」之國家，亦不是眞正有自由之人民。這一個「道德的整全」，這一個「統一」，原是在上者與在下者雙方皆有眞實的自覺以客觀化其意志而成者，即在雙方身上皆表示主觀意志與客觀意志之統一而成者。此爲黑氏所「稱理而談」，決無毛病。既不可誤解，亦不可假借。希特勒自是希特勒，德國的國家形態自是德國的國家形態。不能因黑氏是德國人，遂認爲其所言者即同于希特勒，或同于德國的國家形態。英、美亦可表示這「統一」于某種程度，亦不能違背這「稱理而談」之國家義，並非單合于拉克、米爾、羅素等人的思想。

此義而明，則我們很易看出：所謂國家是自由之實現，此自由實是充實飽滿之自由，故有絕對之意義。此亦是「道德的整全」。故黑氏說：「國家底道德性並不是那種倫理的反省的道德。」此意是說：自由發展到國家底形態乃是內外本末合而爲一「充實飽滿」的整全，無對的整全，故其所表示的道德性是絕對的、神聖的。而倫理的道德則尚在有對的形態中，並不能升舉其自己爲一「充實飽滿」之整全。「反省的」一詞頗不易解。其意是在有對中停在一面的狀態。不可就普通所說的「反省」來了解。至于說：「在倫理的反省的道德中，一個人自己的信念常易傾斜而搖動」，此若把倫理關係只看成爲外在的經驗的社會關係言，則可以如此說，但若依據「天理」而予以超越的安立，則凡倫理關係皆成爲儒家所說的倫常，亦即皆有絕對義。一個人的信念在此亦不可搖動。此爲黑氏所

不及。他只在國家方面想道德之絕對性，因其為一充實飽滿之整全而來的道德之絕對性。至于倫理的道德，外在地或外延地言之，雖是有對的，然內在地或內容地言之，亦是絕對的。黑氏說：「此倫理的道德勿寧是近代之特點」，實因近代人只會外在地經驗地看倫理，故其信念常易傾斜而搖動。若純自生物關係或生產關係而言之，則孝弟亦無絕對性。其極便是共產黨。中國儒者雖于國家之發展未能予以積極的正視，而于倫常道德之絕對性卻甚通透。此為西方哲人所不及。當然，只是倫常並不能表示精神、理性、自由之全幅實現，此不待言。

以下黑氏批評關于國家的兩種錯誤的觀點。

「國家底理念之全幅展開的發展是屬于《權限哲學》一書〔*Philosophy of Right*，亦譯權利哲學，或法律哲學，皆不甚妥。〕但是必須注意，即：在我們時代中的些學說裡，關于國家，有種種錯誤在流行。這些錯誤的見地已被認為是已經建立起的真理，並且已成為固定的成見。我們現在將只提出在涉及我們的歷史之對象（目的）中有重要地位的幾種以論之。

「首先我們所遇見的錯誤是與我們的原則直接矛盾的。我們的原則是：國家表示自由之實現；而那錯誤的意見則是：人本性上即是自由的，但在社會中，在國家中，他必須限制這種『自然的自由』。人在『本性上』是自由的，這在某意義上說，是完全對的，即：他是依照『人性底理念』而是自由的；但我們對此認為：他只因他的『天命之性』（in virtue of his destiny）而是這樣，即，他有一未發展的力量可以去變成這樣；因為一個對象之『本性』是準確地同義于它的『理念』。但是我們所討論的觀點不只此義。當一

個人被說爲『本性上是自由的』，他的存在之模式以及他的天命之性皆被函在內。他的純然自然的及原始的狀態是被認定了的。在此種意義上，一種『自然底狀態』是被預設了的，在此『自然狀態』，人類有他們的自然權利，具著他們的自由之無強制的運用與享受。但是實在說來，這個預設在歷史事實上實不能有高的地位；如果認眞堅持此預設，則想去指出任何這樣的狀態是現實地存在的，或曾經發生過，那必是很困難的。一種野蠻的生活狀態之例子可以被指出，但是他們之所以爲野蠻是以粗野的情欲及暴亂的行爲來標識的；而同時不管他們的狀態如何粗野與簡單，他們總含有社會的安排，而安排便限制了自由（用普通的說法）。依是，那個預設是那學說所產生的一種雲霧影像；其爲觀念雖有所自起，但用于眞實存在上，卻並沒有充分的歷史證明。

「我們在現實經驗中所見的這種『自然狀態』確然回應『只是自然情況』這個『理念』。自由，若當作那根源的而且是自然的東西之『理想』看，則它實不能當作是根源的而且是自然的東西而存在。它勿寧是我們所要尋求的東西，所要勞苦而獲得的東西；而且是因對于理智的與道德的力量所加的無可計數的居間訓練而獲得。依此，『自然狀態』根本就是無正義與暴亂之狀態，無制服的自然衝動之狀態，不人性（不人道）的行爲與情感之狀態。限制自是爲社會與國家所產生出，但那只是對于純然野蠻的情感與粗野的本能所加之限制；即在一較爲進步的文化階段中，對于任性底自我意志與情欲底自我意志，亦同樣要加此限制。這一種強制是一種工具性，只有因這種工具性，自由底覺識以及其有所欲之欲望之在其眞實的，即在其理性的與理想的形式中，始能被得到。就『自由底理

想』言，法律與道德是必須的，是不可少的；而它們（法律與道德）就是『在它們自己』而又『對它們自己』，是普遍的存在，是對象與目的；它們只有因思想之活動而被發見（這思想之活動是把它自己與純然感覺的思想分開，而且是在對立中發展其自己）；而它們（道德與法律）在另一方面，又必須被引進于那原初感覺的意志中，而又與那原初感覺意志相合作，而且與那感覺意志的自然傾向相對反。對于自由的層出不窮的誤解是因把這字只看其『形式的』、主觀的意義，從它的本質的對象與目的中抽離出來；這樣，凡加于衝動、欲望、情欲上的強制，即對于任性及『自私意志』所加的限制，都認為是對于『自由』所加的束縛。反之，我們必須把這限制看成是解脫上不可少的附件。社會與國家就是『自由在其中被實現』的條件。

「現在我們須看第二種觀點。這觀點是違反『道德關係發展為法律形式』這個原則的。家長式的情況，或者涉及人類之全體而言，或者涉及其中之某一支而言，皆可以被看成是那種情形，即：在其中，法律的成分是與我們人類本性中之道德的及情感的部分之恰當的認識相結合在一起的；並且在其中，當作與這些部分聯在一起看的正義也是真正而且真實地影響了社會單位間的相互交往。家長制底基礎是家族關係；它發展了自覺的道德之『原始形態』，而國家之形態則繼其後，而為自覺道德之第二形態。家長制是一種過渡的制度，在這種制度裡，家族早已進展到一個種族或民族之地位；因此，其諧一亦早已不是那只是單純情愛與信從之束縛之諧一，而是已變成一種宣誓的效忠之諧一。我們必須先考察家族底倫理原則。家族實際上可以當作一個人看；因為它的分子或者是相互

地放棄他們的個體的人格性（隨之，他們相互間的法律地位，以及
他們特殊的利益與欲望亦皆相互地放棄），此如父母之情形；或者
是尚未達到這樣的一種獨立的人格，此如兒童之情形——兒童根本
上是在那種早已提及的只是自然的狀態中。依此，他們是生活在情
感、慈愛、確信以及相互信從底諧一中。並且在一種自然情愛之關
係中，這一個個體在別的個體之意識中有他自己底意識；他是生活
在自我以外；而在這種相互自我放棄中，每一個體皆重得到那實際
上已轉給別的個體的生命；事實上言之，亦可說，得到那別人的存
在以及他自己的存在，即牽連著別人的那自己之存在。家長的利益
是與生活之必需品以及外部的牽涉連在一起的，亦與發生在他們的
集團中（即子女群）的那發展連結在一起的，這種連在一起的利益
即構成家族中的分子之公共對象（目的）。家族底精神形成一個
『實體的存有』，一如一個民族在國家形態中的精神之爲一『實體
的存有』；而在這兩種情形中的道德皆是不限于個體人格及個人利
益而且擁攝其分子之公共利益的一種情感，一種自覺，一種意志。
但是在家族底情形中，這種統一本質上只是一個情感底統一，尚未
進展到超出『只是自然的』之限制。家族關係中的孝敬必須爲國家
所應高度的尊重者；因著孝敬（在國家即爲忠），國家即得到那早
已是道德的個體作爲它的分子〔案：此即求忠臣于孝子之門〕，而
這些個體即在統一中以那政治大廈底堅強基礎（即與整全爲一的情
感之潛能性）去形成一個國家。但是家族擴展到家長制之統一，則
已使我們超出血統關係之束縛，超出那個基礎底『只是自然原素』
之束縛；而若脫離這些限制束縛，則團體中的分子即必進入獨立人
格之地位。對于家長制（父權制）的全面觀察，必引我們對于神權

憲法予以特殊的注意。家長制的部落之首領同時也即是它的祭司長。如果家族，在其一般的關係中，尚未與城市社會及國家分開，則宗教之與家族分開亦不能出現；而所以如此，是因爲家族底孝敬心其本身就是一種很深的主觀狀態之情感。」

案：此段所批評之家長制不是一種學說，乃是歷史發展中之一階段。但它沒有進到眞實的國家形態則無疑，法律尚未至完全客觀化的境地。若把這種家長制認爲就是國家形態，則是一種錯誤，一種違反「道德關係發展爲法律形式」的錯誤。中國以前的君主專制政體就是一種家長式的政體。在此使吾人認識需要進至國家形態的必然性，此即是所謂近代化之眞實的意義。黑氏以下復就「國家爲自由之實現」以論憲法所表示之精神。

「我們已考慮到自由之兩面：客觀一面及主觀一面；依此，如果說自由只在于國家底分子全體皆同意它的安排，則顯然只有自由之主觀面被注意。從這個原則而來的自然推論便是：如果沒有全體分子的贊許，沒有法律能是有效的。這困難是想因以下之裁決而被避免，即：少數必須服從多數；因此，多數是在支配地位。但是，好久以前，盧騷即說：在那種情形中，必無自由，因爲少數底意志必不再被尊重。在波瀾國會中，任何政治步驟措施以前，必須每一個議員皆同意；而這種自由就是那傾覆國家的自由。此外，說：惟人民有理性與洞見，並且知道什麼是正義，這也是一種危險的而且是假的成見：因爲每一人民黨派可以把它自己代表全民，而關于那構成國家的東西之問題是一高級科學底問題，而不是人民裁決底問題。

「如果把關于個人自由底原則認爲是『政治自由』底唯一基

礎，即沒有事情是一切政治團體底分子對之沒有許可的而能被國家所作或爲國家而作，這樣，則恰當地說，我們即無憲法可言。〔……〕國家是一抽象，在它的國民中，有它的普遍的存在；但它也是一實現，而它的單純地普遍的存在必須體現它自己于個人的意志及活動中。〔……〕只有因憲法，那抽象物即國家始能得到它的生命與實在。〔……〕

「〔……〕我們將要進一步表示：爲一民族所採用的憲法與它的宗教，它的藝術及哲學，或至少與它的概念及思想，它的一般說來的文化，連在一起形成一個本體，即一個精神。一個國家是一『個體的整全』，你不能選取其中任何特殊的一邊。〔……〕不但是憲法很密切地與那些其他精神力量連結在一起而且依于那些其他精神的力量；而且這整個道德的及理智的個性之形態也只是那個『大整全』底發展中之一步驟。這一事實，它給憲法以最高的裁決，而且建立它的絕對必然性。國家底起源一方面含有強迫的主從關係，即本能的服從于別人。但是，即使是服從，而在其自身中也含有某種程度的意志連結。縱使在原始的野蠻國家中，亦是如此；那決不是孤立的個人意志在漫流；個人的假借與自負是被廢棄了的，而普遍的意志是政治統一底本質紐帶。普遍意志與特殊意志之統一就是這『理念』自己，表現其自己而爲一國家，而且它還在它自己內進行其逐步向前的發展。眞正獨立的國家之發展中的那抽象而卻是必然的過程是如下：它們開始于威然可畏的力量，不管是父權式的起源或武力的起源。在第二步階段中，特殊性與個體性在貴族制與民主制底形態中有了肯定。最後，這些各別的利益是隸屬于一單一的權力，但是這單一權力不過就是在它以外，那些各別利益

底領域皆有一獨立的位置，此就是『君主共和制』（monarchy，不是君主專制制 despotism）。……」

案：黑氏說特殊性與個體性在其中有肯定的「民主制」（貴族制可不論），此所謂民主制大體是希臘式的，或當時一般人所認謂宜于小國寡民的民主制。此是特有所限的民主制。而今日之民主制則已超出此特限，成為一客觀的普遍的形態。此似已取黑氏所說的「君主共和制」而代之。然而黑氏所說的義理仍可應用。

「在憲法中，利益底主要姿態就是那『理性的東西』之自我發展，即是說，是一民族底『政治情況』之自我發展；把『理念』底相續繼起的成分皆解放出來：這樣，國家中各種權力表現它們自己是分離的，即得到它們的適當而特殊的完整，但在這種獨立情況中，卻又合起來為同一目的而工作，即，形成一有機的整全。依是，國家是『合理的自由』之具體化（即體現），在一客觀形式中實現它自己，而且認識它自己。因為它的客觀性是在于：它的相續繼起的各階段不只是理想的，而且是呈現于一『適當的實在』中；而在它們的各別工作中，它們是絕對地被吸納于那個動力中，因這動力、那整全、那靈魂、那個體的統一，始能被產生，而這也就是這動力底成果。〔案：「國家是合理的自由之具體化」，此「合理的自由」即「客觀的自由」。可是「合理的自由」之實現必以「主觀自由」（主體自由）為底子。若無主觀自由，則人民無個性之自覺，而那合理的自由亦掛空，此即成為中國以前之狀態。故黑氏一方說中國只有合理的自由，而無主體的自由，一方又說在中國只有一人是自由的。此義詳見下第五段。〕

「國家是在人類的意志及其自由之外在表現中的精神之理念。

依是，歷史中的變化是不可分離的要把它自己（變化）接觸到國家上去；而理念底相續繼起的各形態在此變化中表現它們自己爲不同的『政治原則』。世界歷史上的民族在其下已達到它們的頂點的那些憲法就是特屬于那些民族的憲法；因此，這些憲法並不能表現一一般地可應用的政治基礎。如其不然，則相似的憲法之不同必只在于擴張而且發展那個普遍的基礎之特殊方法中；然而它們實在是起源于原則底差異中。依此，從古代世界歷史上的民族之政治制度之比較中，對最近的憲法原則言，對我們自己時代底原則言，是沒有什麼可學到的。在科學與藝術方面，那就完全不同。例如，古代哲學決然是近代哲學之基礎，即那是不可免地包含于近代哲學中，而且構成近代哲學之基礎。在這種情形裡，這關係是同一結構底連續發展之關係，它的基石、牆壁以及屋脊，皆仍保持其所已是者。在藝術方面，希臘本身，在其根源的形式中，供給我們以最好的模型。但是關于政治制度，則完全不同：在這裡，古代與近代並沒有它們公共的本質的原則。當然，關于合法政府的抽象定義及教條，對于古代與近代，實是公共的。但是去參看希臘、羅馬或東方，以爲我們時代底政治安排找模型，那是再荒謬沒有的事。從東方，我們可以引申出一種家長制，父權政府，人民方面的絕對馴順之美麗的圖畫；從希臘與羅馬，可以描畫出一般流行的自由。在這後者間，我們見出一『自由憲法』之觀念，承認一切公民皆有評議與表決國家底事務及法律之權。在我們的時代，這點也是一般所承認的，惟只有一點修改，即：因爲我們的國家太大了，直接行動是不可能的，一定要用選舉代表底間接方法，來表示他們的贊同這有利于公益的決議；即是說，在一般說來的立法的目的上，人民必須爲

議員所代表。所謂『代議制』就是我們把自由憲法底觀念與之連結在一起的那政府之形式；而這種觀念已變成一根深蒂固的成見。在這種學說上，人民與政府是分離的。但是在這反題中，有一種邪惡存在；一種壞意的詭計企圖去阿諛說：人民是國家底整全體。此外，這個觀點底基礎是『孤立的個體性之原則』，即主觀意志底絕對有效，這是我們早已研究過的獨斷教義。重要的意義是如此，即：自由，在其『理想概念』中，並不以主觀意志及任意任性爲它的原則，但以普遍意志底認識爲它的原則；而且自由所因之以實現的過程就是它的相續繼起的各階段之自由發展。主觀意志只是一『形式的決定』，並不包含那被意欲的東西是什麼。只有理性的意志才是那普遍的原則，它獨立地決定而且展露它自己之存有，並且發展它的相續繼起的各基要形態爲一些有機的分子。關于這種『高特式的教堂』建構，古代人是一無所知的。」

案：以上由國家之本性進而論各種政制：民主制、貴族制、家長制、君主共和制，一是皆由精神之表現而言其內容。吾人由此可認識歷史發展之條貫，而一民族所自覺奮鬥之方向以及政治家不負時代之使命以用其誠者，亦因之而可提醒矣。讀者勿存世俗之陋見，以爲此是唯心論者之玄談，而不肯用心以思之。此下黑氏由國家之本性綜論國家之全幅內容，與宗教、藝術、哲學之關係，乃至與一般說來的文化之關係。

「以上我們已建立起兩個基本的考慮：第一、當作是絕對而且是最後的目的看的『自由』之觀念；第二、去實現這自由的『工具』，即是說，知識與意志（同著它的生命、運動及活動）底主觀面。于是，我們認識國家是『道德的整全』與『自由之實在』，結

果亦就是那兩個成分底客觀統一。〔……〕另一方面，我們也認識了在自由之確定形態中之『理念』，它覺識它自己而且意欲它自己，既單以其自己爲對象：同時，它包含著純粹而簡單的『理性底理念』，並亦包含著我們所叫做『主體』的，即『自我覺識』，或實現地存在于世界中的『精神』。另一方面，如果我們思量『主觀性』（主體性）時，我們見主觀的知識與意志就是思想。但是，就因這有思想的認識與意欲之活動，我始意欲這普遍的對象，意欲這絕對理性之本體。依是，我們在客觀面（理念）與主觀面（思量它而且意欲它的那個人人格）間觀察到一種『本質的統一』。這種統一底『客觀』存在就是『國家』，依是，國家便是一個民族底生命之其他具體的成分之基礎與中心，即，它是藝術、法律、道德、宗教、科學等之基礎與中心。一切精神底活動只有這個對象，即這個統一之自覺，亦即是它自己的『自由』之自覺。在這種『自覺的統一』之各種形態間，宗教佔有最高的地位。在宗教中，精神升上來超越了時間的與俗世的存在之限制，它成爲對于絕對精神之覺識，而且在這種『自我存在的實有』之覺識中，它又除消了它的個人的利益；它在『皈依』中把個人利益放在一邊——皈依是一種心靈底狀態，在此狀態中，它不再以有限而特殊的東西佔有其自己。因犧牲，人表示對于他的財產、他的意志、他的個人情感之放棄。靈魂之宗教的凝聚表現于『情感形態』中；縱然如此，它也進入反省；崇拜就是反省之結果。在人類精神中客觀面與主觀面之統一之第二形態是『藝術』。藝術比宗教更進入現實的與感覺的之領域。在它的最高貴的地位中，實在說來，它實不表現『上帝底精神』，而是表現『上帝底形式』；而在它的次等的目的中，它表現那一般地說

來是神聖的而且是精神的東西。它的職責是使可見的東西成爲『神聖的』；把它表現于想像的與直覺的能力中。但是，『眞』，不只是概念與情感底對象，如在宗教中那樣，亦不只是直覺底對象，如在藝術中那樣，而且亦是思維能力底對象；而這種『眞』便給我們以所說的統一之第三形態，此即是『哲學』。因之，哲學是這最高的，最自由的，而且是最智慧的一種形態。當然，在這裡，我們並不想去研究這三個形態；它們只是因佔有這同一的普遍根據（當作此處所討論的對象看的那普遍根據，即國家）而暗示它們自己。

「表現其自己而且成爲在國家中的一個意識之對象的那普遍原則就是組成一個民族底『文化』的那現象群之全體。但是那接受『普遍性底形式』而且存在于那『具體的實在』（即國家）中的確定『本體』就是那民族自己底『精神』。現實的國家因這精神而有生命，在一切它的特殊事物中，即在它的戰爭中，它的制度中等等，而有生命。但是人也必須對于他的這個精神與本質的本性，以及對于他的與這精神之根源的同一，得到一種自覺的實現。因爲我們已說道德就是主觀的或個人的意志與那普遍的意志之同一。心靈必須把這同一底自覺表示給它自己；而這種知識底焦點是宗教。藝術與科學只是這同一『實體的存有』之種種方面與種種形態。在考慮宗教中，所要研究的主要意義，便是：它是否只在它的分離的抽象形式中認這『眞理』、這『理念』，抑還是在它的眞正統一中認這眞理、這理念；在『分離』中，上帝是當作一『最高的實有』，天地之主，處于距人類現實很遠的區域中，而在一抽象的形式中被表象，而若在它的統一中，則上帝是當作『普遍的』與『個體的』之統一而被表現；而那『個體』本身則在『道成肉身』之觀念中預

設那『積極而眞實的存在』之一面。宗敎即是一個民族在其中能把那被認爲是『眞』的東西之定義給它自己者。一個定義是包含著那屬于一個『對象底本質』的一切東西;把它的本性歸化到它的簡單的特徵謂詞,好像一個鏡子映照每一謂詞,滲透于它的一切詳細內容的那普遍靈魂。依此,上帝底概念即形成一個民族底品性之普遍基礎。

「在這一方面,宗敎與政治原則有密切的連結。自由,只有當『個體性』被認爲在『神聖實有』中有它的積極而眞實的存在時,始能存在。這意思可以進一步解析如下:俗世的存在,只是時間中的,具著特殊的利益,因而結果只是相對的,而只有當普遍的靈魂滲透于它時(作它的原則時),它始接受它的妥實性,接受它的絕對妥實性;這妥實性,除非那俗世的存在被認爲是那『神聖的本質』之現象的存在,之確定的表現,它是不能有的。即依此義,而說國家基于宗敎。〔……〕

「〔……〕在肯定國家基于宗敎,即國家在宗敎中有根,我們實際上是說:國家是從用宗敎而前進;並且是說:這種推演(引申)現在還是在進行著,而且將永遠繼續著;這即是說,國家底原則必須被認爲『在它們自己而且對它們自己』是妥實的,而此則只能在當它們被認爲是『神聖的本質』之『決定的表現』時,才是如此。依是,宗敎底形態決定國家及其憲法底形態。此後者是現實地根源于該民族所採用的特殊宗敎;所以,事實上,雅典國家或羅馬國家只有與那存在于各該民族間的異敎之特殊形式連結在一起才是可能的;此恰如天主敎國家其精神與憲法不同于新敎國家之精神與憲法。

「把關于國家所已說的綜起來，我們見出我們是已被引導去找出它的重要原則，即鼓舞個人去組成國家的那原則，此即是『道德』。國家，它的法律，它的安排（制度），構成它的分子（即國民）之權利；它的天然地勢，它的山川、氣候，是他們的家園，他們的鄉土，他們的外部的物質財產；這個國家底歷史是他們的行為；他們的祖先所已作出的東西是屬于他們的，而且亦存在于他們的記憶中。這一切都是他們的所有品，恰如他們亦爲國家所有；因爲國家構成他們的存在，他們的實有。

「他們的想像是爲這樣呈現的些觀念所佔有，而這些法律之採用，這樣制約的鄉土之佔有，是他們意志底表示。就是這成熟的整體它構成一個『實有』，一個民族底精神。個體分子皆屬于這個實有；每一分子是他的民族之『兒子』，而同時亦是他的世紀（時代）之兒子（當他所屬的國家正在發展時）。沒有東西爲它所遺棄，亦沒有東西能越過它而在其外。這個『精神的實有』（他的時代之精神）是他的；他是它的一個代表；它是他根源于其中者，而且是生活于其中者。在雅典人中，雅典這字有兩重意義；第一先表示政治制度，第二復表示那代表這民族與它的分子之精神的女神。

「一個民族底精神是一決定而特殊的精神，而且，如適所述，進而復爲它的歷史發展之程度所修改。依是，這精神即構成一個民族意識底那些其他形態之基礎與本體。因爲精神，在其自我意識中，必須對于它自己成爲一個默想底對象，而其爲對象之客觀性首先含有『差異』之生起（出現），這差異造成客觀精神底不同領域之全體；這與靈魂也只有把它當作它的能力之複合而始有存在一

樣，這些能力，在其集中于一單純的統一之形態中，即產生那靈魂。依是，它即是這『獨一無二的個體性』；這『個體性』，依其本質當作上帝被表現，而在宗教中被欣賞，受榮耀；在藝術中則被顯示爲感覺的默想之對象；而在哲學中則被審議爲一個理智的概念。藉著它們的本質、目的及對象之根源的同一，這種種形態是不可分離地與國家之精神連在一起。只有在與這特殊的宗教的連結中，這特殊的政治憲法始能存在；恰如在如此如此的國家中，如此如此的哲學或藝術始能存在。

「還有一點須注意，就是：每一特殊的民族天稟（民族精神），在世界歷史底過程中，是只當作『一個獨個』（one individual）而論之。因爲世界歷史就是精神在其最高形態中之神聖的、絕對的發展之顯示，這發展就是它因之以得到『對于它自己底眞理與自覺』的那個前進的等級（次第）。這些進展底等級（次第）所預定的形態就是歷史底『民族精神』這個特徵；就是它們的道德生活，它們的政府，它們的藝術、宗教、與科學等底特殊進程。去實現這些等級（次第）乃是『世界精神』底無邊衝動，它的不可抗拒的驅馳推進之目標；因爲這種區分爲有機的各方面，以及每一方面之充分發展，就是世界精神底『理念』。世界歷史是專要去展示精神如何認識眞理，採用眞理：知識底曙光（端倪）如何現見；它開始于去發見那些凸出的原則，而最後則達到充分的自覺。」

以上是黑氏〈引論〉中重要的三點之介紹。現在再將原書正文開頭一段：〈歷史故實之分類〉（Classification of Historic Data），予以介紹。此段即是其全書之綱要。

五、歷史故實之分類：全書綱要

「太陽，光，從東方昇起。光，簡單地說，只是一『自身函攝之存在』。但是，雖然在其自身具有如此之『普遍性』，可是同時在太陽中，它亦作為一『個體性』而存在。我們可用想像，藉盲者忽然有視覺時之情感來描寫。盲者忽然眼亮，注視于黎明時光之微耀，上升的太陽之逐漸光明以至大放光輝。在此種純粹的光耀中，他的個性之無限制的忘卻就是他的第一階段之情感──完全是驚訝。但是，當太陽已經昇起，這種驚訝即減消。周圍的對象已被覺知，而個人即從那些對象處轉而進到對于他自己的內部實有之默想，因此，復進到此兩者間的關係之覺知。于是，靜的默想代替了活動；在白晝之終了，人們已豎起一個建築，從其自己內部的太陽而構造起的一個建築；而當在夜間，他即默想這個建築，他估計它比原來那個外在的太陽更高。因為現在他對于自己的精神處于一種自覺的關係中，因而亦就是一種自由的關係中。如果我們牢記此想像于心中，我們將見它能象徵歷史之進程，象徵精神之偉大時日之工作。

「世界底歷史從東方轉到西方，因為歐洲絕對是歷史之終點，亞洲是起點。世界底歷史有一個東方；東方這個名詞，其自身完全是相對的，因為雖然地球形成一圓體，而歷史卻沒有形成環繞它的一個圓圈。但是，反之，卻有一個決定的東方，那就是亞洲。在此，升起了那外部的物理太陽，而在西方，它落下了；在西方昇起了『自我意識』之太陽，散發出高貴的光輝。世界底歷史是無控制

的『自然意志』之訓練，它使這個『自然意志』服從一個『普遍的原則』，並且授之以『主觀的自由』〔亦譯『主體的自由』〕。東方從過去一直到現在，只知『一人』是自由的；希臘與羅馬則知道『一部分』（某些）是自由的；日耳曼世界知道『一切』（全體）是自由的。依是，在歷史中，我們所觀察的第一步的政治形態是專制制，第二步是民主制與貴族制，第三步是君主共和制。」

「要了解這種區分，我們必須注意：因國家是一普遍的精神生命，個體生下來對于它有一種信託及習慣之關係，並且在其中有他們的生存及實在，所以第一個問題就是：其中各個體的現實生活是一無反省的活著及習慣的活著，由之以結合之于這個統一體中呢，抑還是它的構成的各個體皆是反省的而且是人格的存有，皆有一恰當地『主觀的及獨立的生存』呢？論及此，實體的（客觀的）自由必須與『主觀的自由』區別開。『實體的自由』是含藏在意志中那抽象的未曾發展出的『理性』，它要進而在國家中去發展它自己。但是在『理性』底這一種面相裡，仍然需要有個人的洞見及意志，即是說，需要有『主觀的自由』；主觀的自由只有在個體中被實現，而且它構成個體在其自己之良心中之反省。當只有『實體的自由』，則命令及法律皆被認為是某種固定的東西、抽象的東西，萬民（個體）對之皆在絕對服從的境地中。這些法律不需要契合于個體底願望，而萬民結果也恰如赤子，沒有他們自己的意志及洞見而順從他們的父母。但是，當『主觀的自由』昇起，人們從對于『外在的實在』之默想沉入他自己的靈魂中時，則因反省而啟示出的『對照』（對反）亦即昇起，且含有對于外在實在之否定。『從現實世界轉回來』這一事實自身即形成一個『對反』，在這對反中，

一邊是『絕對的有』（神性），另一邊便是作為個體的人類主體。在直接的、無反省的意識中（這是東方的特徵），這兩邊是尚未區別出的。實體世界是與個體區別開的，但是這種對反尚沒有在絕對精神與主觀精神間創造出一個『分裂』（schism）。

　　「第一形態，我們所由之以開始的，便是東方。無反省的意識，即實體的、客觀的精神存在，是我們的基礎；主觀意志對于這個基礎開始維持一種信仰、確信、服從式的關係。在東方的政治生活裡，我們見出有一個實現了的『合理的自由』，它沒有進展到『主觀的自由』而發展它自己。這是歷史底兒童期（childhood of history）。『實體性的諸形式』構成東方帝國這個華嚴的大廈，在其中，我們見有一切合理的政制與安排，但是這樣，個體卻只成為『偶然』。個體環繞一個中心，環繞一個君主，君主如一個家長高高在上（其意不同于羅馬帝國憲法之為專制）。因為他要盡力施行那些道德的及實體性的東西，他要去維持那些早已建設起來的基本政制；所以凡在我們這裡完全屬于『主觀自由』的，在此，則完全從國家這一面而進行。東方概念底光榮就是那『唯一的個人』，一切皆隸屬之的那個『實體的存有』，所以沒有其他個體能有分離的存在，或反映其自身于其『主觀的自由』中。一切想像及天然所有的財富皆歸屬于那個『主宰的存在』，主觀的自由根本是被吞沒于此主宰中。主觀的自由並不是在其自身中尋求它的尊嚴，而是在那個『絕對實體』中尋求它的尊嚴。一個完整國家所有的一切成分，甚至『主體性』，容或可以在這裡被發見，但是卻沒有與那個『大實體』（grand substantial being）相諧和起來。因為在那『唯一力量』（大實體）之外，只有叛亂的反覆，它越出此中心力量底範

圍，隨意漫蕩，無目的，無成果。依此，我們見出有許多野蠻部族
從上原處（即西北）衝出來，落在這個大實體內的城邦內，蹂躪了
它們，或爲它們所吞沒，因而捨棄其野蠻的生活；但無論如何，一
切皆無結果地消失于這個中心實體內。這種實體，因爲它沒有在其
自身內造出『對反』而克服之，所以它直接地把它自身分爲兩面。
一方面，我們見出延續、穩定；帝國好似只屬于空間，與時間不相
干，非歷史的歷史，此如在中國，國家是基于家族關係上；一個家
長式的政府，它用它的審愼監護、它的誥誡（聖諭）、它的報應式
的或即訓戒的科罰，來維持住自己；又是一個『散文式』的帝國，
因爲『無限性』與『理想性』（觀念性）這兩形式間的『對反』，
並沒有極成其自己。另一方面，時間底形式與此空間的穩定性正相
反。這些國家，在其自身或在其存在之原則上，並無任何變化，只
是互相間經常地變移其位置。它們是不停止的衝突，造成急劇的破
壞。反面的那個『個體性原則』進入了這些衝突關係中；但是這個
原則仍然只是不自覺的，只是一個『自然的普遍性』，即光，可是
這光尚仍不是個人的靈魂之光。這一部連續衝突史，大部份，實在
是『非歷史的』，因爲它只是那同一破壞之重複。新的成分，在勇
夫悍將的恢廓大度之姿態下，重新佔據了以前專制王朝底地位，又
重複那衰頹消沈底同一圈子。而此所謂消沈實亦無所謂消沈，因爲
經過一切這種不止的變化，並無進步可言。〔案：此段所說，吾已
詳評之于吾《歷史哲學》中，讀者可參看。茲不贅。〕

「歷史在此點上轉到中亞細亞——只是外部地轉，即是說，與
前一形態並無連結關係。若再與一個人底生長階段相比較，此必是
歷史之童年期（boyhood of history），不再表現兒童底依賴與信

託，但是表現童年之胡鬧與騷動。

「依是，希臘世界可以與青年期（period of adolescence）相比較，因為在這裡，我們有了個體性。在人類歷史中，這是第二個主要的原則。道德性，如在亞洲一樣，也是一原則；但是這是印在『個體性』上的道德性，結果它是指示個體之『自由意志』。依是，這裡是道德與主觀意志底統一，或者說是『美的自由』之王國，因為在此，『理念』是與一『塑像或造形』相諧一。這不能抽象地去看它，它是直接地與『真實』結縛在一起，一如一美的藝術品；『感覺的』印在『精神的』上。結果這王國是真正諧和的王國；最具有嫵媚性底世界，但卻是易消逝的或很快就過去的青春：這是對于那『轉化』的東西之自然的、無反省的遵奉——尚不是真正的『道德性』。人民底個體意志是無反省地採用正義與法律所規定的行為與習慣。依是，個體與理念（社會幸福）是在不自覺的統一中。那在東方中被分為兩極者——即實體本身以及吞沒于其中的個體性——而在此則相遇。但是這些不同的原則只是『直接地』在統一中，結果含有高度的矛盾于其中；因為這種『美的道德』（aesthetic morality）尚沒有通過『主觀自由』底奮鬥而進至其再生；它尚沒有提煉到『自由的主體性』之標準，而此『自由主體性』卻正是『真正的道德性』之本質。

「第三形態是『抽象的普遍性』之領域（在這裡，社會的目的吸收一切個人的目的）：這即是羅馬國家，歷史底成人期（manhood of history）之辛苦的工作。因為真正成人期的活動既不是依照一專制者底任意任性而活動，亦不是依照他自己底優雅合度的任意任性而活動；而卻是為一『一般目的』而工作，在這一般

目的中個人消滅了，而亦只有在那一般目的中實現他自己的私人目的。國家開始有一抽象的存在，為一確定的目的而發展它自己，以完成其分子亦實有分的目的，但不是一完整而具體的目的，用其分子的『全部實有』以表現者。〔案：即生命在抽象中犧牲別的專注一點為一確定目的而表現，故不是生命的全部實有在表現。〕自由的『個人』是犧牲于『民族目的』之嚴肅的要求上，他們必須委身于民族的目的以為那『抽象的普遍性』服務。羅馬國家不是雅典城邦（Athenian polis）那種『個人底國家』（state of individuals）之重複。存在于雅典那裡的靈魂之親切愉快已轉而為枯澀而嚴格的工作。歷史底趨向已離開了個人，個人為他們自己得到一抽象的、形式的普遍性。『普遍者』征服壓縮了個人；個人自己的利益被吞沒于那『普遍者』中；但是轉過來，他們（個人）自己所體現的抽象——即是說，他們的人格——卻是被認識了的；即在他們的個人能力中，他們成為具有『確定權利』的人格。個人與『抽象的人格觀念』混合在一起，和這相像，那些『民族的個體性』（即羅馬帝國各省分的那些民族個體性），亦經驗到這同樣的命運：在這種普遍性中，它們的具體形態被壓碎了，而與這普遍性混化在一起而為一同質的無差異的質量。羅馬變成一個『萬神殿』，一切『精神的存在』之殿堂，但是這些神聖以及這個精神並不能保持它們固有的適當的活力。因此，國家底發展是在兩個方向中前進。一方面（第一方向），因為基于反省上，基于抽象的普遍性上，所以在它自身中很顯豁地表現出一個對反：依此，在其自身中，它根本就含有這對反所設定的『奮鬥』；因著這必然的結局，那個人的任意（即『一個獨裁者』〔專制者〕之純偶然的而且是純世間的權力），可以使

那抽象的普遍原則表現得更顯。在開始，我們一方面有當作抽象的普遍原則看的國家之目的，另一方面，我們有抽象的個人人格：這兩者間有一種對反。但是，此後，在歷史的發展中，當個體性升上來（佔優勢），而且集體（共同體）之要破裂為它的個個原子只有因外在的強力始能被抑制住時，則個人專制之主觀力量即繼續盡其分，好像被派定要去完成這工作似的。因為對于法律之只是抽象的依從，在法律之主體（即個人）方面，即函有這假設，即：他沒有達到這『自我組織』與『自我控制』的境地；而這種依從原則，因為並不是由衷的、意願的，所以在它的動力與統治力上，只有個人底隨意的傾向與偶然的傾向；依是，個人，在其運用與發展他的私有權利的自由之喪失上，即要去尋求他的安慰。這即是那對反之『純俗世的諧和』。但是另一方面（第二方向），專制制所加于人民的痛苦開始被感覺，而精神則被驅使回至其最深處，離開這無神魂的世界，于其自身中尋求一諧和，開始有一內部的生命──一完整的具體的主體性，這主體性同時具有一實體性，不是植根于『純外在的存在』中的實體性。依此，在靈魂內生出這奮鬥中『精神的安和』，意即個人人格不再是隨從它自己的任意選擇，而是被純潔化了，而且是升舉到普遍性；這是一個『它自己自由』的主體性，它將採用『趨向于一切之善』的原則，實即是達到一神聖的人格。對那個俗世的帝國言，這個精神的帝國在對立中居于優越的一面，因為這一主體性底帝國已達到『知道它自己』的境地（知道在其本質的本性中之自己，即其全幅意義的精神帝國）。

「在發展底這一點上，日耳曼世界出現，這是世界歷史底第四形態。若與人生各期相比較，這相當于老年期（old age）。自然界

底老年期是衰弱；但是精神底老年期則是它的圓滿成熟，在這裡，
它回到與它自己的統一，在其充分發展的品性中回到與它自己的統
一。這第四形態開始于呈現于基督教中的『和解』；但只是一種
子，並沒有民族的或政治的發展。依此，我們必須把它認為是開
始，且具著精神的、宗教的原則與野蠻的真實世界間的巨大的對
立。因為作為一『內部世界底自覺』的精神，在開始，其自身仍是
在一『抽象的形式』中。因之，一切俗世的東西亦仍止于野蠻與反
覆無常的叛亂。默罕默德的原則（東方世界底開明）是首先反對這
野蠻與反覆的。我們見它發展它自己是較晚，但比基督教卻較快；
因為後者需要八個世紀始發展到政治的形態。但是我們現在所討論
的日耳曼世界底原則卻只在日耳曼民族底歷史中達到『具體的實
在』。鼓舞『宗教國家』的精神原則和『俗世國家』底粗獷野蠻這
兩者間的對立，在這裡亦同樣存在。俗世應當與精神原則相諧和，
但是我們見出這不過就是對于那義務（分內事）底認識。為精神所
拒絕的俗世權力，在代表精神的教會面前，必須首先消滅；但是當
教會墮落到純然的俗世時，它即因喪失它的固有品性與天職而亦喪
失其影響力。從這宗教成素（即教會）底腐敗裡，理性的思想之較
高形態即出現。精神復回歸于其自己，在理智的形態中產生其工
作，並且成為能從俗世原則中實現『理性底理想』。如是，因普遍
性底成素（這些成素有精神原則作它們的基礎），『思想』底帝國
即現實地而且具體地被建立起。教會與國家底對反消滅了。『精神
的』成為再與『俗世的』相結合，並發展這『俗世的』為一獨立地
有機存在。國家之地位不再低下于教會，亦不再隸屬于教會。教會
不再有特權，而『精神的』亦不再是一外于國家的成分。自由已發

見實現它的『理想』，它的真實存在之工具。這就是歷史底過程所想去完成的最後成果。但是時間底長度是某種完全相對的東西，而精神之成素則是永恆的。恰當地說，時間底久歷（duration）並不能說是屬于它。」

原載謝幼偉等：《黑格爾哲學論文集》第2冊
（臺北：中華文化出版事業委員會）1956年1月

存在主義底義理結構

本文譯自萊因哈特：《存在主義者的反抗》（Kurt F. Reinhardt：*The Existenialist Revolt*），由郭生大春初譯，經修改潤色，定爲今稿，發表於此，以饗讀者。

一切哲學，如古希臘人所熟知的，都是起自驚異與好奇。但是這種態度之引起或是由於萬物與實有之存在這事實，或是由於考慮這些存在物是「什麼」，即追問它們的本質或本性。墨勒（A. A. Maurer）在其所譯的聖多瑪（St. Thomas Aquinas）早期著作《論實有與本質》之〈導言〉中，說到：當聖多瑪把幾百年來哲學家的興趣，從形式與本質轉到存在底活動上時，他在形上學中實起了一次真正的革命。他說：「當哲學家一旦了解了那附著於與本質不同的『存在』上的些特殊問題時」，那便是形上學底歷史中有決定性的一契機。「那神聖的博士〔案：即聖多瑪〕首先認識了存在底活動之優先於本質。〔……〕甚至在其青年時，聖多瑪即從存在主義的觀點來看實有。」

瑪利坦（Jaques Maritain）順著相似的路線，亦認爲多瑪主義（Thomism）乃是「存在底哲學，並且是存在的實在論之哲

學」。他復區別眞實的（多瑪的）存在哲學與不眞實的存在哲學。在後者中，一般言之，他提出一切無神論的存在主義，而特殊言之，則指沙特利（Sartre）底哲學。依瑪利坦，眞實的與不眞實的存在主義都肯定存在底優先性（the primacy of existence）。不過前者保留了本質，因而亦保留了存在物底可理解性，而後者則否認本質，結果遂顯出理智底自我失敗以及可理解性底絕望來。這位法國思想家，在無神論的存在主義者之「單獨的存在即是哲學的搖籃」這錯誤的預設中，找到了他們的基本謬誤。「他們只討論存在而沒有論及實有（being）」。另一方面，依多瑪的存在主義（他是一有神論者），本質與存在，在它們相互的關係中，造成一個實有底概念，這個概念類比地說滲透於一切東西中而即作爲它們的存在之活動。實有是「那存在的東西」或「那能夠去表現的東西」，同時，在一切實有底高峰上，在「神存在」底統一中，本質底可理解性與存在底超理解性融和在一起。如是，聖多瑪底全部形上學「不是集中在本質上，而是集在存在上」。

當「存在」就是上帝底本質時，而萬物卻不能即因它們自己的本性而有存在。如果它們存在，它們的存在活動是上帝所給的。它們接受它們的存在活動：上帝即是他自己的存在活動。此就是爲什麼在每一被造物中本質不同於存在底活動，而在上帝，這二者卻是同一的之故。

一物底本質或本性是能被界定的，聖多瑪就曾在他的《論實有與本質》第一章中對實有、本質、形式以及本性這類名詞加以界定與闡明。但是，他並未想去界定存在底活動。其所以來去界定，是只因爲這種活動（在英文中，存在底活動就用動詞 to be 來表

示），「不能恰當地概念化或被界定之故。它是〔……〕所有活動中最後的而且最完整的」，而且「當被一個主體潛能地或實現地所表現或所具有時，它是能被把握的」。當契爾克伽德（Kierkegaard）說：「有一種東西不能概念地被思考，此即存在底活動（the act of existing）」，他已不知不覺地跟著聖多瑪走了。瑪利坦認為「在最後的分析中，契爾克伽德的絕對單一價值之中心直覺與存在底活動之優先性是和多瑪主義底核心觀念並無兩樣」。

所有古代的、中世的以及近代的存在主義的思想家都堅信「存在底優先性」。他們之討論實有之個人的方面，討論他們自己的個我之神祕的幽深處，遂使他們和那些以一種「隔離的反省」之態度把存在活動沈沒於理想的形式和本質中的哲學家（如康德或黑格爾）處於相反對的地位。如是，存在的思維可以界定為一種玄思，它不只是關論現實的人生，而且對人的存在與人的活動有所決定。這是喚起並且「創造」（makes）「人的自我」（human self）的一種思維。當然這個並不完全像它初現那樣新穎：蘇格拉底式的方法（這位哲人充作產婆）和基督徒的「跟隨基督」的方式都是「存在的思維」之典型。二者所同有的重心皆不在即以它們自己為目的的純思想或純知識中；而是趨向於「存在」，趨向於一種「人生底途徑」。

近代的存在哲學可說從少年黑格爾派對他們老師底唯心論的系統發動抨擊以來就開始了。這種「存在主義者的反抗」由於德哲謝林（F. W. Schelling）的柏林演講（1841年）而得到極大的鼓勵。謝林在他的思想之最後階段中，轉而反對他自己以前所皈依的哲學

的唯心論之主要論題。契爾克伽德、巴古甯（Bakunin，俄國的無
政府主義者）、恩格斯（Engels，《共產主義宣言》的起草人之
一）以及柏克哈（Jacob Burckhardt，瑞士的歷史學家），都見於
他的聽眾之中。

在反對黑格爾的「本質主義」（即在一般的「理念」中本質與
存在底同一化）聲中，謝林堅信純思想不能說明從理念到自然或具
體的真實之轉變過程。從只置定實有而無存在的意思來看，他稱黑
格爾的唯心論為「絕對的」唯心論。當這系統一想從純邏輯到真實
之間走上決定性的一步時，這「理念」底辯證運動之線索就被切斷
了，而且除了在「一物之是什麼」與「一物之存在」間留下一條寬
闊而難以對付的鴻溝外，便一無所有了。謝林因此斷定純粹的「理
性性」（rationality）是無法達到「具體的真實」的，並且斷言黑
格爾所說的「純有」實際上即是「虛無」（nothing），如同「純
粹的白性」一樣，設沒有某種白的東西，則所留下的只是一空的概
念。所以謝林的「積極哲學」（positive philosophy）是起自存在
的：它不是從思想進到實有（像黑格爾的辯證法那樣），而是從
存在的實有進到思想。用他自己的話來說，他的起點是一種「先天
的經驗論」（a priori empiricism）。

契爾克伽德完成了他的專門論著後，就首途來到柏林。他之所
以要來參加謝林的講演，是因為他抱著一個很大的希望，就是他對
黑格爾對於「真實」所作的最可反對的那些解析，希望謝林的積極
哲學能提出一個改正之道來。但是，他的《日記》說此行是極令人
失望的。他這樣寫道：「我是老到不宜來聽講的，而謝林亦是老到
不宜來講演的」。他顯然看出就是謝林的新的「積極哲學」也沾染

著太多的抽象的唯心論的色彩而遠離於「存在的」。從此以後，契爾克伽德轉而竭力反對「用理性的玄思去理解真實」的任何辦法。雖然他不曾否認有普遍的人性，可是此後他一直相信只有從個人做起點才能達到它：「真實是什麼，還不能用抽象底語言來表示」。要使「存在底活動」成為衡量真實之標準，契爾克伽德遂將實有底問題從抽象轉到具體，即從一般的實有轉到人的存在（human existence）。

依隨契爾克伽德之領導，我們可說近代與當代的存在主義皆是以「這正存在的思想者」（the existing thinker）為思想之中心。不過存在主義仍存有思想與存在底交互關係之問題，即「什麼」（whatness）與「這個」（thisness）底交互關係之問題。但是，在加重「正存在的思想者之思想是由他的存在（Dasein）之獨特地具體的工作所決定」這事實中，存在主義遂宣稱為是一種「我」之哲學，而非「它」（It）之哲學。當「抽象的思想者」是一「無色的」或「不關心的」（disinterested）理論家時，則「存在主義的思想者」卻是「內心的關懷的」。以這「存在的思維」之原則為一「一般的參照格度」（a general frame of reference），則我們現在可以用綜括的方式來一述存在主義底主要論旨。

一、主觀的真理

沒有知識可以離開認知的主體而獨立，這是近代一切存在主義者底共同信念。任何「抽象的普遍性」，在他們看來，只是一種形式邏輯底虛幻，因此他們遂將他們視之與「倫理的真實」為同一的

「具體普遍性」以取代「抽象的普遍性」。這表示,即在思想與知識底範圍內,真正的普遍性只有在道德行動底具體性中,即是說,只有在「個人的存在」中,才是可能的。即依此意,他們說:「主觀性」(subjectivity,主體性)是真理。換言之,存在主義者認為知識本身不是一個目的,而發端於同時又終止於這個問題上,即:「這種思想或這種知識對於『我』,這能知者、這存在的思想者,意謂什麼?」一切真的知識包含有「存在一度向」(dimension of existence)。

例如說,契爾克伽德並未否認有一客觀的真理,一客觀的知識,甚至(對上帝言)一客觀的真理與知識之系統。但對個人而言,他說,重要的事不是「是何」,而是「如何」:知識底內容必須成為個人生活底內容,抽象的概念真理必須轉為一個精神存在之具體的內在性。這就是契爾克伽德何以要界定真理為一種「客觀確定性,緊繫於極度情意的內在性之事當中」之故(objective certitude, held fast in the appropriation of the most passionate inwardness)。在他,知識不只是那被動的接受性,同時亦為一種創造的生發性,在這裡,思想者與能知者底「如何」是極關重要的。

二、生疏之感(Estrangement)

在加富加(Franz Kafka)所著《考驗》(*The Trial*)一小說中,象徵地將人的存在描寫成一種詭譎不可解的法定過程或考驗;在此過程或考驗裡,人見其自己困累無力,實不能找出那騷擾而對

抗他的東西之眞正本性。在他另一本《堡壘》（ *The Castle* ）的小說中，人屈服於一種神祕的統治力量之隨意的命令，不管他的絕望的努力如何，他總無法去看穿這神祕的力量，即無法找到這堡壘的進口在那裡。由這兩個例子看來，人對他所被「拋進」的世界以及其所不可避免地被捲入其中的世界實顯見爲一陌生客（ stranger ）。這同樣的「生疏之感」，在里爾克（ Rainer Maria Rilke ）的詩作中也一再的出現。例如在他的《偉大之夜》（ *The Great Night* ）一詩中，這位德國詩人很生動地寫出了人在對於無生命的對象下整個的生疏與孤獨底經驗。這座城是不得其門而入的，這大自然的風光「難以置信的陰暗了下來」，好像人的自我是非存在的一樣：「甚至最親近的東西也變得無法理解了。一條近得不能再近的街道，而我對之竟是一無所知。」這位詩人發覺自己被「聳峙的高塔」（ angry towers ）和莫測的高山所圍住。人處處覺得自己被摒棄而孑然一身。他覺得他自己被置放在不定與不安之中，被暴露在他的心靈之山巔上。

里爾克與耶斯樸（ Jaspers ）相同，亦認：動物有他們寄身的地方，而人是無家可歸的。人乃是衆生中最無依傍與最無保障的（ the most helpless and defenseless ）。他被一完全生疏的世界所圍繞，而且困在來自四面八方的危險之中。如果他在面臨生疏中想有所伸展，他必須在危難之中堅忍下去，而不要退藏於一種虛幻的安全（ illusory security ）之中。但是當他遭遇他的四周世界底挑戰時，他便會深深地經驗到他的存在之有限性以及一切人的奮鬥與成就之外限（ outer limit ）了。用海德格（ Heidegger ）的術語來說，他認識了他之「被拋擲」（ being thrown ）到一個非出自他所願選

擇的地方和境遇裡去了。在勇敢的「決心」（resolve）中，他必須將這種不穩定的偶然存在（precarious existence）所攜以俱來的危難放在自己的肩上，然後他才會終於「超越」了這生疏底恐慌。

　　生疏底經驗，在沙特里底思想中也是同樣根本的。在此，「恐慌」（crisis）亦認爲起自一個敵對的客觀世界之發現，這世界就是向著「自我」侵逼的「非我」，這自我以科學與技術之助曾自以爲得意地已征服了那物質世界。但是，現在，人恐懼地親眼看到這非我起來反抗自我。他面對這「徹頭徹尾的另一個存在（totally other，完全的他）來疑問著自己，疑問著他的思想，他的行爲，以及他的各種「價值」。這「在其自己」之「他」（being-in-itself）開始來困惑侵壓他，正如一個夢魘用一個鐵鉗子來撲捉他，包圍他。抽象的思想之種種構造正在瓦解著。自矜自持者（autodidact）、人文主義者、抽象的思想者，從他們「自足的隔離」或不關心的「客觀性」中被搖撼被驚醒。在沙特里所著《暈船者》（La Nausée）的小說中，那個記日記的羅奎東（Antoine Roquentin）對那「自矜自持者」底悲喜劇的命運表示憐憫；他並不責備他那高貴的情操，而是責備他對人的存在有不正確的觀念以及他那抽象而虛妄的「人文主義」與「人道主義」（humanitarianism）。沙特里假借著羅奎東的口說，人不是一個要被實現的「抽象本質」或「理典」，反之，而是人底「理典」必須從人的存在之具體性中生長出來：「存在先於本質。」（Existence precedes essence.）

　　生疏之感，在法國作家伽繆斯（Albert Camus）所著《瘟病》（La Peste, The Plague）小說中，是被克服了。這論題在他早期

傳記體的《陌生客》（ _L'Etranger, The Stranger_ ）一書中是消極地被發展著。「存在底荒謬」（absurdity of existence）在他這兩部作品中都是基本的心中思想，不過在《瘟病》一書中，主角想說明一種新發現的人生意義。這部小說描述一種耶斯模式的「限制境遇」（limit situation）：襲擊北非城鎮的瘟疫漸次地透示出那最被人珍愛的習俗、傳統與意識形態底虛幻性來。在命運的重擊之下，它們與病死的軀體一同腐朽了。可是在普遍的解體之大海中，這永恆地人的東西（the eternally human），這真實地「存在的」（the authentically " existential " ），重新出現了，而且存留於最純淨而清明之境中。人底「自我生疏」可賴彼此間親睦的愛和無私的友誼來治療。人在痛苦與替人服務之中重新找到了「真我」。路克斯（Rieux）這無神論的醫生，與班尼路（Paneloux）這耶穌會的傳教士，正是這「真實」的實在性之兩個偉大的象徵。他們表示那自明的，實實如此的人的存在不再依靠那意識形態的上層建築了（ideological superstructures）。他們是「新秩序」底體現，是一種深隱的「自然律」之體現，但這新秩序是生自「混沌」（chaos）而處於「虛無」底深淵中。

在「存在的經驗」中，人學知了他的「日常生活」中一切經驗在最後的分析下都是「非本質的」，即使全部喪失，他亦能保住他的人格底整全。他可以因被迫或自願去離棄日常經驗與塵世所有而獲得一種新的「存在的真實性」（existential authenticity）。

三、存在與虛無

存在的思想之神祕的背景見於「無」（nothingness）或「空虛」（the nought）底經驗中。這種經驗將日常生活中所習見的關係與調和予以撕破；這經驗又迫使人進入一種「存在的恐慌」中，在此恐慌中，人底有限性或偶然性——人的「時間性」與「歷史性」——都徹底地被顯露。在與「虛無」面目相對之下，人進入一種「存在的絕望」（existential despair）之狀態，在此可賴「決心」（如海德格所說）或「信仰」（如契爾克伽德所說）而得到拯救。這種經驗，在米格爾（Miguel de Unamuno）的《唐·詰珂德與珊珂·派薩底傳記》（ Life of Don Quixote and Sancho Panza ）一書中有深刻的描寫。在這西班牙的說巴斯喀語的作家（The Spanish-Basque writer）看來，唐·詰珂德乃是一個甘願承擔危險與冒一切不可靠的險事的英雄人物，若由日常的眼光來看，他只是一個愚蠢而富幻想的人。他因將珊珂·派薩從其所過舒適的生活或平靜的追求中拉出，因他勸誘了那個簡樸的農夫離開妻子兒女去涉足瘋狂的冒險，而被那些「不眞實地〔虛僞地〕活著的人所責備。米格爾寫道：「有一種眼光短淺的人，認爲做一頭知足的豬要比做一個不幸的人好些。〔……〕但是一旦嘗過了做人的滋味，他便會寧願——即使是在最不幸中——喜愛人底不幸而不喜愛豬底滿足，〔……〕因此，在人的靈魂中造成不安與燃起一種強烈的渴望，並非是不好的事。」

四、存在的痛苦與虛無

所有近代的存在主義者都強調痛苦（anguish）底創造意義。這問題首先在契爾克伽德的《怖慄底概念》（*The Concept of Dread*）一書中提出討論，而此論題又爲海德格予以哲學上的致力。海氏像契爾克伽德一樣，亦主張「痛苦」與「恐懼」（fear，怕）有別。這種痛苦底特殊性，即在它不能理性地被了解或說明。在「存在的痛苦」（existential anguish）中，人並不是被某種一定的東西，某種可被指名或能被規定的東西（如在「怕」之情形中）所威脅。如病苦底對象可以這樣被決定，人也許能夠起而自衛，免去危險，而且重新得到他的安全。可是在存在的痛苦中，人與世界的關係完全被破壞，而且成爲全部有問題。某種完全神祕的東西介在他與他的世界之常見的對象間，介在他與他的同胞間，以及介在他與他所具有的一切價值間。他所稱爲是他自己的每一樣東西都暗淡了，消逝了，結果沒有一樣東西可以讓他攀緣依止。威脅他的乃是「虛無」，他發覺他自己只是孑然一身，而且喪失於虛空（void）中。但是，當這漆黑而可怕的痛苦之夜消逝後，人便會鬆一口氣，自言自語地說：這就是「虛無」。他已經驗了「虛無」了。

契爾克伽德說：「如果我們現在追問什麼東西構成痛苦底對象，我們必須回答說：這就是虛無。痛苦與虛無是相關的。」如是，痛苦乃是虛無底經驗所不可免的結果：這二者是不可分離的。依海德格，痛苦就是這把人從他所過的日常生活之虛假的安靜中喚

醒者，並且是在完成他的存在的事業上使他成爲自由者。這樣所了解的痛苦乃是人底積極的特權；它是「人性底圓滿性之表示」（契氏語）。它摧毀了一切人爲的安全，並且將人投諸「全部放棄」（total abandonment）之境地，在此全部放棄中，「眞實的存在」始開始。契爾克伽德說：「凡眞正經驗過痛苦的人是知道如何開步的，正猶在舞會中如何起步一樣，〔……〕而眞習知有限性者便會失去一切理由與勇氣。」在經過痛苦的過程中，人會得到一種新的安全，「植根於無限中」（a hold in the infinite）（耶斯樸語）。

厭煩（boredom）、抑鬱與絕望，乃是痛苦底種種程度、模式（modes）與變相。這些「心境」（moods）亦可能是眞實的，也可能是不眞實的。在眞實的厭煩中，人被一種不可名狀的空虛所侵襲：事事都像成了無足輕重的，和漠不相關的。以痛苦這事來說，人能想在紛馳交引（distraction）中，在感性的或美感的快樂（aesthetic pleasure）中，來逃避。但事實的厭煩則使人作一決斷與選擇，並有助於他得到他的眞實的存在。

以上所說，在抑鬱上亦同樣是眞的。契爾克伽德說：「凡是有憂愁（sorrows）與悲痛（grieves）的人，他確知什麼東西使他憂愁與悲痛。可是，如果你問一個抑鬱的人何以會有抑鬱，〔……〕則他便會說：我不明白，我無法說出來。」在存在的絕望中，痛苦與抑鬱達到了它們的最強度。但是，一旦絕望來侵襲到人的人格之深處，則一種決定的變化之可能性即能被覺到：人要預備他自己來「縱躍」於眞實的存在中，「若眞正面臨到絕望，他必須眞正衷心承當這絕望。但是，如果他眞正衷心承當這絕望，他即眞正地已超越了這絕望。」（契氏語）。在他的衷心承當這絕望中，人已在他

的「永恆的存在意義」中自由地選擇了他自己。因此,絕望是一種「恐慌」,是人由之以走向眞實存在的「恐慌」。

但是存在的絕望之最大意義乃在於這事實,即:在此「心境」(或心態)中,人生(人之存在)可轉爲最光明地朗現的。痛苦底了悟指點人到「實有」底了悟之路。在痛苦中那實際所怖慄的就是人之「存在於世界」本身。但是,因爲所怖慄的就是「虛無」,所以在這種怖慄的經驗中,是沒有人而且「沒有東西」能對他加以援助的。但是,在痛苦底虛無之深夜中,肇始了趨向「存在本身」(existence as such)的「明朗性」(overtness)。依海德格,虛無向人啓示了「實有底眷顧」(the favor of Being):在虛無底籠罩之下,他成爲一個「實有之分得者」(a partaker of being)。

五、存在與「他」(Existence and "the Others")

存在主義者的題旨肯斷眞實的存在只能實現於單獨的個體中,而且只能爲單獨的個體所實現。社會的集體並無助於這種眞實性底獲得;它只能阻滯或障礙它。這就是何以在契爾克伽德底思想中「個體」成爲「基本範疇」之故。「自我」與「群體」(the masses)是對立的兩個極端。而在「群體」方面是眞的,也同樣適用於「世界」(the world)。「對存在的思想」說,世界至多是一種存在的眞實性之試驗場,是自我實現底過程中所使用的材料。

可是縱然如此,若沒有這個世界和「他在」(the others);眞實的存在亦不能有所表現。但是,它要求一種新的「存在的共同體」(existential community),而此共同體轉而使「存在的融

通」（existential communication）為可能。依此，人底個體存在總是朝著「他」之存在而「明朗」（overt）的。依耶斯樸，甚至主張在真正的融通中存在始實現其自己而且成為真實的：「若沒有進到融通（團契）中，我便不能成為自己，若不是一個人格的自我，我亦不能進入融通中。」於「存在的融通」中，每一種只是基於習慣、風俗與傳統上的結合必須加以斷然的肯定或摒棄。如果被肯定，那必是內在地適當的。因為「存在的融通」必須是一而再地或不斷地被克制，所以它不會成為停滯的。

六、境遇與「限制的境遇」

人的存在本質上就是「存在於一境遇中」（being in a situation）。人並沒有特選這特殊的境遇，在中他見其自己是「在這世界中」，並覺其自己為一陌生的而且敵對的環境所壓迫所包圍。人之為人的境遇之限制不但是物理的，而且是心理的。在其某些情況下，人不覺其自己好像是其四周世界中的一個囚犯，而且也覺得好像是為其多變的激情，為其本能與衝動所獄因，所役使。在他想去控制他的「境遇」時，他又遭遇到新的而且頑強的另一些限制。這些限制，他認識到為他的存在之有限性與偶然性所制約。當他在改進或控制某些個別的環境或許有所成功時，可是他必不可免地要供認他的無力去對抗那些最基本的限制，如他所遭遇的痛苦、罪業及死亡。依耶斯樸，這些基本限制乃是人之存在本身底主要成素。它們是抵抗攻擊的牆壁，它們也是人的毀滅之原因。它們將矛盾、不安、驚險以及經常的危難注入於人生中。它們是有限的

人之命運中主要的成素，這固不錯，但是這一事實也會將人的存在打落到深淵裡去。

如是，「限制的境遇」（limit situation）就是人在其中所面臨的環繞其存在的不可踰越的牆壁之境遇，並且是在其中深深地自覺到有非人的思想之努力所能封閉或所能溝通的許多鴻溝與深淵之境遇。這些人生底「詭譎不可解處」（paradoxes）把人之不圓滿性、脆弱性以及無家可歸性之現實印刻於他身上。但是，睜眼一看他的不穩的偶然的境遇，這些「詭譎相」就會加強他的努力於「自我之實現」（self-realization）。

七、時間性與歷史性

由近代的存在主義來看，時間性與歷史性是人的有限性與偶然性之最顯著的標記。「主觀的時間」與「客觀的時間」間的不同是需要加以注意的：主觀時間底跳動比起客觀時間的跳動之或快或慢，卻是因為這種跳動在主觀時間方面是依於充實這時間的個人的經驗內容之故。當時間充實之以歡樂與笑聲而很快地飛過去時，則那些充實之以厭煩的時間便覺是無期地（interminably）延長下去了。

人抱著計劃、希望、恐懼和預測，因此在現在他所過問的每一件事中都藏有一「未來」底成分。可是，人也能回憶，並且在人生大道底每一站上，他覺他自己與既成的事實環境相對坑，並與歷史地制約的結構與事件相對抗，因此在每一現在中也含藏有「過去」一成分。深一層看，現在的一瞬實啟示出一個具有若干矢向底豐富

的時間結構。

　　存在主義者認「未來」並不是某種完全不確定的東西，只發生在稍晚的時日的，與眼前的我毫無關涉的。未來是早已存於人的希望、恐懼和計劃之中：它是現在底一種形成的力量，並且是現在底一種不可少的部分。同樣，「過去」也不是某種只是在較早的時日「已發生」的東西，不再與眼前的我發生關涉。在它的好壞兩方面看，「過去」總是貫注到現在，並且對現在有極大程度的決定性。最後，在從過去轉到未來中，這「現在」也並非一不延展的點，但卻是一堅實的環結（firm bond），它將時間底各矢向（dimensions）繫在一起。依是，在人心底「內在的時間性」上說，未來、過去和現在乃是三個度向（或矢向），人的時間之感即擴展於此三矢向中，並且在此三矢向的結合中，復構成「現在的一瞬」。海德格稱未來、過去和現在為時間底三個「恍惚相」〔ex-stases 與 ec-stasy、ec-static 為同字之轉，亦可譯「相忘相」，互相出離而融於他因而成一統一，便名曰「相忘的統一」：ec-static unity。〕而契爾克伽德則描述這「現在的一瞬」為時間與永恆碰頭而且相交織的地方。他說：「這樣的一個存在的瞬間，雖然是短促的，是時間性的，〔……〕卻是具有決定性的作用，因為它充滿之以永恆。〔……〕這好像是永恆之首次想使時間留住而不逝。」在這樣所了解的「一瞬」中，有一絕對的「休止」（halt）與「自持」（hold），時間性即在此中被超越被克服。

　　「歷史」乃是在時間中渡過的「客觀的」事件行程之記載，而「歷史性」則是人於其中經驗歷史事件的「主觀的」結構形式。在他的特定境遇中，人見其自己在他的行動中，總有相當程度為過去

所決定和局限；不僅是為他自己過去的那些決斷和選擇所決定，而且也為那些他所分佔的巨大的歷史結構，如國家、社會、社會的和家庭的團體，所決定。海德格說：人是生活在他的「繼承產」（heritage）中的一個「繼承人」（heir）。因此，他之投射未來，永不能不理會或矇蔽其歷史的過去。在他的肯定中，一如在他否定中，他必須積極地與消極地顧慮到他的繼承物，因而在他的「存在的抉擇」中，是永不會絕對地自由的。自其「繼承物」而觀，他的「存在的工作」乃存於洞悉和取用外部的歷史題材，因之，這歷史題材就成了他的真實的內在生命之部分。換言之，「客觀的」歷史之非人格的「它」必須成為一人格的「我的」，在取用歷史內容中之「我的」。

在「存在的」之範疇中，「進步」底觀念變成為無意義的：每一世代與每一世代中的每一個人，總要去面對那本質上是同一的人生問題與道德問題，並且要去作他自己的抉擇。契爾克伽德說：「沒有一個世代的人能從前一代學知真正的人生。由這一方面來看，每一世代都是『原始的』。──它所負的工作並無與前一代的有什麼不同，它亦不能勝過前一代而更有進步。例如沒有一個世代能從前一代學知『如何去愛』──除從頭做起外，也沒有一個世代能有任何其他開始點。」同樣，「信仰」亦是如此：「沒有一個世代能從與前一代不同的一點做起，沒有一個世代能不從開頭做起，同時也沒有一個世代能勝過前一代。」依是，個人底工作不在於擴大或改變那持續不變的愛或信仰之本質，而在於加彊個人所獨具的獨特性之熱情（passionateness of personal appropriation）。依契爾克伽德，這不是所謂「進步」，而是在人格的存在之內在性中所完成的

一種「重複」。在它自己的內在性中，真實的人得到了一種超越歷史之動盪不定的相對性的最後而絕對的價值。

對於歷史所加的這種「存在的解析」與尼采所稱為「紀念碑的」歷代傳記（"monumental" historiography）是密切地相關的。在每一世代中，那些真實存在的個人可說都是「同代的人」（contemporaries）：正像山谷上的山峰般遙遙相對似的矗立，他們互相致意。他們表現人類歷史中「偉大本身之連續」（continuity of greatness）。

八、存在與死

存在的思想者，對於「死」作為一「外部」事件看而客觀地考慮之，並不感興趣，但只注意個人關係於「他自己的死」。他問他自己說：在我的存在之這一天或這一小時上，「我的死」表示什麼意義？我的死之不可免性（在任何一剎那都可發生）之知識，如何影響我此處此時之生活？依此，存在主義者認死乃是生命底一個組織部分，而且他要求：死當該編組於他的存在底結構與模型裡去。他在死中看到那鼓勵人去下最大的「存在的決心」之重要的原動力（如果我們不理會沙特里底異調的話）。他認為任何斯多噶式的對死之漠不關心（stoic indifference to death），那並不是一種勇氣，而是一種可鄙之懦行，一種從真實的生命之深淵中走開的逃避主義（escapism）。

用日常的眼光來看，生命好像只是一種時間的連續，其自身是自足的，而且用不著對於死的預想或遙視即可理解的。在此觀點

下，如果仔細一想，死不過是一種與生命無涉的遙遠的外在事件而已。不過，存在主義則指出這種對於生命的看法是未計及人的「時間性」之本性與內部結構的。如上所已指出，人在他的希望與恐懼中，在他的計劃與期待中，他總是越過現在的一瞬的，個人現實的現在生命總是從其連繫他的過去與未來而得到它的意義與方向的。如果這是真的，則與未來一矢向有「最後的存在連繫」（final existential link）的死亡實可來完成個人的過去與未來。總而言之，人必須使其存在底模型適應於他的一定會死之預期，適應於他的最終的與不可挽救的「限制境遇」之預期。

　　個人底死是一定的，但死之時日則不定。非真實地存在的個人是因著天天無思想地與紛馳地活著，而且從未真實地面對他的存在底諸般可能與種種界限，來隱藏與遮蔽他的死亡之不可免性之知識。可是死亡可在任何剎那發生，可在一所不及料的時候發生。依此，按照存在主義底「定然命令」（categorical imperative），真實存在的個人必須隨時預備死，而且亦必須知道：這樣突然的結束亦並不能使他的生命無意義。海德格說：「在死亡中，存在達到它的全程之終站，這是不錯的，但是這難道就一定表示它亦窮盡了它的一切特有的可能嗎？一個未有成就的存在也要告一結束，可是在另一面，甚至在死亡給存在帶來終止以前，存在可能已達到了或超過了成熟底階段。」

　　在「死底恐怖」眩暈下，人被「一無所有」（being-no-more）底怖慄思想所攝服，而就是這種經驗向他透示出他的存在所暴露的最終而且全部的威脅來。但是，這種全部毀滅底恐怖也可以有一種很好的結果，即：在「存在的堅忍」（existential perseverance）中，在面臨一定要死中，人可以達到超越時間與死亡的絕對「自持」（an absolate "hold"）。由於要迫使人去問他自己，在他的存在中什麼是絕對地本質的，以及由於要使他在行動上自由而堅決；那末，死亡便成了存在上最後的挑戰，成了存在上最大的考驗。

九、存在與上帝

對契爾克伽德，對一般有神論和基督教的存在主義來說，人的存在是植基於人生底時間性、有限性中去實現那永恆的。這位丹麥哲人相信只有在存在底宗教階段中，以及在宗教底人格中，這樣的實現方可能。如果上帝被略去（如在海德格的玄思中），或者如果上帝被否定（如在尼采和沙特利的思想中），則所留下的仍祇是這裂口的虛無之深淵（the yawning abyss of nothingness），一個不能被填補的虛空，因爲祇有上帝能充實之，而上帝是被拒絕了。

當人把神的創造性之名義與功能竊歸於他自己時，他的一切努力是命定要失敗的：一切努力最後歸於「虛無」。因爲上帝是「實有」和「萬物」底創造者，所以，如果沒有「自在之上帝」，便沒有東西能夠存在或是能具有創造力的，而同時凡上帝所不在的地方，那裡便是虛空。這些關於「宗教的存在」的基本眞理，契爾克伽德在《不科學的附錄》一書中，已加以討論過了。這書是爲「人生之路上的各階段」之第一階段而預備的。在此書中，他很清楚地區別他所稱爲「宗敎 A」與「宗敎 B」之間的不同。當宗敎 A 被描述爲可能是「人性」底最高成就時——一種對神聖的很深很深的情

感的了悟，或者是一種對永恆幸福的熱烈渴望——則「宗敎B」便是由相信歷史上的啓示與基督之「道成肉身」而得來的特殊的宗敎內在性之最高成就。宗敎A在異敎徒與徒有其名的基督徒身上都可存在，而宗敎B則是眞實的基督敎的信仰、希望與博愛底表現。由於將人的存之內在性當作一種假的宗敎絕對性之故，「宗敎A底抽象性」遂與眞實的「超越境」（transcendence）截然分開，並且聽由個人被封閉在有限性底圈子內。依此，則我們可說，宗敎A實際上是說明了一切想去絕對化「人的自我」之無效。當個人能轉而覺識到宗敎B以前，宗敎A必須呈現，是不錯的時，我們也可以說，如果這種覺識或「覺醒」未因之而發生，則個人亦必不可免地向他的「自我毀滅」（self-annihilation，自我沉空）而趨，這也同樣是眞的。

　　以契爾克伽德的造詣比之於當代的存在主義，似乎很顯然，海德格與耶斯撲都已接近了宗敎B底門檻。耶斯撲強調個人的存在與超越境的關係，可是他並不能跨過這道門檻而停息了下來：他將人的趨向於「超越境」的「明朗性」（overtness）局限在痛苦、紛爭罪業和死亡底「限制境遇」中，在此人被超越境所封閉（eveloped），正猶被他的存在之不可踰越的界期所封閉一般。依是，在耶斯撲底哲學中，超越境只有在宗敎A底方面下，才能被經驗到：即在恐慌中，在存在的絕望中，以及在「破滅」（shipwreck），始能被經驗到。在前面幾章已經討論過的各思想家的理論中，馬賽爾（Marcel）乃是唯一對眞實的宗敎存在（依契爾克伽德所說宗敎B之意）有體會的人：一如契爾克伽德他在基督敎中看出一種獨特的精神力量，這力量開始時破碎而爲時間的有

限的自我，接著就把它毀滅淨盡，然後從它遺灰中升起那永恆而無限的自我。

　　無神論的存在主義（與其初衷大相逕庭）最後終於證明了在放棄上帝後對拯救人所作的一切努力之無效。它也不知不覺地證明了這事實即：人的存在與人之本性或本質是不可分離的，而且也證明了若沒有上帝底支持力與恩寵，則人的存在與人的本質就必須枯萎而凋謝。

　　基督教，因其進一步闡明了人底存在與上帝底存在間的本原關係，已指示出一條使人從分裂與毀滅（disintegration and dissolution）中得救的明確的道路。在「神而人」（God-Man）的基督身上所存在地具體表現的根本真理給人的存在以保障和神聖化，並且在一種「效法基督」的要求下提供了那個指向他的最圓滿的實現之方向。以基督教的意思來說，除了「存在的真理」，即除了「活」的真理或化身（具體化）於「存在底活動」中的真理，就別無真理可說。

　　在哲學宣告完全由神學解放出來以及此後之發展其自己的獨立的真理之概念以前，理論與實踐，宗教教義與個人的信仰，以及本質的真理與存在的真理之間的統一與諧和，被大家認為是當然的事。只是基督教的思想家們，一直能了解那些哲學上的概念是用來幫助達到最後的超自然的和神聖的真理之「初步工具」，則對於真理底完整性是不會有危險的。因為縱然允許哲學在其特有的範圍內可以有相對的獨立性（relative autonomy），可是他們仍把全部理性的與自然的哲學認為是統一的神學的世界觀之一部分。危險底開始是在：那些從神學中「解放出來」的思想家們表明他們自己乃是

超自然的真理之最後裁定者（final arbiters）與審判者（judges）。
這種理性從信仰中與哲學從神學中底全部解放最後終於導致出那不
幸的極端的二元論：如思想與廣袤底二元論（笛卡兒）、理論理性
與實踐理性底二元論（康德）、阿波羅（Apollo）與第昂秀斯
（Dionysus）底二元論（尼采）、以及本質與存在底二元論（沙特
里）等等。

　　基督教的思想者總是一「存在的」思想者，意即他並不討論那
與現實人生無關的抽象而普遍的理念與本質。瑞士人歐斯（Urs
von Balthasar，耶穌會的神學家）說：「他對於作為一個哲學的實
體（as a philosophical *ens a se*）看的上帝，其興趣並不像對一個作
為基督耶穌之父的上帝那般濃厚；對於作為一般律則與價值之抽象
原則看的精神，亦並不如對於兇猛熱烈的音調之精神那般有興趣。
〔……〕他不煩惱於自然與超自然，知識與信仰，世俗秩序與宗教
秩序底綜和問題，因為他知道斷然聽從基督的他是已解脫了這些煩
惱的。」他最後指歸於聖安色姆（St. Anselm of Canterbury）說：
「在祈禱中，他接近了神祕之境，〔……〕而且他充分了解在被創
造的宇宙與人的理性中甚至上帝底自然啟示也是一真正的啟示。
〔……〕從信仰底觀點說，他知道：就是理性也是為信仰之故而被
創造，自然也是為恩寵之故而被創造，並且：自然與恩寵在它們的
結合中就是那三位一體的上帝之『獨一無二的不可思議的愛』之一
交織而統一的啟示。」

原載《民主評論》第7卷第10期（1956年5月16日）

客體事與主體事

編按：本文爲懷悌海（Alfred North Whitehead）的《觀念之冒進》（*Adventures of Ideas*）一書之第十一章之譯稿，曾於1956年夏講於第48、49次「人文友會」，現據油印稿排印。

§ 1. **序言** 當笛卡兒、拉克及休謨從事於經驗底分析時，他們利用那些他們自己經驗中的元素（成分）。這些元素，他們認爲是清楚而分明的，他們用之以適合于「理智討論」之準確性。除柏拉圖，那是常被默默預設的，即：那些較爲根本的成分決不再需進一步的辨識以顯其特殊的清晰性。這個預設，在此，是直接地被挑戰的。

§ 2. **經驗底結構** 從這些哲學家底趨勢上說，沒有一個題目再比經驗底主客結構之被討論的如此其多。首先，這個結構曾被同一化于「知者」對于「被知者」這個赤裸的關係。主體是知者，客體是被知者。如是，因著這種解析，客—主的關係就是被知與知者的關係。依是，隨之，這種關係底任何例子若在進一步的辨識上越是清晰地顯出來，則我們利用它以解析事物宇宙中的經驗之地位就

越為安全可靠。依此,笛卡兒便訴諸清楚與分明。

這種推演預設:主─客關係是經驗底最基本的結構模型。我同意這個預設,但卻不是主─客同一化于「知者─被知者」的意思。我認「純然知識」底觀念是一高度的抽象,而意識的辨別本身是一變數,它只是現于經驗底緣起事之較為精巧的那些例子中。經驗底基礎是情感的(激動的)。較為一般地說出來,便是:基礎的事實是一種感應音調(affective tone)之生起,這感應音調是從事物中而致生出,這事物的相干性便是「所與」。

§ 3. **用語** 如是,「涉及」(concern)這個灰色的字(Quaker word)它可以脫落任何知識底暗示,更適宜于去表示這個基本的結構。作為主體的那緣起事對于客體有一種「涉及」。而這「涉及」即刻即把客體當作主體底經驗中之一組成分而安置之,而且具著一種感應音調而安置之。這感應音調是從這個客體而引出,並且指向那客體。因著這種解析,主─客關係是經驗底基本結構。

語言底灰色使用(Quaker usages)並不是廣泛地流行的。而且每一用語都可引至許多誤會。主─客關係可以被認為是「接受者」與「激動者」的關係,而所激起的事實則是關于激動起的經驗中之激動者底地位之一種感應音調。復次,這整個被激起的緣起事是一綜體(totality),其中包含有許多這樣的激起事例。又,這個用語亦是不幸的;因為「接受者」一詞暗示一「被動性」,然而這卻是錯誤的。

§ 4. **攝受** 一種較為形式的說明則如下:一個經驗底緣起事是一種活動,它可以被分解為許多功能底模式,這些功能模式聯合

起來構成它的「成爲底過程」（process of becoming）。每一模式
可被分解爲當作「活動主體」看的整全經驗，而且亦被分解爲這特
殊活動所涉及的事物或對象（客體）。這個事物是一與料
（datum），那即是說，它用不著牽連到它的在那個緣起事中的款
待（entertainment）而即可被描述。一個對象（客體）就是那能形
成這與料底功能的任何東西，這與料底功能就是能激起那所說的緣
起事底某種特殊活動的功能。如是，主體與客體是相關聯的名詞。
一個緣起事之爲一主體，是在就著它的涉及一對象的特殊活動中而
爲主體；而任何東西之爲一客體則是就著它的在一主體內某種特殊
活動之激起而爲客體。這樣的一種活動之模式（modes）即叫做是
「攝受」（prehension）。如是，一個攝受含有三個成分。這裡有
一個經驗底緣起事（occasion），在此經驗底緣起事中，攝受是活
動底一種詳述；這裡復有一個與料，它的相干性即在激起這個攝受
之肇始；這個與料即是所攝受的對象（客體）；這裡復有一主觀形
式，它是這感應音調，足以決定那經驗底緣起事中那個攝受底效
果。經驗如何構成它自己是依于他的諸主觀形式之複合的。

　　§5. **個體性**　一個緣起事底個體的直接性就是主觀形式底最
後統一（final unity），它是當作一絕對眞實看的緣起事。這個直
接性就是它的純然個體性之動相，這個體性因著本質的相對關係而
被限制在這一邊或那一邊上。緣起事是從相干的對象（客體）中而
發生出來，而且亦流逝于而爲另一緣起事的一個對象之地位。但是
它欣趣它的當作情感底統一看的絕對自得自成之決定動相。如這裡
所使用的，「個體」一詞與「原子」一詞有同一的意義，它們是適
用于具有一「絕對眞實性」的組和物上，這絕對眞實性是它們的組

成成分所缺無的。這些字是適當地應用于一現實的實體物（actual entity）上，即在其自得自成底直接性中的現實實體物上，當它單是當作對它自己看而顯出，具著它自己的情深的自我欣賞時。「單元」（monad）這個字也表示這種在決定動相上的「本質的統一」，這決定動相上的統一是處于它的出生與它的流逝之間的。世界底創造性是屬于過去時底震跳的情感將其自己投擲于一新的超越事實中。它是這飛箭之投射，如 Lucretius 所說，投射而越過這世界底界限。

§ 6. **知識** 一切知識是對于所經驗的對象之意識的辨別。但是這意識的辨別（這即是知識），不過就是一種附加的因素，即在主體同客體底交互關係之主觀形式中的一種附加的因素。這種交互關係就是構成那些個體物的基料，而那些個體物便形成這宇宙底唯一的真實性。這些個體物就是經驗底些個體緣起事，即現實的實體物。

但是我們並不是很容易地就消除了知識。究竟說來，亦就是知識，才是哲學家們所尋求的。而一切知識是從直接的直覺觀察中而引出，而亦為直接的直覺觀察所證實。我承認這個經驗主義底公理，如在這個一般形式中所陳述的。可是問題又發生出來，即：如上所簡述的經驗底結構如何能直接地被觀察？在答此疑難中，我以老的忠言來提醒我自己，即最善酬對批評的老察的主張就是那些長期無問題的主張。

§ 7. **感官知覺** 我心中所想的若干主張如下：(1)一切知覺是因吾人身體的感官之媒介而成，而流布的身體組織則供給觸覺、疼痛以及其他身體的感覺；(2)一切覺相（percepta）皆是赤裸的感相

（bare sensa），在有定型的連結中的感相，在直接的現在中而給予；(3)對于一群體世界底經驗是一種解析的反應，完全從這種知覺而引申出；(4)我們的情感的與目的的經驗是一種反射的反應，從根源知覺中而引申出，而且與解析的反應交織于一起，且 partly shaping it。如是，這兩種反應是一個過程底不同面相，這一個過程含有解析的成分，情感的成分，以及目的的成分。當然，我們皆知有些有力的哲學派別是顯明地反對這種主張的。但是我不能說服我自己認為這種反對曾為這些學派中的人所嚴肅地認真地取用。當對于所覺知的事物發生出直接的疑問時，以吾觀之，答覆總是轉回來再憑藉著這所覺知的感相的。

§ 8. **知覺的功能**　在考察感覺主義者的主張時，首先要問的問題是關于我們叫做「知覺」的那些經驗之功能之一般的定義。如果我們規定它們為直接從種種身體的感覺器官之刺激而發生出的些「經驗功能」，則辨論即停止。依是，傳統的主張只變成所用的「知覺」這字之定義的事。誠然，因此字之長久使用，我同意把「知覺」這字限于這個有限制的意義，對于哲學家是相宜的。但是我們所執持的一點則是如此，即：這個意義是有限制的，而且：還有一種較廣的意義，「知覺」一詞之這種有限制的使用曾不自覺中默默與之為同一。

§ 9. **對象**　經驗活動底過程是以現實實體物（entities）之吸納（容受）而構成，這些實體物之存在是先于那過程的，它們被吸納于這複雜事實中，這複雜事實即是那過程自己。這些先行存在的實體物，當作些因子（成分）而這樣被吸納于經驗活動底過程中，是叫做那個經驗緣起事（experiential occasion）底「對象」

（objects）。如是，根本說來，「對象」一詞即表示實體物（這樣指示的）對于一個或多個一個經驗活動底緣起事之關係。要使一個實體物在經驗活動底過程中可以盡一個對象之職能，那必須滿足兩個條件：(1)這實體物必須是先行的，(2)這實體物必須即依其先行而被經驗；它必須是「給予」。如是，一個對象必須是一個被容受的東西，它必須既不是一容受之模式（mode of reception），亦不是一個在那緣起事中被致生出的東西。如是，經驗活動底過程是因把對象吸納于那複雜的緣起事（此即那過程自己）之統一中而構成。那過程創造它自己，但是它並不能創造那它所容受之以為其自己之本性中的因子之「對象」。

一個緣起事上的「對象」亦可叫做是那個緣起事上的「與料」（data）。名詞之選取完全依于你所偏重之喻解之所在。前一詞（即對象）其字面的意義是「擺在那裡」（lying in the way of）；後一詞（即與料）其字面的意義是「被給的」（being given to）。但是這兩個字俱有以下之缺陷，即：皆暗示一個經驗活動之緣起事是從一只是「許多與料之散亂」的被動的境況中而發生出。

§10. 創造　但是情形卻正相反。那間端的境況含有一個活動底因素，此就是那個經驗底緣起事之所以起源的理由。這個活動因素就是我所叫做的「創造」。那具著其創造性的開端的境況可以叫做是那新緣起事底開端形態。它也同樣可叫做是關聯于那個緣起事的「現實世界」。它自己本身有一種一定的統一性，這表示它的提供對象之蘊能，提供為一新緣起事所需要的對象。這也表示它的聯合活動，因此聯合活動，它本質上就是一新緣起事之原始形態。如是，它也可以叫做是一「真實的潛能性」（real potentiality）。

「潛能性」涉及那被動的蘊能（passive capacity），而「眞實」一詞則涉及那創造的活動，在此，柏拉圖在《辯士篇》中給「眞實」下的定義是被參照的。這個基礎境況，這個現實世界，這個原始形態，這個眞實的潛能性，不管你如何說它，整個看來，它是具著它的本有的創造性而活動的，但是詳細說來，它供給被動的對象，這些對象從那整全境況底創造性中引生出它們的活動。創造是潛能性之實現（現實化），而實現底過程就是一個經驗活動底緣起事。這樣，抽象地觀之，對象是被動的，但是聯合起來觀之，它們帶有馳驅世界的創造性。創造底過程就是宇宙底統一之形態。

§ 11. **知覺**　在以前各節，我們已說明了作爲經驗中之因素的對象之發見。我們的討論是藉一種本體論而說出的，這本體論是超出這直接的目的以外的，可是雖然如此，然而若無某種這樣的本體論以解析對象在經驗中的作用，那就是說，解析一個經驗底緣起事依其本性爲什麼需要對象，則對象底地位是不能被了解的。

對象是經驗中的因素，它的作用是表示：那個緣起事之生起，因包含有一其他事物之超越宇宙而生起。如是，涉及其他而超越其自己便是每一經驗底緣起事之本質。這緣起事是在其他東西間的一個緣起事，而它亦包含著它所處于其間的其他東西。意識是在這些對象底選取上的一種偏重。如是，就那些在此種偏重上被選取的對象言，知覺便是被分解了的意識。意識是偏重之頂點。

顯然，這種知覺底定義是較那基于感官知覺、感相以及身體的感覺器官而來的狹隘的定義的廣。

§ 12. **非感觸的知覺**　倘若我們不能檢查到經驗底緣起事，顯示出它的作用模式是落在一較廣的範圍內，則這種較廣的知覺定義

是無什麼重要的。如果我們發現出這樣非感觸知覺底例子，則把知覺默默同一化于感官知覺，除非不進至系統的形上學，否則斷然是一種大錯誤。

我們第一步首先必須對于附著于感官知覺底範圍中之限制有清楚的認識。這種特殊的作用模式本質上是顯示覺相是此處，此時，直接的，而且是不連續的覺相。每一感覺底印象是一顯著不同的存在，休謨如此宣稱；對于這個主張不能有合理的懷疑。但是甚至休謨自己也對于每一印象裝飾之以力與生動活潑。我們必須知道，沒有一個攝受，甚至赤裸的感相，能夠脫落它的感應音調，即，脫落它的「涉及」（in the Quaker sense）之特徵。「涉及性」（concernedness 牽連性）是知覺之本質。

試注目于一片紅顏色。在其自身當作一對象看，並且離開其他因素之涉及，這一片紅顏色，只當作那個現在的知覺活動之對象看，對于過去或未來是寂寞無關的。它如何生起，它將如何消逝，是否曾實有一過去，是否將有一未來，這一切並未因其自己之本性而顯露出來。在對于感相之解析上（感相本身並不能提供出材料來），沒有材料能爲感相本身所提供，當它們（即感相）寡頭地、赤裸地呈現出來，是現在的而且是直接的時候。我們實是在解析它們；但是這解析的功績決不由于它們。近兩百年來的認識論是因流行的語言之非批判的使用而用之于外來問題之默默介入中（are employed in the tacit introduction of alien considerations by the uncritical use of current forms of speech）。如是，單純的字面形式之傚用能提供一個哲學讀起來很愉快，易于了解，但完全是謬誤的。但這種語言底使用實證明：我們對于這些孤立的感相之習慣的

解析主要地是滿足常識，雖然在特殊事例上負錯誤之責。可是這些解析所基的證據卻完全是從「非感觸的知覺」之廣大的背景與前景中引出，這非感觸的知覺是感官知覺所與之混融的，而且若沒有這種非感觸的知覺，感官知覺亦根本不會是其所是。我們不能識別割截的感官知覺完全只涉及現在的事實。

　　在人類經驗中，非感觸的知覺之最顯著的例子便是我們自己的直接過去之知識。我並不要涉及一天的過去，或一時的過去，或一分的過去之記憶；因為這樣的一些記憶皆為我們的個人存在底些居間緣起事所模糊與混擾。但是我們的直接過去則是由那進入經驗中而無任何覺知的媒介居于它與現在的直接事實之間的緣起事或混融的緣起事群所構成。粗略地言之，它就是那居于一秒之十分之一與半秒之間的過去之點位。它是我們的不可爭辯的我，是我們的現在存在底基礎。但是這現在的緣起事，它雖然要求自我同一，在一切它的活動中分得那過去了的緣起事之本性，然而它也致力于修改它，使它適應于其他影響力，以「其他」價值來完整它，使它轉向于其他目的。這現在的一瞬是由別的東西之流入自我同一中而構成，這自我同一就是在現在底直接性範圍內的直接過去之連續的生命。

　　§ 13. 說明　　試想一理性上成熟的說話者，他說出一個專名，如：「中華民國開國紀念」〔原文為：United States，照英文說，此兩英文字有四個音節。茲為容易表示起見，改以中文為例〕這一專名語句，照中文可有四讀〔類比于英文之四音節〕。當第三讀被達到時，第一讀或許是在「直接過去」中；而當「紀念」一詞被說出時，第一讀雖然已處于現在底直接性之外。試想這說話者自己的

存在之緣起事。每一緣起事對于他皆可得到這聲音之直接的感覺呈現，即較早的讀（音節）是在較早的緣起事中，「紀念」一詞是在最後的緣起事中。當作純然的感觸知覺看，休謨說：「中華」一聲音，只作一感相看，其本身是與「民國開國紀念」〔或民國、開國、紀念〕一聲音毫無關涉的，休謨這樣說是對的，但說話者卻被從「中華」帶到「紀念」〔或「民國開國紀念」〕，而此兩者聯合起來處于現在，因過去緣起事之動力，即其要求其自身同一的存在一如其為處于現在之事件之動力而處于現在。直接過去透過現在而仍留存著便是非感觸知覺之重要的例子（palmary instance）。

休謨式的解析，包含有「觀念之聯想」，在這個論題上是有其重要性的。但是在這個例子上，它卻是不盡其意的。這說話者，因是一中華民國的國民，所以很熟習那個語句，但事實上他可以說出「中華水果公司」這一語句，這個公司他也許在一分鐘以前並未聽到過。在他的經驗中，這個語句較後的部份對于較前的部分之關係完全同于上面所述的「中華民國開國紀念」那個語句。在這後一例子中，我們可以注意即：當聯想引他到「開國紀念」時，而直接過去之動力底事實卻迫使他去與現在底直接性中的「水果公司」相聯合。他說出「中華」一詞是具著對于「水果」這感相的直接將來之非「感觸的預測」而說出，而他說出「水果」一詞是具著那對于具有「中華」一感想的直接過去之「非感觸的知覺」而說出。但是，因為他對于「中華水果公司」不熟習，所以他不曾有聯想來連結這「中華水果公司」一語句中的個個字；而因為他是一愛國者，所以這說話者曾有極強的聯想來連結「中華民國」與「開國紀念」這些字。或者，他實是這公司底創立者，並且他也是這專名底發明者。

依是，他在國語歷史中說出「中華水果公司」這些純然的聲音是首次。因此，這決不會有一種聯想底痕迹（vestige）幫助他去連結。他的驅使他的身體器官去說出「公司」這個聲音的那經驗之最後緣起事只有因他的涉及較早的些緣起事，即具著它們的意向于完整語句之說出底主觀形式的那些較早的緣起事，而可被解析。復次，只要有意識，則即有對過去之直接的觀察，即對於具有在現在事實中尋求其完成的意向之「過去」之直接觀察。這是直接的直覺觀察之一例，這是不能化歸于感覺主義之公式的。這樣的些觀察並沒有「感官知覺」底那種清楚割截的確定性。但是對于它們卻斷不能有懷疑。例如，如果說話者在說出「中華水果」這幾個字後忽然被打斷，他很可以收回他的話而重新說，他可以說：「我想要去加上公司這個字」。如是，當被打斷而隔住時，在他的經驗中這「過去」就有一種動力在催動，好像在其自身中帶有一種不滿足的意向似的。

§ 14. 感應之契合　　另一種意義進入了這個說明中，即「自然之連續」之主張。這個主張平衡了而且限制了每一經驗底緣起事之絕對個體性之主張。在直接過去緣起事底主觀形式與它的在新緣起事底起源中原始攝受之主觀形式間有一種連續性。在許多基礎攝受之綜和底過程中，改變調整即進入其中。但是直接過去緣起事底些主觀形式卻是與現在緣起事底些主觀形式相連續的。我將名此種連續底主張為「感應契合之主張」（the doctrine of conformation of feeling）。

設想在某一時期，一個人的生命之某種環境曾引起他的發怒。他現在如何知道在一秒鐘底四分之一以前他曾發怒？自然，他記得

它；我們都知道這點。但是我就是要研究這奇怪的記憶，而且我已選擇了一個十分生動活潑的例。光是「記憶」這個字是不能解析任何事情的。在新緣起事底直接性中的第一形態就是感應底契合之形態。為過去緣起事所欣趣的感應（feeling）是現存于新緣起事中而為其所覺之「與料」（對象），其覺之是具著一與那與料底主觀形式相契合的主觀形式而覺之。如是，如果 A 是過去緣起事，D 是 A 具著如所描述的發怒之主觀形式所覺的與料，則這個感應（即 A 具著發怒之主觀形式來感 D 這個感應），即開始為一新緣起事 B 具著這相同的發怒之主觀形式所覺。發怒是透過相續的經驗緣起事而連續下去的。這種主觀形式底連續是 B 對于 A 底原始感通（initial sympathy）。它是為自然之連續上的原始根據。

讓我們再考慮這個發怒的人。他的發怒是他的感覺與料 D 之主觀形式。一秒鐘之四分之一以後，他自覺地或不自覺地，體現了他的過去作為一與料存于現在中，而且維持那發怒于現在中（這發怒是過去事的與料）。當那個感覺落于意識底光照範圍內時，他即欣趣一個對于過去情感底「非感觸的知覺」。他欣趣這個情感（激動）既是客觀地欣趣之（因它是屬于過去），又是形式地欣趣之（因它連續于現在中）。這種連續活動就是自然之連續。我之所以努力于此，是因為傳統的主張含著它的否決。

這樣，非感觸的知覺是自然底連續之一面相。

§ 15. 休謨的習慣說　休謨訴諸力量與生動之主張，力量與生動是一個感覺底印象中之一本質的因素。這主張不過是主觀形式說之一特殊的情形。復次，他又主張：一個經驗底緣起事之力量與生動性能進入相續繼起的緣起事之特性中。全部「習慣」說是基于這

個預設上。如果緣起事完全是分離的，如休謨所想，則這種特性底流轉在事物底本性中必無任何基礎。休謨在其訴諸「記憶」中真實所為的實是訴諸對于將來中的過去之一「被觀察的內在性」，含有一種主觀形式底連續于其中。

如果加上這一點，則休謨的《人性論》第三部中每一論據皆可被承認。但是如果是如此，則以下的結論即隨之而來，即：在這樣的些緣起事間，有一被觀察了的因果關係。而這種被觀察了的關係之一般特性立時亦即解析了記憶與人格的同一。它們〔即記憶與人格的同一〕皆是經驗底緣起事之內在性底主張之不同的方面。此外，還有一個結論，亦能被引出，即：當我們把因果觀念應用于自然中的事件之了解上時，我們必須在應用于經驗底緣起事的那一般觀念之下去思量那些事件。因為我們只能藉著這些緣起事底觀察而了解因果關係。這點，依休謨，有說明現在論題底常識顯明性之唯一目的。

§ 16. **力之流**　　包含有人類心態的經驗緣起事是一極端的事例，即在組織自然的那些緣起事（happenings）之級系底一個頂點上的極端事例。惟這個討論關于這個極端尚未注意到。但是任何主張它若不願意把人類經驗放在自然以外，則必須在描述人類經驗中找出一些因素來，也進入那不十分特殊化的自然生起事（natural occurrences）之描述中。如果沒有這類的因素，則對于作為自然內一事實看的人類經驗之主張只是一種掩耳盜鈴的把戲（bluff），基于模糊的語句上，其唯一的功績只是便于熟習。依此，我們或者承認二元論（至少當作一暫時的主張而承認），或者指出一些同一的成素足以連結人類經驗與物理科學。

物理科學認自然緣起事是一個「力之軌迹」（locus of energy）。不管那緣起事是什麼，它總是一儲藏那力的個體事實。電子、質子、光子、波動、速度、軟硬的放射、化學元素、物質、空的空間、溫度、力之遞減，這些字一切皆指點這事實，即：物理科學就每一緣起事接待其力之路數上認識了緣起事間的質的差異。

這些差異完全為「力之流」所構成，那即是說，為緣起事從自然之過去中繼承它們的力，並且也傳遞他們的力于將來之路數所構成。關於 Poynting 的「力之流」之討論是電磁力學中最有魔力的一章。四十七年以前，當我還是一青年研究生時，我即在湯姆生爵士（Sir J. J. Thomson）的演講中首次聽到了它。現在它是一新的發現，最近為 Poynting 所公布。但是它的創始人則是偉大的馬克斯威爾（Clerk-Maxwell），他展示了那一切應有的原則。在此我們所要論及的唯一結論只是：力，通過時間與空間有其可認識的道路（paths）。力，從這一特殊緣起事過渡到另一特殊緣起事。在每一點上，皆有一流，具著一定量的流與一確定的方向。

這是藉著連續而建立起的一個物理的自然之概念。事實上，連續底概念在馬克斯威爾思想中是一支配的概念。但是在近期物理學裡，另一個區以別的個體性之概念又有了重要的地位。電子、質子及光子是些發電的單位，又有力之流底量子。自然底這些相反的面相，連續性與原子性，在歐洲思想中，有一長期的歷史，可以一直追溯到希臘期間科學之起源。較為概然的結論是這樣，即：沒有一面能被取消，並且我們只能證明這近代的相反形態是與現階段的科學相干的。

§ 17. 心與自然比較看　　我上面所說的關于人類經驗之主張，

爲其自己之目的，也保持區以別的個體性之主張（區以別的個體性就是分離的經驗緣起事），以及連續性之主張（連續性是爲主觀形式底同一性所表示，主觀形式是從這一緣起事到另一緣起事一致地承繼下來的主觀形式，這主觀形式底同一性即表示連續性）。物理的流是與每一經驗緣起事底基礎上的「一致的遺傳」（conformal inheritance, 相契合的承遞）相應和的。這種遺傳（承繼），不管它的主觀形式之連續，它總是從確定的個體緣起事中而來的遺傳。如是，如果依類比而言，則在討論把過去連繫于現在的那一般的關係系統中，我們一定期望一量子底主張（在此緣起事底個體性是相干的），並期望一連續底主張（在此，主觀形式底一致的過轉是支配的事實）。

依是，物理的力底概念（此是物理學底基礎），必須被認爲是從複合的力，情感的及目的的，而來的一種抽象（這複合的力是附著在每一緣起事在其中以完成其自己的那最後的綜和之主觀形式中）。它是每一經驗底活動之整全的活力（total vigor）。「物理的科學是一種抽象」，若光只是這語句，便是哲學的失敗之自白。去把抽象由之以引申出的那更爲具體的事實描述出來，那方是理性的思想之事業。

§ 18. 人格　在我們討論人類經驗中，我們已把「人格」（human personality）弱化而爲人類經驗緣起事間的一種「生長關係」。但是人格的統一是一不可避免的事實。柏拉圖及基督教的靈魂之主張、伊壁鳩魯的 doctrine of a concilium of subtle atoms、笛卡爾的思維本體之主張、人本主義者的人權之主張，——這些主張支配了全幅的西方思想。顯然，這裡面是有值得討論的事實的。任

何哲學必須具備某種人格同一底主張。在某意義，每一人底生命中，從生到死，皆有一統一。很一致地反對「自我同一的靈魂本體」之觀念的兩個近代哲學家便是休謨與詹姆士。但是這問題對于他們，一如對于機體哲學，仍然留在那裡，以要我們對于這無可疑的人格統一去提供一恰當的討論。

§ 19. 柏拉圖的容受體（Receptacle） 在數學研究中，若是有問題要解決，最好的方法是要一般化，把那與解決問題不相干的細微問題略去。依此，讓我們對于這個人格的統一給以一般的描述，把人性底小節目脫略去。為此目的，那是不可能的去改進柏拉圖一篇對話中一段文。我可以因插入「人格的統一」、「事件」、「經驗」以及「人格的同一」諸詞以代其中的兩三語句，而把它綜括起來：——「在事件底動盪變化之觀念以及它們所說明的形式之觀念以外，我們需要一第三名詞，即人格的統一。這是一個複雜而隱晦的概念。我們必須認定它是容受體，或如我們所說是『育母』（foster-mother），是我們的經驗緣起事底轉化之容受體，之育母。這個人格的統一是接受人之存在底一切緣起事的那個東西。它是生命底一切流轉上的一個『自然的模胎』（natural matrix），而且被進入其中的東西所改變所多方地鑄形。因此，它在不同的時間中而異其特性。因為它接受經驗底一切樣式于它自己的統一中，所以它自己必須脫落一切形式。如果我們描述它是不可見的、無形式的，而且是接受一切的，這將不會太錯。它是持續在那裡的一個軌迹（locus），它為經驗底一切緣起事供給一位置。那發生在其中的東西是為其自己的過去之強力所制約，並且為它的『內在的理想』（immanent ideals）之誘拽（persuasion）所制約。」

　　你們知道這段描述我是取之于柏拉圖的 *Timœus*，而稍有改變。〔我所用的是 A. E. Taylor 的翻譯，對于語句稍有改變與緊縮。〕但是這不是柏拉圖的「靈魂之描述」。這是他的「容受體」底主張或「軌跡」底主張，其唯一的作用便是安置統一于自然之事件上。這些自然之事件是因它們的軌跡之共同而聯合在一起，並因位置于這共同體中而得到它們的實現性。

　　§20. **內在性**　這即是自然之統一底主張，亦是每一人的生命之統一底主張。因此，隨之；滲透于我們的緣起事之「生命—線索」（life-thread）的那「自我同一」之覺識不過就是在自然底一般統一中的一般特殊的統一之知識。它是全體內的一個軌跡，因它自己的特殊性而被標識出，但也顯示指導整全（全體）之組織的那一般原則。這個一般原則就是經驗底「客體到主體」的結構。這亦可以換一個說法，被陳述爲「自然之矢向結構」（vector-structure）。再不然，亦可認爲是活動于現在中的過去之「內在性」底主張。

　　這個內在性之主張實際上就是埃及底希臘基督教神學家所略說的主張。但是他們只把這主張應用于上帝對于世界底關係上，而並未應用于一切實體上。

　　§21. **空間與時間**　「空時」這個觀念表象柏拉圖的作爲基礎的「客受體」（無形式安置于其上）以及置有它自己的種種形式的「現實世界」間的一種「協和」（compromise）。這種形式底安置是隸屬于因感應音調之不相容性而需要的那「觀景的消除」（perspective elimination）。幾何是在遺傳（承遞）的過程中置有觀景的那些交相媒介底軌跡之主張。在幾何中，這個主張是限于它

的對列格局（座標）之最單純的一般性（barest generalities），這對列格局是宇宙底這個時期上最佔優勢流行的格局。這些一般性只涉及複雜的系列關係（一貫地在事件底連結中被說明的那些系列關係）。

我們對于宇宙底這種幾何秩序之覺知是帶有把遺傳只限于人格秩序之否定（即不把遺傳只限于人格秩序）。因爲人格秩序意謂「一向的」系列秩序。而空間則是「多向的」（many-dimensional）。空間性一方因居間緣起事之差異而含有「分離」（separation），一方亦因包含在「從過去引申現在」中的內在性而含有「連結」。依是，在物理自然中力之從特殊緣起事過轉到另一特殊緣起事以及在任何人格中感應音調（具著它的情感力）也從此一緣起事過轉到另一緣起事，這兩者間有一種類比（即物理自然中力之過轉與人格中感應音調之過轉這兩者間有一種類比）。人類經驗之從客體到主體的結構在物理自然中是爲特殊對于特殊之矢向關係所重現。希臘人對于發生（generation）的分析其缺點是在：只由新奇的抽象形式之赤裸的介入兩者發生。這種古代的分析不能把握先行的特殊事之眞實作用，即在創造過程中把它們自己安置于新生的特殊事上的那先行的特殊事之眞實作用。依是，例證于事實中的幾何是與他們討論事實之發生不相連屬的。

§22. 人身　但是物理自然對于人類經驗底類比是因在任何一個人格內的人類的緣起事之線的系列性（linear seriality）以及物理的空—時中的緣起事之多向的系列性這事實而受限制。

要想去證明這種分裂（不諧和）只是表面的，則有待于討論的便是：人類的直接承遞之經驗對于這種多向的空間特性是否能供給

任何類比。如果人類的經驗緣起事本質上是在「一向的人格秩序」中承遞，則在人類緣起事與自然底物理緣起事間便有一裂罅。

人身底特殊地位即刻表現它自己是否定人類承遞上嚴格的人格秩序這種觀念。從我們的直接過去緣起事而來的主要的（領導的）承遞是因著通過其他許多通路而有的無數的承遞而被破裂。有感覺的神經，內臟的機能，血脈的組織中之騷動，這一切，皆足以衝破主要的承遞線。在此，情感、希望、恐懼、遲疑、感官知覺，即因而生起；而這些現象，生理學家皆確然歸之于身體的機能。這種身體的承遞是如此的親切顯明，所以普通並不能辨識人身與人格之不同。靈魂與身體是混融在一起。復次，這種公共的同一性亦延續了生理學家底科學研究，他們在人類中是容易去多看身體一面，少看靈魂一面的。

但是人身不容置疑是一群複雜的緣起事而為空擴的自然之部分。它是一組緣起事，很神奇地表列出因而去把它的承遞拉進神經內的各種區域中。依此，我們很有理由相信：我們的與身體統一底感覺和與「個人經驗底直接過去」統一底感覺是同樣的根源的。這是另一種非感觸的知覺，不過現在只是缺無了那嚴格的人格秩序而已。

但是生理學家與物理學家皆一樣同意：身體依照物理律來從物理環境中承遞物理的條件。依是，在人類經驗與物理緣起事間有一種一般的連續性，努力於這種連續性是哲學上一最顯明的工作。

§23.二元論　本章所討論的牽涉很廣。我現在只注意那有關的一般問題以結束此章。

本章所討論的能被認為是《反對二元論的背叛》（*The Revolt*

against Dualism）之另一種例子嗎？我們都讀過 Lovejoy 教授批評
這種背叛的大著。我在這裡所據以進行的立場，表面觀之，確是他
所批評的背叛之一種。但是在另一意義，我又努力去維護二元論，
不同的解析的二元論。柏拉圖、笛卡兒、陸克開出休謨；而康德則
隨休謨而來。本章底論點是要展示另一個思想底線索，它避免休謨
從哲學傳統而來的推論，而同時它又保存從他的三個偉大的前輩而
接受來的思想上的一般趨勢。在柏拉圖晚期的對話中，柏拉圖的
「靈魂」（Platonic "Souls"）與柏拉圖的「物理」自然（Platonic
"physical" Nature）間的二元論，笛卡兒的「思維本體」以及笛卡
兒的「廣延本體」間的二元論，陸克的「人類理解」以及陸克的
「外在事物」（Galileo 及 Newton 所描述給他的外在事物）間的二
元論，這一切類似的二元論在這裡皆於每一現實物底緣起事內被發
現。每一緣起事皆有它的物理承遞（遺傳）與它的迫使它達到「自
我完成」的那「心靈的反應」（mental reaction）。世界不只是物
理的，亦不只是心理的（心靈的）。它也不只是具有許多隸屬形態
的「一」（one）。它亦不只是一完整的事實，其本質是靜止的而
具著變化底幻像〔案：此兩句指伊里亞派的思想而言〕。不管什麼
地方，只要可憎的二元論出現，那只因把抽象錯認做最後的具體事
實之故〔案：此即懷氏所說的「錯置具體之謬誤」the fallacy of
mis-placed concrete〕。

　　宇宙是二元的（對偶的），因為在其全幅的意識中，它既是流
轉的，又是永恆的。宇宙是二元的，因為每一「最後的實現」
（final actuality）既是物理的又是心理的。宇宙是二元的，因為每
一實現（現實物）需要抽象的特徵。宇宙是二元的，因為每一緣起

事是把它的「形式的直接性」與「客觀的他性」連結在一起。宇宙是「多」（many），因爲已可以全部而且完整地被分解爲多的最後現實物（final actualities）。宇宙是「一」，因爲「普遍的內在性」故。因此，在統一與衆多間的反對中有一種二元性。通全宇宙，對立之統一（union of opposites）在支配著，此對立之統一即是二元論之根據。〔此說宇宙論非終極義，是說的宇宙之相貌。〕

1956年夏講於第48/49次「人文友會」，未刊稿

《單在理性範圍內之宗教》

第二卷　善原則之統治人與惡原則之統治人之衝突

編按：牟先生所譯康德《單在理性範圍內之宗教》之首卷已附錄於《圓善論》一書中，以下為首卷之解說及第二卷之第一節部分。譯文主要是根據 Theodore M. Greene 與 Hoyt H. Hudson 之英譯本，間亦參考德文原本。

附錄：第一卷後之解說部分

案：《單在理性範圍內之宗教》第一卷〈一般的解說〉（亦譯「一般的省察」）後，第二版時，康德附加一段文如下：

此一般的解說是此書之每一卷皆附有一解說之四個解說中之第一個解說。此四個解說可名之曰：㈠關于**加恩**之解說，㈡關于**奇蹟**之解說，㈢關于**神祕**之解說，㈣關于**達致加恩**之**方法**之解說。加恩、奇蹟、神祕、達致加恩之方法，這些事似是純粹理性範圍內的宗教之附屬品（餘事）；它們並不屬于理性範圍內的宗教，但只是附近于此宗教者。理性，由於覺識到她的**無能**——無能去滿足她的

道德的需要,是故她**擴展**她自己——**擴展到**那能夠補充此缺陷的諸荒誕誇奢的觀念上去。但是她把她自己擴展到這些荒誕的觀念上卻並沒有把這些觀念當作**其領域**底一種**擴張**而據爲己有。理性並不辯論這些觀念底**對象底實在性**之可能性;她單只簡單地不能把這些觀念採用之于其思想與行動之**格言**中。她恰好可以如此想,即:如果在**超自然者**之不可測度的領域中存有某種多過她所能解明給其自己的東西存在(這些東西她雖不能解明之,然而猶可當作對于其道德的不足夠性之一種補充而爲必要的),如是,則此某種不能解明的東西,縱使不是被知于我們的,亦將是對于理性之**順利**爲有益的。理性以一種信仰來相信此不能解明的東西,她所用的那一種信仰(就此超自然的補充之可能性而言)可被名曰**反省的信仰**;因爲那「宣稱其自己爲一種知識」的**獨斷的信仰**把不誠實或專擅顯示給理性。依是,就那「(在道德的實踐上)在其自己而且爲其自己而挺立著」的東西,去移除那些困難(當這些困難有關于超絕的問題時),這只是一附帶的工作(一掃邊的工作,一餘事)。當我們想把道德地超絕的觀念引介于宗教時間,則由這些道德地超絕的觀念便可結成一種損害,就這樣結成的損害而言,則後果,即依上說四類之序(加恩、奇蹟、神祕、達致加恩之方法)而列舉出的那些後果,便是:

　　㈠狂熱——相應于**想像的內部經驗**(相應于**加恩**)而言者;

　　㈡迷信——相應于**所陳說的外部經驗**(相應于**奇蹟**)而言者;

　　㈢光明照耀,精熟者之幻覺——相應于就**超自然者**而言的一設想的知性之放光(相應于**神祕**)而言者;

　　㈣魔術——相應于冒險的企圖——企圖去施運用于**超自然者**之

上（相應于**達致加恩之方法**）而言者。

這四類後果純然是**理性之出軌**——走出其恰當的範圍之外，並且亦為一目的而出軌，此一目的被幻想為是道德的（愉悅于上帝者）。

但是設若接觸到那特別有關于此第一卷末之〈一般的解說〉者，則「請求加恩以為吾人之助」便是那些出軌之一，而且這亦不能被採用于**理性底格言**中，如若理性要想保留于其自己之範圍內；其不能被採用于理性底格言中實在說來正如不能有任何超自然的東西可被採用于理性底格言中，這所以不能，簡單地說來，只因為在此領域中一切理性之使用皆停此。要想去找出一個方法**知解地**去規定這些超自然的東西以便表示這些超自然的東西是加恩而不是內部的自然結果，這是不可能的事。其所以不可能是因為我們的原因與結果之概念之使用不能被擴張至**經驗之事**以外，因而亦不能被擴張至「**自然**」以外。復次，甚至此加恩觀念之一**實踐的應用**之假設亦全然是**自相矛盾**的。蓋因為此觀念之使用（即其實踐的應用之使用）必應預設一有關于善事之規律，即有關于那「我們自己為一特殊的目的所必須去為之以便去完成某事」的善事之規律，然而「去等候加恩」這卻只意謂這反面，即只意謂善事（道德地善的事）不是**我們的行為**，但只是**另一存有之行為**，因此，我們之所以能達到此善事只因著「**未作任何事**」而達到之，此則是**自相矛盾者**。因此，我們能承認加恩為某種**不可理解的事**，但我們卻不能把加恩**採用于我們的格言**中，不管這格言是為**知解的使用**而立者抑或是為**實踐的使用**而立者。

第二卷 善原則之統治人與惡原則之統治人之衝突

　　要想成為道德地善的，光只是讓深植于我們種族中的善之種子無阻礙地發展出來，這並不是足夠的；在我們生命中，實亦存有一主動而對反著的**惡之原因**在那裡以被決鬥。〔此一事實須鄭重被注意。〕在古代道德學家間，那喚起對于此事實之注意者正卓然是斯多噶派的人。斯多噶派的人是因著其德行一口訣而喚起對于此事實之注意。「德行」一詞（在希臘一如在拉丁）指表勇氣與勇敢，因而它預設一**敵對者**之存在。就此而言，德行一名稱是一高尚的名稱，而它時常虛浮無實地被誤解濫用並被譏笑（如晚近「開明」一詞之被誤用被譏笑），這對于它實並不能有什麼傷害。因為簡單地只對于勇氣作要求，那只是朝向著「**注入勇氣**」走了一半路；另一方面，那「完全不信任其自己而躊躇不前以等候外來之幫助」這樣懶惰而畏縮的心態（道德與宗教中者）正鬆弛了人之一切力量並使人成為不足道甚至成為不值得有外來之幫助者。

　　但是，那些勇敢的人〔斯多噶派人〕誤解了他們的敵人：因為他們的敵人並不是要在純然無訓練的**自然性好**中被尋求（所謂自然性好即是那些「把它們自己很公開地呈現到每一的意識」的性好）；他們的敵人實好像一不可見的敵人，此不可見的敵人把他自己隱藏在理性之背後，因而他是更為危險者。那些勇敢的人請出**智慧**以對抗**愚蠢**，這愚蠢讓其自己通過純然的不謹慎因著性好而被欺騙，但他們卻並不召請**智慧**以對抗**邪惡**（人心之邪惡），此邪惡以靈魂毀壞之原則暗中損害了吾人之性向。〔原注〕

〔原注〕在此，康德有注云：

這些哲學家由人性之尊嚴，即，由人性之自由（被視爲獨立不依于性好之力量之自由），來引申出他們的普遍的道德原則，他們並不能使用一較好或較高貴的原則以爲他們的〔持論之〕基礎。如是，他們直接由理性來引生出道德法則，單只是這理性始能道德地來立法；而這理性底命令，通過這些法則而有的命令，是絕對的。這樣，每一事皆完全正確地被規定了的（客觀地關于規律，以及主觀地涉及動力，凡此皆完全正確地被規定了的），**設若**一個人把一不曾敗壞的意志歸屬給人以便人毫無遲疑地去把這些法則組之于其格言中。現在，這些哲學家的錯誤正在此後一預設中。因爲不管我們把我們的注意指向于道德的狀態是如何之早，我們見到此道德的狀態總不再是一完整的狀態（a res integra），我們見到我們必須以「從罪惡之堡壘中驅除罪惡」來開始，此所要驅除之罪惡乃是那早已闖進來者（而且設若我們不曾把此罪惡採用之于我們的格言中，此罪惡決不能闖進來）；那就是說，一個人所能作的那首出的眞實善行便是**棄絕罪惡**，此罪惡並不是在此人之**性好**中被尋求，但須在其**邪惡的格言**中被尋求，因而也就是說，在**自由自身**中被尋求。那些性好只使對反性好的那善格言之執行成爲困難的；而眞正的惡則在于此，即：一個人並不願意去抗拒那些性好，當這些性好引誘他去犯罪時——因而即此不願意去抗拒性好之心意（disposition）才是那眞正的敵人。性好只不過是「基礎原則一般」之敵對者（不管這些性好是善的抑或是惡的）；言

至此，〔斯多噶派底〕高尚的道德學之原則，在讓一個人自己爲基礎原則所指導時，當作一初步的課程（一個一般的性好之訓練）看，是有價值的。但是，當各別的（確實而明指的，非一般而含混的）「道德的善底原則」應當作爲格言而現存而卻實不現存時，我們必須在**行動者**中假定有德行所必須與之相決鬥的那**某一其他敵對者之存在**。在這樣一種敵對者之**不存在**時，一切德行實自不會是**華麗的惡**，如敎堂神甫所有者；但它們確然必會是一些**華麗的虛浮無實之行**。蓋因爲敵對者不存在時，雖然反叛之行誠然是時常被壓抑下去了，然而叛逆者自身卻並未被克服以及被滅絕。

自然的性好，依其自身而觀之，是好的，那就是說，它們是不可反對的（unverwerflich），而想去根除它們這不只是徒然的，而且若這樣作亦必會是有害的而且是應受責備的。設讓它們被馴服而不讓其互相衝擊，則它們可在一被名曰「幸福」的整全中被致使成爲互相諧和者。現在，那「完成此諧和」的理性被名曰「審愼」。但是，唯那敵對于道德法則才是在其自身即是惡的，是絕對地可譴責的，而且必須完全被根除；而那「敎告此眞理」的理性，更特別地言之，那使此眞理付諸現實的實踐者，才單獨應受「智慧」之名。比照于*此智慧而言，惡行實可被名曰「愚痴」，但是其所以如此被名復又是只當理性感覺其自己爲夠強，其夠強**不只是**去憎恨惡行爲某種被恐懼的事，並去武裝其自己以對抗于惡行，而且其夠強亦足以去輕蔑惡行（連同惡行之一切誘惑），只當理性是如此云云時，那惡行始可被名曰愚痴。

譯者案：此依德文原文譯，格林英譯非是。

　　既然如此，當斯多噶就這些性好（依其自身而言是無罪者）已當作人之義務之充盡之障礙而被克服而言，他把人之道德奮鬥簡單地只視爲與人之性好相衝突之時，他實可把犯罪之原因只定位于人之忽略于去抗拒這些性好，因爲他不承認有任何特殊的、積極的（其自身即是罪惡的）原則之存在。可是**因爲**此忽略其自身即是相反于義務者（其自身即是一犯罪），而決不只是純然的自然之滑過，又**因爲**此忽略之原因不能一而再地在性好中被尋求（除非循環以論之），但只能在決定自由決意者中被尋求（即是說，只能在那「符合于性好」的格言之第一而最內部的根據中被尋求），**是故**我們很能了解哲學家們如何能誤解善之眞實的敵人，即他們相信他們已與之進行一衝突的那眞實的敵人。哲學家之誤解善之眞實的敵人，這所謂哲學家是這樣的，即〔惡之〕說明之基礎對于他們而言是仍然隱藏在黑暗中者〔原注〕，這一基礎雖然是不可逃避的，卻也是人不喜見之的。就是這樣的哲學家，我們能了解其如何誤解善之眞實的敵人。

　　〔**原注**〕關於〔惡之〕說明之基礎隱藏在黑暗中，康德有注云：
　　以下之說乃是道德哲學中之一十分通常的臆斷，即：人之生命中的道德的惡之存在可以一方面因著人之感性的本性之動力之力量，另一方面因著人之理性的推動（人之尊敬法則）

之無能，即因著軟弱，而很容易地被說明。可是，人之生命中的道德的惡既這樣容易被說明，則人之生命中的道德的善（人之道德的性能）必應允許有一更較容易的說明，因為若離開了解另一個而想了解此一個，這是完全不可思議的。現在，理性之通過純然一法則之觀念而即能夠去控制一切相反的動力，這是完全不可解明的；因此，感性的本性之動力如何必能得到上升以勝過那「以如此之權威而指揮著」的理性，這亦是不可思議的。因為如果一切世人真能依照法則之規定而進行，則我們必可說每一事皆依照自然秩序而發生，而亦無人會費力想去研究其原因矣。

哲學家們既誤解善之真實敵人，惡之說明之基礎仍然隱藏在黑暗中，則無怪一使徒提示此真實的敵人為一**不可見的敵人**，此一不可見的敵人只能通過其在我們身上所施的作用而被知，而且他如存在于我們以外的東西一樣，實在說來，他如一**惡的精靈**一樣，他毀壞了〔我們的〕基礎原則：「我們奮鬥不是奮鬥以對抗血肉（自然的性好），而是奮鬥以對抗那些統治者與有權力者——對抗那些罪惡的精靈。」此一語句其被使用似乎並不是用來去擴張我們的知識以超過感取世界，而是用來只去使那對於我們為不可測度的東西之概念在實踐的使用上成為更清楚的。復次，不管我們把誘惑者只置于我們自己之內抑或置之于我們自己之外，置之于內或置之于外，就對于我們的實踐價值而論，這全然是一樣的，因為罪惡之接觸于我們在置誘惑者于我們自己以外之情形中接觸于我們並不比在置誘惑者于我們自己之內之情形中接觸于我們更少一點點，蓋因為設若

我們不曾秘密地早已與誘惑者相聯盟〔原注〕，則我們畢竟不會為誘惑者所誤引而誤入歧途。我們將以兩節討論此全部主題。

〔**原注**〕關于與誘惑者相聯盟，康德有注云：

基督教的道德學之特點便是去表象道德的善為不同于道德的惡，其不同並不像天與地之不同，而是像天堂與地獄之不同。雖然此種表象是圖畫式的（隱喻的象徵的），而且，即如此而觀之，是使人不安者，但是哲學地說來，它卻在意義上是正確的。那就是說，它足以使我們不把善與惡，光明界與黑暗界，視為互相接近者並視為因著逐漸之步驟（較大或較少光輝之步驟）而互相喪失其自己者；它卻倒是使我們把善與惡，光明與黑暗，這兩領域表象為因著一不可測度的海峽（深淵）而為互相分隔者。兩者的基礎原則之完全不相似（由此不相似，某一原則可變成此界或彼界之主體），以及這危險，即連繫于*那些「使一個人適宜于此一原則或適宜于彼一原則」的諸特質間的**近接關係之想像****的那危險，皆足以使這種表象方式為正當，這種表象方式雖然含有一恐怖之成分，然而卻是十分使人高舉的。

* 譯者案：「連繫于」，德文原文是 verbunden，格林英譯譯為 attends，非是。

**又案：「想像」，德文是 Einbildung，格林譯 notion 更非。

第一節　善原則之合法的要求——要求于對于人之統治

A　人格化的善原則之理念

　　人類，依其**完整的道德圓滿**而言的人類（理性的俗世存在一般），是那「唯一能使一世界成爲一神的命令底對象與創造之目的」者。以這樣的圓滿爲首要條件，依照最高存有之意志，幸福是直接的後果。如此被思議的人，唯一愉悅于上帝者，「是通過永恆而**存在于上帝中者**」；此人之理念即從此上帝之存有而**發出**；因此，此人不是一**被造物**，但只是上帝之**唯一獨生子**，是道（是命令）；通過此道，一切其他東西皆得其存在；而若無此道，沒有被造成的東西是在存在中者。〔〈約翰福音〉I，3：「一切東西皆被他造成，若沒有他，不會有任何被造成的東西曾被造成。」〕（因爲只要當此人可以依其道德使命之光而被看待時，則一切東西之被造成是爲他而被造成，即是說，是爲世界中的理性的存在而被造成。）「此人是上帝的榮耀之光輝」。「在此人中，上帝愛世界」；而亦只有在此人中而且通過此人之性向之採用，我們始能希望「成爲上帝之子」。

　　現在，去把我們自己升舉至此道德圓滿之理想，即是說，升舉至此全然純淨的道德性向之基型，這乃是我們人之普遍性的義務，而對此升舉而言，理念自身，即「理性爲我們的熱心傚效而把它呈現給我們」的那理念自身，便能給我們以力量。但是，恰因爲我們不是**此理念之作者**，又因爲此理念其自身在人類中被建立起來而我

們卻不能了解人性如何已能夠接受此理念，所以這樣說較爲適當，即：此基型已從天上降到我們身上來，並且它已假定了我們的**人情性**（humanity）（因爲去思議神聖性之理想必下降于人而且必假定一種「其自身不是罪惡」的**人情性**這固是很少可能的，而去思議「本性是惡」的人如何單以其自己即會把惡擱置于一邊而捨離之並把其自己上升到神聖性之理想這比前者更少可能）。因此，**這樣的與我們之相諧一**（即基型之從天降而與我們的人情性相諧一）可被視爲是上帝底**獨生子之貶抑狀態**，假定我們把「此神式的人格」表象給我們自己，視之爲我們的基型，視之爲假定有充其極的憂慮以便去推進世界底善，雖然他自己是神聖的，因而他亦必無任何痛苦可忍受。反之，另一方面，人，即從未能免于罪的人，縱使他已裝扮有或表露有與那「神式的人格」相同的同一性向，他亦從未能免于罪，這樣的人，他可把那些不管依何路而降臨到他身上的痛苦視爲**眞正地應得者**；結果，他必須視其自己爲不值得有其性向之與這樣一個理念相諧一者，縱使此理念可用來充作他的基型。

此一愉悅于上帝的一種**人情性**之理想（因而也就是說即如對于一受欲望與性好支配的**俗世的存有**爲可能的那道德圓滿之理想），我們可把它**只**當作如下所說那樣一個人格之理念而表象給我們自己，即：此一人他**不只**願意他自己去實行一切人類的義務並**盡可能廣大地**因著規戒與範例去**散布**善于他的周圍，**而且**甚至雖爲最大的誘惑所試探，他亦要去把每一磨難擔負在自己身上，直至最恥辱的死而後止，其受此最恥辱的死乃是爲世界之善而死，甚至爲其敵人而死。我們之所以可把那理想只當作這樣一個人格之理念而表象給我們自己，蓋因爲人若想對于一個像道德性向之力量這樣一種力量

之程度與強力能給其自己形成一個概念，**這只有因着**「把這力量描畫爲被種種障礙所圍困，然而在最猛烈的攻擊面前，它卻又是勝利的」這種辦法始能對之形成一概念，**除此以外**，人決無別法可以對之形成一概念。

如是，人可以希望成爲可爲上帝所接受者（因而成爲可被拯救者），其可以如此希望是通過一實踐的信仰信仰于上帝底獨生子（當此獨生子被表象爲已把人之自然本性負擔于其自身時）而然。換言之，人，而且單只是人，**倘若他意識到**這樣一種道德性向，即如「能使他有一很有根據的信任—信任其自己之信任，並能使他去相信在同樣誘惑與磨難之下（當這些誘惑與磨難被作成是那個理念之試金石時），他必亦會不搖動地忠誠于人情性之基型，而且因著忠實的傚效，他必會仍然逼眞而無謬于他的榜樣」這樣一種道德的性向，**他便**有資格去視其自己爲一「並非不值得神之贊許」之對象。

B 此理念之客觀實在性

由**實踐**的觀點來看，此理念**當然**是完全眞實的，因爲它存在于我們的道德地立法的理性中。我們**應當**符合于它；結果，我們必亦**能夠**符合于它。設若我們事前須去證明人之符合于此基型之可能性，就像在**自然之概念**之情形中證明是絕對必要的那樣（如果我們想去避免爲空洞的概念所迷惑之危險），則我們甚至在允許道德法則有權作爲我們的自由決意之一無條件而又足夠的決定根據之面前亦定須有所遲疑。〔案：意即如前者須有證明，則甚至此後者亦成可疑。今既無可疑，故前者亦不須有證明。〕因爲單只符合于法則

這赤裸的觀念，一般言之，定是決定意志之一較強的動力，即比那些其根源只是個人的私利的一切可思議的動力爲較強的動力，這如何是可能的，這**既不能爲理性所理解，亦不能爲由經驗而來的事例所證明**。就其不能爲理性所理解而言，道德法則是**無任何限制地在命令著的**；就其不能爲由經驗而來的事例所證明而言，縱使從未有一個人他能對于法則有無限制的遵守，然而他之成爲如此之一人之**客觀的必然性**必是不被減低的而且必是自明的。因此，我們不需要有經驗的事例以使一道德地愉悅于上帝的人之理念成爲我們的基型；此作爲一基型的理念早已現存于我們的理性中。復次，**如果**任何一個人他爲的在其倣效上去承認一特殊的個人爲一個「符合于該理念」之範例之故，他要求那比他所見者爲更多的東西，即是說，比一個「無可責備而且即如一個人所能願望的那樣的應受稱讚」的生命之經過爲更多的東西；**又如果**他進而如證書之需要被人去相信那樣，需要此一特殊的個人必已表現了奇蹟或已爲他而表現了奇蹟：如果他是如此云云，則他即因其要求乎此而須懺悔其自己之**道德上的不起信**，即是說，須懺悔其對于德之缺乏信念。乏信于德之缺乏是一種「沒有基于奇蹟（而且基于那只是歷史的奇蹟）的信仰所能補救」的缺乏。因爲只有「相信那處于我們的理性中的理念之實踐的妥效性」之相信才有道德的價值。（確然只有此理念始能確立奇蹟之眞實性爲善原則之可能的結果；但是此理念其自身卻決不能由此等奇蹟來引生其自己之證實。）

恰因此故，一種經驗，即「這樣一個〔道德地圓滿的〕人類存有」之例證呈現于其中的那經驗，必須是可能的（至少當我們能從**純然外部的經驗**而期望或要求一內部的道德性向之證據時，這種經

驗必須是可能的）。依照法則而言，每一個人實應當供給此理念之例證于其自己之人格中；就此目的而言，基型總是存在于理性中：而基型之所以存在于理性中乃是恰因為沒有外部經驗中的例子可以適合于它；因為**外部經驗**並不能顯露性向之內在的本性，但只能關于性向之內在的本性允許有一推斷，雖然不是一有**嚴格確定性**之推斷。（說到**嚴格確定性**這種事，甚至一個人之關于其自己之**內部經驗**亦並不能**使**他像「通過自我省察去得到他所宣稱的格言底基礎之完全確定的知識，或格言之純淨性與穩定性之完全確定的知識」那樣，去**測度其自己的心腸之深處**。）

現在，**如果**以下所說真是一事實，即：「這樣一個**真正神格的人**（a truly godly-minded man）在某一特殊的時間內，好像是**已從天上降到地上來**，並**已在其自己之人格中**。通過其教說、其行為以及其受苦難，把一愉悅于上帝的人之如此圓滿的一個例證即如一個人在外部經驗中所能期望去找到的這樣一個圓滿的例證，給于我們人們（記著這樣一個人格底基型除在我們自己之理性中被尋求外無處可被尋求）」，這真是一事實，又**如果**通過這一切，他已因著在人類種族中造成一種革命而產生了不可量度地偉大的道德的善于地上：縱使是如此（如上兩層如果之所說），我們亦必無理由**去假定**這樣一個神格的人不是一個**自然地生下來的人**。（實在說來，這自然地生下來的人感覺他自己義不容辭地必然地正要在其自己身上去供給這樣一個例證。）當然，這並不是絕對地要去否定他可以是一個**超自然地生下來的人**。但是「去假定他是一個超自然地生下來的人」，這決不能實踐地有益于我們，此蓋因為這基型，即「我們見其已肉身地被體現于此顯示中」的那基型，畢竟必須在我們自身中

被尋求（縱使我們只不過是一些自然的人）。「此基型之現存于人類的靈魂中」此在其自身即是充分地**不可理解的**，用不著再去把「此基型**被實體化于一特殊的個體中**」這一假定加之于此基型之**超自然的根源**上。把這樣一個神聖的人格升舉在人性之一切弱點以上，如我們所可見，這毋寧會阻礙了我們之採用這樣一個人格之理念以備我們之傚效。因為設若讓此愉悅於上帝的個體之**自然本性**被視為是「被負累之以像我們自己的需要那樣相同的需要」這意義之**人性的**，如是，則其本性必亦是被負累之以像我們自己的憂慮那樣相同的憂慮，又若讓其本性被視為是「被負累之以像我們自己的性好那樣相同的性好」這意義之**人性的**，如是，則其本性必亦是被負累之以像我們自己的受誘惑以犯罪那樣相同的受誘惑以犯罪；但是，設若讓此愉悅于上帝的個體之自然本性被視為是**超人性的**，超至此程度，即「此永不起更變的意志之純淨，非由努力而得但只是內在而固有的者，使一切犯罪在此愉悅于上帝的個體分上成為完全不可能」之程度，如是，則此愉悅于上帝的個體之「遠離于自然人」之遠離必應是如此無限遠地遠離，遠離而竟至這樣一個神性的人格決不能再被擁護為對于**自然人**而為一**範例**（為一體現基型者之例證）。當然人必會說：**假若**我亦有一完全神聖的意志，則一切誘惑去犯罪之誘惑必自會在我身上挫敗而無效；又**假若**我亦有最完整的內部保證——保證在世上一短暫的一生之後，我必能（因著此神聖性）即刻成為一享有天國之一切永恆的榮耀者，**假若**我是如此之云云，**則**我亦必不只**情願地**且亦**愉快地**把一切憂患煎熬，不管其是如何之痛苦，甚至痛苦到最恥辱的死，擔負在我自己身上，因為我必會在我眼前見到這光榮而即將到來的結局〔案：即復活升天〕。

又復「此一神性的人格實自永久以來即已得有此天上之高位與此天福（而並不需通過這樣的磨難以賺得之）」之思想，以及「此一神性的人格他情願爲那些不堪者，甚至爲其敵人，而放棄了那高位與天福以去拯救他們于永久的沉淪」之思想，確然必可把我們的心情調和到對向于那神性的人格起讚美、愛與感恩之境。同樣，「合乎如此圓滿的一個道德性之標準」的行止之理念，作爲一**模型**以備我們去**摹寫而成傚本**，無疑亦必會對于我們是有效的。但是，這樣，這一神性的人格其自身必不能當作一**例證**而被表象（提薦）給我們以爲我們所取法，因而結果亦不能當作一種**證明**，即「如此純淨而高舉的一種道德的善之對于我們爲**可實行**之**可實行性**並對于我們爲**可達到之可達到性**」之一**證明**，而被表象（提薦）給我們。〔原注〕

〔原注〕關于此句之所說，康德有注云：

「我們不能在一人格性的存有之諸活動中思議任何可觀的道德價值，設若我們不假託以人類模樣來表象該人格或該人格之顯示」，此義實是人類理性之一限制，而且此一限制亦是永遠與人類理性不可分離的限制。此義並非去肯斷說：道德價值其自身就是這樣被制約了的，但只肯斷說：我們必須訴諸某種類比——類比于自然存在之類比，以便去使**超感性的性質**對于我們自己爲**可理解的**。這樣說來，一位**哲學詩人**，就人須去抵抗其自己生命中的「性癖于惡」之性癖而與之戰鬥而言，不，正依人之抵抗此性癖而與之戰鬥，這一戰鬥事實之後果（只要人能夠去控制住此性癖）而言，他把諸存有之道德等級中的一較高的級位指派給人。指派人以較高的級

位,比誰爲較高呢?比天堂居民爲較高。天堂居民,以其本性之**神聖性**之故,他們被置于那越在「迷失底可能性」之上的地方〔案:**意即他們的居處如佛家所謂淨土,在此無「迷失之可能」**〕。此哲學詩人寫出如下的詩句:

> 具有一切過失的世界
>
> 比無意欲的天使界爲較好。(Albrecht Haller)

〔案:**此恰如佛家説六道眾生以人爲最好,最好者最宜于成佛也,故云「人身難得」。**〕

《聖經》,它爲的想使我們去理解上帝對于人類的愛之程度,它把一有愛心而行愛的存有所能作成的那**最高度的犧牲**歸之于上帝(說是上帝之犧牲)。當它把此最高度的犧牲歸之于上帝時,它亦使它自己適合于上說**表象之模式**〔即「假託人類之樣子以表象該人稱或該人稱之顯現」這表象之模式〕。那有愛心而行愛的存有所能作成的那最高度的犧牲,歸之于上帝者,是這樣一種犧牲,即其所以被作成乃是爲的這一點,即甚至那些不堪的人亦可被使成爲快樂的人(「因爲上帝是如此之愛世人以至祂捨棄其獨生子,凡相信上帝的人定不滅亡,但有永生。」見〈約翰福音〉Ⅲ,16),雖然我們實不能合理地思議一個**一切充足的存有如何能犧牲**那屬于其天福狀態者之一部,或其自己**如何能剝奪**其所有者之一部。《聖經》之如此表達可說是**類比作用底圖式程式**,這一類比作用底圖式程序(作爲一說明之方法),我們決不能廢棄之。但是要想去把這作爲一說明之方法的**類比作用底圖式程序**轉成**客觀決定底圖式程序**(以備我們的知識之擴

大），這卻是擬人論（即神人同形論）；此種擬人論，從（宗教中之）道德的觀點觀之，有其最有害的結果。

在此點上，讓我順便連帶說以下一義，即：雖然在從感觸性的東西上升至超感觸性的東西中，去**圖式化**（即因著「類比于某種感觸性的東西」之類比之助去使一概念成為**可理解的**），這自是可允許的，可是因著此種類比去**推斷**（因而去**擴張我們的概念**）說：在感觸性的東西上為真者亦必須被歸履于超感觸性的東西上，這卻決不能被允許。這樣一種推斷是不可能的，其所以不可能只簡單地因為以下的推理是直接地相反于一切類比的，即：「去歸結說：**因為**我們絕對需要一圖式以便去使一概念對于我們自己為**可理解**（用一例證去支持一概念），**是故**此圖式必須**必然地屬于對象自己以為其謂詞**」，這種推理是直接地相反于一切類比的。這樣，我不能說以下的推斷，即「依據一技匠之與其製造品（如手錶）之關係之類比，只因著把一種**睿智性**歸屬于一植物之原因（任何有機物之原因，或實在說來，全部有目的的世界之原因），我始能使此一植物之原因，此有機物之原因，此全部有目的的世界之原因，成為對于我自己為**可理解的**；既如此，是故（植物或世界一般之）原因必須**其自身就具有**睿智性。」這樣的推斷是不能被允許的。此即是說，我不能說：此假定的「原因之睿智性」**不只是**制約我之理解此原因以為我之理解此原因之條件，**且亦**制約此原因之為一原因之**可能性**以為**此原因之可能性之條件**。反之，在「一圖式之與其概念之關係」與「一概念之此同一圖式之與客觀事實自身之關

係」這兩者間並無任何類比可言,但只有一巨大的裂罅存在,跳過或忽略這裂罅,便立即引至一擬人論。關于此裂罅之證明,我曾在別處已作之矣。

現在,這樣一種神格的教師,縱使他完全是**人性的**,他亦可眞實不謬地把他自己說成:一若善之理想眞是被展示爲是**具人形、成肉身**于他身上者(具人形成肉身于他的敎訓與行爲中者)。在這樣說時,他必應是只暗指到這**性向**,即「他使之成爲其行動之規律」的那**性向**;由于他不能使此性向因著它自己而且通過它自己,當作他人之範例,而爲可見的,是故他只經由他的敎訓與行動而把這性向置于衆人的眼前:「你們中那一位能使我相信我有罪?」因爲在反面證明不存在時,我們只好把無疵瑕的範例歸之于此人自己之**極純淨的道德性向**,除此以外,我們再沒有更多的權利去作別樣的表示。(所謂無疵瑕的範例即是一敎師關于其敎說——且當其敎說是關于一切義務之事時,所供給的範例。)當一如此純淨之性向,連同一切磨難(磨難是爲世界的最高善之故而被假定的那些磨難),被取用爲人類之理想時,則依最高的正直之標準而言,此性向(連同磨難)便是對一切人,在一切時,在一切世界,而爲一完全妥實的理想,只要當一個人如其所應當爲者,使其自己之性向與此理想相似時。確然,這樣一種成就將永遠仍是一不屬于我們自己所有的一種正直,蓋因爲它須由一完全而無疵地與那圓滿的性向相諧和的一種生命之經過而構成。但是爲我們自己起見而把此正直據爲己有,這必須是可能的;當我們自己的性向被致使成爲與基型之性向相一致時,儘管有許多最大的困難將阻礙著我們之使此據爲己有之

事為可理解。我們現在將轉而討論這些困難。

C 「對反於此理念之真實性」的困難以及此等困難之解消

第一困難，即當我們考慮立法者之神聖性以及我們自己之缺乏正直性時，那使「愉悅于上帝的一種人情性之理念之實現于我們生命內為可疑」的那困難，是如下之所說。立法者所立之法這樣說：「你須（在你的生活之行為中）是神聖的，甚至如你的天上的父之為神聖的。」此是上帝之子之理想，此一理想乃是擺在我們眼前而為我們的模型者。但是那分隔開「我們所應當作成之于我們自己生命內的善」與「我們所由之以前進的惡」的那間距是無限的，而我們的生活之經過之符合于法則之神聖性這種符合之事其自身是不可能執行于任何特定時間中的。縱然如此，可是人之道德的本性應當與此神聖性相一致。因此，此一本性必須當作一種子即「一切善由之以被發展」的那種子而被見于人之性向中，被見于「行為之符合于法則」底無所不攝而又是真誠的格言中。依是，這樣一種性向是由一神聖的原則而發生者，而所謂神聖的原則即是一個人所使之成為其自己之最高的格言的那神聖原則。即如此種由神聖原則而發生的性向那樣的一種**心腸之改變**必須是可能的，因為義務需要有此種心腸之改變。

現在，這第一困難即存于此，即：一性向如何能算作**行動之自身**，當行動總是有缺陷的時？（所謂**總是**有缺陷不是永恆地全然地有缺陷，而是在時間之每一瞬中隨時可有缺陷。）此困難之解消基于以下之考慮。在我們的因果關係之觀念中，我們是不可避免地被限制于時間之條件者。因此，依照我們的評估之模式而言，行動自

身,當作是從一乏善可陳的行為進至一較好的行為這種連續而無底止的前進來看,永遠仍是有缺陷的。結果,我們必須視善為如其在我們生命中所顯現者那樣而視之,即是說,是依假託于行動之樣式,視之為總是不適合于一神聖的法則者。但是,由于**性向**依其本性而言是**超感觸的**,而「我們的善之朝向符合于法則而趨」之**無底止的前進**其自身即由此超感觸的性向而**被引生**之故,所以我們也可把此**無底止的前進**(縱使此前進是藉賴著現實的行事或一生之行為而被思議)思之為是被那「通過一純粹地**智的直覺**而知我們的心腸」的祂(上帝)所判斷,判斷之為一**完整的全體**者。〔原注〕這樣說來,人,縱令他長期地隨時有缺陷,他猶可期望本質上是愉悅于上帝者,不管其生存可止于何時。

〔原注〕關于此一陳述,康德有注云:

雖然如此陳述,可是以下一點必須不要被忽略。如此陳述,我並不意謂這**性向**將足以去**補償**忠于義務方面之失敗,或結果將足以**去補償**此無底止的〔前進之〕行程中之現實的罪惡(如此陳述倒是去預設:人之生命中那愉悅于上帝的一種道德品性須是在此時間系列中現實地被遇見)。我所意謂的乃實是這一點,即:那「處于無底止地進行著的向前接近之系列之整體地位而代之」的那**性向**只**補償**那「與一時間性的存有本身之存在不可分離」的那種失敗,即是說,只**補償**那全然是我們在心靈中所想要去成為者而未能成為之方面之失敗〔案:意即有此性向以代無底止的系列之整體即足以補償此失敗〕。至于「補償那發生于此前進之行程中的現實犯罪」

之補償問題將在與第三困難之解消相連繫中被考慮。

　　第二困難是當我們如「人之就他的道德的善之關聯于神的善而奮勉向善」那樣去考慮人時便發生。此第二困難有關于**道德的幸福**。所謂道德的幸福，我並不是意謂：「確保永遠得滿足于個人之自然狀態（免于罪惡並享受永在增加的快樂）」之確保，此種永遠得滿足于個人之自然狀態之確保是**自然的幸福**。我所謂道德的幸福非意謂以上之義，它倒是意謂一「永遠在善中前進（而從未離開善）」的那種性向之**眞實性**與**貞定性**。因爲只要一個人眞是絕對地保有此種性向之不變性，則連續不停的「尋求上帝之王國」（〈馬太福音〉Ⅵ，33及〈路克福音〉Ⅻ，31）必即等值于知道一個人是早已得有此王國，因爲有這種性向的個人必會完全順其自己之路自動地有此確信，即「一切別的事（即那關涉于自然幸福之事）必會增加到他身上來」之確信。（〈馬太福音〉Ⅵ，33有云：「但是你須首先尋求上帝之王國以及上帝之公正；這樣尋求已，一切這些事情將增加到你身上來。」）

　　〔譯者案〕：此所云「道德的幸福」似有類于孟子所謂「君子有三樂」中之第二樂，即「仰不愧于天，俯不怍于人」之樂。三樂亦屬于幸福。道德的幸福即道德的稱心如意，其底子是「永遠在善中前進的性向之眞實性與貞定性」。

　　現在，一個在上說之**確信**這一點上焦灼的人或可爲其焦慮而受責斥。我們可說「上帝之精神能對于我們的精神作見證，因爲我們

是上帝底兒女」（〈羅馬書〉Ⅷ，16以下），你焦灼什麼呢？我們可用這話責斥他。那就是說，一個人，如若他有一種性向，其純淨就如所需要的純淨那樣純淨，則他將自會感到他決不能墮落到如此之低就如他復去愛戀惡事那樣低。但若去**信賴**這類感到之感，設想之有一**超感觸的起源**，這卻又是一危險的事；人是最容易在那促進其關于其自己之善的想法（見解）者中受欺騙，再沒有比這為更容易受欺騙。復次，去**鼓勵**這樣一種**信任**，這甚至似乎亦並不是明智的；但是「若以恐懼與戰兢之心去完成我們自己之得救」（見〈胁力比書〉Ⅱ，12），這倒是（對于道德）有益的。（所謂恐懼與戰兢之心，這是一艱苦的諺語，此諺語，如果被誤解了，它能夠驅策一個人至于最黑暗的狂熱）。另一方面，如果一個人在其道德的性向方面缺乏一切信心，則即使這信心一旦曾經被獲得了，他必亦很少能夠去堅忍而固守之。但是，他可以因着把他的迄今以往的生活經過拿來與他所已採用的決心相比較而得到這樣的信心，而用不著把他自己屈服于令人愉悅或使人焦慮的幻想。一個這樣的人，即「通過一夠長的生活之經過，他從善之原則之採用之時起，即已觀察到了這些善之原則在其行為中之效應，即是說，在其生命之路之穩定的改進中之效應」，這樣一個人，他實仍然只能由其觀察到了善之原則之效應而猜想在其內部的性向中已存有一基本的改進。他雖只能如此猜想，然而他亦同樣有希望上的合理的根據。由于這樣的改進（只要此等改進之基礎原則是善的）常增加他的強力以備將來的前進，是故他能希望：當他生于此世之時，他決不放棄此將來前進之行程，但只以常在增加的勇氣來催促此將來前進之行程。不，且可這樣說：如果在此生之後，尚有他生（來生）在等候着

他，則他可希望依照與前相同的那善原則仍然繼續去遵循此將來前進之行程而前進（雖然此前進乃是就一切其他情況下之現象而言者，意即就來生情況下之現象而言者），並且亦可希望繼續近而又近地去接近圓滿之目標，雖然他從未能達至此圓滿之目標。凡此一切，他皆可合理地希望之，其所以可合理地希望之，是因爲依據直至現在止他于其自身所已觀察者而言，他能把他的性向視爲是從根上已改進了者。〔案：此爲下文所說之第一步經驗〕。可是**逆反于此者**之情形亦恰好同樣適合于他，倘若他是這樣一個人，即不管其善的決心是如何之常被重複，他總見到他從未能堅守他的基地，他總是又墮回于罪惡之中，或他總是被迫去承認：如其生活所已進行過的（所已有過的），他總是一若處于一斜坡上，一次又一次地從壞而滑到更壞。這樣一個人決不能懷有如下所說的合理的希望，即：「假若他繼續生存于世上，或甚至假若有一來生在等候著他，他必會更好地處理其自己」這合理的希望。〔案：此相反之情形即是下文所說之第二步經驗，對于未來無希望但只痛苦之經驗。〕何以不能有此合理的希望？蓋因爲依據其過去的記錄，他理應須視腐敗墮落爲已植根于其性向中者。

這樣說來，在第一步經驗中，我們瞥見到一**不可測量的未來**，然這卻是一幸運的未來，而且是一須被欲望的未來；繼之在第二步經驗中，我們又瞥見到一**不可計算的痛苦**。無論一不可測量的所欲的未來或一不可計算的痛苦，這兩種情形，就人們所能判斷者而言，它們對于人們或是一**幸運而有福的永恆**，或是一**可詛咒的永恆**。不管是那一種永恆，凡此皆是一些有力的提示，一方有力足可把**安和**帶到一群人身上並可使這一群人于善中強有力，而復另一方

又有力足可在另一群人中去豁醒良心之聲音，這良心之聲音命令著這另一群人雖陷于罪惡中仍須與罪惡絕交，當這是可能的時；因此，我們可說：凡此實皆是一些有力的提示，有力足可充作動力或激發力〔案：意即行善或向善之興發力〕，而用不著我們擅自獨斷地去設立下一客觀的主張，主張說：人之命運是一永屬于善者或一永屬于惡者〔原注〕。在作這樣的斷定與裝作對于人之命運有知識中，理性，簡單地說來，只是越過它自己的識見之範圍之外。

〔原注〕關于那所設立之客觀主張「人之命運永屬于善或永屬于惡」，康德有長注云：

有許多問題很可說是幼稚的，因為縱使有一答覆即將出現，那發問者亦必無一人更為明智。地獄底懲罰是有止境呢？抑或無止境呢？此一問題即可算作是那些幼稚問題之一。假若有止境這一說法被主張，則必會引起這懼怕，即怕好多人（實即一切相信洗罪的人）會對佛朗西斯穆爾（Francis Moore）《航行記》中的船員（水手）說：「那麼，我希望我能堅持到底等好了！」可是如果無止境這一說法被肯定而且被算為是一項信條，則又可在一最放蕩無恥自暴自棄的生活之後發生完全免罰之希望，雖然此說之目的必直接相反于這種希望。因為一個僧侶，當他就一人于這樣一種邪惡生活之終結時在其遲至的痛悔之剎那中尋求忠告與安慰時，他必見到若去把罪人之永恆的定罪宣布給罪人，這必是可怕的而且是不人道的（殘忍的）。而因為在永恆的定罪與完全的赦免之間並無中道可言（但卻是這樣的，即：人們或是永恆地

被懲罰或是畢竟不被懲罰），是故那僧侶必須去把完全赦免之希望提示給罪人。那就是說，該僧侶將必須許諾去把罪人當場轉成一愉悅于上帝的人。復次，又因爲茲並無更多的時間以便去從事一善的生活經過，是故悔過之承認，信仰上之懺悔，不，甚至莊嚴的誓辭——誓言要在餘生（此後未死之年）中去過一新的生活，這一切便必須用來充作轉性之方法。當人之未來命運之永恆性（符合于今生所過之生活方式者）被明示爲一教條時，以上所說之轉性之方法便是一不可免的結果。但是，當一個人被敎以從其直至現在止的道德情況去爲其自己形成一關于其未來狀態之概念，形成之以爲其道德情況之自然而可預見的效果時，則罪惡支配下的這後果系列之不可測量性將對于他有那如下所說相同的有益的道德結果，即與他由宣布其**罪惡命運之永恆性**所能期望者相同的有益的道德結果（即在其生命告終前，因著配稱于其行動的補救或補償，催促他盡可能不作那他所已作的事，這種道德結果），而卻並不函有「罪惡命運之永恆性」這敎條之諸般不利處（須知這敎條既非理性的洞見所能保證，亦非《聖經》的注釋所能保證）。因爲這敎條之後果乃是這樣的，即：邪惡的人或是事前甚至當其有生之年信賴此赦免是可很容易得到的，或是在其生命結束時相信定罪只是神的公道之對于他之要求之問題，而此等要求很可只以空言來滿足。既這樣，則人之爲人之權利是不被留意的，而亦無一人來恢復那本屬于他者。（這一結局是這種贖罪方式之甚爲通常的結局，通常到相反者之例幾乎從未聽見過。）復次，如果有任

何人他怕他的理性，通過他的良心，判斷他判斷得太過寬和，則我相信他是十分嚴重地錯了的。蓋因為恰由于理性是自由的，而且理性甚至亦必須對于吾人自己下判斷，是故理性並不是可賄賂的；而如果我們在這樣境況下告訴一個人說：「你將不久須立于一法官面前」這至少是可能的，則我們只須把這個人留給他自己的反省即可，此人自己的反省大概將以最大的嚴厲來對于他自己下判決。

在這裡，我將再增加一二點更多的觀察。「凡善終者是善人」（All's well that ends well.）這一通常之諺語實可應用于道德情況，只要所謂「善終」是意謂一個人之成為一真正地善的人。但是一個人他將依何而確知其自己為一真正地善的人？因為他只能由後來繼起的堅持地善的行為而作此推斷，可是在生命告終時，沒有時間留下來以備此善的行為之持續。此諺語之應用于幸福可較容易被承認，可是縱使在幸福處，其被承認也只是相對于「一個人所由以看其自己」的基點為如何而被承認，那就是說，如果他從其生命之**開始**處事前看其自己，那便不能被承認，但只當他從其生命之**終結**處看其自己時，那始可被承認。一旦我們確知了我們已從悲痛中解脫出來，則那曾被經歷的悲痛便沒有在此悲痛後留下使人痛苦的回憶，但只留下一喜悅之情，此喜悅之情但只提高那「現在成為是我們的東西者」的好運之享受。〔案：意即好運現在已成為是我們的東西，喜悅之情只提高此好運之享受。〕蓋以快樂與痛苦這兩者皆含于時間系列中（由于它們皆屬于感取界），因而它們亦隨同時間系列之消逝而俱消

失；它們不能進入現在的生活享受之整體中，但只為那作為它們的後繼者的「生活之享受」所代替。最後，如果此諺語被用以評估我們直至現在為止所已過過的生活之**道德價值**，倘若我們承認**此評估**之真理性，則我們很可是十分錯誤的，縱使我們的行為在生命告終時完全是善的。因為我們的生命所唯依以被判斷的那主觀的道德的**性向原則**（由於其是某種超感觸性的東西）是屬于這樣一種本性的，即：它的存在並不是可受區分以便把它一期一期地分成時間之段落，但只能被思為是**絕對的單一體**。而因為我們只能在行動之基礎上達到一關於性向之結論（行動是性向之現象），是故我們的**生命**，為達到這樣一種判斷之目的（即最終對于性向作論斷之目的），它必須被看成是**一時間性的統一體、整全體**；在此情形下，〔良心之〕譴責，由生命之較早點位（在改善開始以前）而發生者，很可大聲發言，其大聲發言一如由生命之較後點位而發生的讚許之大聲發言，而且那〔良心之〕譴責亦很可大大的制止了「凡善終者是善人」這諺語之勝利的音符。

〔譯者案：中國無此諺語。此諺語在道德方面很難說得通。雖在幸福方面容易被承認，然中國亦無這樣的成語。中國人只常表示「無疾而終」算有福，又以「壽終正寢」為正常。〕

最後，茲有另一主張密切地關聯于那關于另一世界中的

懲罰之持續之主張，雖然並非同一于那主張。此另一主張便是「一切罪必須在今生被赦免」，在生命終止時我們的賬目必須完全被結算，無人可希望有若何辦法在來生去尋得那今生所已棄置而不顧者。此一主張不能有比前一主張更可把它自己當作一教條宣布給我們。此一主張只是一如此之原則，即藉賴著此原則，實踐理性軌約它的使用——它的「關于其自己所有的超自然者之概念」之使用，雖然它承認關于此超感觸的領域之客觀性格它一無所知。此意即是：實踐理性說我們只能從「我們所依以指導我們的生活」的那道路來得出一個關于「我們是否是一愉悅于上帝的人」的推斷；但是因為這樣的一生之操行其終止是與生命一起終止，是故核算行事之核算（只有此核算之總數始能告訴我們是否我們可以視我們自己為正當或不正當）也在死時為我們而結束。

一般說來，如果我們把我們的判斷限于**軌約原則**（此軌約原則安于其自己之應用于道德生活這可能的應用而自得），而並不是使我們的判斷意在一超感觸的對象之知識之**構造原則**（悟入于此**構造原則**或**圓成原則**畢竟對于我們永不可能），則人類智慧必會在好多方面為更富足些，而且茲亦不會再釀成一臆斷性的知識，即關于那在最後分析中我們對之一無所知的東西釀成一臆斷性的知識——一無根據的詭辯，此無根據的詭辯實可有一時的閃耀，但只，如在最後變成顯然的那樣，實有害于道德。

既如此，我們所意識到的那善而純淨的性向（又亦是我們所可

說之為一善的精神以主導或支配著我們的那善而純淨的性向）它實可在我們生命內創生出（雖只是間接地）一種**信任**——信任此性向自己所有的常住不變性之信任，並亦實是我們的**安慰者**（聖靈式的保惠師），只要當我們的失誤使我們對其定常性有所憂懼時。但就此性向而言的〔**知解的**〕確定性既不是對于人是可能的，亦不是如我們所能見，〔它必會是〕道德地有益的。因為不管此種**確定性**是如何之被注意，我們總不能把那信任基于對于我們的性向之不變性之一**直接的意識**上，對我們的性向之**不變性**，我們不能有所詳查：我們必須總是只從**此性向**在我們的生活道路中之後果抽引出我們的關于此性向之結論。但是，因為這樣一種結論是只從知覺之對象而被引出，引出之以為善惡性向底現象，是故這結論很少能確定地顯露出**性向底強力**。此點當我們有以下之情形時特別是真的，即，當我們想在我們期待要死亡以前，我們已于我們的性向中只**短暫地**造成一種改進時，這點尤其是真的；因為現在既缺乏進一步的行為以供我們去把關于我們的道德價值之判斷基于此進一步的行為上，如是，則甚至那**新性向**之**真實性**之這種**經驗的證明**亦是完全缺如的。在此情形下，一種**可憐之感**是我們的道德狀態之一理性的評估之不可避免的結果（雖然實在說來，人性自身，藉賴著其在此生範圍外的一切眼界之模糊，它可以使此不愉快不轉成粗野狂亂的失望）。

　　現在再說**第三困難**，這第三困難顯然亦是最大的困難。這第三而最大的困難，它把每一人，甚至在其已進入善之途徑以後，當其一生之行事全部在一神的正義面前被裁判時，表象為上帝所擯棄者（受譴責者）。這第三而最大的困難可以這樣被陳述，即：不管一個人在「採取一善的性向」之道路中所已作成的是什麼，又，實在

說來，不管一個人是如何已堅定地固執于或忍持于合于善的性向之行爲，他總歸是**由罪惡而開始**，而此種**始于惡之虧負**（debt；Verschuldung）他決不可能清除之。蓋因爲他不能把這事實，即「在其心腸改變以後他不再招引新的虧負」這一事實，視爲等值于他已卸脫了他的舊有的虧負。他亦不能通過將來的善行而產了一**盈餘**——一超過「他在每一刹那所義不容辭地要去作成者」之外之盈餘，因爲「去作一切存在于其力量中的善事」這總是他的義務。那作爲是根源的或先于一個人所可作的一切善事而即存在的那虧負——只此虧負，並非別的，乃恰正是我們在第一卷中所已涉及而視之爲人性中之**根惡**者——如此之虧負決不能由他人來卸脫，只要我們能依照我們的人類理性之公正而作裁判時。因爲此種虧負決不是**一可轉移的負擔**就像一筆財政上的欠債可被轉移給另一人那樣（在財政的欠債處，不管欠債人自己償付此債抑或別人來代他償付此債，這對于債主而言完全是一樣的）；此種虧負實是一切虧負中之**最爲個人的**，即是說，它是一種**屬于罪的虧負**，此屬于罪之虧負只有罪犯自己能負擔之，而且沒有天眞無邪的人能擅自取而承擔之，縱使此天眞無邪的人很夠寬弘大量想爲別人著想願意去把那屬于罪之虧負擔在自己身上，他亦不能擅自取而承擔之。現在，此道德的罪惡（即道德法則之違犯，當道德法則被視爲是神的命令時，此違犯即名曰罪）帶來對于道德法則之無止境的冒犯，因而它是無限性的罪行。此種罪行之廣大與其說是由于無限性的最高立法者之威權因此罪行而被冒犯之故而然〔原譯注〕，實不如說其由于以下之事實而然爲允當（蓋因爲我們對于人之與最高存有之**超絕的關係**一無所了解故）。所謂由于以下之事實即是這事實，即：此道德的罪惡實

存于**性向**以及**格言一般**，實存于**普遍的基礎原則**而並不存于**各別的
違犯**。（在一人類的裁判法庭面前情形便不同。因為人類的裁判法
庭只注意于獨個的冒犯，因而亦只注意于行事本身以及那關聯于此
行事者，而並不注意于一般的性向。）依是，似乎隨而可說：由于
此無限性的罪行之故，一切人類必須引領以待無止境的懲罰，以及
引領以待被擯除于上帝國王之外。

〔原譯注〕格林譯對此有注云：
「罪行之廣大由于無限性的最高立法者之威權之因罪行而被
冒犯之故而然」，這是**經院獨斷的想法**，此想法早已接受了
安色姆的論文中之古典的解釋。

此最大困難之解決基于以下之考慮。一個知緊要的人之公正的
裁決必須被視為是基于被控訴者之一般的性向上者，而不是基于此
性向之現象上者，即是說，不是基于與法則相齟齬或相諧和的行為
上者。但是我們是假定了現在在人的生命中存有一佔上風的善的性
向以控制那以前曾是此人的生命中的支配者之惡原則。因此我們現
在所要問的問題是：此人之先前的性向之道德的後果所謂懲罰（或
換言之作用于上帝所不悅的人身上的結果）能降臨于此人之現在的
狀態與夫此狀態所依據的改善了的性向嗎？（在此改善的性向中，
此人早已是神所喜樂的對象。）由于問題之發生並不是關于「在此
人之心腸改變以前，所定給此人之懲罰是否必會與神的公正相諧
和」這一點而發生（在此點上無人有任何懷疑），是故此懲罰必不
可（在現在的研究中）被思為是在此人之**改善以前**而即為完成了

的。但是,在此人之心腸**改變以後**,懲罰不能被認為是適當于此人之新的品質(一愉悅于上帝的人之品質),因為此時,此人正過著一新的生活而且道德地說來他是完全不同于前的另一新人;而滿意必須歸給最高的公正(上帝),在此最高的公正(上帝)之眼光中,沒有應受譴責的人能是無罪的。因此,因為**懲罰之施**能夠不違于神智地既不在**心腸改變之前**發生亦不在**心腸改變之後**發生,而卻又是必然的,是故我們必須思之為**正當心腸自身改變之時**實行者,而且亦必須思之為適合于那心腸自身之改變者。如是,讓我們看看:藉賴著一改變了的道德態度之概念,我們是否不能即**在此改善中**發見這樣的惡運,即如一新的人(其性向現在是善的者)所可視之為由其自身(于另一種狀態中)所招引者,因而亦即如一新的人所可視之為足以構成懲罰者〔原註〕(因此懲罰,滿意可歸給神的公正),這樣的惡運。

〔**原註**〕關于厄運之足以構成懲罰,康德有注云:

「世界上的一切惡運皆一律被視為是過去犯罪之懲罰」這一假設不能被思為是為了**神的公正**之故而被設計出來者,或被思為是一種有用于僧侶行業(或形式崇拜)之宗教之**手段**者,因為如此不自然地被想出來,這是一種很難為通常所執持的想法;此假設大約很近于人類理性,人類理性是傾向于去把**自然底行程**與**道德底法則聯合于一起**的,因而人類理性很自然地思議這想法,即:在我們能期望免于生活之惡運或期望以佔優勢的善行來補償這些惡運之前,我們總是想去變成一較好的人。因此,第一個人〔亞當〕在《聖經》中被表

象爲注定要去工作如果他要吃飯，他的妻子則被表象爲注定
要在痛苦中產生嬰孩，他們兩人皆被表象爲注定要死亡，一
切皆因他們的犯罪而然，雖然我們不能見出具有**這樣四肢百
體的被造動物**如何能期望有**任何別樣的命運**，縱使這些罪從
未被犯過。在印度教方面，人們不過是**精靈**（名曰 *devas*
者）之陷于動物的軀體以懲罰其舊有的犯法之行。甚至哲學
家馬勒布朗希（Malebranche），他寧願決定不承認非理性
的動物有靈魂，因而亦決定不承認其有情感，卻不願承認馬
未曾吃那被禁止的乾草而亦必須忍受如此多之痛苦。

現在，所謂心腸之改變即是「離惡而入善，捨棄舊人（故我）
而進至新人（新我）」之謂，蓋因人成爲**死于罪**（因而成爲死于一
切性好當性好引至死亡時）正爲的要成爲**生于義**。但是在此種被視
爲是一純理智的改變之改變中，茲並不存有爲一時間間隔所分開的
兩種道德行動，但只是一種道德行動，因爲「離惡」之可能是只有
通過那「致成個人之入善」的善性向之動力而始可能，而「致成個
人之入善的善性向之動力」之可能亦只有通過「離惡」而始可能。
因此，善原則之現存于棄惡中完全一如其現存于善性向之採用中，
而「正當地伴同先前棄惡性向」的那種痛苦亦完全隨後來之使人入
善的善性向而起。「從敗壞了的性向之前進于善的性向」這種前進
其自身正如「舊人（故我）之死」，「抑制肉欲」一樣，是一種犧
牲，並且是一種「進入于一長串的生活惡運」之進入。凡此皆是新
人（新我）在上帝之子之性向中所從事者，那就是說，乃只是純爲
善之故而從事者，雖然實在說來，凡此一切作爲對于另一人，即對

于舊人或故我（因爲舊人或故我道德地說來實是另一人）之懲罰看實是當然的。

雖然人，即從其經驗的本性之觀點被視爲一有感觸或能感觸的存有的人，**形軀地**說來，是自我同一的有罪的人，而且在一道德的法庭面前也必須被裁判爲自我同一的有罪的人，因而也必須這樣爲其自己所裁判；然而由于其新的性向之故，他（被視爲是一智思的存有者）在一神式的法官之眼中，**道德地**說來，是另一新的人，對此另一新的人而言，性向取代行動之地位。而此道德的性向，即人所已依此性向之全部純淨性（即如上帝之子之純淨性那樣的全部純淨性）而使之成爲其自己之性向的那道德的性向——或者說，此上帝之子（如果我們人格化此道德性向之理念），祂自己，作爲**代受懲罰者**，祂爲人負荷罪責，實在說來，祂爲一切（實踐地）相信于祂者負荷罪責；又作爲**贖罪者**，祂因著其受苦與上十字架而死把滿足歸給最高的正義〔即上帝〕；又作爲**代人辯護者**，祂使「人們希望在他們的法官面前顯現爲正當者」這一點對人們而言爲可能。只是以下一點必須被記住，即：（在此種表象中），受苦，即新人（新我）在其成爲死于舊人（故我）中盡一生所以必須接受的那受苦〔原註〕，是被描述爲一種死，即爲人類底代表所一次忍受的那種死〔即上十字架而死的那種死〕。

〔原註〕關于「盡一生所必須接受的那受苦」，康德有注云：

依見之于感取界中的行動而言，甚至最純淨的道德性向，其在被視爲一塵世的被造物的人身上所能引起的亦不過只是

「一連續的成爲──成爲一愉悅于上帝的人」之成爲。實在
說來，依質而言，此最純淨的道德性向（由於它必須被思議
爲是超感性地置基者）實應當而且能夠是神聖的並是符合于
那屬于其基型的者；但是依其〔表現之〕級度，如顯露于行
爲中者，而言，則它總仍然是有缺陷的而且是無限地遠離于
那屬于其基型的者。縱然如此，可是因爲此最純淨的道德性
向含有「能連續前進以修補此缺陷」之基礎，是故它如一**純
智的「整全之統一體」**一樣，它代替了**行動之地位**，以達至
其圓滿的完成之境。可是現在以下之問題要發生，即：一個
于其生命中本無定罪（無可非難）的人，而且以他看來，茲
並無一人須被定罪，這樣的一個人他能相信他自己爲正當
嗎？並同時他能把那在其進至較大的善之道路上降臨于他身
上的痛苦算作**懲罰**嗎？因而他遂亦能承認應有受譴責者並能
承認有一不悅于上帝的性向嗎？不錯，他是能如此的，可是
只依他的這樣一個人即「他要繼續去捨棄之」的這樣的一個
人之性質而言，他始能如此。〔**案：意即只依其繼續不斷地
所要捨棄的舊人或故我之性質而言，他始能如此。**〕凡是在
那（舊人或故我之）性質中當作懲罰而歸給他的每一東西
（包括一切痛苦以及一般的生命之惡運），他皆願在其新人
（新我）之性質中擔負于其自己身上，其願擔負之于其自己
身上簡單地只爲善之故而然。結果，當他是一新的人（在其
新我之身分中）時，這些苦難總不是當作懲罰而被歸給他
者。懲罰一詞之使用〔**在此**〕只指表這一點，即：在其新人
（新我）之性質中，他把那圍攻他的一切惡運與痛苦現在皆

情願擔負之于其自己身上，其擔負之于其自己身上〔**不是把它們當作懲罰，而**〕是把它們當作**如許多的機會**藉以去**考驗**並去**習練**其向善之性向。那圍攻他的一切惡運與痛苦，那舊人（故我）必應須視之爲懲罰，而當他仍然在成爲死于舊人（故我）之過程中，他亦必須如此承認之。此懲罰，實在說來，它既是棄惡入善這樣的道德活動之結果同時也是這樣的道德活動之原因，因而亦既是那由進至于善（同于棄惡）之意識而構成的「滿足」與「道德幸福」這兩者之「結果」同時也是這兩者之「原因」。另一方面，當他仍有舊的性向（故我之性向）時，他必應不只須去把那同一惡運視爲懲罰，且亦須去感到這些惡運爲懲罰，因爲縱使這些惡運被視爲是純然的惡運，它們畢竟是那「依自然幸福之形式，一個人在此自然幸福之心靈狀態中所使之成爲其唯一的目的」者之直接的反對面。

如是，在這裡，存有越過「由善的工作而來的利益」以外的**餘額**（剩餘額），剩餘額之需要先前已被注意及，而這剩餘額其自身就是一種利益，此利益可因著**加恩**而被算作是屬于我們自己的。那在我們的塵世生活中（或許在一切未來的時間中以及在一切其他世界中）永只是一**成爲**者（即永只是成爲一愉悅于上帝的人之**成爲**者）必須確然可歸屬于我們，儼若我們早已盡有之，對於這一層，我們實無合法的要求，即是說，就我們所知于我們自己者而論，我們對此實無**合法的要求**（所謂所知于我們自己者，此知是通過經驗的自我知識而知，此經驗的自我知識不能使我們對于內部性向有一

直接的洞悟，但只允許我們對之有一基于我們的行動上的**評估**）；而因此，那在我們心內的控訴者或譴責者必或許更想去提出一定罪之判斷。這樣說來，天命總僅屬于一種恩寵，雖然它完全依照永恆的公正而爲一種恩寵，當我們憑藉我們之相信于這樣的善（即天命永遠公正這樣的善）而結清一切所應負之責任時；因爲天命是基于一種「滿足之給與」上的（所謂滿足乃即是那「對我們而言只存于一改進了的性向之理念中」的一種滿足，此一種滿足只被知於上帝）。

現在以下之問題仍然是可以發問的，即：茲有一人他實有罪，但他已把其性向改變成一愉悅于上帝的性向，關于這樣一個人之一種**正當化之理念之推證**有任何實踐的用處嗎？如有之，則此用處是什麼呢？一個人並不能覺察到有什麼積極的用處可爲宗教或生活之行爲由此**推證**而被證成，因爲那居在正被從事著的研究之基礎地位的情況就是以下之情況，即：「所要去正當化之的個人事實上是早已具有那所需要的趨向于發展與促進的善性向」這一情況，而關于此情況，一切道德學的概念之實踐的使用恰當地說來正是以之爲目的的；而就慰藉而言，一善的性向早已隨身既帶有慰藉又帶有希望，即對那所要去正當化之的個人、意識到有善的性向者而言，此善的性向早已隨身既帶有慰藉又帶有希望（雖然並不帶有**確定性**）。〔案：意即此善的性向並不隨身帶有此兩者之**必然的確定性**〕。這樣說來，〔一個人底一種正當化之〕**理念之推證**其所作成者不過只是回答一思辨的問題，但是這一思辨問題，恰因它是思辨的，它必不應不聲不響地被忽略過去。非然者，理性必可以其完全不能去把「人之希望免于罪」拿來使之與「神的公正」相融洽而被

譴責,這一被譴責之譴責可以在許多方面有害于理性,但是最甚者是道德地有害于理性。實在說來,為了每一人之好處,由此正當化之理念之推證而被引生出的那對于宗教與道德之**消極的利益**是極為深遠的。因為由此**推證**,我們得知:只有**一完整的心腸之改變之假設**始允許我們去想在天堂正義法庭面前身負重罪的人之赦免,並因而得知:沒有任何補贖,不管這些補贖是懺悔抑或是宗教禮節,亦沒有任何祈求或讚美之辭(甚至也沒有那些「懇求于代人受罰的上帝之子之理想」的祈求或讚美之辭),能夠補救此**心腸改變之缺乏**,如果此心腸改變不存在時,或如果此心腸改變存在時,亦沒有上說那些補贖與祈求等能夠在神的法庭面前增加一點此**心腸改變之妥效性**,蓋因為**上帝之子之理想**必須被納入于我們的性向中「以便此理想可**付之于踐履**或**見之于行事**」(um an der Stelle der Tat zu gelten)。〔案:der Stelle 原為 die Stelle,校者將 die 改為 der。格林仍保存原文,將此句譯為「如若此理想取代行動」,此不甚通,故不從。〕

還有另一義為以下之問題,即「在生命結束時,一個人可應許其自己什麼事呢?或:在其生活道路之基礎上,他須去恐懼什麼呢?」這問題所提示。要想去回答此問題,一個人必須知道其自己之品格,至少要知道到某種程度。即是說,縱使他可相信他的性向已有改進,他也必須把他所由之以開始的那老的(腐敗的)性向拿來作考慮,他必須能夠去推斷他所已丟棄的是這老性向之什麼事以及這老性向之多少,並能夠去推斷這所認定的新性向所具有的是什麼性質(不管是純淨的抑或仍然是不純淨的),以及此新性向之去克服老性向並去抵抗舊病復發之**力度**。這樣,他將要通其生命之全

體以考察其性向。現在，他並不能夠通過其真實性向之一直接的意識形成其真實性向之一確定的概念，他只能由他現實地所已遵循的生活之道路而抽象地概言之。因此，當他考慮他的未來法官之裁決時（即是說，當他考慮他自己的覺醒了的良心連同關於其自己之經驗的知識招之以為良心之助者之裁決時），他除「把其全部生活擺在其眼前，而不是把生活之一片段，如生活之最後部分或最有利于他的那部分，擺在其眼前」，這樣措施以為下判斷之基礎以外，他將不能夠思議下判斷之任何其他基礎。他**自**必會把其繼續前進（未對此前進置下任何界限）的生命中之前景增加到上說之下判斷之基礎上，設若他還要再繼續活下去時。在這裡，他將不能夠去讓一預先被承認了的性向代替行動；正相反，他必須由擺在其眼前的行動推斷其性向。我問讀者，當有某人其所告知一人者只不過是他有理由相信其所告的那個人將有一天站在一法官面前，當有某人是如此云云時，那麼，對于其所告知的那個人之判決將是什麼呢？「當某人說他有理由相信一個人將有一天站在一法官面前」，這個思想將把一個人久已輕易忘記的好多東西使他回憶起來（縱使他不是最壞的人）。那麼，這個思想將引導一個人關於其將來的命運所要去宣布的判決（基于其迄今以往所已走的生活道路之上者）將是什麼樣的判決呢？

如果將此問題拿來向一個人自己心內的法官去說，則此人將對于他自己宣布一嚴厲的判決，因為一個人不能賄賂他自己的理性。但是，你可把一個人置于另一法官面前（因為有許多人要求通過其他消息渠道去知這樣一位法官即良心外的另一法官），而此時，此人將有一大堆從人性之脆弱而來的求恕之辭，用這些求恕之辭以對

反這另一位法官之嚴厲，而一般地說來，此人之目的將是去蒙騙這另一位法官。他可以計劃著由供給悲哀的自懲懺悔而預測他所應受的處罰，而其所供給的自懲懺悔卻並不是發自于任何真正的「趨向于改進」之性向；要不然，他又可以計劃著以祈禱與懇求，或以「他要求去信任之」的那「信仰表白書」與「悔過書」來軟化那位法官。而如果他于此一切中取得了鼓勵（切合了「凡善終者是善人」之諺語），他將及時準備他的計劃，這樣，他便不必要去賠上或喪失太多的生活享樂，但卻**即刻**在臨終以前，**迅速地**並**就其自己之利益去安排他的理由**。〔原注〕

〔**原注**〕**在此，康德有注云：**

那些在生命臨終之時要求有一僧侶在眼前的人之目的經常是這樣的，即：他們想望這僧侶可作為安慰者——其想望其為安慰者不是為由最後的病而引起的**身體痛苦**之故而然，或甚至也不是為在死以前自然地存在的**恐懼**之故而然（結束這些病魔的那死亡本身在此就能是安慰者），但只是為他們的**道德的痛苦、良心底譴責**之故而然。但是，在生命臨終之時，良心倒反而必被喚起而且必更銳利，以便將死之人可不忽略**去作**那他仍然可作的善事，或（通過補救）去**抹去**（當他能時）其惡行所留下的後果。此合于這警告，即：「你要與你的敵人和好」，「快！當你尚在活著時」，「蓋怕你的敵人把你（在死後）交給法官」。（〈馬太福音〉V，25）。但是今不如此，卻把一種鴉片投于良心，這卻是既冒犯一個人自己又冒犯那些在他死後尚活著的人，而且亦是完全相反于

那目的,即「在生命結束時以鴉片投于良心這樣的一種幫忙良心者被視為對之為必要」的那目的。〔案:即「期望免于良心之譴責」之目的。找一僧侶作安慰者期望達此目的,實則正相反,這只是以鴉片投于良心,以為這辦法對于那目的為必要,實則既不必要,亦完全相反于那目的。蓋人之將死其言也善,其良心最易被喚起亦更敏銳,投之以鴉片有何益哉?補過勉善,趕快與敵人和好,這是最重要的。誦經祈禱只是麻醉。曾子易簀之言可謂善于補過勉善者矣。〕

原載《鵝湖月刊》第12卷第12期／第13卷第1期(1987年6／7月)

《牟宗三先生全集》總目